Capital Tuyere

资本风口

中国新三板全攻略

杨峰 王彦博 计静怡 郑罗平 牛建涛 等◎编著

中国发展出版社
CHINA DEVELOPMENT PRESS

图书在版编目（CIP）数据

资本风口：中国新三板全攻略 / 杨峰等编著. —北京：中国发展出版社，2015. 5

ISBN 978-7-5177-0324-2

Ⅰ. ①资… Ⅱ. ①杨… Ⅲ. ①证券交易—研究—中国 Ⅳ. ①F832.51

中国版本图书馆CIP数据核字（2015）第090589号

书　　名：资本风口：中国新三板全攻略
著作责任者：杨峰　王彦博　计静怡　郑罗平　牛建涛 等　编著
出 版 发 行：中国发展出版社
（北京市西城区百万庄大街16号8层　100037）
标 准 书 号：ISBN 978-7-5177-0324-2
经　销　者：各地新华书店
印　刷　者：北京明恒达印务有限公司
开　　本：720mm × 960mm　1/16
印　　张：24
字　　数：363千字
版　　次：2015 年 5 月第 1 版
印　　次：2015 年 5 月第 1 次印刷
定　　价：68.00元

联 系 电 话：（010）68990646　68990692
购 书 热 线：（010）68990682　68990686
网 络 订 购：http：//zgfzcbs.tmall.com//
网 购 电 话：（010）68990639　88333349
本 社 网 址：http：//www.develpress.com.cn
电 子 邮 件：cheerfulreading@sina.com

本书其他编委

（按姓氏笔画排序）

王有志　王向今　王宝利　王　瑜　王　睿
刘元伟　刘永刚　刘海燕　刘　通　刘章启
李　罡　李跃华　肖和森　沈　峰　张　炜
陈泊佳　陈博君　范学民　余　璐　陈　鹏
陈锦禾　郑　斌　高会青　高　剑　郭　芳
黄波娜　崔云刚　程龙锋　鄢　嫣　潘运良

2014年新三板市场飞速发展，中小企业挂牌新三板时不我待。虽然新三板门槛较低，但若想顺利挂牌新三板，资源严重匮乏的中小企业仍然需要费一番周折，需要券商、会所、律所等相关部门的辅助，以及与政府部门的沟通、对市场行情的分析等，企业自身根本无法做到。

中小企业如何用最小的投入顺利挂牌新三板？中小企业如何在不“大动干戈”的情况下达到新三板挂牌标准？企业在规范过程中如何避免经营风险？在融资过程中中小企业是否存在某些操作技巧？企业挂牌新三板后如何快速融入资本市场实现利益最大化？

新三板上市联盟是全国首家服务于新三板挂牌上市的大型服务平台，独创1+N服务模式，提供券商、会所、律所等一体化打包服务的机构，让企业省时、省力、省心、省钱的同时，帮助中小企业进行上市规划，财务规范，快速实现上市，愿与企业利益共享、风险共担，做好企业主们的上市推手，成为中小企业进入资本市场的坚强后盾，另外新三板上市联盟还为中小企业开辟了一条融资新捷径，实现企业价值最大化。

中小企业挂牌新三板应尽快。

截至2015年5月初，新三板挂牌企业已超过2360家，2015年超过4000家已经毫无悬念。未来3年将突破1万家，总市值十万亿元以上。

根据扩容进度、挂牌速度、市值变化、交易活跃度等指标综合预测，未来3年新三板挂牌公司数量将突破5000家，总市值万亿元以上。面对新三板，中小企业将蜂拥而入。中小企业挂牌新三板应尽快。

目前新三板上市联盟为数百家企业提供了优质的资本培育辅导服务，为数家企业提供上市财务梳理和上市整体规划并协助其成功上市，帮助众多企业设计和实施股权激励方案，为多家成长性企业引入风险投资，新三板上市联盟一直专注于探索成长型企业的资本价值需求，为企业提供全方位的上市整体规划，还包括财务规范、融资、股权激励、并购重组等咨询服务，已成为中小企业实现新三板融资的最有利推手。

第一部分　新三板介绍

第二部分　投行业务

第五部分 未来趋势

第一部分

新三板介绍

新三板，即全国中小企业股份转让系统的俗称，企业在新三板挂牌不但可以通过股份转让、定向增发、发行私募债、银行授信等金融工具享受到企业上市融资、规范治理、品牌提升等诸多好处，更是给中国经营者一次由“企业家”向“资本家”转变的制度性机会。

第一章 新三板的历史沿革

新三板与主板、创业板一样都是资本市场中一个独立板块，最大的区别是新三板属于场外市场（OTC），因而在新三板挂牌的公司不能公开发行，但可以定向发行、公开转让。在新三板挂牌的条件较主板、创业板要低得多，没有财务指标要求，也不限行业、不限地域，实质性的要求为成立两年、业务明确、持续经营、治理机制健全、合法规范经营、股权明晰、券商督导等七个方面。新三板的制度体系与主板、创业板相似，都有准入制度、发行制度、并购重组制度、信息披露制度、交易结算制度。新三板最有特色的制度是做市商的交易制度与转板制度。新三板是为解决小微企业融资难的问题而生的，符合条件的小微企业都可以上新三板，但从目前实践来看，新三板中仍然是高新技术企业占了绝大多数，任何有潜力的企业都会受到资本市场热捧。截至2015年5月初，在新三板挂牌的企业已经达到2360家，总股本1077亿股，其中流通股本376亿股。预计未来三年，新三板挂牌企业将以每年1500家的速度增加，到2017年末达到7000～10000家。2014年8月25日做市系统已经上线，集合竞价系统不久也会推出，转板机制也即将推出。随着挂牌企业数量增多，对企业进行分类管理即在市场内部进行分层是必然趋势。

一、新三板基本情况

“新三板”市场最初特指在北京中关村科技园区内的非上市股份有限公司进入代办股份系统进行转让试点，因为在此挂牌交易的都为高科技企业，这与三板市场内退市企业、原STAQ以及NET系统挂牌公司有所不同，所以被形象地称为“新三板”。

政策支持和IPO预期，是资金蜂拥新三板的最大动力。中国证监会原主席尚福林提出的2011年八大工作重点中，扩大中关村试点范围、建设统一监管的全国性场外市场，即业内惯称的“新三板扩容”，被作为当年证监会主导工作之首。

2012年9月7日，新三板扩容正式开启，6家来自上海张江高新技术产业开发区、武汉东湖新技术产业开发区、天津滨海高新区的企业正式在新三板挂牌。随着新三板市场的逐步完善，我国将逐步形成由主板、创业板、场外柜台交易网络和产权市场在内的多层次资本市场体系。

2013年在第二批25家挂牌企业中，北京占10家、武汉6家、上海5家、天津4家，这也是全国股份转让系统业务规则公布实施后在新制度框架内第二批被审核通过的挂牌企业，新三板挂牌企业共达244家。

新三板的多家公司在股东人数不突破200人的条件下，已经并正在进行定向增发实现再融资，将大大为新三板增添吸引力。

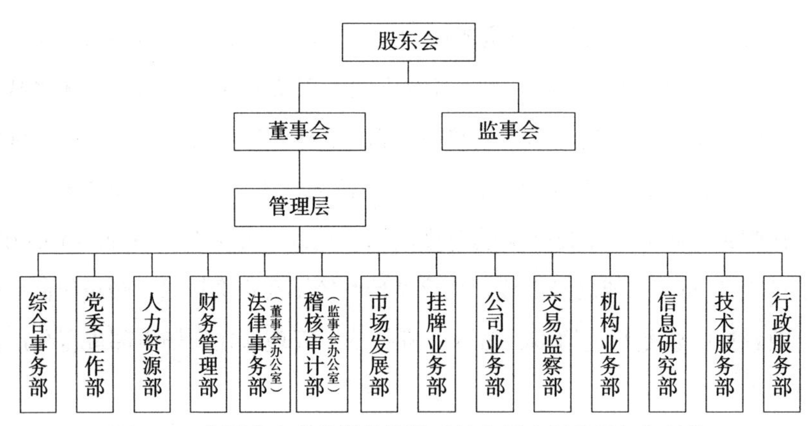

图 1-1 全国中小企业股份转让系统有限责任公司组织结构

延伸阅读

全国中小企业股份转让系统（俗称“新三板”）是经国务院批准设立的全国性证券交易场所，全国中小企业股份转让系统有限责任公司为其运营管理机构。2012年9月20日，公司在国家工商总局注册成立，注册资本30亿元。上海证券交易所、深圳证券交易所、中国证券登记结算有限责任公司、上海期货交易所、中国金融期货交易所、郑州商品交易所、大连商品交易所为公司股东单位。注册地：北京市西城区金融大街丁26号。法定代表人：杨晓嘉。

全国中小企业股份转让系统有限责任公司的经营宗旨是：坚持公开、公平、公正的原则，完善市场功能，加强市场服务，维护市场秩序，推动市场创新，保护投资者及其他市场参与主体的合法权益，推动场外交易市场健康发展，促进民间投资和中小企业发展，有效服务实体经济。

全国中小企业股份转让系统有限责任公司的经营范围是：组织安排非上市股份公司股份的公开转让；为非上市股份公司融资、并购等相关业务提供服务；为市场参与人提供信息、技术和培训服务。

设立全国中小企业股份转让系统是加快我国多层次资本市场建设发展的重要举措。全国中小企业股份转让系统有限责任公司将在中国证监会的领导下，不断改善中小企业金融环境，大力推动创新、创业，积极推动我国场外市场健康、稳定、持续发展。

二、新三板的演变与发展阶段

“新三板”是业界对“中关村科技园区非上市股份有限公司代办股份报价转让系统”的俗称，其背后涵盖了我国场外股份交易从“两网”到“三板”再到“新三板”的漫长历程。

“两网”即1990 年成立的STAQ 法人股流通市场以及1993 年成立的NET 法人

股市场，成立的初衷是为解决法人股流通问题，但在1998 年金融危机发生后，监管部门对证券市场尤其是发展不成熟的场外市场进行全面取缔，“两网”也被关闭。

“两网”停止带来了法人股无法流通的难题，为解决这一问题，证券业协会指定申银万国等6家证券公司代办原“两网”系统挂牌公司的股份转让业务，由此确立了我国由证券代办股份转让业务的场外交易制度，代办股份转让系统也于2001年7月正式开通。此后，陆续有6家主板公司退市，转入代办股份转让系统挂牌，该系统也承担起完善退市机制的历史重任。而业内，这个“证券公司代办股份转让系统”被称为“三板”。

2006年国务院发布《关于实施若干配套政策的通知》，其中明确规定“推进高新技术企业股份转让工作，启动中关村科技园区未上市高新技术企业进入证券公司代办股份转让系统进行股份转让试点工作。”

此后，2006年1月先后有中关村园区高新企业挂牌，中关村科技园区非上市股份有限公司股份报价转让即正式成为三板市场的一部分，为与原来的三板市场区分，被称为“新三板”。

2006年1月，根据国务院的决定，中关村科技园区非上市股份公司进入证券公司代办股份转让系统进行股份转让试点。

2010年4月，中国证监会成立国家高新技术产业开发区非上市公司股份转让试点暨场外市场建设筹备工作领导小组及其工作机构，姚刚副主席任领导小组组长。

2011年2月，国务院副总理王岐山主持会议， 研究证券场外市场建设有关问题。会议要求，逐步探索建立全国统一的证券场外市场。

2011年3月，国务院发布《中华人民共和国国民经济和社会发展第十二个五年规划纲要》提出：“扩大代办股份转让系统试点，加快发展场外交易市场。”

2012年3月，中国证监会全国场外市场筹备组成立；5月，筹备组工作团队组建完成。

2012年7月，国务院同意扩大非上市股份公司股份转让试点，在中关村园区基础上，新增上海张江、武汉东湖、天津滨海高新区进入试点范围；同意设立全国中小企业股份转让系统，组建运营管理机构。

2012年9月7日，扩大非上市股份公司股份转让试点合作备忘录签署暨首批企业挂牌仪式在京举行。

2012年9月20日，全国中小企业股份转让系统有限责任公司在国家工商总局完成登记注册。

2013年1月16日，举行全国中小企业股份转让系统揭牌仪式，即新三板交易所成立。

2013年6月19日，国务院总理李克强主持召开国务院常务会议，会议决定加快发展多层次资本市场，将中小企业股份转让系统试点扩大至全国，鼓励创新、创业型中小企业融资发展，扩大债券发行，逐步实现债券市场互通互融。

2013年12月14日，国务院正式发布《关于全国中小企业股份转让系统有关问题的决定》，标志着全国中小企业股份转让系统正式扩大至全国范围，不限地域、不限行业、200人以下股东不审批。

2014年1月24日，266家企业在中小企业股份转让系统集体挂牌公开转让，新三板上的挂牌公司将一举达到600家。

2014年5月19日，股转系统独立开发的证券交易系统正式上线。

2014年8月15日，在股转系统挂牌的企业达到1012家。

2014年8月25日，做市商制度正式实施，首日43只做市股票交易活跃，涨幅最大的是行悦信息（430357），涨幅为128.03%。

截至2015年5月初，在新三板挂牌的企业已经达到2360家，总股本1077亿股，其中流通股本376亿股。

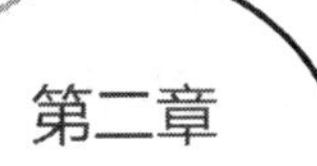

第二章 新三板与主板、中小板、创业板、四板的区别与联系

一、新三板与主板、创业板有何区别

企业上新三板挂牌门槛低。

① 无硬性财务指标要求。新三板更看重企业的持续经营能力，对营业收入、净利润等财务指标无硬性要求。实际操作中，为完成改制，经审计的净资产至少应达到500万元。

② 挂牌条件弹性较大。创业板、中小板的上市条件众多：在主体资格、独立性、规范运行、财务会计、募集资金投向等方面都有严格限制（如，创业板发行条件仅明文规定的就有19条）。而目前新三板挂牌的法定条件仅6条，且多为定性指标，具体尺度由主办券商判断、把握。例如，报告期内实际控制人变更等情况，只要有充足理由说明对公司的持续经营能力没有影响、对未来发展有利，一般不构成挂牌的障碍。

③ 挂牌成本低。公司支付给各个中介的费用不到主板、创业板的1/10，且地方政府一般会提供财政补贴，企业的改制、挂牌成本极低。

④ 周期短。从主办券商进场到股票挂牌一般需要半年左右时间，而主板、创业板上市，从接受辅导到股票上市则一般需要2年以上的时间。

⑤ 可自行选择融资对象及融资时点。主板、创业板市场只能选择IPO方式向不特定对象发行新股融资，上市当时就要稀释原股东的股权，上市后再融资也要经过严格的审批程序。而在新三板挂牌则可由企业自行决定是否融资，以及融资

时点、融资对象。例如，紫光华宇由于股东看好企业前景普遍惜售，挂牌以来只发生过一笔交易。

⑥ 适度信息披露原则。与主板、创业板相比，新三板对强制披露事项、流程进行简化。例如，不要求披露季报，指定网站披露即可。

表2–1　　新三板与创业板、主板的区别比较

项目	新三板	创业板	主板
主体资格	非上市股份公司	依法设立且合法存续的股份有限公司	依法设立且合法存续的股份有限公司
经营年限	存续满2年	持续经营时间在3年以上	持续经营时间在3年以上
盈利要求	具有持续经营能力	最近2年连续盈利，最近两年净利润累计不少于1000万元且持续增长。（或）最近1年盈利，且净利润不少于500万元，最近1年营业收入不少于5000万元，最近2年营业收入增长率均不低于30%	最近3个会计年度净利润均为正数且累计超过3000万元
资产要求	无限制	最近一期末净资产不少于两千万元，且不存在未弥补亏损	最近一期末无形资产（扣除土地使用权、水面养殖权和采矿权等后）占净资产的比例不高于20%
股本要求	无限制	发行后股本总额不少于3000万元	发行前股本总额不少于人民币3000万元
主营业务	主营业务突出	最近2年内没有发生重大变化	最近3年内没有发生重大变化
实际控制人	无限制	最近2年内未发生变更	最近3年内未发生变更
董事及管理层	无限制	最近2年内没有发生重大变化	最近3年内未发生重大变化
成长性及创新能力	创新、创业型企业	“两高五新”企业	无限制
投资人	具备相应风险识别和承担能力的特定投资者	有两年投资经验的投资者	无限制
信息披露之定期报告	年报和半年报	年报、半年报和季报	年报、半年报和季报
备案或审核	备案制	审核制	审核制

表2-2　　新三板与中小板、创业板准入条件对比

板块	新三板	中小板	创业板
主体资格	股份公司	股份公司	股份公司
经营年限	依法设立且合法存续2年以上的股份有限公司，有限公司整体变更可以连续计算	依法设立且合法存续3年以上的股份有限公司，有限公司整体变更可以连续计算	依法设立且合法存续3年以上的股份有限公司，有限公司整体变更可以连续计算
主营业务	业务明确	最近3年内没有发生重大变化	发行人应当主要经营一种业务，最近2年内主营业务没有发生重大变化
盈利要求	具有持续经营能力，无硬性财务指标要求	最近3个会计年度净利润为正且累计超过3000万元； 最近3个会计年度经营活动现金流量净额累计超过5000万元；或最近3个年度营业收入超过3亿元	最近2年盈利：2年净利润不少于1000万元 最近1年盈利：净利润不少于500万元，营业收入不低于5000万元
资产要求	无	最近一期末无形资产（扣除土地使用权、水面养殖权和采矿权等后）占净资产的比例不高于20%； 最近一期末不存在未弥补亏损	最近一期末净资产不少于2000万元，且不在在未弥补亏损
股本要求	无要求，但要求挂牌前实际缴付	发行前股本总额不少于3000万元	发行后股本总额不少于3000万元
持续盈利能力	具有持续经营能力即可	要求	要求
公司治理	公司治理结构健全，合法规范经营	最近3年董事、高级管理人员没有发生重大变化、实际控制人不得变更	最近2年董事和高级管理人员没有重大变动，实际控制人没有变更
重大变化	最近2年管理层、主营业务、控制人可以变更	最近2年管理层、主营业务、控制人不得变更	最近3年管理层、主营业务、控制人不得变更
持续督导	主办券商推荐并持续农督导	证券上市当年剩余时间及后2年完整会计年度	证券上市当年剩余时间及其后3个完整会计年度

表2–3　　新三板与中小板、创业板交易制度对比

板块	新三板	中小板	创业板
交易模式	做市商交易 竞价交易 协议交易	竞价交易	竞价交易
交易单位	1手（1000股）	1手（100股）	1手（100股）
交易时间	相同	相同	相同
涨跌幅	不设涨跌幅限制	±10%	±10%
结算方式	T+1 多边净额担保交收	T+1 多边净额担保交收	T+1 多边净额担保交收
证券账户	深交所证券账户	深交易所证券账户	深交易所证券账户
资金账户	第三方存管资金账户	第三方存管资金账户	第三方存管资金账户

表2–4　　新三板与中小板、创业板信息披露对比

板块	新三板	中小板	创业板
性质	适度信息披露	强制性	强制性
年报\中报\季报	要求\要求\鼓励	要求\要求\要求	要求\要求\要求
临时报告	要求（少于主板）	要求	要求
财务报告审计	要求	要求	要求
券商信息披露	主办报价券商披露风险提示公告等	不要求	不要求
披露场所	系统网站	交易所网站 指定媒体	交易所网站 指定媒体
信息披露监管	主办券商督导	交易所自律监管 证监会行政监管	交易所自律监管 证监会行政监管

表2–5　　新三板与中小板、创业板监管制度对比

板块	新三板	中小板	创业板
监管制度	备案审查	核准制	核准制
审批机构	全国股份转让系统公司、证监会	证监会	证监会
保荐期	主办券商终身督导	3年	2年

二、新三板与四板的区别

四板，也就是我国区域性的股权交易市场，包括湖南股交所、武汉股权交易中心、上海股权托管交易中心等，目前四板已经覆盖全国很多省。四板是为了特定区域内的四板挂牌企业提供股份、债券的发行和转让、发行私募债券，帮助企业获得市场关注，是我国多层次资本市场的最基础环节，也好似我国多层次资本市场建设体系中不可或缺的一部分。四板的使命在于促进企业特别是中小企业股权交易和融资、鼓励科技创新和激活市场资本，加强对实体科技企业的支持，保持中小企业的活力。

而新三板的业务则面向全国，且门槛比四板要高，所有的新三板挂牌公司在通过证监会核准后，上市成为公众公司，可以采取公开的方式进行交易。而四板属于场外交易，为了防止风险，交易必须遵守非公众、非标准、非连续的原则。非公众指的是股东人数不得超过200人，非标准是指交易标的不能是标准化的，而是非标准化的资产，也可以称之为权益包。非连续指的是交易方式的非连续化。而新三板没有这些原则，股东人数可以超过200，交易方式也没有这些限制，并且新三板采取的是做市商做市制度，这和四板的交易制度有着很大的区别。同时，四板与新三板也是有联系的，企业在四板经过培育达到要求后，也可以转板至新三板。

近些年，不少地方政府纷纷在上马建设股权交易中心，根据统计，国内已成立或正处筹备期的区域股权交易市场已超过了20家，其中有一定影响力的包括上海股权托管交易中心、天津股权交易所、前海股权交易中心等。不少投资者，甚至部分有挂牌融资意向的企业表示，分不清这些区域性股权交易中心与新三板的区别。

作为继沪深交易所之后经国务院批准的第三家全国性证券交易场所，全国中小企业股份转让系统（新三板）与区域性场外市场存在本质区别。对此，证监会副主席姚刚指出，2011年国务院出台清理整顿地方交易场所的37号和38号文件，对地方区域性股权交易市场限制了五条红线不能碰，所以区域性股权市场是私募的市场、非公开的市场，而新三板是公开的全国市场，这是两者定位上最大的区别。

为了防止风险外溢，根据国务院《关于清理整顿各类交易所切实防范金融风险的决定》（2011年38号文）的有关要求，区域性股权交易中心应严格执行“不得采取集中竞价、做市商等集中交易方式进行交易；不得将权益按照标准化交易单位持续挂牌交易，任何投资者买入后卖出或卖出后买入同一交易品种的时间间隔不得少于5个交易日；权益持有人累计不得超过200人”的有关规定，即“非公众、非标准、非连续”以及股东人数不超过200人的要求，其市场服务范围也具有地区限制。同时，地方股权交易中心与交易所主板之间，尚未开通转板IPO的绿色通道，地方股权交易中心挂牌企业如果要上市，必须先完成股交中心退市，才能递交主板IPO申请。

而全国中小企业股份转让系统（新三板）是覆盖全国的证券交易场所，其挂牌公司是经中国证监会核准的公众公司，其交易方式和股东人数不受上述限制，而且基于公众公司的法律基础，挂牌公司只要符合交易所上市条件，即可向交易所申请转板。全国中小企业股份转让系统总经理谢庚介绍说：“新三板于2013年1月16日正式揭牌运行，是国务院批准设立的全国性交易场所，法律地位来说跟上海深圳证券交易所没有本质的区别，都是国务院批准设立的全国性证券市场，它的公司是纳入证监会管理和监管的非上市公众公司，股东人数可以超过200人，交易方式可以是标准化的、可以是连续的。从市场性质来讲，新三板和沪深交易所没有区别，它的区别在于服务领域不同，沪深证券交易所服务的是相对成熟的企业，而新三板的定位是服务中小企业。”

随着准入门槛的降低和全国性扩容，新三板将对地方性股权交易市场形成越来越大的冲击。据了解，已经有一些企业准备从区域股权交易所退出，转入新三板市场。按目前的规定，同为股权托管机构，企业只能选择其中一家作为股权托管场所。而不少企业转投新三板，除了看好新三板灵活便捷的融资机制外，更是看好未来新三板灵活的交易制度以及对转板的预期，而这几点恰是地方股权交易中心所无法实现的。

向全国大扩容的新三板市场，会形成一个新的“千军万马过独木桥”的局面，而四板市场作为多层次资本市场体系金字塔结构中的底层一基础层，也具有自己的七大相对优势。

三板和四板有许多共同点，如都是场外市场，都是服务非上市公司，都是服务在各行业、各地区高成长性的，相对优质的企业，是合法转让股份的市场，而不同点在于，三板服务是全国企业，四板市场明确规定是省级市场和区域市场“一个是全国粮票，一个是地方粮票”。其二，交易规则有区别。新三板股东将突破200人，做市商制度，都是值得期待的。四板目前是按国务院去年38号文规定，不能集中竞价，不能连续交易，不能突破200位股东等，共是5条红线。

三板和四板之间，不是对抗，是充分衔接，互为补充。四板定位应是向新三板输送企业的孵化器，在挂牌容量、挂牌成本、信息对称等方面，四板市场对于企业和投资者来说，均有优势。四板市场，是低端市场 ，应该有意愿，也有能力去做一些个性化服务，如做定向推介、交易撮合、税务咨询等，还可以帮企业拓展外地市场，帮他们解决一些法律纠纷，甚至家庭纠纷，提供一些交易所市场不能提供的服务。这些都需要各个股权区域中心主动的提高服务质量和水平。

三、新三板的定位及影响

截至2013年，我国中小企业已超过1200万家，占全国企业总数的99%，创造了60%的国内生产总值（GDP），贡献了50%的财政税收，但中小企业在发展过程中面临诸多困难，需要政策的支持与鼓励。如融资难、股权流动性差，资源整合力度弱，难以形成品牌优势，难以吸引优秀人才，经验不足、难以准确定位，政策失衡和歧视性。在国家为解决中小企业融资难问题背景下推出全国中小企业股份转让系统，即新三板。

合理定位新三板，构建企业核心竞争力，开创自身发展道路。目前很多预备加入新三板的中小企业本身效益很好，在所在的行业领域中亦有较大的影响力，但是缺少对企业未来发展方向的规划，未能构建出企业的核心竞争力，只是想通过加入新三板，借助新三板的“信号效应”方便融资，进一步扩大规模，增加产量，而缺少对市场需求未来发展方向的把握。因此，合理定位新三板非常重要，必须对企业自身的优劣加以分析，借加入新三板的契机，构建企业核心竞争力，开创自身发展道路。

从最开始在中关村的试点，到如今在全国扩充了该市场的规模，新三板是产权交易市场，是证券化了的股份交易市场，而不是股票交易市场。这和A股主板市场、中小板市场和创业板市场是不一样的。新三板市场是场外交易市场（OTC）。场外交易市场是股票市场，它具有股票发行和交易功能，它可以对外公开发行股票，最大的特点不是在交易所市场发行上市交易，而是柜台发行与交易（现代场外交易市场是电子化发行与交易系统，如美国的纳斯达克系统）。在场外市场发行与交易主要是中小企业的股票。

新三板市场主要针对高科技和中小企业，一方面通过新三板市场盘活资产存量，一方面可在此做上市前的准备，调整结构。新三板定位于为成长性、创新型中小企业提供股份转让和定向融资服务，这将有利于加强对经济薄弱环节的支持，促进民间投资和中小企业发展。

目前创业板的进入门槛较高，众多的中小微企业达不到上市条件，难以利用股票市场进行直接融资，而新三板则定位于为成长型、创新型中小企业提供股份转让和定向融资服务，满足市场需求。新三板的扩容将会促进民间投资和中小企业发展。对于创投机构来说，新三板扩容将为其带来投资新机遇。在新三板挂牌企业数量增加的同时，挂牌企业股东人数的突破也将使得其交易日益活跃，使得创投机构在面临更多投资标的时，退出渠道将较以往更加顺畅。高新园区内的中小企业均是具有良好成长性的创新型企业，创投机构在帮助园区内企业解决资金问题之余，还能为被投企业带去先进的技术、规范的管理及广阔的市场，这会促进企业成长。如果能够使新三板挂牌公司获得到交易所上市的“绿色通道”，会吸引更多高新技术企业和中小企业到新三板市场上挂牌交易。

新三板成立后，资本市场服务面得到了拓宽，这将有利于缓解交易所市场的发行上市压力，稳定市场预期。新三板市场是对A股市场以及其他公开发行市场的准备和补充，因此其扩容对A股市场不形成冲击，交易只涉及资产存量，不涉及增量，而普通个人投资者也不直接参与。按现有制度安排，新三板当前的投资者准入范围不会对二级市场造成投资者分流。由于当前允许的机构投资者仅限于法人、信托、合伙企业，自然人限于挂牌前的自然人股东或定向增资等原因持有公司股份的自然人，因此还不会对二级市场的投资者产生直接影响。

此外，目前新三板市场并没有IPO功能，只能挂牌后定向增资。公司如果定向增资需要向中国证券业协会备案，并实行逐个审批的核准制。从过去的定向增资金额看，单个公司定向增资规模在几百万到几千万元之间，定向增资规模还远低于场内市场。因此对A股市场和投资者不会造成很大冲击。

根据近几年来新三板实际发挥的作用，同时结合各方面专家的思路，笔者对未来新三板的功能定位进行了如下总结：

（一）挂牌公司所属行业分析

新三板运行伊始，市场对新三板给企业和投资者带来的好处缺乏了解，企业和投资者的参与意愿普遍不足。为鼓励企业到新三板挂牌，新三板并未对挂牌公司的行业属性进行限制。

截至2014年12 月，挂牌公司已涵盖信息技术、制造业、新能源、生物医药、新材料、文化传媒等传统产业和新兴产业。从实际运行效果看，不同行业所属的企业成长性存在差距：从历年年报数据看，新能源、节能环保行业等国家政策鼓励的行业，容易产生超预期增长；信息技术、新材料行业的增长较为平稳；传统制造业和专业性过强、市场容量较小的行业成长性均受到一定限制。剔除企业管理和公司治理带来的不确定性，行业属性是影响企业成长性的重要因素。

中国共产党十七届五中全会把经济结构战略性调整作为未来五年加快转变经济发展方式的主攻方向。资本市场是实体经济的助推器，其对于优化我国资源配置方式、改善企业融资结构、推动现代企业制度的确立以及促进产业结构的优化升级和经济发展方式的转变发挥了越来越重要的作用。新三板作为我国多层次资本市场的重要组成部分，是创业板的蓄水池和高新技术企业的孵化器，随着挂牌公司家数的增加，在调整产业结构中发挥的作用越来越大。

（二）创业板与新三板功能定位比较

创业板是在调整经济结构、创建创新型国家的大背景下推出的，目的是要为中小创新型、成长型企业搭建与其特点相匹配的投融资体系。它的出现，为这类企业的飞速发展插上了资本之翼，不仅为其提供了资金血液，也为其实现跨越式发展提供了丰富的资本运作手段，比如期权激励、换股收购等；其强烈的财富效益也会激励更多有识之士投入到创业大潮。在功能定位方面，创业板与新三板存在以下几方面差异。

第一，从企业规模看，创业板规模相对偏大，进入成长初期，在细分行业里做到了领先的位置。新三板服务对象则是处于初创后期、有技术、有产品、有一定盈利模式的高新技术企业，虽然这些企业有了一定的技术基础，有一定的市场基础，但是还未形成规模式发展。

第二，行业分布角度，创业板对拟上市企业的行业属性有相对明确的要求，重点选择“两高六新”（高成长、高科技与新经济、新服务、新农业、新能源、新材料、新商业模式）企业。从已上市的创业板公司分析，其行业分布显现出明显的“五新三高”（新经济、新技术、新材料、新能源、新服务与高技术、高成长、高增值）的特征。新三板的行业定位是高新园区中处于初创期的企业，这些企业行业分布广泛，行业分布方面主要集中于信息技术、制造业、生物医药、新能源、新经济、新材料、新农业、节能环保、文化传媒、咨询服务等，在行业分布上更具有包容性。

第三，从财务指标角度，创业板实际的发行上市财务门槛较高，许多中小高科技企业望而兴叹。

创业板和新三板之间层次分明。放眼诸多高新园区内，满足创业板的企业是其中的佼佼者，通过挂牌新三板进入资本市场是更多企业的现实选择，新三板是创业板的蓄水池和孵化器。企业需要与资本市场衔接，首先应当认清自己的发展阶段，选择与发展阶段相适应的板块。

（三）资本市场与高新技术企业

长期以来人们对资本市场的认识存在两种误区：第一，把资本市场等同于上市发行股票；第二，认为只有那些规模较大且盈利能力强的企业才能与资本市场接轨。

造成这种误区的原因有两个：第一，我国没有完全建立起多层次资本市场，很长时间以来我国的资本市场只有场内市场（主板、中小板、创业板），没有场外市场，新三板虽然属于场外市场，但是2006 年才开始试点，挂牌公司家数比较少，其功能没有得到大面积显现，发挥的作用尚未深入人心；第二，新中国资本市场从无到有的历史只有20年，人们对资本市场的认知有一个过程，很多民众不知道场外市场是何物，更谈不上参与场外市场了。

资本市场发达国家的经验表明：资本市场与实体经济是相辅相成的，资本市场的核心价值在于辅助实体经济的成长，为实体经济添砖加瓦，成为实体经济的助推器。企业通过资本市场进行融资实现扩大再生产，壮大自己的实力，同时为投资者带来回报。投资者选择企业的主要动因在于看好其成长性，而非企业的规模大小。我国高新园区的很多企业都是初创期的企业，有了一定的技术和知识产权与产品，形成了一定的商业模式，但缺乏资金支持让其中一些企业失去了扩大再生产的良机。我国资本市场应适应多元化的投融资需求，不仅满足成规模企业的再发展融资需求，也要为初创期的这些企业提供融资平台，促进这些企业的成长。新三板正是为初创期的企业量身打造的资本市场平台，如果其功能得到最大限度发挥，对国民经济发展的贡献将难以估量。

（四）新三板未来的功能定位

产业结构调整需要新三板，高新园区企业需要新三板，未来新三板的定位应结合产业结构调整和高新技术企业的融资需求两个方面。在行业属性要求上，一方面，新三板应该鼓励信息技术、生物医药、新能源、新经济、新材料、环保、现代物流等国家鼓励发展的行业；另一方面，影响企业经营业绩的原因非常多，行业因素只是其中之一。新兴行业与传统行业的划分是相对的、阶段性的，实施行业差别对待、优先支持具备创新能力的新兴行业企业挂牌。不搞终身制，应随着国家政策的变化做出相应调整。

新三板公司规模小，抗风险能力较弱，其业绩、股价波动都会比较大，风险也必然大于以传统和成熟企业为主体的主板市场以及创业板市场。要加强信息披露管理、投资者适当性管理、投资者教育工作等，保证系统稳健运行。

通常存在下列情形的公司，较难获得主办券商的推荐。

第一，不具备持续经营能力的园区公司，具体包括：

① 拟挂牌企业最近一年的净利润主要来自合并财务报表范围以外的投资收益、非经常性损益。

② 拟挂牌企业最近一年的营业收入或净利润对关联方或者有重大不确定性的客户存在重大依赖（超过30%以上）。

③ 拟挂牌企业在用的商标、专利、专有技术、特许经营权等重要资产或者技术的取得或者使用存在重大不利变化的风险。

第二，出资存在实质性瑕疵的公司。公司历次的出资行为均会在工商部门留痕，因此一旦出资出现瑕疵往往难以修复。而出资行为又直接影响挂牌主体的合法性，因此，不可修复的出资瑕疵会形成进入资本市场的实质性障碍。对于以无形资产出资的，应特别关注，重点核查其资产权属、与公司业务的相关性及评估作价的真实性。

第三，不符合“五个独立”要求的公司。要求拟挂牌企业资产完整，业务及人员、财务、机构独立，具有完整的业务体系和直接面向市场独立经营的能力。与控股股东、实际控制人及其控制的其他企业间不存在同业竞争，以及严重影响公司独立性或者显失公允的关联交易。

第四，存在重大违法违规情形的公司，即公司及其控股股东、实际控制人最近两年内存在损害投资者合法权益和社会公共利益的重大违法行为，存在未经法定机关核准，擅自公开发行股票或者公开转让股票的情形。

第五，生产经营活动不符合法律、行政法规和公司章程的规定，不符合国家环境保护政策要求的公司。

新三板对于完善并发展我国多层次的资本市场具有十分积极的意义。在现有的情况下，小微企业的融资矛盾相对于大公司的融资矛盾而言更为严峻，上市企业有更多的渠道和相对较低的成本获得资金，而小企业在获取信贷资金方面就已经困难重重，新三板的扩容有望给有能力发展壮大的企业带来一个新的机遇。新三板的影响是多重的：

① 宏观来看，新三板可以提高资金的配置效率，可以让资金流向更为合理，并在一定程度上弥补我国现有信贷对小企业支持的不足。

② 对于有能力发展壮大的小微企业，特别是其中大量的高新技术企业而言，可以提高他们的融资便利，降低资金对企业发展的限制。这将促进这类小微企业的快速发展，可以缓解就业压力、激活经济，并不断地提高我国产品的技术含量，提升产业层级。

③ 新三板的扩容可以缓解主板市场发行的压力，新三板接近注册制的挂牌条件对于希望上市的企业而言都是比较容易满足的要求。再加上扩容之后，小微企业在满足条件后加入，其内部治理结构将极大地完善并促使企业更注重于自身的良性发展。股权资源供给的增加也会促使中介机构更注重企业的质量。

新三板的上线对建立健全我国的多层次资本市场有着重大且深远的意义。所以，对于中小企业而言，应该将登陆新三板视为企业在资本市场的“信号灯”。其对于企业最大的作用在于其“信号效应”，即主动向市场中潜在投资者发出信号，从而消除已有的信息不对称。一方面使得企业融资变得更为便利。根据证券从业协会统计数据显示，大量的机构投资者参与新三板市场挂牌公司的定向增资，挂牌公司的定向增资越来越受到机构投资者的青睐。另一方面使得市场可以很容易发现一批业绩优良的“明星企业”，从而给予更多的关注和投入。使优质公司可以从新三板市场登陆中小板市场或者创业板市场，再到主板市场，最终成长为中国经济发展的支柱。

新三板作为我国场外资本市场的核心市场，是在证监会统一领导下的多层次资本市场的重要组成部分，对完善我国资本市场体系具有举足轻重的作用，根据2013年12月14日国务院发布的《关于全国中小企业股份转让系统有关问题的决定》，“一、充分发挥全国股份转让系统服务中小微企业发展的功能。全国股份转让系统是经国务院批准，依据证券法设立的全国性证券交易场所，主要为创新型、创业型、成长型中小微企业发展服务。境内符合条件的股份公司均可通过主办券商申请在全国股份转让系统挂牌，公开转让股份，进行股权融资、债权融资、资产重组等。申请挂牌的公司应当业务明确、产权清晰、依法规范经营、公司治理健全，可以尚未盈利，但须履行信息披露义务，所披露的信息应当真实、准确、完整”。

新三板作为我国资本市场的重要组成部分，挂牌新三板即进入了中国资本市场，新三板将基本实现企业的公开运作功能，具体表现在以下几个方面：

第一，提高综合融资能力：引入外部机构股权投资者，多数新三板公司在增资过程中，创投机构占50%以上，发行市盈率也提高；增加股东的抵押贷款能力，金融机构将逐步对新三板挂牌公司实行股权质押贷款；增加授信，新三板企业规范运作、财务清晰、前景广阔，将获得银行等金融机构更高的授信额度。

第二，股份转让功能。股东股份可以合法转让，提高股权流动性。

第三，转板上市功能。2013年12月14日，国务院决定已经明确提出“建立不同层次市场间的有机联系”，全国股份转让系统的转板制度具体明确后，可优先享受上市主板、创业板市场的“绿色升级通道”。

第四，价值发现功能。资本市场具有发现价值、合理定价的市场功能，进入新三板的企业的整体价值会反映在股票价格上，市场最终会给企业一个合理的定价。

第五，加快公司发展功能。挂牌前，新三板的挂牌条件要求公司治理结构完善、运作规范，这会提高企业的管理水平。挂牌后，企业将通过以下两种途径为创业板、中小板的上市积累资本市场的经验：股转公司、主办券商对企业管理层、董事会秘书进行系统的培训；主办券商持续对公司治理、经营管理、业务发展提供专业意见。

第六，宣传效应功能。新三板是全国性的市场，聚集一批优质高成长性、高新技术企业，挂牌有助于扩大公司的知名度，树立行业内龙头地位，提升品牌价值——成功挂牌新三板如同在中央台砸下1亿元广告资金的影响力。

第七，资本运作功能。新三板吸引了很多风险投资基金的进入，公司挂牌新三板，可以通过新三板进行市场化的兼并、收购、股权债权融资、股权激励、员工持股等，资本运作功能较为齐全。

第三章 新三板全国扩容后现状

新三板挂牌企业近年来呈现快速增长的势头，现已超过1700家，挂牌企业数量大幅增长的一个重要原因是新三板较于其他板块对挂牌企业的要求和限制较低：除了对信息披露的规范性和透明度有一定要求，既取消了专门针对高新技术企业的限制，也没有明确的盈利要求，甚至不追究企业的历史问题。

2014年新三板市场数据：2014年新增挂牌公司1216家，占全部公司总数的77%。2014年成交量同比放大10倍，成交额同比放大15倍。2014年融资次数是历年总和的2.92倍，融资量是历年总和的3.95倍。2014年个人投资者同比增长5倍；机构投资者同比增长3.6倍。2014年81家新三板挂牌企业股价涨幅超过10倍。

2014年协议转让和做市转让的最高涨幅分别是921.49倍和53倍。2014年做市转让企业市盈率高出协议转让72%。2014年24家挂牌公司并购重组，涉及资金30.96亿元。2014年三板企业中制造业占比56.17%，信息传输业占比22.9%，二者合计近80%。2014年三板企业中95%以上挂牌公司股东人数在100人以下。

一、新三板市场获得跨越式发展

2014年在挂牌数量、市场成交、估值、融资能力等方面，新三板市场都有大幅提升。预计新三板市场仍将是贯穿2015年全年的资本市场亮点。新三板指数发布、竞价交易、市场分层、放宽投资者准入等值得期待。第一，2006年新三板诞生；2013年6月，国务院决定国务院确定将中小企业股份转让系统试点扩大至全国；2014年优先股、做市商、机构投资者获准入，2014年是新三板迅猛发展的一年，政策制度的关键词可以概括为：创业板单独层次、做市交易、注册制、分层管理、竞价交易等。第二，2014年新三板挂牌总数1572家，新增挂牌1216家，占全部挂牌公司总数77%；总股本658.35亿股，总市值591.42亿元。

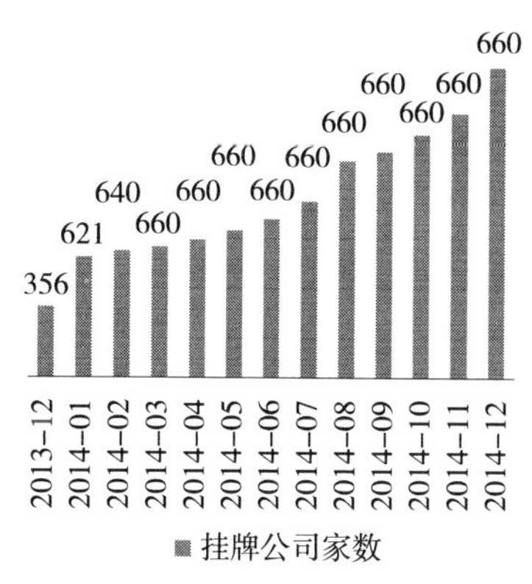

图 3-1　2014 年挂牌公司数量变化

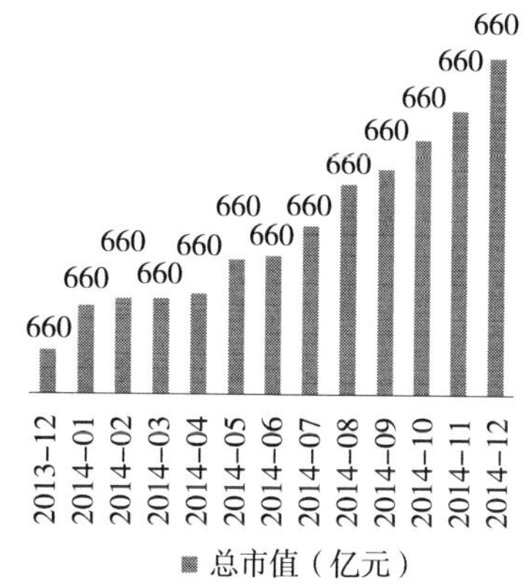

图 3-2　2014 年总市值变化

新三板行业分布：制造业、信息传输、软件和信息技术服务业软件和信息技术服务业、建筑业、科学研究和技术服务业挂牌公司家数占比均在3%以上，四者合计占比86.20%。

表3-1　　挂牌公司行业分布

行业名称	挂牌公司数	家数占比（%）	总股本（亿股）	总股本占比（%）
创造业	883	56.17	339.73	51.60
信息传输、软件和信息技术服务业	360	22.90	84.85	12.89
建筑业	57	3.63	26.85	4.08
科学研究和技术服务业	55	3.50	13.15	2.00
农、林、牧、渔业	38	2.42	23.87	3.62
租赁和商务服务业	30	1.91	11.41	1.73
文化、体育和娱乐业	28	1.78	7.09	1.08
批发和零售业	26	1.65	12.37	1.88
水利、环境和公共设施管理业	24	1.53	9.12	1.39

续表

行业名称	挂牌公司数	家数占比（%）	总股本（亿股）	总股本占比（%）
交通运输、仓储和邮政业	15	0.95	6.55	1.00
采矿业	14	0.89	7.22	1.10
金融业	12	0.76	106.44	16.17
卫生和社会工作	11	0.70	2.21	0.49
居民服务、修理和其他服务业	7	0.45	2.19	0.33
电力、燃气及水生产和供应业	5	0.32	1.91	0.29
教育	4	0.25	0.91	0.14
综合	2	0.13	1.18	0.18
住宿和餐饮业	1	0.06	0.30	0.05

地域分布：北京、江苏、上海和广东居前，挂牌公司数量50家以上的省份有北京、江苏、上海、广东、山东、湖北、浙江和河南，合计比73.99%。

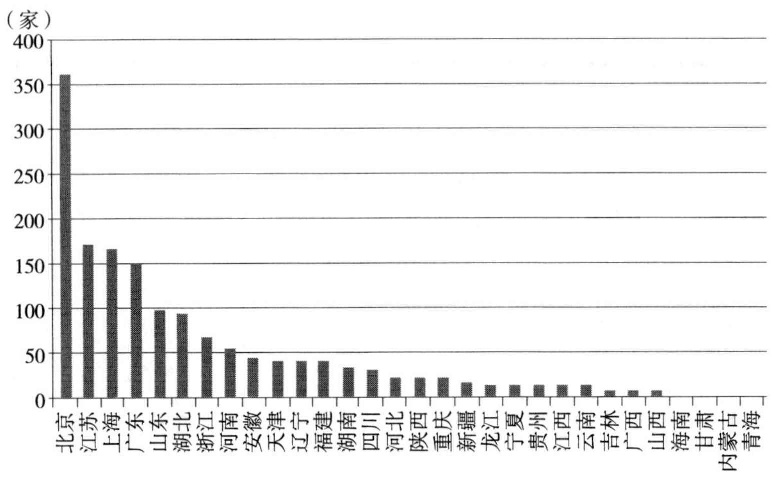

图 3–3 挂牌公司地域分布

总股本排名：九鼎投资、湘财证券和联讯证券居前；总股本前10名挂牌公司当中，金融行业占6家，其余4家分别为健力股份（材料）、博硕光电（信息技术）、成大生物（医疗保健）云南路桥（工业）。

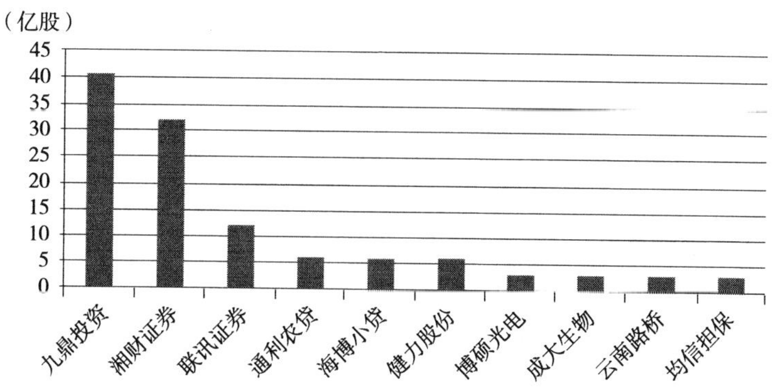

图 3–4 总股本前 10 名

市值总排名：九鼎投资、新产业和中科软居前。总市值前10名挂牌公司当中，金融行业3家，分别是九鼎投资、联讯证券和湘财证券；医疗保健行业3家，分别是新产业、仁会生物和星昊医药；信息技术2家，分别是中科软和凯立德；其余两家分别是锡成矿业（材料）和金达莱（工业）。

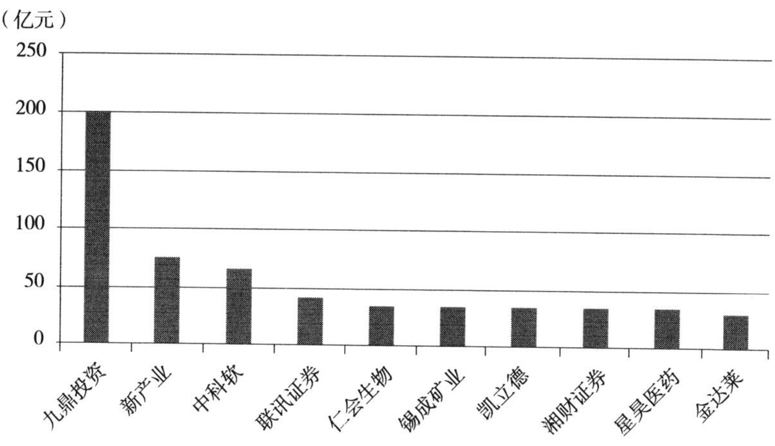

图 3–5 总市值前 10 名

股东人数分布：95%以上挂牌公司股东人数在100人以下。挂牌公司股东人数相对集中，200人以上公司仅12家，占比0.6%；101 ~ 200人的公司51家，占比3.24%。95%以上挂牌公司股东数在100人以下。

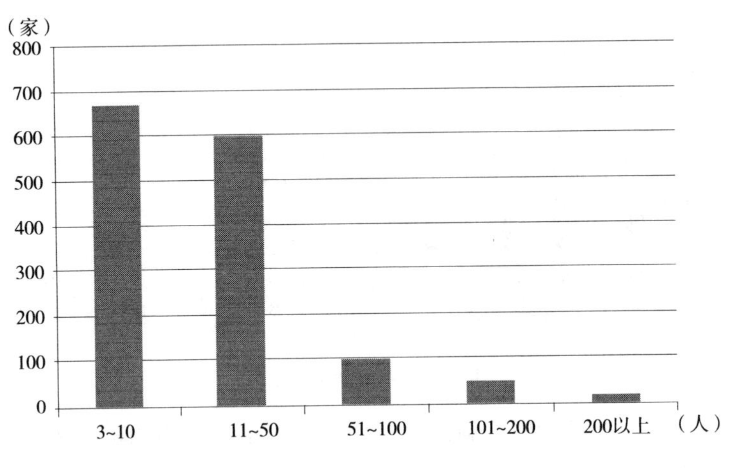

图 3-6　股东人数分布

2014年成交量同比放大10倍，成交额同比放大15倍。2014年诞生了许多大牛股，81家新三板挂牌企业股价涨幅超过10倍。从行业来看，教育、医疗、通信、电、软件等行业靠前。

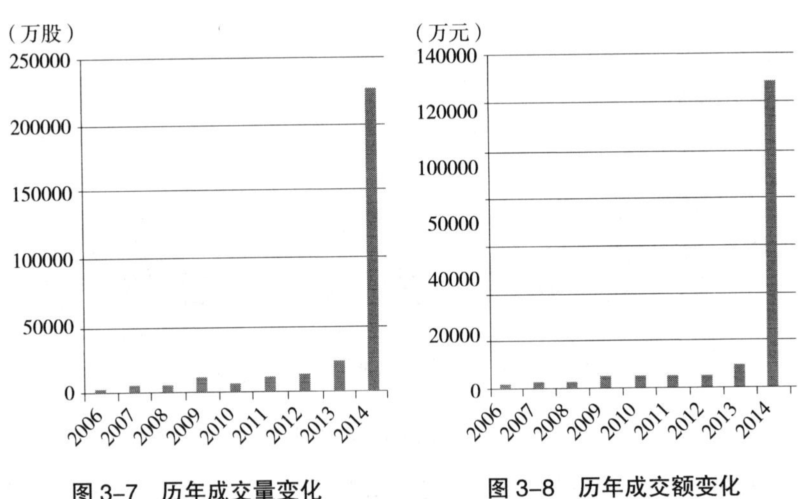

图 3-7　历年成交量变化　　**图 3-8　历年成交额变化**

2014年，新三板挂牌公司成交量22.82亿股，同比放大10.27倍；成交额130.36亿元，同放大15.02倍。

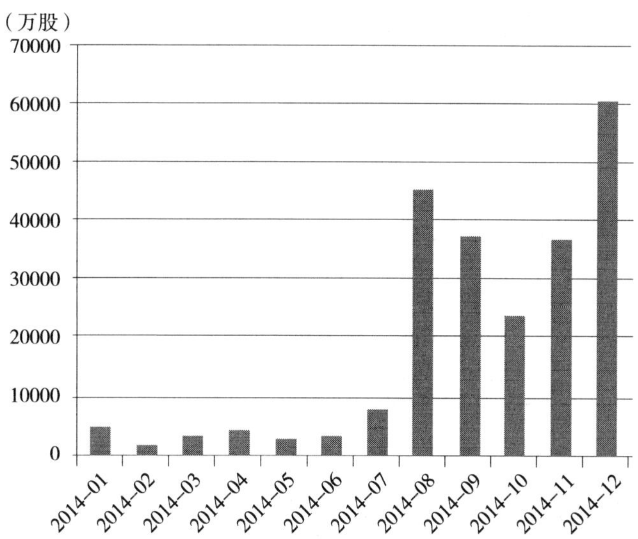

图 3–9　2014 年每月成交量变化

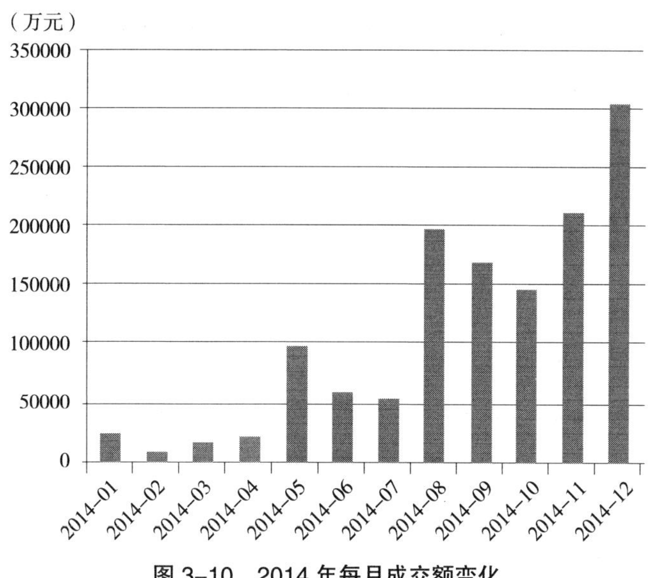

图 3–10　2014 年每月成交额变化

2014年8月份开始，成交量和成交额均明显放大，12月成交量和成交额最高，分别为6.04亿股和31.04亿元，换手率达3.25%。

新三板市盈率：做市转让高出协议转让72%，做市转让部分市盈率2014年8月份开始提升明显，12月已达27.75倍，高于协议转让部分72%，协议转让部分市盈率维持13～18倍。

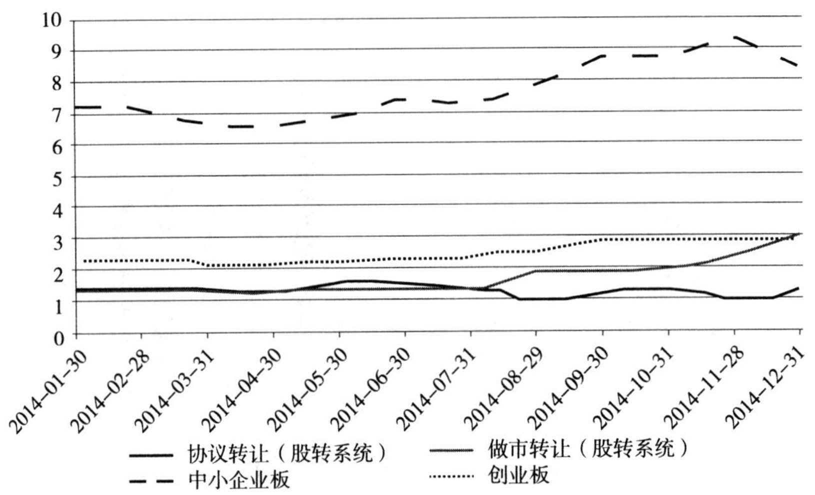

图 3-11 每月市销率变化（整体法，以 2013 年财务数据为基础）

新三板市净率：做市转让12月份高出中小板21%，做市转让部分市净率2014年7月开始明显抬升，2014年12月为4.87倍，首次超过中小板，高出中小板21%。

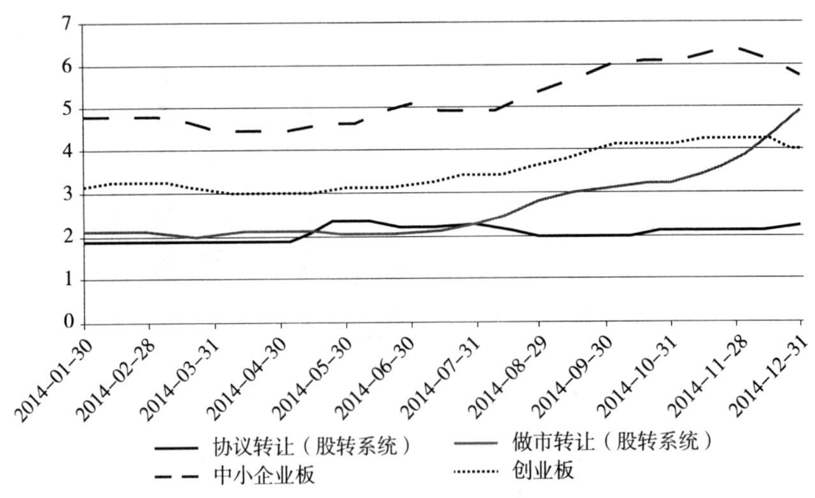

图 3-12 每月市净率变化（整体法，以 2013 年财务数据为基础）

新三板协议转让成交排名：九鼎投资占总成交一半，成交量前10名的挂牌公司合计成交10.83亿股，占全部成交量67%，其中九鼎投资全年成交8.61亿股，占协议转让部分全部成交量53%。成交额前10名的挂牌公司合计成交63.82亿元，占全部成交量74%，其中九鼎投资全年成交45.56亿元，占协议转让部全部成交额53%。

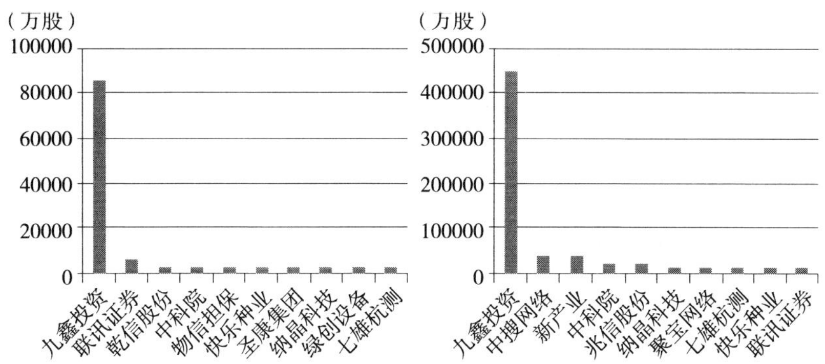

图 3–13 2014 年区间成交量排名(协议转让) **图 3–14 2014 年区间成交额排名(协议转让)**

新三板做市转让部分成交排名中悦信息成交量最大。

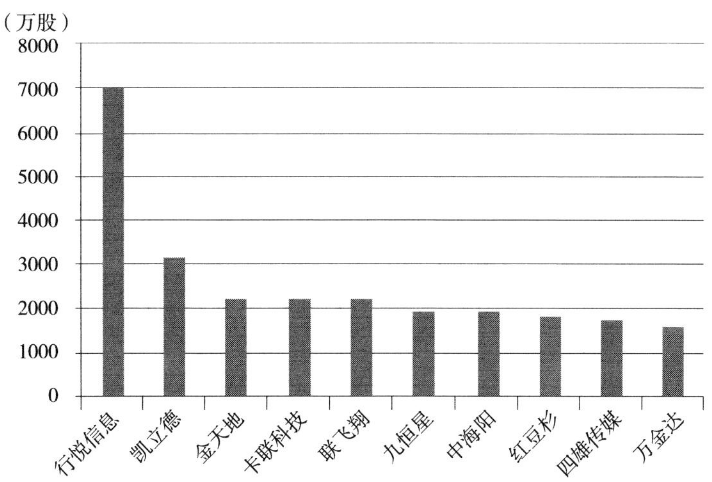

图 3–15 2014 年区间成交量排名（做市转让）

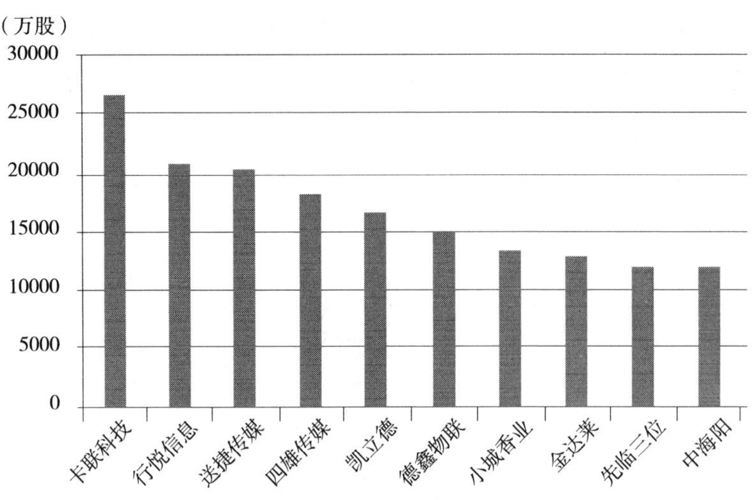

图 3-16　2014 年区间成交额排名（做市转让）

新三板做市转让做市商数量排名：伯朗特 8家居首，目前采取做市转让方式的挂牌公司合计122家，其中57家挂牌公司做市商数量为2家，65家挂牌公司做市商数量为3家及以上。其中，伯朗特做市商家数为8家，位居首位；峻岭能源做市商家数为7家，居其次；公准股份、布雷尔利、哇棒传媒、金天地、万绿生物和中瀛鑫做市商家数为6家。

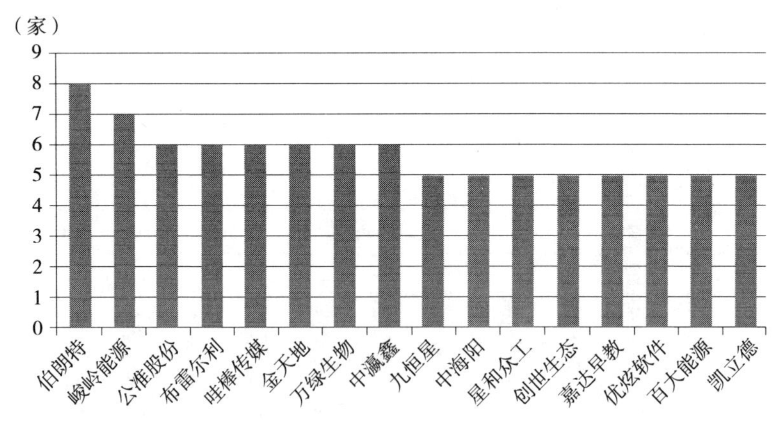

图 3-17　5 家及以上做市商的挂牌公司

新三板换手率排名：协议转让兆信股份和做市转卡联科技最活跃 。

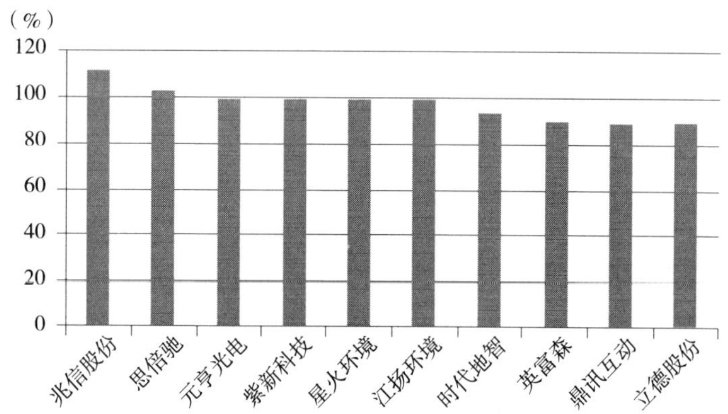

图 3-18 2014 年区间换手率排名（协议转让）

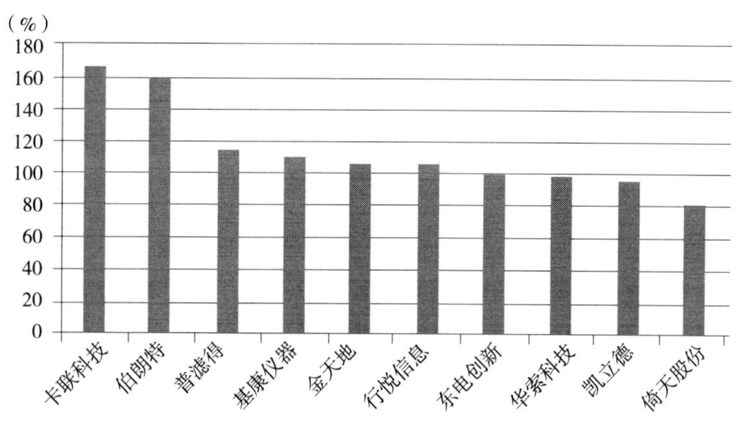

图 3-19 2014 年区间换手率排名（做市转让）

在新三板涨跌幅排名中，九鼎投资涨921.49倍，哇棒传媒涨53倍。协议转让部分和做市转让部分年度涨幅前10名挂牌公司2014年开盘价均为1元，协议转让部分涨幅前10名部分挂牌公司年度成交较少，例如，新天药业涨幅38倍年度成交仅3.9万元，天松医疗涨幅35倍年度成交仅10.8万元，大汉三通涨幅27.37倍年度成仅75.15万元。

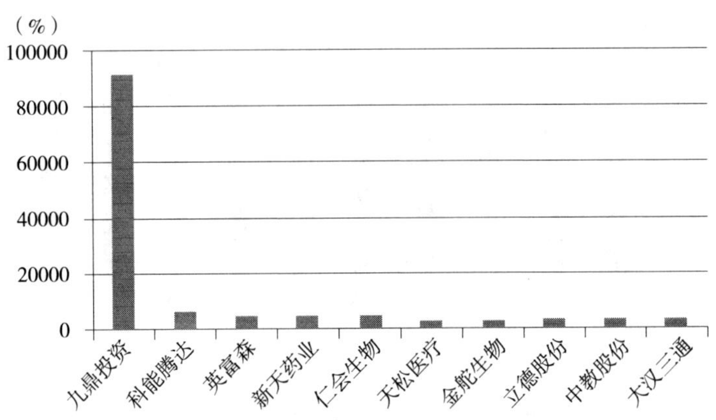

图 3-20　2014 年区间涨跌幅排名（协议转让）

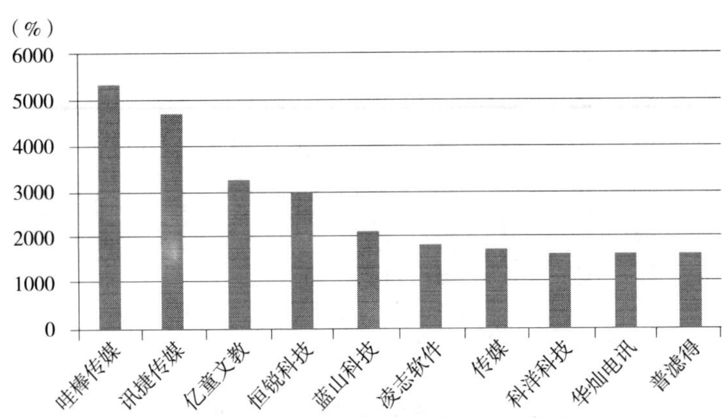

图 3-21　2014 年区间涨跌幅排名（做市转让）

2014年融资额是历年总和的2.92倍（次数）和3.95倍（金额）。2014年新三板共计实施定向发行327次，占2007年以来发行次数总量的74%，为2007～2013年发行次数总量的2.92倍；2014年定向发行涉及资金总额129.99亿元，为2007–2013年募总额的3.95倍。

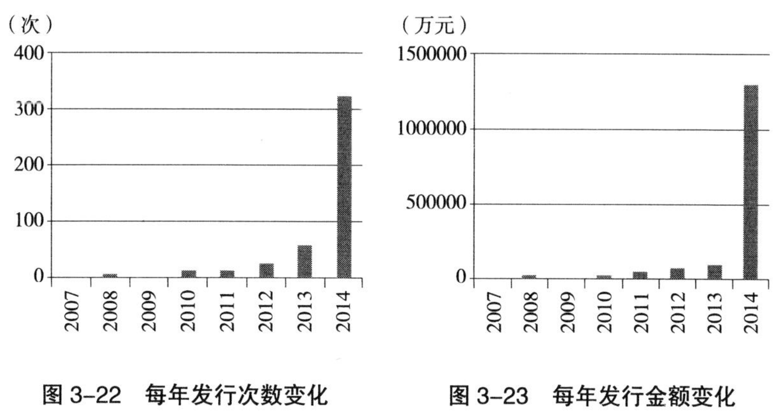

图 3–22 每年发行次数变化　　**图 3–23 每年发行金额变化**

新三板定向发行行业分布以制造业、信息技术和建筑业最多。定向发行地域分布以北京、上海、江苏最多。定向发行次数排名中楼兰股份发行5次居首。2014年发行次数居前的分别为楼兰股份（5次）、凯立德（4次）、布雷尔利（3次）和扬讯科技（3次），还有28家挂牌公司发行次数为2次，其余发行次数均为1次。定向发行融资金额排名里，九鼎投资涉及资金57.87亿元居首，九鼎投资定向发行募资57.87亿元，高居榜首，其中35.37亿元认购方式为资产认购。募集资金在1亿元以上的挂牌公司共计有15家。定向发行市盈率排名里，百文宝发行市盈率911倍居首，定向发行市盈率相对靠前的挂牌公司主要集中在信息技术和电信服务两个行业，两者合计占60%，其余4家为希芳阁（工业）、九鼎投资（金融）、雪郎生物（日常消费）和新昶虹（工业）。

表3–2　　定向发行行业分布

行业分类	发行金额（万元）	发行金额占比（%）	发行股数（万股）	发行股数占比（%）	发行次数
创造业	312584.82	24.05	69658.10	26.37	157
信息传输、软件和信息技术服务业	167266.23	12.87	27053.10	10.24	97
建筑业	14512.00	1.12	4425.33	1.67	14
农、林、牧、渔业	18839.69	1.45	4327.30	4.64	9

续表

行业分类	发行金额（万元）	发行金额占比（%）	发行股数（万股）	发行股数占比（%）	发行次数
科学研究和技术服务业	10600.50	0.82	3336.88	1.26	8
文化、体育和娱乐业	17562.00	1.35	3008.29	1.14	7
水利、环境和公共设施管理业	21060.00	1.62	5010.00	1.90	6
卫生和社会工作	6394.40	0.49	1753.00	0.66	5
交通运输、仓储和邮政业	3236.28	0.25	1188.73	0.45	5
批发和零售业	4990.76	0.38	1807.03	0.68	5
采矿业	4804.50	0.37	873.41	0.33	4
租赁和商务服务业	20220.00	1.56	11250.00	4.26	4
金融业	678676.59	52.21	129391.15	48.96	3
综合	16000.00	1.23	415.00	0.16	1
电力、燃气及水生产和供应业	820.00	0.06	410.00	0.16	1
教育	2310.00	0.18	350.00	0.13	1

2014年，共有24家挂牌公司并购重组，涉及资金30.96亿元。参考《非上市公众公司重大资产重组管理办法》的有关规定，符合重大资产重组的挂牌公司有8家，涉及资金总额13.74亿元，其中新冠亿碳被东江环保子公司东江环保再生能源有限公司收购而摘牌。被收购：兆信股份交易金额最大，索享股份被收购PE最高，参考《非上市公众公司重大资产重组管理办法》的有关规定，8家公司符合公司收购的判断标准，收购涉及总额合计2.21亿元，涉及金额最大的为兆信股份（1.48亿元），收购市盈率最高的是索享股份（432倍）。被收购而终止挂牌：铂亚信息交易金额最大，8家挂牌公司被上市公司、上市公司参股子公司或拟上市公司收购，涉及资金金额15.01亿元，收购涉及资金金额最大的为铂亚信息，涉及资金金额5.25亿元；收购市盈率最高的为屹通信息，高达80倍。

表3-3 挂牌公司被收购情况

序号	证券代码	证券简称	收购方	交易金额（万元）	公司估值（万元）	收购市盈率（倍）
1	430531	瑞翼信息	通光电（002491）	11500.00	22577.00	18.90
2	430364	屹通信息	东方国信（300166）	45100.00	45100.00	80.00
3	430026	金象制药	沃森生物（300142）参股于公司	—	—	—
4	430679	嘉宝华	拟上市公司	—	—	—
5	430115	阿姆斯	芭四股份（002170）	14260.00	14260.00	23.70
6	430706	杨业信息	欧比特（300053）	52500.00	52500.00	17.66
7	430710	光装备	亚盛股份（002559）	10586.58	10586.58	7.54
8	830804	日新传导	宝胜股份（600973）	16200.00	16200.00	11.44

多元金融服务、教育、医疗、通信、电子、软件等行业的三板公司2014年涨幅居前。最新趋势是教育公司、节能环保公司正计划大量在新三板布局。新三板个人投资者43980户相比2013年增长5倍；机构投资者4695，增长3.6倍。

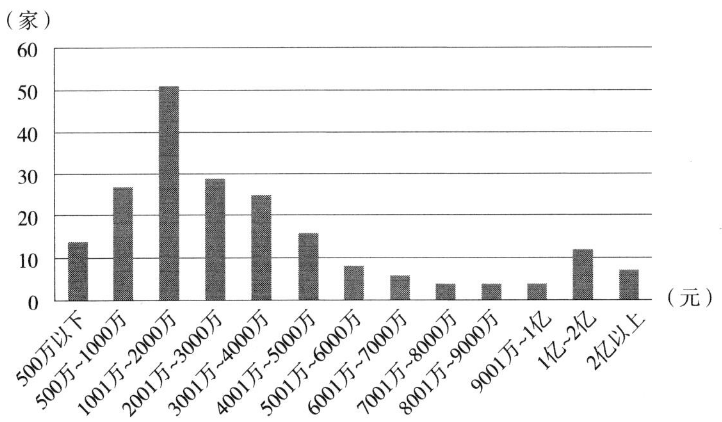

图 3-24 挂牌前一年营业收入区间图

新三板企业挂牌前一年营业收入平均值为4165.23万元，其中最大为3.65亿元，最小为95.81万元。其中营业收入在500万～3000万元的挂牌企业有107家，占比52.19%。

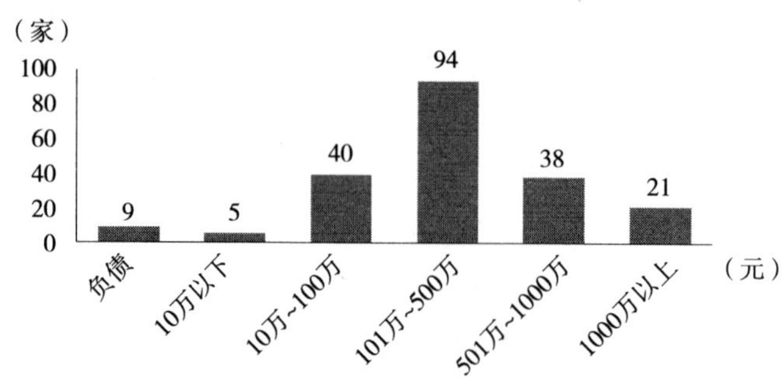

图 3–25　挂牌前一年净利润区间图

新三板企业挂牌前一年净利润平均值为420.42万元，其中最大为4249.92万元，最小为亏损576.98万元。其中净利润在100万～500万元的挂牌企业有94家，占比45.85%。

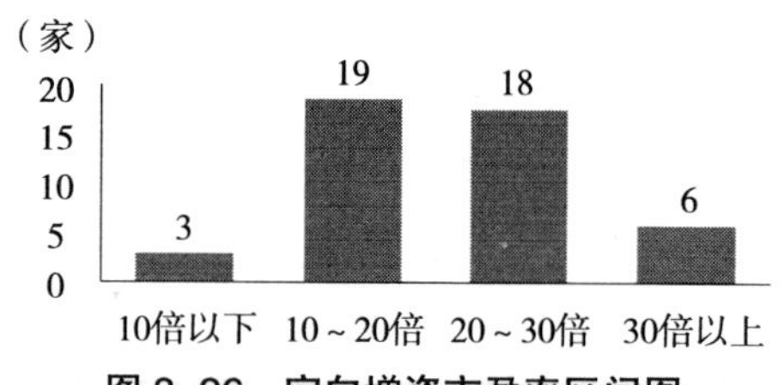

图 3–26　定向增资市盈率区间图

2012年，新三板公司完成定向增发摊薄后的静态市盈率平均为21.32倍，最大为83倍。其中增资市盈率倍数最高的是国学时代（430053），2012年以10元的价格融资1023.5万元，增资市盈率83倍。

表3–4　　7家转板企业信息

新三板代码	企业名称	上市板块	上市日期	上市代码
430007	久其软件	中小板	2009.08.11	002279
430006	世纪瑞尔	创业板	2009.10.30	300016
430001	北陆药业	创业板	2010.12.22	300150
430023	佳讯飞鸿	创业板	2011.05.11	300213
430008	紫光华宇	创业板	2011.10.26	300271
430012	博晖创新	创业板	2012.05.23	300318
430045	东土科技	创业板	2012.05.18	300353

截至2012年12月31日，新三板市场累计挂牌企业205家，其中成功转板企业7家。与新三板扩容前相比较，新三板企业在地域上的分布不仅局限于北上津广，随着中小企业融资需求不断增强，挂牌新三板的辽宁、江苏、山东、河北等地企业不断增多，全国企业争相挂牌。

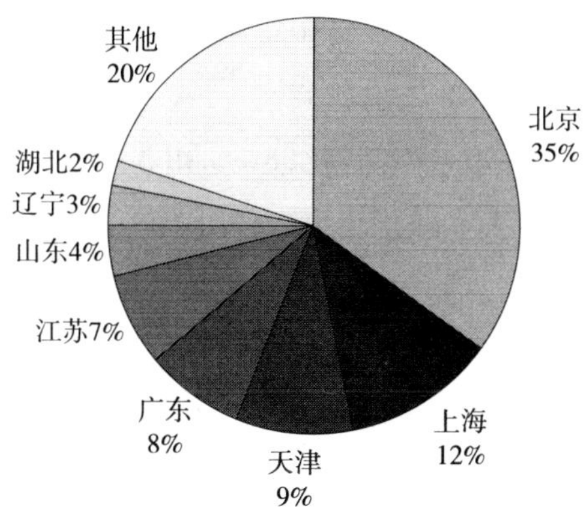

图 3–27　新三板企业地区分布

目前于新三板挂牌的企业TMT行业与制造业居多，分别占到新三板企业总数的1/3左右。其中TMT行业最受PE/VC机构关注。在看好该类行业高成长性、高盈利性的前提下，投资机构会借助新三板这个平台帮助企业调整发展战略、进行新一轮融资，抑或为转板做准备。

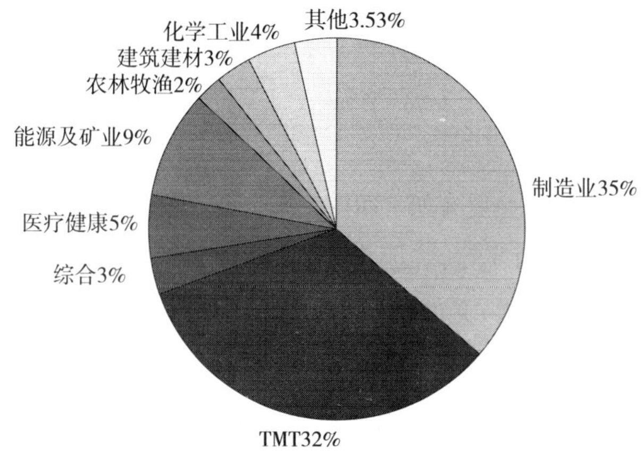

图 3–28　新三板企业行业分布

按照《统计上大中小型企业划分办法（暂行）》，以资产作为划分标志，其中大型企业38家，中型企业478家，小型企业307家。资产规模最大的前五名为：湘财证券股份有限公司（120.66亿元）、云南路桥股份有限公司（56.46亿元）、现代农装科技股份有限公司（32.21亿元）、中科软科技股份有限公司（22.98亿元）、海南琼中黎族苗族自治县农村信用合作联社（19.88亿元）。挂牌公司中资产规模最小的企业，资产总额不足50万元。

2013年新三板企业盈利721家，占比88%，扣非净利润盈利企业619家，占比76%。净利润前五为：中科软科技股份有限公司（13475.50万元），湘财证券股份有限公司（13036.07万元），原子高科股份有限公司（9420.43万元），上海绿岸网络科技股份有限公司（9155.63万元），北京合纵科技股份有限公司（7639.36万元）。从整体来看，净利润超过5000万元的企业有20家。满足创业板上市条件中财务要求的企业320家。

二、新三板企业特点：高成长性与高波动性

表3–5　　新三板企业历年指标均值

指标项	2013	2012	2011	2010	2009	2008	2007
毛利率（%）	50.47	44.29	43.35	43.02	42.93	45.47	45.71
ROE（%）	18.13	17.10	18.87	14.95	13.30	12.63	22.80
EPS（元）	0.28	0.30	0.32	0.30	0.24	0.19	0.27
营业收入增长率（%）	49.07	46.16	45.11	49.91	33.64	31.85	66.98

从整体来看，新三板企业有如下四点特点：

① 盈利规模小：2013年新三板企业平均净利润为728.10万元，几乎为创业板企业净利润均值7524.64万元的1/10；最高为13475.50万元，为创业板最高利润83991.02万元的1/6；扣非净利润均值为519.57万元，最高为13207.26万元。

② 盈利能力强：2013年新三板所有企业毛利润率均值为50.47%，其净利润率均值和扣非利润率均值分别为14.30%和2.80%，EPS均值为0.28元/股。ROE为

18.13%，远高于创业板的7.28%。高盈利性使新三板成为目前投资机构关注的焦点。

③ 增速高：资产较上一年平均增长率为7.70%，营业收入增长率为49.07%。从近3年的数据看，新三板挂牌企业增速较快，业绩显著，新三板企业日益显示出其强大的增长能力。

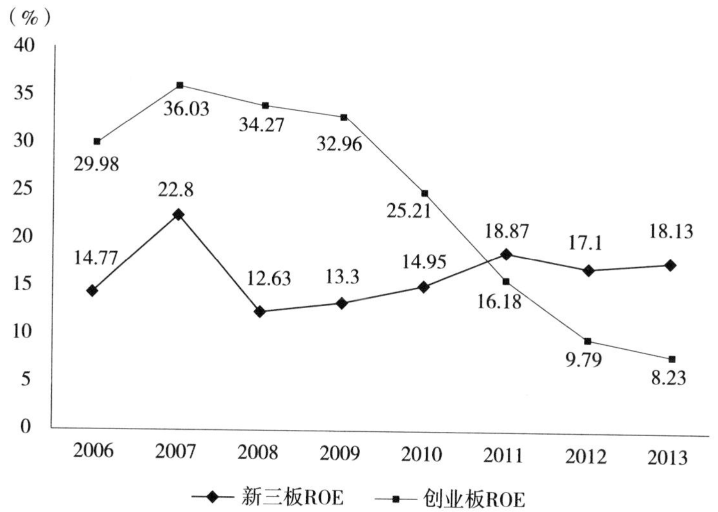

图 3-29　新三板与创业板 ROE 比较

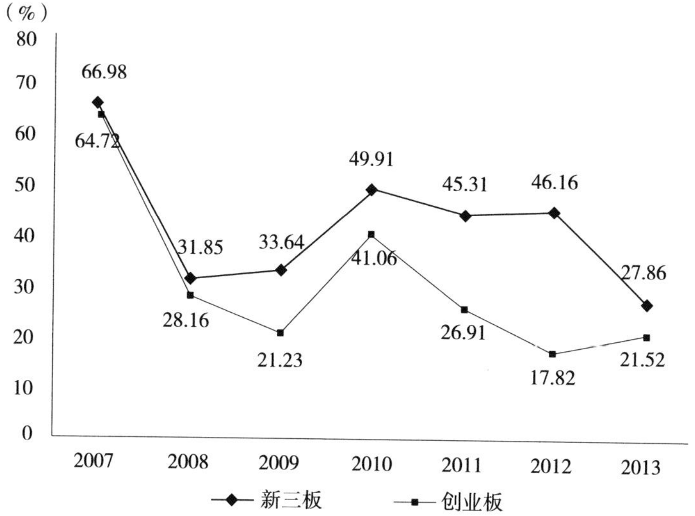

图 3-30　新三板与创业板营业收入增长率比较

④ 波动性大：除个别高额盈利与高额亏损企业，新三板整体净利润在整个盈利区间内分布较为均匀，且企业近3年盈利波动率较高。2013年亏损92家，亏损企业占新三板企业总数1/9左右。其中微盈利（0～50万元）59家，亏损额度不超过50万元者8家。连续2年亏损企业13家，连续3年亏损企业6家。相较于新三板，创业板企业2013年亏损20家，约占创业板企业总数1/19。连续2年亏损3家。净利润波动性、扣非利润波动性、经营现金流波动性方面，新三板企业均高于创业板。从扣非净利润波动性、净利润波动性和现金流量波动性来看，新三板企业在盈利能力和经营能力方面所面临的风险明显较高。虽然其盈利能力强、增速高，但业绩分化大，波动性较大。

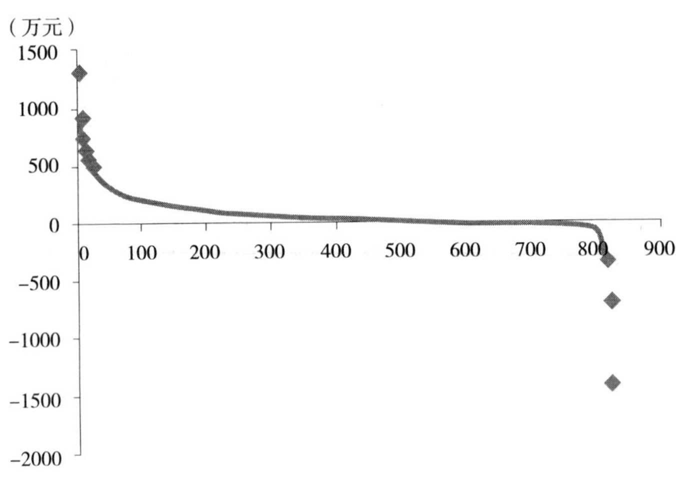

图 3–31　新三板企业净利润分布

表3–6　　扣非利润波动性　　单位：%

板块	新三板	创业板
均值	7.26	2.93
中值	3.78	2.14
最大	194.75	25.93
最小	0.10	0.01

表3–7 **净利润波动性** 单位：%

均值	9.49	3.33
中值	4.87	2.26
最大	260.74	26.65
最小	0.07	0.05

表3–8 **经营现金流波动性** 单位：%

均值	20.32	6.17
中值	13.64	4.72
最大	181.77	57.56
最小	0.41	0.03

（二）闪光企业众多

高成长性和高盈利性是新三板挂牌企业的重要优势，而对某公司的成长能力和盈利能力做出准确判断需要有足够准确的分析：包括目前的宏观经济政策和政府导向、企业所处行业、企业的战略方针、企业的领导团队、企业所拥有的技术以及创新的能力等等。

从整体来看，新三板企业规模较小。资产方面，规模过亿元的企业占到新三板企业总数的36%左右，其中湘财证券资产过百亿，超过创业板企业资产最高。云南路桥、现代农装、中科软等8家企业资产过10亿元。资产1000万元以下企业33家，其中中金网信、酷买网资产总额不足500万元。营业收入方面，2013年度营业收入过亿者共7家，营业收入不足3000万元者288家，占比35%。中科软以28.70亿元位居第一，为创业板最高值得45%，最低东宝亿通年度营业收入仅6.8万元。

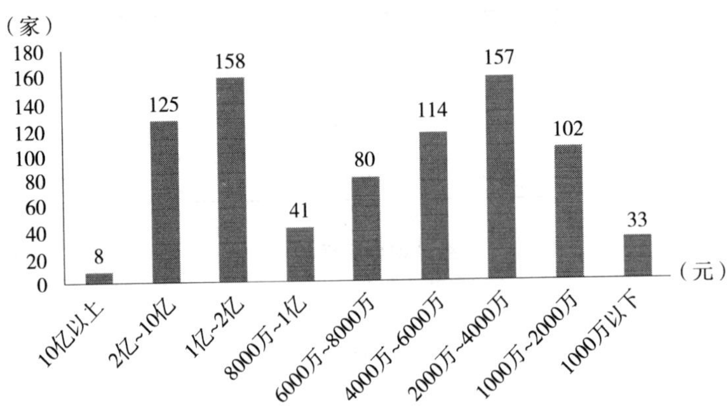

图 3–32　新三板企业资产分布

新三板为规模小但盈利性高的企业提供了良好的平台，在其达不到主板、二板或中小板上市条件下为其提供了新的融资渠道。规模较小企业中的优秀者，借助该平台获得快速发展的机会。高盈利性是新三板企业重大优势。通过ROE、毛利润率、净利润率等盈利性指标与资产、营业收入等规模性指标以及P/E、P/B等值，筛选新三板挂牌企业，寻找规模较小，但盈利水平较高且稳定的优质企业。

新三板企业的高成长性是最吸引投资者的。新三板挂牌的企业多处于成长期甚至初创期，研发成本、固定资本投入较大成为处于该时期的重要特征，即使有些企业营业收入较高，也容易出现亏损。但当其发展到一定规模，净利润往往会有较大突破。因此不仅是扣非净利润，营业收入也是应该重点考虑的指标。

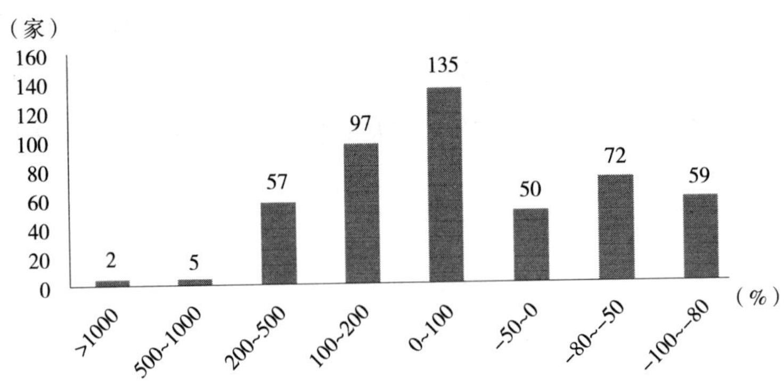

图 3–33　新三板企业扣非净利 3 年复合增长率

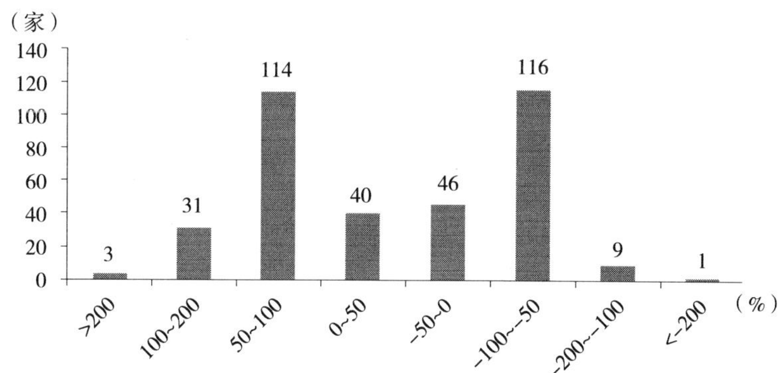

图 3–34　创业板企业扣非净利 3 年复合增长率

为了统计分析的稳健性，笔者选取有连续3年及以上完整扣非净利润的477家样本。通过数据分析，发现，新三板企业最近2年利润增速波动较大，高增长公司多，但增速两极分化严重。在业绩正增长的企业中，复合增速大于100%的有167家，占比33.75%，7家复合增速超过500%；样本中有37.95%的企业利润复合增速为负，且其中有超过一半复合增速低于–50%。

反观创业板的增长率分布，三家企业增长率超过200%。此外，创业板企业的增长率方差小于新三板，表现出一定的稳定性。360家样本企业中，增长率在50%～100%之间的企业占比31.67%，而负增长的企业中，增长率在–100%～–50%之间的企业占比32.22%。新三板企业与创业板相比，表现出高增长率态势。

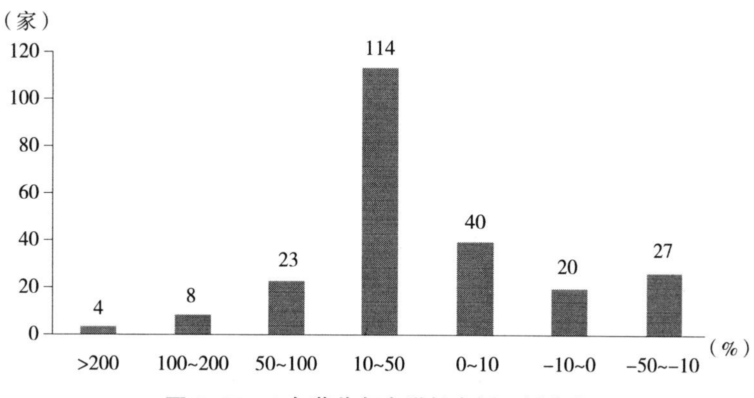

图 3–35　3 年营收复合增长率新三板企业

为了统计分析的稳健性，笔者选取的有连续3年及以上完整营收状况的236家样本。通过数据分析，发现新三板收入增长情况较利润增长稳定。从新三板企业最近3年复合收入增速看，236家样本中有19.92%的公司营收规模萎缩，在收入正增长的企业中，35家复合增速超过50%，而绝大多数企业的增长率在10%～50%之间。

新三板挂牌企业多是不具备上市资格，但处于快速成长期。由于处于初创和成长期经营不稳定，业绩基数低，极其容易大幅波动。因此不能单独考虑净利润状况，是否具有持续稳定的提高营业收入的能力亦显得至关重要。其市场占有率的不断扩大以及其产品或服务正在被市场接受和认可度不断提高，这是企业面向未来的基础，也是立足市场并逐步壮大的关键所在。对于投资机构而言，投资新三板企业，不仅要关注其扣非净利的获取能力和增速，更要关注其营业收入的发展状况，市场占有率的不断提高是其未来业绩发展的基础。

虽然从整体来看，新三板企业规模较小，盈利较少，但仍有5家企业净利润达到创业板均值7524.64万元，13家企业达到创业板企业净利润中值5628.69万元。其中中科软科技股份有限公司、湘财证券有限责任公司净利润超1亿元，超过85%的创业板企业业绩。

表3-9 新三板高盈利企业

证券代码	证券简称	净利润（元）	扣非净利润（元）
430002.OC	中科软	134755044	132072610
430399.OC	湘财证券	130360651	121674199
430005.OC	原子高科	94204314	92898925
430229.OC	绿岸股份	91556253	81867587
430018.OC	合纵科技	76393630	72486783
830815.OC	蓝山科技	69306613	69459850
430049.OC	双杰电气	67270595	62137781
430065.OC	中海阳	65258717	61339605
430017.OC	星昊医药	63449193	60229591

续表

证券代码	证券简称	净利润（元）	扣非净利润（元）
430441.OC	英极股份	62516408	35654983
430225.OC	伊禾农品	61466467	58988569
430539.OC	扬子地板	60405502	56199950
830777.OC	金达莱	56613480	54213408
430021.OC	海鑫科金	55648744	52333693
830800.OC	天开园林	54742099	54842660
830796.OC	云南路桥	54140904	52168551
830837.OC	古城香业	53721884	53261273
430707.OC	欧神诺	53076846	45741414
430596.OC	新达通	52448129	51706198

其中中科软（430002.OC）连续两年盈利过亿（2012年净利润11124万元），作为专门从事计算机软件研发、应用、服务的智能密集型高新技术企业，其在系统软件、支撑软件、建筑智能化工程、行业应用软件等各个层次均表现出强大的竞争力。正确的战略方针、高水平的工作团队、强大的创新能力为中科软带来了丰厚的利润回报。湘财证券（430399.OC）是国内第一家登陆新三板的券商，其登陆新三板为券商发展融资、制定新的战略方针开辟了新的道路。

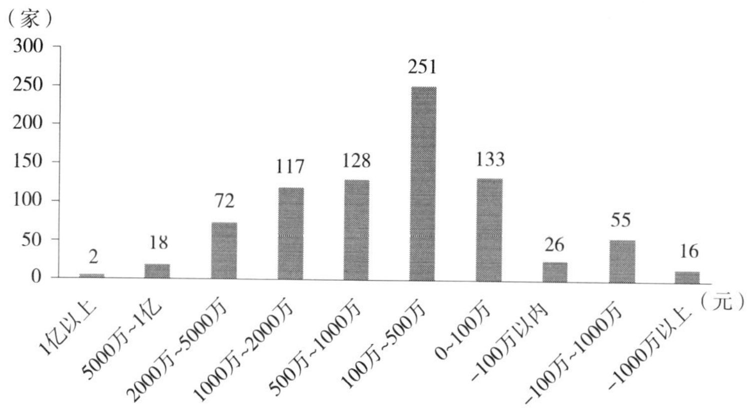

图 3–36　新三板企业净利润分布

相较于主板和二板，新三板企业由于其较高盈利性及低股本稀释，往往具有较高的ROE。2013年新三板企业ROE均值为9.39%，中值为11.86%（同期创业板企业均值为7.48%）。57%的企业ROE高于10%，更有1家企业ROE超过100%达到170%。

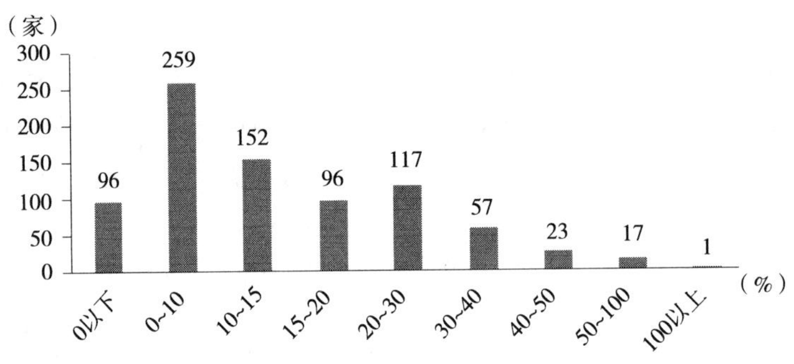

图 3–37　新三板企业 ROE 分布

新三板挂牌几乎“零要求”为处于快速发展期、亟须融资的企业提供了新的融资渠道，同时也造成了新三板整体状况良莠不齐、分化较大。有企业脱颖而出势必有企业被淘汰出局。盈利能力强、发展战略合理的企业势必会经得住市场的挑战，得到投资机构的青睐。

截至2014年7月7日，于新三板挂牌企业中共有237家股东有PE/VC机构的身影，占在板企业总数的29%。新三板挂牌企业已成为投资机构日益青睐的对象。相较于其他板块，虽然面临较高的波动性风险，但巨大的发展空间、强大的盈利能力、较快的发展速度使得新三板企业日益成为投资者眼中的“香饽饽”。新三板市场的发展与完善为中小企业提供了全新的、可靠的融资渠道，为PE/VC机构提供的新的投资目标，也为场外交易的稳定和发展贡献了新的力量。

第四章 新三板——新的融资平台

便利融资就是为企业融资提供方便，大大拓宽了企业融资渠道，包括股权融资和债权融资。这一点也是绝大部分企业挂牌新三板最想达到的目的，也是资本市场最原始的功能。企业登陆新三板即进入中国资本市场，全国中小企业股份转让系统为企业提供了股份公开转让平台，同时也为企业提供了向投资者展示自己的平台，利用这个平台企业可以向特定的投资者募集资金。同时，挂牌企业提升了公众形象，增强了公司实力，容易获得银行等金融机构的授信额度，容易取得银行信贷资金。另外，挂牌公司股票可用于抵押取得银行借款，此外企业还可以发行中小企业私募债筹集资金。为企业股权融资、债务融资提供多种渠道。

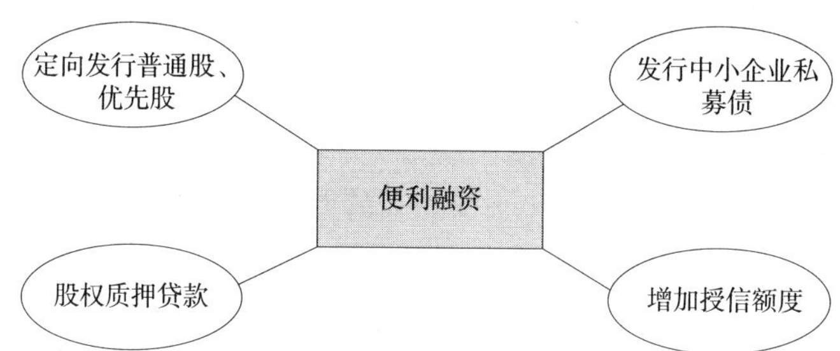

图 4–1　新三板为企业融资提供方便

一、直接融资

新三板直接融资方式主要分为股权融资和债券融资，以“小额、快速、按需融资”为特点，是一种符合中小企业实际情况的市场化融资制度。

（一）股权融资

股权融资是指企业的股东愿意让出部分企业所有权，通过企业增资的方式引进新的股东的融资方式。新三板股权融资具体如下：

1. 定向发行

经中国证监会核准，挂牌公司可定向发行股票，包括向特定对象发行股票导致股东累计超过200人，以及股东人数超过200人的公众公司向特定对象发行股票两种情形。公司挂牌同时可以定向发行股份（类似IPO）。

发行对象为特定对象的范围包括下列机构和自然人：

① 公司股东；

② 公司的董事、监事、高级管理人员、核心员工；

③ 符合投资者适当性管理规定的自然人投资者、法人投资者和其他经济组织。

公司确定发行对象时，符合第②项、第③项规定的投资者合计不得超过35名。

在新三板挂牌的企业最大的限制是不能像主板、创业板上市公司一样公开发行股票，这导致其股票融资能力受到很大的限制，那么新三板挂牌企业要想进行股权融资只能通过定向发行股票进行融资。如果是累计股东超过200人的公司，定向发行还需要向证监会报批。但不管怎样新三板为挂牌企业提供了一个寻找特定对象的全国性平台，可以为挂牌公司寻找到足够资金提供方，这比挂牌公司自己去找要强得多。

定向发行股票融资也是新三板挂牌企业的主要融资方式。据调查统计，现有挂牌公司自挂牌以来截至2014年3月28日，融资总额为112.83亿元。其中股票融资合计38.87亿元，占34.45%；债权类融资合计为73.96亿元，占65.55%。从融资次数来看，挂牌公司各类融资合计1062次，其中股票融资合计146次，债权类融资合计916次，债权类融资的小额快速特征更为显著。按直接融资和间接融资分类口径统计，挂牌公司直接融资金额合计45.95亿元，占40.73%；间接融资金额合计66.88亿元，占59.27%。

近几年来，全国股份转让系统挂牌公司股票融资额稳步上升，2014年一季度，全国股份转让系统挂牌公司股票融资同比显著增长。挂牌公司完成35次股票发行，融资金额为6.01亿元，同比大幅增长（2013年一季度完成定向发行2次，募集金额为0.2亿元），平均每次融资1717万元。此外，尚有拟发行或已完成股票认购的金额合计10.83亿元。

统计分析显示，全国股份转让系统股票融资呈现出三方面的新特点：一是挂牌同时发行次数多；二是机构投资者参与程度高；三是股权激励占比高。2014年一季度，挂牌同时发行14次，占发行总次数的40%以上；具有股权激励性质的有9次，占发行总次数的26%。2013年至2014年3月末已完成的95次股票发行中，有机构投资者参与的占50%以上，共有80家机构投资者参与股票认购；有股权激励目的的股票发行约占发行次数的40%。较为典型的是扬讯科技，2014年3次股票发行全部用于股权激励，股权激励人数合计达105人次。

股票发行估值方面，2013年至2014年3月末95次股票发行平均市盈率为16.65倍，其中有股权激励目的的发行平均市盈率为14.95倍。

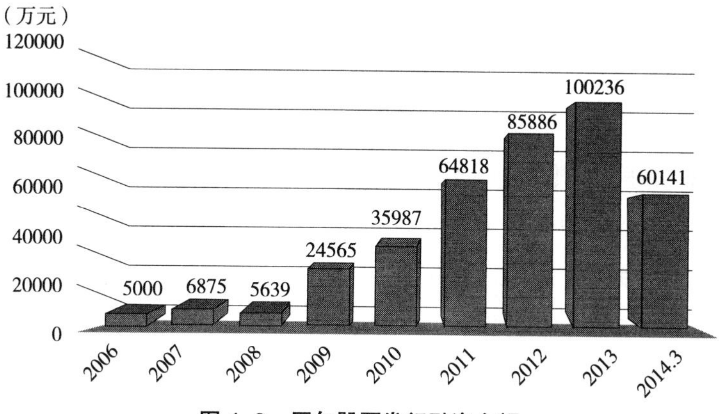

图 4–2　历年股票发行融资金额

2. 橱架发行

公司申请定向发行股票，可申请一次核准，分期发行。自中国证监会予以核准之日起，公司应当在3个月内首期发行，剩余数量应当以12个月内发行完毕。首期发行数量应当不少于总发行数量的50%，剩余各期发行的数量由公司自行确定。

3. 小额豁免

挂牌公司向特定对象发行股票后股东累计不超过200人的，或者挂牌公司在12个月内发行股票累计融资额低于公司净资产的20%的，豁免向中国证监会申请核准，仅须在每次发行后5个工作日内将发行情况报中国证监会备案。

4. 监管宽松

募投项目不是定向发行的必要条件，不要求披露具体项目情况，只要求披露募集资金投向；定向发行股份没有限售要求；定向发行没有时间间隔要求。

（二）发行中小企业私募债

债权融资是指企业通过借钱的方式进行融资，债权融资所获得的资金，企业首先要承担资金的利息，另外在借款到期后要向债权人偿还资金的本金。债权融资的特点决定了其用途主要是解决企业营运资金短缺的问题。目前新三板挂牌公司可以发行中小企业私募债，股转公司正在制定挂牌公司发行可转债的相关规则。未来新三板挂牌公司有望公开发行债券。

中小企业私募债市场与新三板定向发行股票类似，都属于私募市场，不能公开向不特定的对向募集资金。区别是前者是债权融资，后者属于股权融资。中小企业私募债由于其提供了统一的交易平台，市场规范化程度较高，市场效率得到提升，中小企业私募债仍然具有较强融资能力。

2012年5月，我国中小企业私募债业务试点正式启动，成为我国第一个不需要行政审批，无净资产和盈利能力限制的完全市场化的债券产品。

中小企业采取发行中小企业私募债的方式进行融资有很多益处：一是开辟直接融资渠道，降低企业综合融资成本，有助于在经济形势和自身情况欠佳时保持债务融资资金的稳定性；二是发行审核采用“备案”制，审核周期短、速度快；三是对发行规模没有限制，筹资规模由企业与承销商自主协商决定；四是可灵活设计发行期限、含权条款等债券要素；五是未对募集资金的使用做出限制，企业可根据自身业务需要合理安排资金用途。

目前，已有9家挂牌公司采用中小企业私募债的方式进行融资，平均募集资金近2800万元，平均票面利率8.34%，明显低于市场同期9.19%的平均票面利率水平。债券期限最短为1.5年，最长为3年。

表4–1 9家挂牌公司融资情况

简称	发行总额（万元）	票面利率（%）	当月市场平均票面利率（%）	债券期限（年）	开始转让日	转让地
蓝天环保	2000	8.50	9.63	3	2013/7/3	上交所
联飞翔	2000	8.00	9.22	2.5	2013/3/6	深交所
思倍驰	1500	9.00	9.22	2	2013/3/6	深交所
中海阳	10000	8.50	9.40	2	2013/4/23	上交所
德鑫物联	2500	8.20	9.00	2	2013/1/4	上交所
金豪制约	2000	7.90	8.80	2	2012/10/19	上交所
鸿仪四方	2000	8.00	9.17	2	2012/7/31	深交所
中航新材	2000	8.50	9.14	1.5	2012/6/27	上交所
九恒星	2000	8.50	9.14	1.5	2012/6/27	深交所
平均	2778	8.34	9.19	—	—	—

目前中小企业私募债产品已经在上交所与深交所进行试点，2014年9月3日股转系统已经将私募债发行细则报证监会审批。到时新三板挂牌企业发行私募债产品将更加便捷。根据深交所《深圳证券交易所中小企业私募债券业务试点办法》（深证上〔2012〕130号）第九条规定，发行中小企业私募债券应当符合以下条件：

① 发行人是中国境内注册的有限责任公司或股份有限公司；

② 发行利率不得超过同期银行贷款基准利率的3倍；

③ 期限在一年（含）以上；

④ 本所规定其他条件。

（三）发行优先股

优先股是与普通股相对应的概念，都属于股票，只是权利不一样。优先股的产生主要是规避股权融资产生的控制权分散的问题，同时也给投资人获取稳定的投资收益。目前优先股已经在上市公司开始试点。2014年3月21日，证监会第97号令颁布《优先股试点管理办法》，明确了非上市公众公司发行优先股的条件、程序、合格投资者以及信息披露等方面的规定。据了解，证监会还将对非上市公众公司发行优先股的监管要求和信息披露文件的内容与格式作进一步的具体规定。《国务院关于开展优先股试点的指导意见》规定了非上市公众公司可以非公开发行优先股，非公开发行的优先股可以在全国中小企业股份转让系统进行转让。

发行优先股可以使既想通过股权进行融资又担心失去控制权的问题得到有效解决。目前，股转系统已经将发行优先股细则提报证监会审批，预计政策出台基本可以确定。针对全国股份转让系统挂牌公司的需求和特点，对优先股发行与转让制定可操作性的规定即将出台。

二、间接融资

（一）银行信用贷款

企业挂牌新三板后企业声誉得到了提升，管理得到规范，财务信息公开透明，信息披露准确及时，这为银行增加企业贷款授信额度具有积极促进作用。笔者了解到部分银行给企业贷款时经常会问企业是否挂牌新三板了。另外，交通银行、浦发银行与券商合作贷款给企业，支持企业挂牌新三板。挂牌新三板后企业授信额度提高，自然从银行等渠道筹资金的能力要增强很多。从而从银行贷款的资金可以增多。

2013年12月20日，全国股转系统公司与工商银行、农业银行、中国银行、建设银行、交通银行、光大银行、兴业银行七家商业银行签署战略合作协议。

① 七家商业银行为挂牌公司和拟挂牌公司提供定向授信额度；

② 七家商业银行在法律、法规、政策许可及有关规定允许的范围内，积极推介其高净值客户、股权投资合作机构以及其他客户投资挂牌证券；

③ 开发设计投资于挂牌证券的专项产品，推动客户参与挂牌公司股票、公司债、可转债、私募债等产品的发行认购；

④ 提供创新性融资业务，包括：股权质押贷款、知识产权质押贷款、应收账款质押贷款、订单融资等。

（二）股权质押贷款

企业挂牌新三板后股票价格得到公允反映，股票流动性明显增强，尤其是选择以做市转让方式的股票，股票价格与流动性都会显著增强。持有挂牌公司股票就等于持有现金，挂牌公司股东可以将手中的股票抵押给银行，向银行借款取得资金，这一点大大增强挂牌公司股东的筹资能力。如果股东以其持有挂牌公司股票为挂牌公司借款提供质押则增强了挂牌公司的筹资能力。目前各大银行均接受股票质押贷款，对于上市公司的股票按市值3～5折进行质押贷款，新三板挂牌公司股票一般也能按市值的2～3折进行质押融资。

部分非上市、非公众企业虽然成长性较好，但资产相对较轻，没有抵押物很难从银行贷款，发展速度受到了制约。但一旦上市或挂牌新三板后，公司股权迅速升值且获得了一定的流动性，由此成为银行可以接受的贷款担保物，当股东将持有的挂牌上市公司的股权质押给银行，为挂牌上市公司向银行贷款提供质押反担保，挂牌上市公司即可获得授信额度和贷款。

金泰得（430029）是利用银行贷款进行短期融资最为活跃的挂牌公司之一，2013年内先后4次从杭州银行借款1700万元补充流动资金，有2次是通过股权质押取得的信用额度（700万元）。

表4-2　　7家公司的股权质押情况

代码	公司简称	授信金额（万元）	质押股权占比（%）	授信期限（月）
430064	金山顶尖	4000	51.52	24
430188	奥贝克	100	13.88	12
430075	中讯四方	1000	26.92	12
430149	江仪股份	2000	36.83	—
430161	光谷信息	—	6.25	—
430029	金泰得	700	5.25	12
430112	弘祥隆	300	75.76	3

第二部分

投行业务

在新三板挂牌的企业，属于非上市公众公司，虽然与上市公司的市场地位、所受监管的严格程度等方面有着明显的差别，但是新三板市场对挂牌企业本身和所在地区的社会经济有着重要的意义。

第一，解决中小企业融资难的问题。

融资难是制约我国中小企业快速发展的最大障碍之一，也是新一届政府着力解决的重要经济问题。一个健康、成熟、有效的新三板市场，可以为中小企业提供高效、便捷的融资平台，使得中小企业可以获得成本合理的资金，支持中小企业的发展壮大。

第二，解决中小企业股权定价的问题。

中小企业快速发展的过程中，对资本的强烈需求使得企业需要战略投资者和增资扩股的支持。但是，中小企业，特别是处于成长初期的企业和高科技公司，在引入战略投资者和增资扩股的过程中，面临着股权定价的难题。新三板市场对解决这一难题，为中小企业的股权合理定价提供了一个平台，二级市场的交易可以为定价提供参考。另外，做市商制度的引入，将从根本上解决中小企业估值难和股权流动性差的问题。

第三，解决企业转板的问题。

企业在新三板挂牌，并不影响企业进行境内外的IPO活动。随着相关制度的完善，特别是转板机制的推出，新三板将成为高科技企业进入主板市场的绿色通道。表现积极、运作良好的企业，有机会直接进入主板或创业板上市融资。

第四，解决企业公司治理的问题。

新三板对挂牌公司提出了“治理结构健全，运作规范”的明确要求，实行严格的备案制度和信息披露制度，并要求推荐挂牌的主办券商履行持续辅导义务。推荐券商监管、规范企业的运作，加强公司治理和财务管理，有利于企业完善资本结构和法人治理，为企业的持续、健康发展打下良好的基础。

第五，解决创业者回报及风投退出的问题。

新三板为挂牌企业的股权提供了交易平台，大大提高了股权的流动性。因此，通过股权转让（协议转让、竞价交易、做市转让）可以实现对创业者的回报，并为风险投资者提供有效的退出通道，有助于实现股东价值的最大化。

第六，解决树立品牌、提高企业公众形象的问题。

企业在新三板挂牌，即成为公众公司；加之监管主体和推荐券商对企业的信息披露和治理结构的监督和辅导，有助于企业树立品牌、提升形象，有利于企业开拓市场，更容易获得银行的资金支持。另外，新三板市场为风险投资者提供了便利、高效的退出通道，也是并购基金青睐的对象，给新三板带来更广的发展机会。

总之，企业上新三板挂牌，概括起来有七个好处：一是资金扶持。根据各区域及政府政策不一，企业可享受园区及政府补贴。二是便利融资。新三板上市公司挂牌后可实施定向增发股份，提高公司信用等级，帮助企业更快融资。三是财富增值。新三板上市企业及股东的股票可以在资本市场中以较高的价格进行流通，实现资产增值。四是股份转让。股东股份可以合法转让，提高股权流动性。五是转板上市。转板机制一旦确定，公司可优先享受“绿色通道”。六是公司发展。有利于完善公司的资本结构，促进公司规范发展。七是宣传效应。新三板上市公司品牌，提高企业知名度。

第五章

什么样的企业适合在新三板挂牌

什么样的企业能够在新三板挂牌？全国中小企业股份转让系统市场发展部副总监刘鹏说：“全国中小企业股份转让系统主要是服务创新型、创业型、成长型中小微企业。”

随着2013年12月30日全国股份转让系统发布新的业务规则，新三板正式结束了在国家高新园区内的小规模、区域性试点，市场服务范围覆盖已进入实质性操作阶段。这意味着凡在境内注册的符合挂牌条件的股份企业，经主办券商推荐均可提出挂牌申请。申请挂牌企业彻底取消园区限制，也不受股东所有制类型和是否属于高新技术企业的限制。

全国股份转让系统将在全新的市场规则体系下运行，全国范围内的中小微企业可以公平地进入全国股份转让系统，获取股票公开转让、发行融资、并购重组等综合金融服务。

在确定登陆新三板计划后，企业需要委托一家有资格的券商作为主办券商来推荐挂牌。由于未来需要满足券商持续督导的条件，在确定券商后，企业就要与主办券商签订推荐挂牌并持续督导的协议。

签订协议后，主办券商将对申请挂牌企业进行尽职调查。如满足条件并同意推荐挂牌的，券商将编制申请文件并提起申报流程。

至此，企业将面临临门一脚了。在收到挂牌申请文件后，全国股份转让系统公司将对文件进行审查。如同意挂牌，企业将获得审查意见和证监会核准文件，开始办理挂牌手续。

有一类企业或许会在新三板面前遇到困难，即在《非上市公众公司监督管理办法》实施前股东人数为200人以上的股份有限公司。这部分股权情况较复杂的企业，如需登陆新三板，需要按照证监会的有关规定进行确认，意即需要根据法律法规等要求进行规范。

第六章 新三板挂牌条件

作为企业家，最关心的是自己的企业是否符合新三板的挂牌条件，王彦博博士根据新三板的具体指引和自己的实战经验具体分析新三板挂牌条件，也就是说要满足什么条件才能进入新三板市场。根据股转系统2013年12月30日最新修订的《业务规则（试行）》（以下简称《业务规则》）第2.1条规定：

> 股份有限公司申请股票在全国股份转让系统挂牌，不受股东所有制性质的限制，不限于高新技术企业，应当符合下列条件：
>
> （一）依法设立且存续满两年，有限责任公司按原账面净资产值折股整体变更为股份有限公司的，存续时间可从有限责任公司成立之日起计算；
>
> （二）业务明确，有持续经营能力。企业能够清晰描述其产品或服务、生产或服务方式、业务规模、关键资源要素和商业模式等情况，并如实披露过往经营业绩，便于市场和投资者自主判断；
>
> （三）公司治理机制健全，合法规范经营；
>
> （四）股权明晰，股票发行和转让行为合法合规；
>
> （五）主办券商推荐并持续督导；
>
> （六）全国股份转让系统公司要求的其他条件。

其实新三板实质上挂牌条件就只有以上六条，而且第6项是个兜底性的条款，目前没有具体内容；第5项“主办券商推荐并持续督导”也不是对企业本身的要求；第4项“股权明晰，股票发行和转让行为合法合规”绝大部分企业都没有这个毛病，即使存在股份代持等情况也可通过规范处理好。实质性条件只有三个，一个定量指标是存续满两年，两个定性指标是持续经营与合法规范经营。股转系统审核挂牌企业时，也经常在两个定性指标即持续经营与合法规范经营上做文章。

《业务规则》中的挂牌条件毕竟有些笼统，不够明确，不具有操作性，于是股转系统按照“可把控、可举证、可识别”的原则，对《业务规则》规定的六项挂牌条件进行细化，又制定了《挂牌条件适用基本标准指引》，对挂牌条件又进行了细化。以下是《挂牌条件适用基本标准指引》的具体内容。

一、依法设立且存续满两年

首先，依法设立，是指公司依据《公司法》等法律、法规及规章的规定向公司登记机关申请登记，并已取得《企业法人营业执照》。

公司设立的主体、程序合法、合规。

① 国有企业需提供相应的国有资产监督管理机构或国务院、地方政府授权的其他部门、机构关于国有股权设置的批复文件。② 外商投资企业须提供商务主管部门出具的设立批复文件。③《公司法》修改（2006年1月1日）前设立的股份公司，须取得国务院授权部门或者省级人民政府的批准文件。

公司股东的出资合法、合规，出资方式及比例应符合《公司法》相关规定。

① 以实物、知识产权、土地使用权等非货币财产出资的，应当评估作价，核实财产，明确权属，财产权转移手续办理完毕。② 以国有资产出资的，应遵守有关国有资产评估的规定。③ 公司注册资本缴足，不存在出资不实情形。

其次，存续两年是指存续两个完整的会计年度。

最后，有限责任公司按原账面净资产值折股整体变更为股份有限公司的，存续时间可以从有限责任公司成立之日起计算。整体变更不应改变历史成本计价原则，不应根据资产评估结果进行账务调整，应以改制基准日经审计的净资产额为依据折合为股份有限公司股本。申报财务报表最近一期截止日不得早于改制基准日。

二、业务明确，具有持续经营能力

首先，业务明确，是指公司能够明确、具体地阐述其经营的业务、产品或服务、用途及其商业模式等信息。

其次，公司可同时经营一种或多种业务，每种业务应具有相应的关键资源要素，该要素组成应具有投入、处理和产出能力，能够与商业合同、收入或成本费用等相匹配。

① 公司业务如需主管部门审批，应取得相应的资质、许可或特许经营权等。

② 公司业务须遵守法律、行政法规和规章的规定，符合国家产业政策以及环保、质量、安全等要求。

最后，持续经营能力，是指公司基于报告期内的生产经营状况，在可预见的将来，有能力按照既定目标持续经营下去。

① 公司业务在报告期内应有持续的营运记录，不应仅存在偶发性交易或事项。营运记录包括现金流量、营业收入、交易客户、研发费用支出等。

② 公司应按照《企业会计准则》的规定编制并披露报告期内的财务报表，公司不存在《中国注册会计师审计准则第1324号——持续经营》中列举的影响其持续经营能力的相关事项，并由具有证券期货相关业务资格的会计师事务所出具标准无保留意见的审计报告。

财务报表被出具带强调事项段的无保留审计意见的，应全文披露审计报告正文以及董事会、监事会和注册会计师对强调事项的详细说明，并披露董事会和监事会对审计报告涉及事项的处理情况，说明该事项对公司的影响是否重大、影响是否已经消除、违反公允性的事项是否已纠正。

③ 公司不存在依据《公司法》第一百八十一条规定解散的情形，或法院依法受理重整、和解或者破产申请。

评判一个公司的持续经营能力是一个仁者见仁，智者见智的问题，王彦博博士根据多年的企业经营经验，重新思索一个在商业竞争洪流中发展的企业是不是具有持续盈利能力。

在新三板的架构下，我们要改变自己和调整自己的心态，新三板监管机构不再刻意关注企业是否存在持续盈利能力。而对于股转系统来说，作为注册审核制的一个试点，那么对于这个问题的改革至少现在看来更加彻底，那就是不再对挂牌新三板的企业财务指标进行硬性的规定。

然而截至目前，已经挂牌的新三板企业，财务门槛的指标越来越高，能赚多少钱仍旧是绝大多数参与者判断一个企业是否能够挂牌的最核心、最基本的一个标准。对于财务指标的依赖或者说溺爱，是监管层管理者、中介机构从业者以及企业家仍旧不能改变或者改变彻底的一种观念。当然，从企业发展轨迹来讲，企业这个时点的经营状况至少反映了企业历史的发展经营情况，同时也展现了企业未来发展的一个基础和潜力。至少，在一般情况下，在同等情况下，我们是有理由相信目前盈利能力好的企业未来的发展可能也会好的，至少这样的几率会更大一些。从风险控制和责任边界的角度来讲，我们更加偏好盈利能力强的也无可厚非，毕竟这样的企业未来出问题的几率就会小很多，出事的几率自然也就小很多。

但是在新三板的体系下，我们也必须跳出对财务指标的这种过分的偏爱，我们可以把这个财务指标看作一个重要的指标，但是不能过分的渲染和溺爱，那就不符合一个正常的资本市场的发展规律和要求了。股转系统在大刀阔斧的改革，一直强调不对挂牌企业财务指标进行要求，并且欢迎暂时亏损的企业来挂牌。

我们判断一个现在亏损的企业以后是不是会有很好的发展，需要做很多的调查和工作，至少我们要搞清楚以下几个事情，以证明我们对企业未来的判断是靠谱的。

① 企业所处的行业是怎样的，只需要新三板的参与者并不够，还需要行业研究人员做大量的研究工作才行。

② 企业的管理层是怎样的，是不是对这个企业有着充足的信心，是不是把全部身心和经历都用在这个企业上，这个管理团队是不是人心很齐，等等。

③ 我们有没有独到的眼光和智慧看清楚这个企业未来的三年或者五年，或者说我们有没有勇气或者担当来陪这个企业一起往前走，承担风险或分享收益。

三、公司治理机制健全，合法规范经营

首先，公司治理机制健全，是指公司按规定建立股东大会、董事会、监事会和高级管理层（以下简称“三会一层”）组成的公司治理架构，制定相应的公司治理制度，并能证明有效运行，保护股东权益。

① 公司依法建立“三会一层”，并按照《公司法》《非上市公众公司监督管理办法》及《非上市公众公司监管指引第3号——章程必备条款》等规定建立公司治理制度。

② 公司“三会一层”应按照公司治理制度进行规范运作。在报告期内的有限公司阶段应遵守《公司法》的相关规定。

③ 公司董事会应对报告期内公司治理机制执行情况进行讨论、评估。

其次，合法合规经营，是指公司及其控股股东、实际控制人、董事、监事、高级管理人员须依法开展经营活动，经营行为合法、合规，不存在重大违法违规行为。

① 公司的重大违法违规行为是指公司最近24个月内因违反国家法律、行政法规、规章的行为，受到刑事处罚或适用重大违法违规情形的行政处罚。

行政处罚是指经济管理部门对涉及公司经营活动的违法违规行为给予的行政处罚。

重大违法违规情形是指，凡被行政处罚的实施机关给予没收违法所得、没收非法财物以上行政处罚的行为，属于重大违法违规情形，但处罚机关依法认定不属于的除外；被行政处罚的实施机关给予罚款的行为，除主办券商和律师能依法合理说明或处罚机关认定该行为不属于重大违法违规行为的以外，都被视为重大违法违规情形。

公司最近24个月内不存在涉嫌犯罪被司法机关立案侦查，尚未有明确结论意见的情形。

② 控股股东、实际控制人合法合规，最近24个月内不存在涉及以下情形的重大违法违规行为。

控股股东、实际控制人受刑事处罚；

受到与公司规范经营相关的行政处罚，且情节严重；情节严重的界定参照前述规定。

涉嫌犯罪被司法机关立案侦查，尚未有明确结论意见。

③ 现任董事、监事和高级管理人员应具备和遵守《公司法》规定的任职资格和义务，不应存在最近24个月内受到中国证监会行政处罚或者被采取证券市场禁入措施的情形。

再次，公司报告期内不应存在股东包括控股股东、实际控制人及其关联方占用公司资金、资产或其他资源的情形。如有，应在申请挂牌前予以归还或规范。

最后，公司应设有独立财务部门，进行独立的财务会计核算，相关会计政策能如实反映企业财务状况、经营成果和现金流量。

四、股权明晰，股票发行和转让行为合法合规

首先，股权明晰，是指公司的股权结构清晰，权属分明，真实确定，合法合规，股东特别是控股股东、实际控制人及其关联股东或实际支配的股东持有公司的股份不存在权属争议或潜在纠纷。

① 公司的股东不存在国家法律、法规、规章及规范性文件规定不适宜担任股东的情形。

② 申请挂牌前存在国有股权转让的情形，应遵守国资管理规定。

③ 申请挂牌前外商投资企业的股权转让应遵守商务部门的规定。

其次，股票发行和转让合法合规，是指公司的股票发行和转让依法履行必要内部决议、外部审批（如有）程序，股票转让须符合限售的规定。

① 公司股票发行和转让行为合法合规，不存在下列情形：

a. 最近36个月内未经法定机关核准，擅自公开或者变相公开发行过证券；

b. 违法行为虽然发生在36个月前，但目前仍处于持续状态，《非上市公众公司监督管理办法》实施前形成的股东超200人的股份有限公司，经中国证监会确认的除外。

② 公司股票限售安排应符合《公司法》和《全国中小企业股份转让系统业务规则（试行）》的有关规定。

再次，在区域股权市场及其他交易市场进行权益转让的公司，申请股票在全国股份转让系统挂牌前的发行和转让等行为应合法合规。

最后，公司的控股子公司或纳入合并报表的其他企业的发行和转让行为需符合本指引的规定。

五、主办券商推荐并持续督导

首先，公司须经主办券商推荐，双方签署了《推荐挂牌并持续督导协议》。

其次，主办券商应完成尽职调查和内核程序，对公司是否符合挂牌条件发表独立意见，并出具推荐报告。

六、全国股份转让系统公司要求的其他条件

略。

第七章 新三板主要制度

新三板作为资本市场的一个独立板块与其他板块最根本的区别是法律规则体系的区别，法律规则体系的不同，集中反映为制度安排的不同，中小企业板之所以仍然属于主板，其根本原因在于其没有单独的法律规则适用，仍为主板的法律规则，包括上市标准的规定。新三板的法律规则体系已经建立，我们将在后文对新三板所有法律规则体系进行介绍。一个市场的法律规则是对这个市场的游戏规则进行详细规定，这是市场运行的基础，没有规矩，不成方圆。新三板的主要制度已经在新三板法律规则中进行了规定，我们把主要制度单独介绍目的是让读者对新三板的主要制度有个基本认识，也可以看出其与主板、创业板不同的制度安排。对于相同的制度安排，我们就不过多介绍。我们从准入制度、发行制度、投资者管理制度、持续督导制度、交易制度、转板制度六个方面进行介绍。

一、准入制度

新三板准入制度是指企业进入新三板市场挂牌交易的门槛与条件的制度安排。如前文对新三板介绍，新三板的挂牌条件与审核制度与主板、创业板有根本的区别，反映出新三板极宽松的市场准入门槛。

市场准入条件包括软条件与硬条件，软条件主要指规范经营、关联交易、同业竞争等内容，新三板与主板、创业板没有本质的区别。硬条件主要指财务条件，目前新三板挂牌不设财务指标门槛，但要求挂牌公司对公司经营情况在客观描述的基础上进行充分的信息披露。即使对过去存在的除重大违法违规行为外的不规范问题，也只要求进行规范并披露。而主板、创业板都设定了较高的财务指标，对股本、营业收入、净利润、经营活动现金流量净额均有要求，具体指标可参见后文新三板与其他板块对比。

如果说准入条件是死规定，那审核制度便是活规定。根据前文相关内容对发行审核制度的介绍，资本市场准入有审核制、注册制，目前我国还是实行审核制，但监管机构正在研究注册制的出台政策，预计不久我国也会实行注册制。我们知道注册制比审核制要宽松得多，而新三板对股东未超过200人的公司实行的是备案制，比注册制还要宽松，原则上备案是不审核的，或只做形式审查，只是上交材料以备监督，但目前新三板出于对市场风险的把控，股转系统还是进行一定程度审查。证监会对200人以下公司只作备案，由股转系统审查，而股转系统属于市场主体之一，而非行政机关，股转系统审查是市场行为而非行政行为。

根据股转系统2013年12月30日最新修订的《业务规则》1.10规定："挂牌公司是纳入中国证监会监管的非上市公众公司，股东人数可以超过二百人。股东人数未超过二百人的股份有限公司，直接向全国股份转让系统公司挂牌。股票人数超过二百人的股份有限公司，公开转让申请经中国证监会核准后，可以按照本业务规则向全国股份转让系统公司申请挂牌。"2.3规定："全国股份转让系统公司对挂牌申请文件审查后，出具是否同意挂牌的审查意见。"由此可见对挂牌时股东人数不超过200人的公司实行备案制，由全国中小企业股份转让系统进行备案，不必提交行政审批，提高市场主动权，提高了市场效率。而股转系统的审核以信息披露为核心，强调企业充分的信息披露，企业价值基于市场判断。

审核时更明显了，碰到什么不理解的或有疑问的问题的就要求企业在公开转让说明书中披露。公开转让说明书是公开文件，写上去就要负责，要"三思而后写"，一份反馈意见就足以让我们把原有公开转让说明书改得面目全非了。

二、定向发行制度

资本市场就是为融资而生的，一个资本市场的融资能力直接反映这个市场的繁荣状况。新三板与场内市场的各个板块如主板、创业板最大的区别在于新三板的融资方式不能公开发行股票，其股权融资主要是通过定向发行完成，定向发行也是新三板市场的主要融资方式，而场内市场的主板、创业板既可以公开发行，也可以定向发行。因为公开发行筹集资金的能力强，市盈率高，投资者众多，社会影响大，所以新三板在这一方面与主板、创业板相比存在明显的劣势。也是基于此其对市场造成的影响与对资金影响较小，监管机构才决定放手采用较松的监管方式，如条件要求低，采用备案制。公开发行和定向发行概念参见前文资本市场运行相关内容。

目前证监会与股转系统均对新三板挂牌公司定向发行制定了相关制度，证监会主要对发行前及发行后股东累计超过200人的挂牌公司定向发行行为进行规范；而股转系统主要对发行前及发行后股东均未超过200人的挂牌公司定向发行行为进行规范。根据证监会《非上市公众公司监督管理办法》第三十九条规定：

本办法所称定向发行包括向特定对象发行股票导致股东累计超过200人，以及股东人数超过200人的公众公司向特定对象发行股票两种情形。

前款所称特定对象的范围包括下列机构或者自然人：

（一）公司股东；

（二）董事、监事、高级管理人员、核心员工；

（三）适合投资者适当性管理规定的自然人投资者、法人投资者及其他经济组织。

公司确定发行对象时，符合本条第二款第（二）项、第（三）项规定的投资者合计不得超过35名。

核心员工的认定，应当由公司董事会提名，并向全体员工公示和征求意见，由监事会发表明确意见后经股东大会审议批准。投资者适当性管理规定由中国证监会另行制定。

第四十三条对审核部门与时间进行了规定：

“中国证监会受理申请文件后，依法对公司治理和信息披露以及发行对象情况进行审核，在20个工作日内作出核准、中止审核、终止审核、不予核准的决定。”

第四十四条对非公众公司的储架发行制度进行了规定：

公司申请定向发行股票，可申请一次核准、分期发行。自中国证监会予以核准之日起，公司应当在3个月内首期发行，剩余数量应当在12个月内发行完毕。超过核准文件限定的有效期未发行的，须重新经中国证监会核准后方可发行。首期发行数量应当不少于总发行数量的50%，剩余各期发行的数量由公司自行确定，每期发行后5个工作日内将发行情况报中国证监会备案。

第四十五条对发行前后股东累计未超过200人的定向发行豁免核准进行了规定：

在全国中小企业股份转让系统挂牌公开转让股票的公众公司，向特定对象发行股票后股东累计不过200人的，中国证监会豁免核准，由全国中小企业股份转让系统自行管理，但发行对象应当符合本办法第三十九条的规定。

其他条款对定向发行的程序、决议方式、信息披露、文件制作进行了规定，还专门制定了《非上市公众公司信息披露内容与格式准则第3号——定向发行说明书和发行情况报告书》和《非上市公众公司信息披露内容与格式准则第4号——定向发行申请文件》两号文件，对超过200人的定向发行申请文件及定向发行说明书、发行情况报告书的内容进行详细规定，具体内容参见这两号文件，这是专业人员的工作，留给专业人员去学习吧，在此不再详述。

股转系统针对发行后股东累计未超过200人的定向发行制定了一系列文件，进行了规定。这些文件包括《股票发行业务细则（试行）》《股票发行业务指南》与四个发行业务指引，即《股票发行业务指引第1号——备案文件的内容与格式（试行）》《股票发行业务指引第2号——股票发行方案及发行情况报告书的内容与格式（试行）》《股票发行业务指引第3号——主办券商关于股票发行合法合规

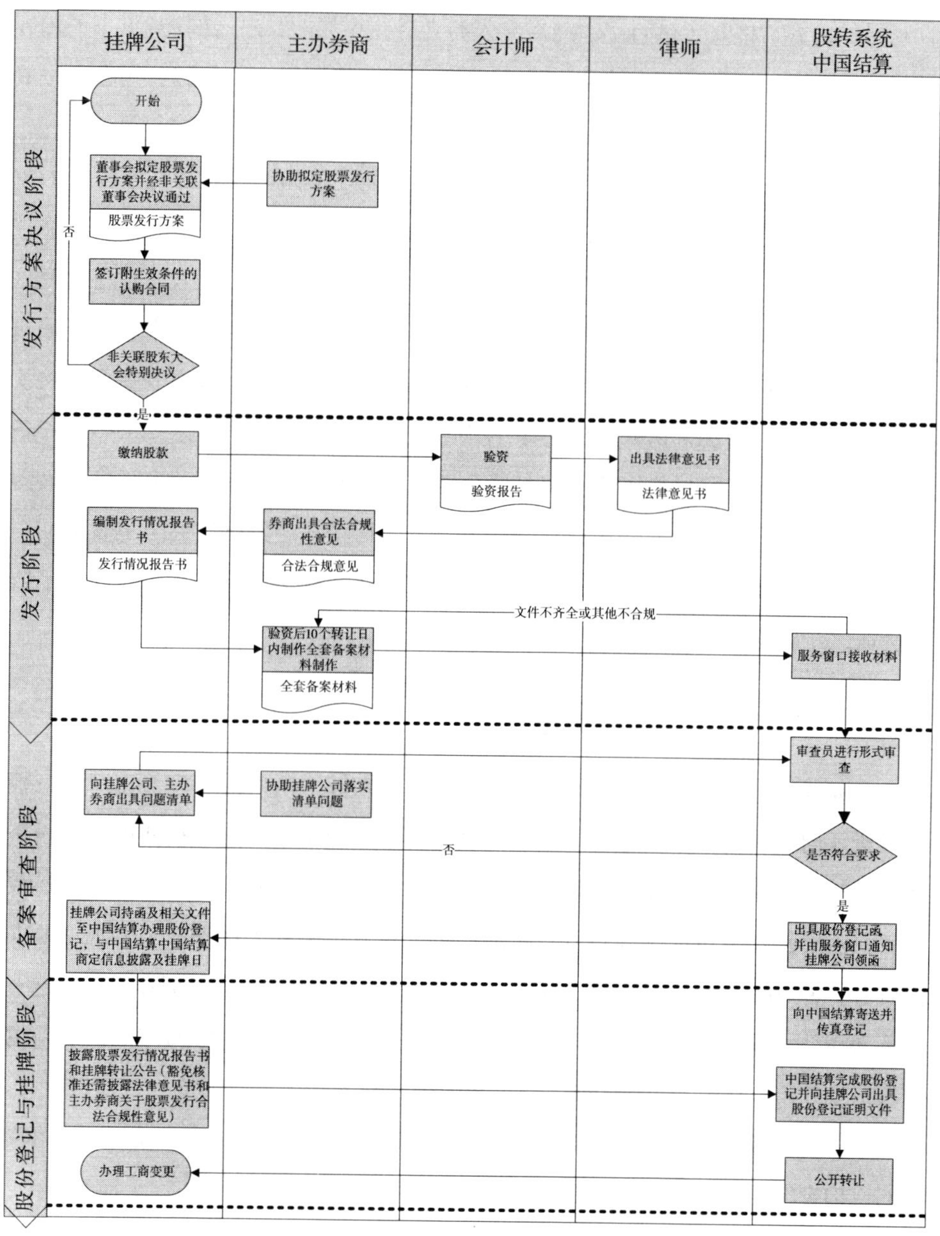

图 7-1 定向发行业务流程图

性意见的内容与格式（试行）》《股票发行业务指引第4号——法律意见书的内容与格式》。其中《股票发行业务指南》对募集资金使用规定，挂牌公司在取得股份登记函之前，不得使用本次股票发行募集的资金。

这些制度的制定出台标志着新三板股票发行制度体系的完善。关于发行对象的规定与证监会的规定相同。这些制度对定向发行的审批程序、信息披露、文件制作要求进行明确的确定，具体内容是专业人士的事情，由专业人士自行研究这些制度内容，本章内容主要是写给企业家看的，这些细节内容就不再介绍。但对定向发行的流程在这里提一下。定向发行流程：草拟定向发行方案→董事会决议→股东大会决议→签订认购合同→缴纳认购款→验资→出具法律意见书→制作备案材料→材料申报→材料审查→出具股份登记函→办理股份登记→办理信息披露→办理工商变更登记。需要注意的是，信息披露贯穿定向发行始终，笔者的朋友曾操作过一个项目的定向发行，由于对相关信息披露要求没有完全做好，挨了监管员训，差点被处罚。

三、投资者适当性管理制度

投资者适当性管理制度也是主板、创业板存在较大区别的制度规定。新三板的投资者门槛明显高于主板、创业板。之所以这样规定主要是根据我国目前投资者素质与市场风险特征作出，旨在保护投资者。目前投资者进入主板市场门槛最低，只需要提供身份证明即可开户进入；创业板开户多加了些形式上要求，要求投资者签署风险提示书；而新三板却要求投资者具有500万元市值证券资产，这一下不知挡住了多少投资者，所以截至2014年3月末投资者开户数为13920户。与主板投资者开户数1.7亿、持仓账户5472万户相比，真是不可同日而语。

股转系统2013年12月30日修订的《投资者适当性管理细则（试行）》的第三条对机构投资者门槛进行了规定：

下列机构投资者可以申请参与挂牌公司股票公开转让：

（一）注册资本500万元人民币以上的法人机构。

（二）补缴出资总额500万元人民币以上的合伙企业。

第五条对自然人投资者门槛进行了规定：

同时符合下列条件的自然人投资者可以申请参与挂牌公司股票公开转让：

（一）投资者本人名下前一交易日日终证券类资产市值500万元人民币以上。证券类资产包括客户交易结算资金、在沪深交易所和全国股份转让系统挂牌的股票、基金、债券、券商集合理财产品等，信用证券账户资产除外。

（二）具有两年以上证券投资经验，或具有会计、金融、投资、财经等相关专业背景或培训经历。投资经验的起算时间点为投资者本人名下账户在全国股份转让系统、上海证券交易所和深圳证券交易所发行首笔股票交易之日。

第五条对金融资产投资者进行了规定：

集合信托计划、证券投资基金、银行理财产品、证券公司资产管理计划，以及由金融机构或者相关监管部门认可的其他机构管理的金融产品或资产，可以申请参与挂牌公司股票公开转让。

可见新三板对专业投资者没有设定任何门槛。

第六条对参与定向发行投资者进行了规定：

下列投资者可以参与挂牌公司股票定向发行：

（一）《非上市公众公司监督管理办法》第三十九条规定的投资者。

（二）符合参与挂牌公司股票公开转让条件的投资者。

第七条规定：

公司挂牌前的股东、通过定向发行持有公司股份的股东等，如不符合参与挂牌公司股票公开转让条件，只能买卖其持有或曾持有的挂牌公司股票。已经参与挂牌公司股票买卖的投资者保持原有交易权限不变。

新三板投资者门槛如此之高一方面是保护投资者，让那些有实力、风险承受能力强的投资者参与市场交易，另一方面也影响了新三板市场交易量与活跃程度。预计不久，随着投资者风险意识增强与金融知识普及，新三板投资门槛会有所降低。

四、持续督导制度

持续督导是指证券公司对其推荐挂牌或上市的公司在挂牌或上市后一定期间内履行规范运作、信守承诺和信息披露等义务进行监督与指导的过程。持续督导制度的产生对加强证券公司推荐责任，规范挂牌上市公司规范运作具有积极意义。在持续督导制度安排方面，新三板与主板、创业板存在重大区别。新三板持续督导实行终身制，而其他板块实行两年或三年制。

（一）各板块持续督导制度

新三板持续督导规定。根据股转系统2013年12月30日《业务规则》第二章第2.1条股票挂牌条件第五项明确规定，挂牌应有主办券商推荐并持续督导。对督导期限没有规定也意味着无期限的持续督导。《业务规则》第4.2.6条规定主办券商对挂牌公司拟披露的信息披露文件进行审查，履行持续督导职责。《业务规则》第5.7条主办券商应持续督导所推荐挂牌公司诚实守信、规范履行信息披露义务、完善公司治理机制。主办券商与挂牌公司解除持续督导协议前，应当报告全国股份转让系统公司并说明理由。《业务规则》第4.4.1条规定挂牌公司与主办券商解除持续督导协议的应当向全国股份转让系统公司申请暂停转让，直至按规定披露或相关情形消除后恢复转让。《业务规则》第4.5.1条规定主办券商与挂牌公司解除持续督导协议，挂牌公司未能在股票暂停转让之日起3个月内与其他主办券商签署持续督导协议的，全国股份转让系统公司终止其股票挂牌。

主板（含中小企业板）持续督导规定。首次公开发行股票并在主板上市的，持续督导的期限为证券上市当年剩余时间及其后两个完整会计年度；主板上市公司发行新股、可转换公司债券的持续督导的期限为证券上市当年剩余时间及其后1个完整会计年度。至于持续督导期间相关工作，如披露跟踪报告、发表独立意见等，留给专业人士去处理，本书不作介绍。

创业板持续督导规定。首次公开发行股票并在创业板上市的，持续督导的期限为证券上市当年剩余时间及其后3个完整会计年度；创业板上市公司发行新股、可转换公司债券的，持续的期限为证券上市当年剩余时间及其后两个完整会计年度。持续督导的期限自证券上市之日起计算。

（二）持续督导期间券商的主要工作

以上市公司为例，持续督导期间券商的主要工作包括：

① 审阅信息披露文件及向中国证监会、证券交易所、全国股份转让系统提交其他文件；

② 督导发行人有效执行并完善防止控股股东、实际控制人、其他关联方违规占用发行人资源的制度；

③ 督导发行有效执行并完善防止其董事、监事、高级管理人员利用职务之便损害发行人利益的内控制度；

④ 督导发行有效执行并完善保障关联交易公允性和合规性的制度，并对关联交易发表意见；

⑤ 持续关注发行人募集资金的专户存储、投资项目的实施等承诺事项；

⑥ 持续关注发行人为他人提供担保等事项，并发表意见；

⑦ 中国证监会、证券交易所、全国股份转让系统规定及保荐协议约定的其他工作。

五、交易制度

交易制度是指证券交易场所对在其挂牌上市的证券的交易方式、交易规则的制度安排。交易制度方案新三板与主板、创业板也存在明显的区别。其中新三板最大的制度创新是引入做市交易制度。关于新三板与主板、创业板的交易制度的区别参见本书前文交易制度对比的内容。本节主要对新三板交易制度进行介绍。股转系统已经制定一系列的交易结算相关制度，主要有《业务规则》与《股票转让细则》，其他制度参见本书交易结算制度相关内容。本节主要就《业务规则》

与《股票转让细则》中主要交易制度进行介绍。

（一）一般交易规定

根据股转系统《业务规则》第3.1.2条规定，新三板挂牌的股票可以采取协议方式、做市方式、竞价方式或其他中国证监会批准的转让方式。经全国股份转让系统公司同意，挂牌股票可以转换转让方式。挂牌股票采取协议转让方式的，全国股份转让系统同时提供集合竞价转让安排。但做市交易与竞价交易方式挂牌公司只能选择其一。截至2014年8月13日，新三板系统还是采用协议转让方式。但股转系统已经计划在2014年8月16日进行第三次做市系统全网测试，并计划于2014年8月25日推出做市转让方式。竞价交易系统也在紧锣密鼓的研发测试过程，市场预计2015年可以推出竞价转让方式。

《业务规则》第3.1.7条规定：股票转让时间为每周一至周五9：15～11：30、13：00～15：00。转让时间内因故停市，转让时间不作顺延。遇法定节假日和全国股份转让系统公司公告的休市日，全国股份转让系统休市。

《业务规则》第3.1.8条规定：全国股份转让系统对股票转让不设涨跌幅限制。全国股份转让系统公司另有规定的除外。

《业务规则》第3.1.11条规定：买卖挂牌公司股票，申报数量应当为1000股或其整数倍。卖出挂牌公司股票时，余额不足1000股部分，应当一次性申报卖出。

《业务规则》第3.1.12条规定：股票转让的计价单位为“每股价格”。股票转让的申报价格最小变动单位为0.01元人民币。

《股票转让细则》第三十七条规定：投资者买入的股票，买入当日不得卖出；做市商买入的股票，买入当日可以卖出。全国股份转让系统公司另有规定的除外。

（二）做市转让规定

做市转让制度也就是最近新三板炒得比较热的“做市商制度”。“做市商制度也称为报价驱动制度，是指在场外市场上，由具备一定实力和信誉的证券经营法人作为特许交易商，不断地向公众投资者同时报出某些特定证券的买卖价格，并在该价位上接受公众投资者的买卖要求，以其自有资金和证券与投资者进行证券交易的一种机制。做市商与客户交易时不收取佣金，而是通过买卖报价的适度差额来弥补提供做市服务时所发生的成本支出，同时实现的一定的利润。”①

说白了做市商制度就是证券公司从挂牌公司批发一定的股票再到市场上去倒卖，赚取差价，活跃股票市场的一项制度安排。目前外汇交易、银行间债券市场者采用了做市转让规定。做市商制度在证券市场的应用较早，成立于1990年12月的原“全国证券交易自动报价系统（STAQ）”，曾经试行做市商制度。1991年8月16日，STAQ执行委员会制定了《关于实行做市商制度的说明》，并于同年9月开始正式实行做市商制度。但是，由于是在市场规则极不规范的环境下运行，做市商制度名存实亡。该系统后来停止运行，做市商制度未能坚持下来。股转系统2013年12月30日新修订的《业务规则》又重新提出做市转让方式。市场预计推出做市系统已经是板上钉钉的事了。做市转让方式是目前世界各大资本市场场外交易市场的普遍交易方式。做市商制度的主要功能在于其一是为活跃市场，增强市场流动性；其二是稳定市场价格，促进市场平衡运行；其三是股票价格的发现功能。

股转系统的《业务规则》与《股票转让细则》中对我国做市交易规则进行了详细的规定。

《业务规则》第3.1.4条规定：

> 挂牌股票采取做市转让方式的，须有2家以上从事做市业务的主办券商为其提供做市报价服务。
>
> 做市商应当在全国股份转让系统持续发布买卖双向报价，并在报价价位和数量范围内履行与投资者的成交义务。做市转让方式下，投资者之间不能成交。全国股份转让系统公司另有规定的除外。

之所以规定需要至少2家公司提供做市服务主要是为防止一家报价时操纵股价，这与各地做市商制度通行规定，如在NASDAQ市场上市的公司股票，也规定最少要有两家以上的做市商为其股票报价，而实际上一些规模较大、交易较为活

① 赵克斌：《国外场外交易市场做市商制度借鉴》，《中国证券》，2012年第5版。

跃的股票的做市商往往达到40多家。平均来看，NASDAQ市场每一种证券有12家做市商。这样一来，市场的信息不对称问题就会得到很大的缓解，个别的机构投资者很难通过操纵市场来牟取暴利，市场的投机性大大减少，并减少了传统交易方式中所谓庄家暗中操纵股价的现象。

以下为股转系统《股票转让细则》第四章做市转让方式重点条款，以让读者了解我国新三板做市商制度的主要内容。

第四十八条　做市商应最迟于每个转让日的9：30开始发布买卖双向报价，履行做市报价义务。

第四十九条　做市商每次提交做市申报应当同时包含买入价格与卖出价格，且相对买卖价差不得超过5%。相对买卖价差计算公式为：相对买卖价差=（卖出价格-买入价格）/卖出价格×100%。卖出价格与买入价格之差等于最小价格变动单位的，不受前款限制。

第五十二条　做市商持有库存股票不足1000股时，可以免于履行卖出报价义务。

出现前款所述情形，做市商应及时向全国股份转让系统公司报告并调节库存股票数量，并最迟于该情形发生后3个转让日恢复正常双向报价。

第五十三条　单个做市商持有库存股票达到挂牌公司总股本20%时，可以免于履行买入报价义务。

出现前款所述情形，做市商应及时向全国股份转让系统公司报告，并最迟于该情形发生后第3个转让日恢复正常双向报价。

第五十四条　每个转让日的9：30～11：30、11：30～15：00为做市转让撮合时间。做市商每个转让日提供双向报价的时间应不少于做市转让撮合时间的75%。

第五十五条　全国股份转让系统对到价的限价申报即时与做市申报进行成交；如有2笔以上做市申报到价的，按照价格优先、时间优先原则成交。成交价以做市申报价格为准。

第五十八条　做市商证券自营账户不得持有其做市股票或参与做市股票的买卖。

第五十九条　挂牌时采取做市转让方式的股票，初始做市商应当取得合计不低于挂牌公司总股本5%或100万股（以孰低为准），且每家做市商不低于10万股的做市库存股票。

除前款所述情形外，做市商在做市前应当取得不低于10万股的做市库存股票。

第六十一条　挂牌时采取做市转让方式的股票，后续加入的做市商须在该股票挂牌满3个月后方可为其提供做市报价服务。

采取做市转让方式的股票，后续加入的做市商应当向全国股份转让系统公司提出申请。

第六十二条　挂牌时采取做市转让方式的股票和由其他转让方式变更为做市转让方式的股票，其初始做市商为股票做市不满6个月的，不得退出为该股票做市。后续加入的做市商为股票做市不满3个月的，不得退出为该股票做市。

做市商退出做市的，应当事前提出申请并经全国股份转让系统公司同意。做市商退出做市后，1个月内不得再次为该股票做市。

第六十八条　做市商当日从其他做市商处买入的股票，买入当日不得卖出。

（三）协议转让规定

协议转让方式顾名思义即投资者之间通过协商一致达成协议的方式进行股票转让。协议转让方式在股转系统成立之前就已经存在，但为了促进成交，形成连续的公允交易价格曲线，股转系统为选择协议转让方式的挂牌公司配套推出集合竞价转让制度，在开盘收盘时点提供集合竞价转让安排，提供自动撮合服务。此举可以部分降低投资者与股东一对一协商的成本，也可在一定程度上避免投资者通过协议转让来操纵股票的情形。协议转让方式内容在《股票转让细则》第五章有详细的规定，属于常规内容，这里不做过多介绍。

（四）竞价转让规定

竞价转让方式是证券交易所股票转让的方式，也是大家熟知的转让方式，只要买过股票的人都知道这种转让方式。股票竞价转让采用集合竞价和连续竞价两种方式。集合竞价，是指对一段时间内接受买卖申报一次性集中撮合的竞价方式。连续竞价，是指对买卖申报逐笔连续撮合的竞价方式。

对竞价转让方式也不做过多介绍，以下为《股票转让细则》第六章竞价转让方式中的重点条款。

第八十八条　股票采取竞价转让方式的，每个工作日9：15～9：25为开盘集合竞价时间，9：30～11：30、13：00～14：55为连续竞价时间，14：55～15：00为收盘集合竞价时间。

第九十二条　全国股份转让系统对申报设置有效价格区间。开盘集合竞价的申报有效价格区间为前收盘价的上下20%以内。连续竞价、收盘集合竞价的申报有效价格区间为最近成交价的上下20%以内；当日无成交的，申报有效价格区间为前收盘价的上下20%以内。

不在有效价格区间范围内的申报不参与竞价，暂存于交易主机；当成交价波动使其进入有效价格区间时，交易主机自动取出申报，参加竞价。

挂牌后无成交的股票，对申报不设置有效价格区间。

第九十九条　采取竞价转让方式的股票出现下列情形之一的，全国股份转让系统公司分别公布相关股票当日买入、卖出金额最大5家主办券商证券营业部或交易单元的名称及其各自的买入、卖出金额。

（一）当日价格振幅达到30%的前5只股票

价格振幅的计算公式为：价格振幅=（当日最高价-当日最低价）/当日最低价×100%。

（二）当日换手率达到10%的前5只股票

换手率的计算公式为：换手率=成交股数/无限售条件股份总数×100%。

价格振幅或换手率相同的，依次按成交金额和成交量选取。

股票转让公开信息涉及机构专用交易单元的，公布名称为“机构专用”。

六、转板制度

转板制度是指股票在资本市场各个板块层次间的转移的制度安排，如新三板市场的股票转到创业板市场去交易，主板市场的股票转移到新三板市场去交易等。转板制度出台意味着新三板挂牌的企业如果符合主板、创业板上市条件即可向证券交易所申请上市，而不需要经过证监会核准，我国目前IPO实行的是发行与上市分离制度，证监会的审核是对公开发行的审核，而上市的审核由交易所自行管理，如果不公开发行股票，则只需经证券交易所审核即可上市。当然这是不进行公开发行股票的情况下，如果想公开发行股票募集资金仍然需要经过证监会核准或注册。但至少公司股票的流动变现能力会明显增强，公司从此也成为上市公司，可以公开发行股票或公司债券等再融资，为企业加速发展，拓宽融资渠道提供便利。

成熟的资本市场各个板块之间都已经建立了有效连通制度。如我国台湾地区的资本市场分为台湾证券交易所市场、上柜市场、兴柜市场、盘商市场四个层次，和大陆的新三板一样，登陆兴柜市场并无财务指标要求，但如果有公司想要在上柜市场挂牌交易，该公司必须在兴柜市场挂牌交易满6个月并符合兴柜市场挂牌条件。

目前我国监管部门也在紧锣密鼓地研究我国资本市场转板制度的规定。2014年8月1日，证监会召开视频会议，贯彻落实国务院7月23日常务会议精神，会议明确指出“要完善创业板制度，在创业板建立单独层次，支持尚未盈利的互联网和高新技术企业在新三板挂牌一年后到创业板上市，进一步支持自主创新企业的融资需求”。由于看出新三板与创业板之间的绿色通道即将打通，市场预计2015年即可出台相关转板制度。

其实国务院《金融业发展和改革“第十二五”规划》就已经提出要“完善不

同层次市场间的转板机制和市场退出机制，逐步建立各层次市场间的有机联系，形成优胜劣汰的市场环境”。

2013年12月14日，国务院发布的《关于全国中小企业股份转让系统有关问题的决定》中明确提出了“建立不同层次市场间的有机联系。在全国股份转让系统挂牌的公司，达到股票上市条件的，可以直接向证券交易所申请上市交易”。

股转系统《业务规则》第四节暂停与恢复转让中对暂停转让和终止转让的具体情形，已经就“向中国证监会申请首次公开发行股票并上市，或向证券交易所申请股票上市”和“中国证监会核准其首次公开发行股票申请，或证券交易所同意其股票上市”进行了分别表述，为后续转板制度的推出预留了空间。

市场人士普遍认为，由于新三板挂牌公司已经是公众公司，并且经过主办券商、律师、会计师等中介机构的督导与规范，在公司治理和规范上已经接近场内市场的要求，如果不进行新股公开发行，从理论上可以建立起新三板场内市场的转板绿色通道。

在绿色转板制度还未出台前，新三板挂牌公司要想转到主板、创业板去交易还必须走IPO审核流程。也就是通过首次公开发行新股，提交证监会核准，审核通过后再到证券交易所上市，同时在新三板摘牌。

第八章
新三板法律规则体系

新三板法律规则代表着新三板制度体系，我们根据制度内容进行分类，分为：总体规则、挂牌业务规则、定向发行业务规则、并购重组业务规则、信息披露业务规则、交易结算业务规则、两网及退市业务和其他规则等七大类，便于专业人士查找。每一类中具体按法律效力进行排序，依次为法律、行政法规、行政规章、规范性文件、股转系统业务规则、模板文件。文件名称前为发文单位，文件名称后为最新修订日期。列示格式为“《（发文单位）+文件名称》（发文日期）”。法律规则是新三板运行的游戏规则，尤其专业人士应掌握业务规则内容，以便遵守规则，按规则办事，让项目运作更加顺畅。法律规则的具体内容，全部可在股转系统网站（www.neeq.com.cn）查阅。我们也按顺序整理成册，内容可在我们网站进行查询（www.chinatouhang.com）。

如果是专业人士，如企业财务总监、信息披露负责人、券商、会计师、律师等，法律规则的掌握程度是专业人士职业素养的体现。如果掌握了新三板整个法律规则并能运用自如，则新三板业务水平已经达到相当水平。这部分的掌握程度直接决定专业水平的高低，是专业人士提高职业素养的必须课。这部分内容就留给专业人士去研究探讨吧。这里仅列示相关目录，以使读者对整个法律规则体系有个基本的认识，至少知道制定了哪些法律规则，自己在处理相关实务问题时，可以联想到可能有相关规定，并能迅速查找到，能达到这个目的已经够了。

一、总体规则

《中华人民共和国·公司法》（2013.12.28）

《中华人民共和国·证券法》（2005.10.27）

《国务院·关于全国中小企业股份转让系统有关问题的决定》（2013.12.14）

《证监会·非上市公众公司监督管理办法》（2013.12.26）

《证监会·全国中小企业股份转让系统有限责任公司管理暂行办法》（2013.1.31）

《股转系统·业务规则（试行）》（2013.12.30）

《股转系统·常见问题解答（汇总）》（2013.12.30）

二、挂牌业务规则

（一）证监会部门规章

《证监会·非上市公众公司监管指引第2号——申请文件》（2013.1.4）

《证监会·非上市公众公司监管指引第3号——章程必备条款》（2013.1.4）

《证监会·非上市公众公司监管指引第4号——股东人数超过200人的未上市股份有限公司申请行政许可有关问题的审核指引》（2013.1.4）

《证监会·非上市公众公司信息披露内容与格式准则第1号——公开转让说明书》（2013.12.26）

《证监会·非上市公众公司信息披露内容与格式准则第2号——公开转让股票申请文件》（2013.12.26）

（二）股转系统业务规则

《股转系统·股票挂牌条件适用基本标准指引（试行）》（2013.6.20）

《股转系统·股票挂牌业务操作指南（试行）》（2014.5.6）

《股转系统·主办券商推荐业务规定（试行）》（2013.2.8）

《股转系统·主办券商管理细则（试行）》（2013.2.8）

《股转系统·主办券商尽职调查工作指引（试行）》（2013.2.8）

《股转系统·挂牌申请文件内容与格式指引（试行）》（2013.12.30）

《股转系统·公开转让说明书内容与格式指引（试行）》（2013.12.30）

《股转系统·证券代码、证券简称编制管理暂行办法》（2013.12.30）

《股转系统·挂牌公司股票转让服务收费明细表》（2013.2.8）

《股转系统·申请材料接收须知》（2013.3.20）

《股转系统·关于做好申请材料接收工作有关注意事项的通知》（2013.6.17）

《股转系统·股份公司申请在股转系统公开转让、定向发行股票的审查工作流程》（2013.12.30）

（三）股转系统文件模板

《股转系统文件模板·××股份有限公司关于股票在全国中小企业股份转让系统公开转让的申请报告》（2013.2.27）

《股转系统文件模板·××股份有限公司关于股票在全国中小企业股份转让系统挂牌的申请报告》（2013.2.27）

《股转系统文件模板·××证券公司关于××股份有限公司股票在全国中小企业股份转让系统公开转让的推荐意见（适用于已挂牌公司）》（2013.2.27）

《股转系统文件模板·董事（监事、高级管理人员）声明及承诺书》（2013.4.11）

《股转系统文件模板·全国中小企业股份转让系统挂牌协议》（2013.4.11）

《股转系统文件模板·推荐挂牌并持续督导协议书》（2013.3.14）

《股转系统文件模板·持续督导协议书》（2013.3.14）

《股转系统文件模板·证券公司从事推荐业务自律承诺书》（2013.2.27）

《股转系统文件模板·证券公司基本情况申报表》（2013.2.27）

《股转系统文件模板·证券公司参与全国中小企业股份转让系统业务协议书》（2013.2.27）

三、定向发行业务规则

（一）证监会部门规章

《证监会·非上市公众公司信息披露内容与格式准则第3号——定向发行说明

书和发行情况报告书》（2013.12.26）

《证监会·非上市公众公司信息披露内容与格式准则第4号——定向发行申请文件》（2013.12.26）

（二）股转系统业务规则

《股转系统·股票发行业务细则（试行）》（2013.12.30）

《股转系统·股票发行业务指南》（2013.12.30）

《股转系统·股票发行业务指引第1号——备案文件的内容与格式（试行）》（2013.12.30）

《股转系统·股票发行业务指引第2号——股票发行方案及发行情况报告书的内容与格式（试行）》（2013.12.30）

《股转系统·股票发行业务指引第3号——主办券商关于股票发行合法合规性意见的内容与格式（试行）》（2013.12.30）

《股转系统·股票发行业务指引第4号——法律意见书的内容与格式（试行）》（2013.12.30）

四、并购重组业务规则

（一）证监会部门规章

《证监会·非上市公众公司收购管理办法》（2014.6.27）

《证监会·非上市公众公司重大资产重组管理办法》（2014.6.27）

《证监会·非上市公众公司信息披露内容与格式准则第5号——权益变动报告书、收购报告书、要约收购报告书》（2014.6.27）

《证监会·非上市公众公司信息披露内容与格式准则第6号——重大资产重组报告书》（2014.6.27）

（二）股转系统业务规则

《股转系统·非上市公众公司重大资产重组业务指引（试行）》（2014.7.25）

《股转系统·重大资产重组业务指南第1号：非上市公众公司重大资产重组内幕信息知情人报备指南》（2014.7.25）

《股转系统·重大资产重组业务指南第2号：非上市公众公司发行股份购买资产构成重大资产重组文件报送指南》（2014.7.25）

《股转系统·重大资产重组简易流程示意图（现金认购及发行备案情形）》（2014.7.25）

《股转系统·全国股份转让系统就重大资产重组业务指引答记者问》（2014.7.25）

五、信息披露规则

（一）证监会部门规章

《证监会·非上市公众公司监管指引第1号——信息披露》（2013.1.4）

（二）股转系统业务规则

《股转系统·挂牌公司信息披露细则（试行）》（2013.2.8）

《股转系统·挂牌公司持续信息披露业务指南（试行）》（2013.7.15）

《股转系统·挂牌公司年度报告内容与格式指引（试行）》（2013.2.8）

《股转系统·挂牌公司半年度报告内容与格式指引（试行）》（2013.7.11）

《股转系统·临时公告格式模板》（2014.7.21）

《股转系统·挂牌公司权益分派业务指南（试行）》（2014.5.6）

《股转系统·关于申请挂牌期间公司信息披露相关问题的通知》（2014.4.24）

《股转系统·挂牌公司暂停与恢复转让业务指南（试行）》（2014.5.6）

《股转系统·挂牌公司证券简称或公司全称变更业务指南（试行）》（2014.5.6）

六、交易结算规则

（一）股转系统业务规则

《股转系统·股票转让细则（试行）》（2013.12.30）

《股转系统·投资者适当性管理细则（试行）》（2013.12.30）

《股转系统·做市商做市业务管理规定（试行）》（2014.6.5）

《股转系统·股票转让方式确定及变更指引（试行）》（2014.7.6）

《股转系统·股票异常转让实时监控指引（试行）》（2014.6.9）

《股转系统·交易单元管理办法（试行）》（2014.4.28）

《股转系统·过渡期股票转让暂行办法》（2013.2.8）

《股转系统·过渡期登记结算暂行办法》（2013.2.8）

《股转系统·做市业务备案申请文件内容与格式指南》（2014.6.5）

《股转系统·交易单元业务办理指南（试行）》（2014.4.28）

《股转系统·投资者适当性管理证券账户信息报送业务指南（2014.4.30）

《股转系统·主办券商和挂牌公司协商一致解除持续督导协议操作指南》（2014.4.1）

《股转系统·主办券商相关业务备案申请文件内容与格式指南》（2013.6.19）

《股转系统·挂牌公司股票公开转让特别风险揭示书必备条款》（2013.2.27）

《股转系统·关于发布股转系统过渡期交易结算暂行办法的通知》（2013.2.8）

《股转系统·关于做好主办券商相关信息在指定平台披露工作的通知》（2013.04.02）

（二）股转系统文件模板

《股转系统文件模板·证券公司基本情况申报表》（2013.2.27）

《股转系统文件模板·证券公司参与全国中小企业股份转让系统业务协议书》（2013.2.27）

《股转系统文件模板·证券公司从事经纪业务自律承诺书》（2013.2.27）

《股转系统文件模板·买卖挂牌公司股票委托代理协议》（2013.2.27）

（三）中国结算业务规则

《中国结算·关于全国中小企业股份转让系统登记结算业务实施细则》的通知（2013.12.30）

《中国结算·关于拟挂牌公司初始登记业务的补充通知》（2013.12.31）

《中国结算北京分公司·结算备付金专用存款银行账户信息表》（2014.5.15）

《中国结算北京分公司·证券资金结算业务指南》（2014.4.30）

《中国结算北京分公司·两网公司和退市公司证券登记结算业务指南》（2014.4.30）

《中国结算北京分公司·投资者业务指南》（2014.4.30）

《中国结算北京分公司·发行人业务指南》（2014.4.30）

七、两网及退市业务和其他规则

（一）股转系统业务规则

《股转系统·两网公司及退市公司股票转让暂行办法》（2013.2.8）

《股转系统·两网公司及退市公司信息披露暂行办法》（2013.2.8）

《股转系统·退市公司股票挂牌业务指南（试行）》（2014.6.17）

《股转系统·两网公司及退市公司股票分类转让变更业务指南（试行）》（2014.5.6）

《股转系统·股份登记结算业务指南（适用于两网公司和退市公司）》（2013.3.1）

《股转系统·关于原代办股份转让系统挂牌的两网公司及交易所市场退市公司相关制度过渡安排有关事项的通知》（2013.2.8）

（二）股转系统文件模板

《股转系统文件模板·两网公司及退市公司股票转让委托协议书参考文本》（2013.7.29）

《股转系统文件模板·两网公司及退市公司股票转让风险揭示书参考文本》（2013.7.29）

第九章 挂牌流程

王彦博博士根据新三板挂牌项目经验，站在项目管理角度将新三板挂牌项目分为四个阶段：项目成立阶段、股改阶段、材料制作与申报阶段、挂牌完成阶段。一个挂牌项目是在参与各方通力合作的基础上完成的，其中涉及企业、券商、会计师、律师、股转系统、中登公司以及政府相关部门（如工商、税务、环保、上市办）等诸多参与方。项目成功运作需要制定详细而周密的计划，明确各方职责分工，按业务流程统筹安排各项工作，使项目协调有序运行，按期达到项目目标。毫无疑问整个项目运作牵头与主协调人为主办券商，其是项目运作计划的制订与执行者，协调其他各方完成各自职责内的工作，推动项目运行，是项目成败的第一负责人。

需要说明的是各阶段工作的划分，只是为了描述的方便，实际工作中并不可能严格的划分各阶段的工作，只是在某个时间段以这个工作为主，也会穿插其他阶段的工作内容，或为其他阶段的做好准备。所以各阶段的工作划分是相对的，有时各步骤上工作甚至可能同时进行，实际工作中需要统筹安排，有的工作需要提前准备。最典型例子就是制作材料的签字签章页应提前安排，不能等到全部材料均做好后才去签字，否则会由于人员不齐而耽误项目进度。

一、项目总流程

我们根据项目经验将新三板挂牌项目划分为四个阶段，包括：项目成立阶段股改阶段尽职调查与材料制作阶段挂牌阶段。项目流程总图，如图9-1所示。

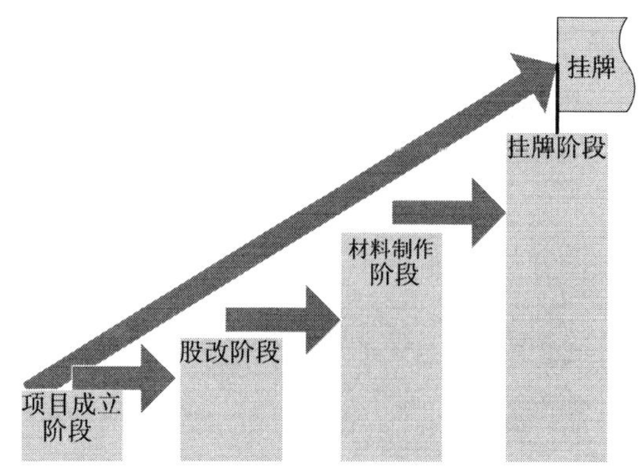

图 9–1　新三板挂牌总流程图

二、业务流程详图

流程图示说明（见图9–2）：图示流程不能涵盖全部流程的每个细节，仅列示各阶段主要工作步骤；具体的流程内容见各阶段流程说明，仅列示子流程主要步骤；图示文档仅为主要文档图示，详细文档资料参见专业工具部分内容；先后顺序仅作参考，没有标示剪头的线段连接的步骤可以同时进行。

三、各阶段主要工作内容

（一）项目成立阶段

项目成立阶段的工作目标是使项目成立，以签订服务合同为项目成立标志。该阶段的主要工作包括：券商寻找项目资源、企业了解新三板、企业做出挂牌决定、券商提报项目建议书、企业确定中介机构、券商项目立项、签订服务合同、召开项目启动会等工作。

（二）股改阶段

股改阶段的工作目标是完成股改，即使有限公司变更为股份公司。该阶段工作以取得股份公司营业执照为股改完成标志。该阶段的主要工作包括：会计师、律师进场进行尽职调查并出具尽职调查报告，券商组织中介协调会议讨论有关问题并提出初步股改方案，券商拟定股改方案并征求企业、律师、会计师的意见，

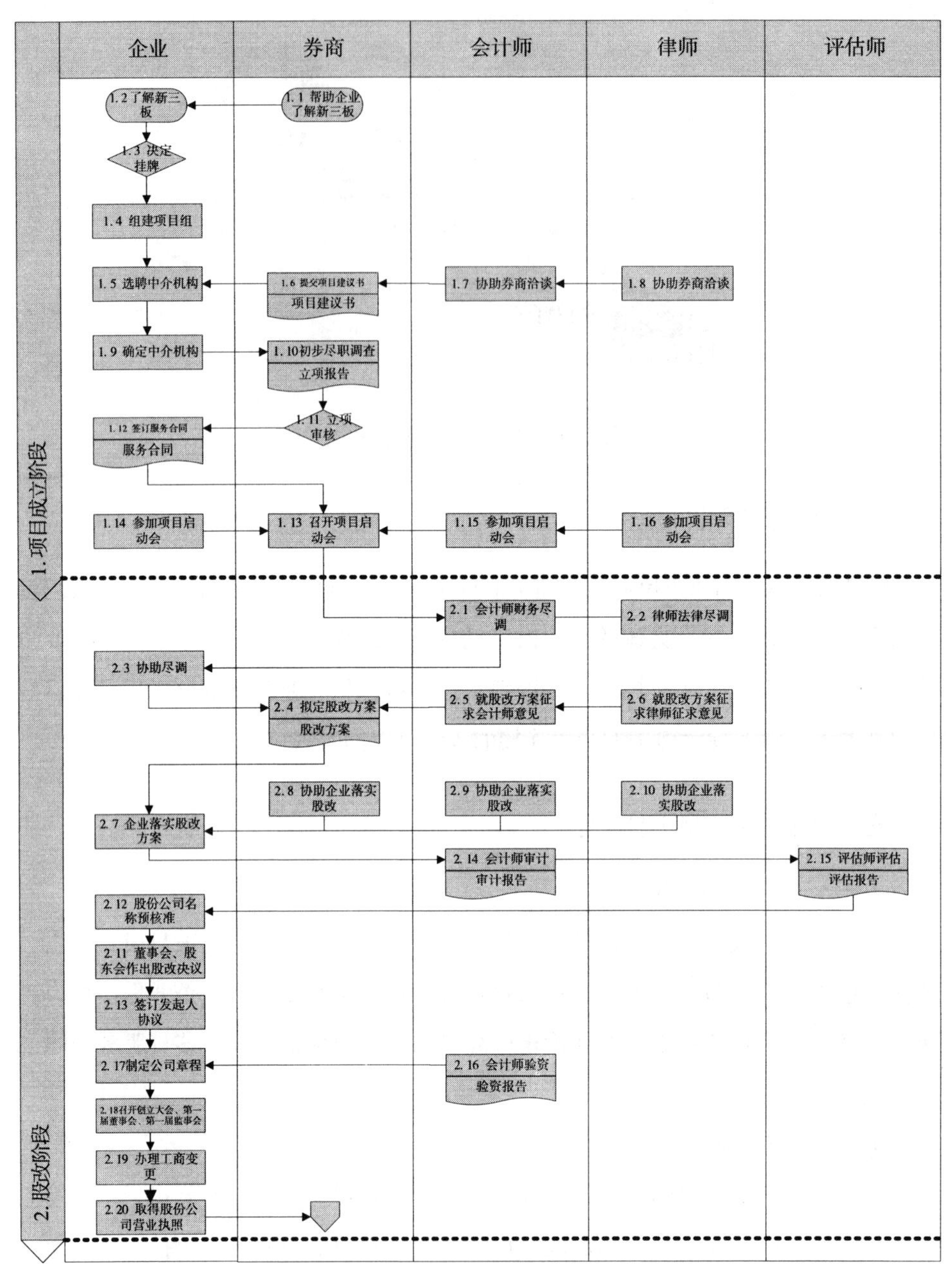

图 9-2 新三板挂牌业务流程图（上）

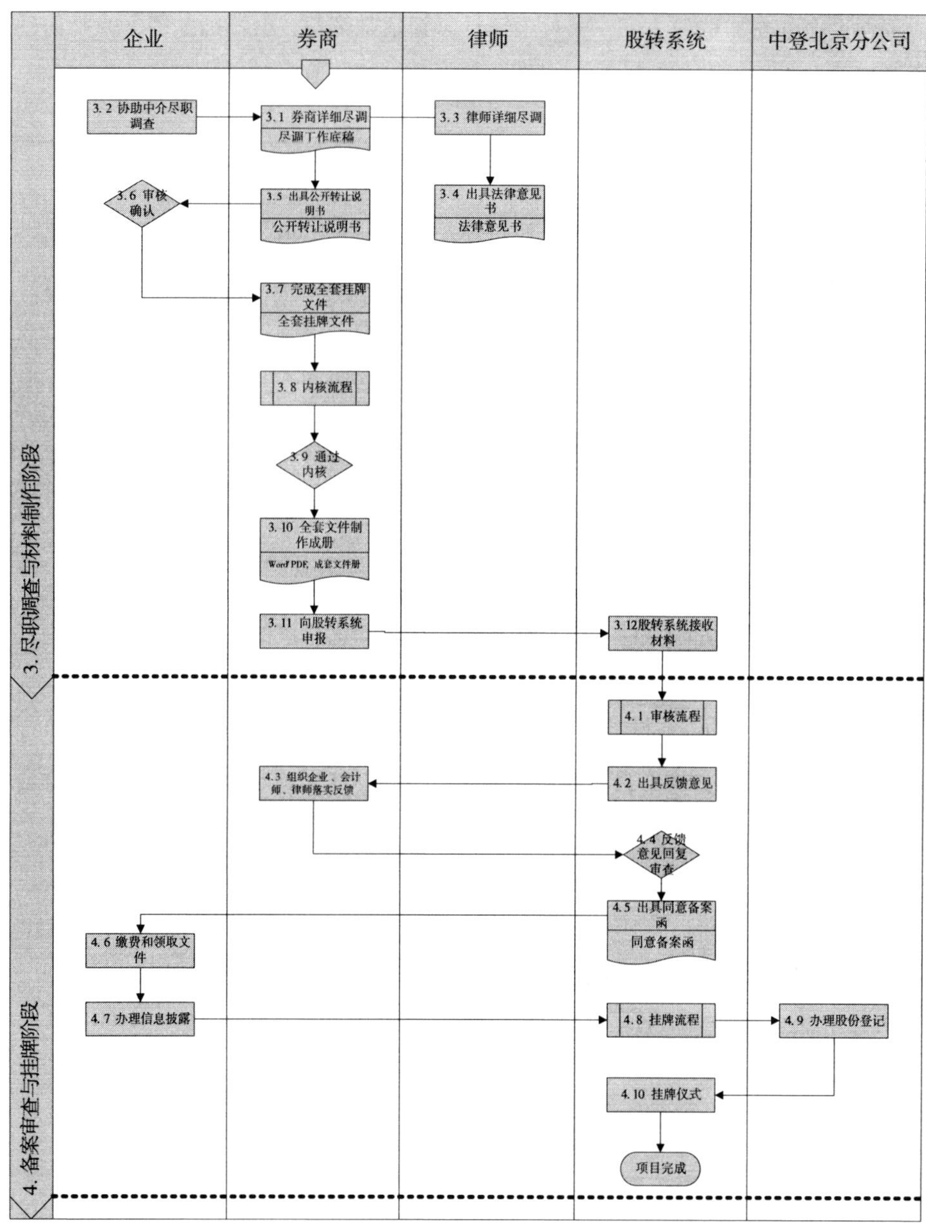

图 9-2 新三板挂牌业务流程图（下）

券商协助企业落实股改方案，会计师审计，评估师评估，会计师验资，律师协助企业履行股改法律程序，企业向工商部门申请变更，取得股份公司营业执照等工作。

（三）尽职调查与材料制作阶段

尽职调查与材料制作阶段的工作目标是完成全套申报材料的制作，中介机构尽职调查是编制全套申报材料的基础性工作。该阶段工作以股转系统接收全套申报材料为完成标志。该阶段的主要工作包括：券商、律师、会计师（如申报截止日与股改基准日不同需要会计师审计）进行详细尽职调查并完成尽职调查工作底稿，券商撰写《公开转让说明书》，律师出具《法律意见书》，会计师出具两年一期的《审计报告》，券商完成其他材料的编制，券商内核，材料制作装订成册，向股转系统申报材料，股转系统接收材料等工作。

（四）备案审查与挂牌阶段

备案审查与挂牌阶段的工作目标是完成挂牌。该阶段的工作以股票挂牌为完成标志。该阶段的主要工作包括：股转系统对申报材料进行备案审查并出具反馈意见，券商组织企业会计师、律师对反馈意见进行回复，股转系统对反馈意见回复进行审查，股转系统出具同意挂牌的函，企业缴纳挂牌初费与当年年费，领取同意挂牌函等文件，办理信息披露，向中登公司办理股份登记，举行挂牌仪式，完成挂牌等工作。

四、各阶段时间进度图

各阶段时间进度图如图9–3所示。

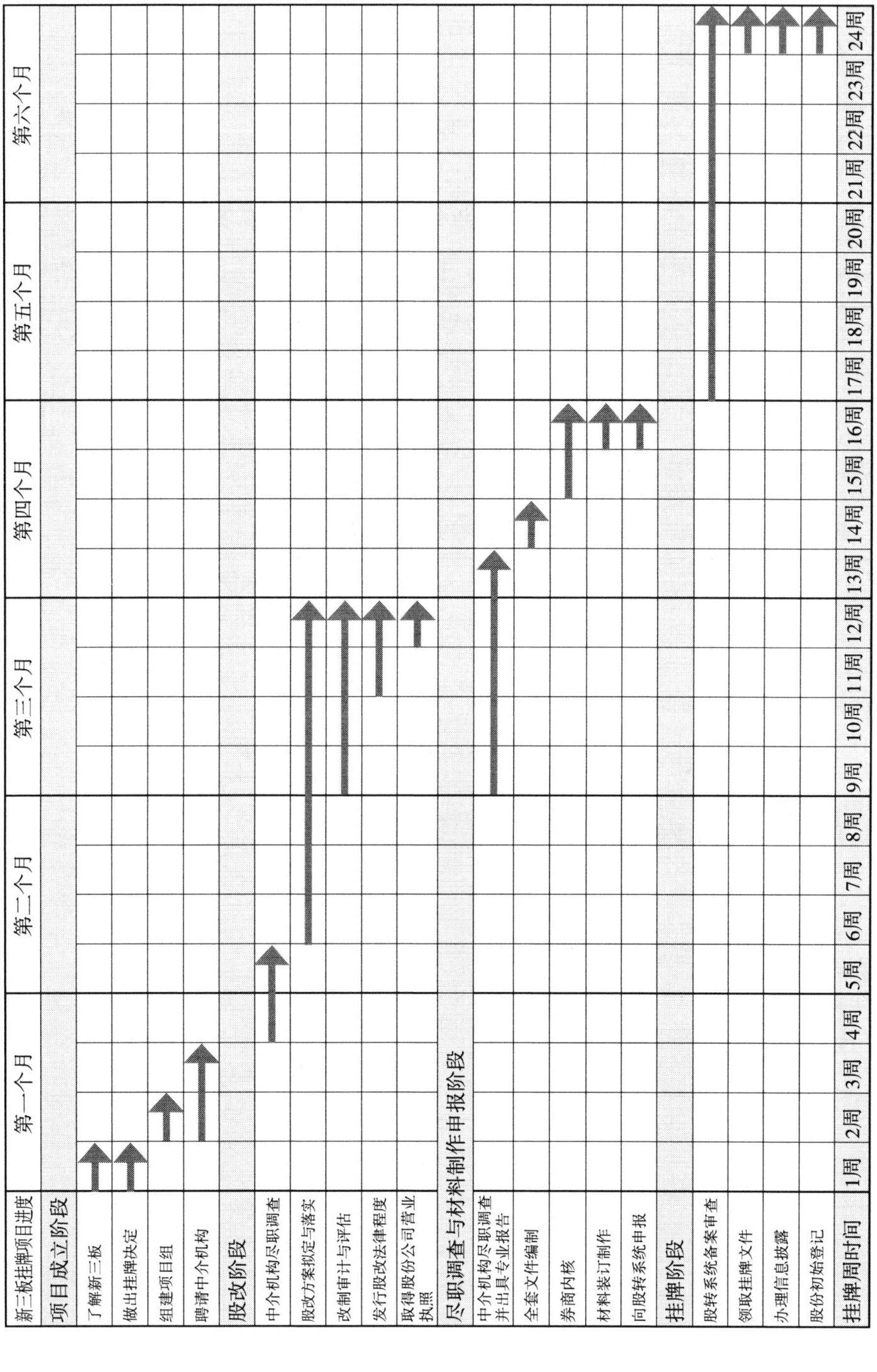

新三板挂牌项目进度	第一个月				第二个月				第三个月				第四个月				第五个月				第六个月			
项目成立阶段																								
了解新三板																								
做出挂牌决定																								
组建项目组																								
聘请中介机构																								
股改阶段																								
中介机构尽职调查																								
股改方案拟定与落实																								
改制审计与评估																								
发行股改法律程度																								
取得股份公司营业执照																								
尽职调查与材料制作申报阶段																								
中介机构尽职调查并出具专业报告																								
全套文件编制																								
券商内核																								
材料装订制作																								
向股转系统申报																								
挂牌阶段																								
股转系统备案审查																								
领取挂牌文件																								
办理信息披露																								
股份初始登记																								
挂牌周时间	1周	2周	3周	4周	5周	6周	7周	8周	9周	10周	11周	12周	13周	14周	15周	16周	17周	18周	19周	20周	21周	22周	23周	24周

图 9-3 新三板挂牌项目进度图

五、挂牌操作工具

“工欲善其事，必先利其器。”专业工具之于项目成员，犹如汽车修理师手中的工具，可以使项目又快又好的完成。是项目经验的体现，是项目质量与进度的保证。专业工具是在项目过程中不断积累形成，并随着项目经验增长不断完善，可以不断提高项目质量，保证项目进度。新三板挂牌项目的专业工具指以往项目过程中形成并经抽象化、标准化后可以应用在以后其他项目中的各种表格、调查表等模板文件，以使工作完成得更快、更好，使初学者尽快上手。

本节内容根据挂牌流程总图中各步骤的编号，对每个步骤涉及的专业工具名称进行列示，具体内容单独整理成册。

表9-1　　　　每个步骤涉及的专业工具名称及编号

项目阶段	流程编号	流程名称	工具编号	工具名称
项目成立阶段	1.1	帮助企业了解新三板	1.1-1	《业务宣传PPT》
	1.6	提交项目建议书	1.6-1	《项目建议书编制指南》
			1.6-2	《项目建议书模板PPT》
	1.10	初步尽职调查	1.10-1	《初步尽职调查资料清单》
			1.10-2	《初步尽职调查附表》
			1.10-3	《保密协议》
			1.10-4	《立项报告模板》
	1.11	立项审核	1.11-1	《立项会议纪要》
	1.12	签订服务合同	1.12-1	《××公司关于股份制改造财务顾问和全国中小企业股份转让系统挂牌推荐之协议书》
			1.12-2	《推荐挂牌并持续督导协议》
	1.13	召开项目启动会	1.13-1	《项目启动会议程》
			1.13-2	《项目启动会演讲PPT》
			1.13-3	《项目启动会会议纪要模板》
			1.13-4	《项目推进时间表模板》

续表

项目阶段	流程编号	流程名称	工具编号	工具名称
股改阶段	2.4	拟定股改方案	2.4–1	《股改方案模板》
尽职调查与材料制作阶段	3.1	券商详细尽调	3.1–1	《尽职调查工作底稿（模板）》
	3.7	完成全套挂牌文件	3.7–1	目录参见以上内容
	3.9	通过内核	3.9–1	《内核机构成员审核工作底稿》
			3.9–2	《内核会议记录》
			3.9–3	《对内核会议反馈意见的回复》
			3.9–4	《内核专员对内核会议落实情况的补充审核意见》
			3.9–5	《内核意见》
	3.11	向股转系统申报	3.11–1	《介绍信模板》
备案审查与挂牌阶段	4.8	挂牌流程	4.8–1	《证券简称及证券代码申请书》
			4.8–2	《主办券商办理股份公司股票挂牌进度计划表》
			4.8–3	《挂牌公司股票公开转让记录表》
			4.8–4	《信息披露业务流转表》
			4.8–5	《全国股转系统公司挂牌方式申请》
			4.8–6	《股票挂牌提示性公告》
			4.8–7	《挂牌同时发行的股票公开转让公告》
			4.8–8	《关于完成工商变更登记手续的公告》
			4.8–9	《挂牌公司股东所持股份解除转让限制明细表》

这一节实质内容本来有很多，仅3.1–1《尽职调查工作底稿（模板）》与3.7全套挂牌文件模板内容就达几百上千页之多，这里仅列示目录，具体内容是专业人士的研究范畴。

第十章 流程说明

本章内容是对前文所述新三板挂牌流程的四个阶段进行详细说明，包括项目成立阶段、股改阶段、尽调与材料制作阶段、挂牌阶段。本章与下一章内容会涉及较浅的专业知识，建议财务总监、董事会秘书以及项目人员了解一下。

一、项目成立阶段

这个阶段的工作从企业负责人产生挂牌意向开始到召开中介协调会正式启动项目的整个全过程，具体又可以分为了解新三板并做出挂牌决定、成立项目组、聘请中介机构并签订服务合同、召开项目启动会等四个步骤。

（一）了解新三板并做出挂牌决定

企业决定挂牌新三板前需要对新三板乃至整个资本市场有个初步认识，清楚地了解企业可以从资本市场上获得什么好处，资本市场是否适合本企业的发展，需要付出多大成本代价，可以获得哪些益处。企业可以从不同渠道获取新三板的有关信息，如朋友、新闻、互联网、协会商会、培训机构、各种交际圈、中介机构，等等。其中中介机构一定是推广新三板的主力，本书的写作目的也是为帮助企业家了解新三板。

帮助企业家充分认识新三板与资本市场是券商等中介机构的基本义务，也是商务合作的基础。券商通常会组织免费的培训会、交流会，向企业介绍新三板相关知识。介绍的内容本书也已经基本涵盖。

挂牌新三板是企业发展方式的重大改变，涉及公司组织形式变更，受到监管较严，企业从幕后走向台前，需要公司股东做出决议。有影响力的股东越多效率通常越低。

（二）成立项目组

企业决定挂牌新三板后，在内部需要成立由公司一把手领导的挂牌领导小组，由企业董事长或实际负责人担任组长，成员由财务总监、董事会秘书、董事、副总构成，领导小组主要负责挂牌项目的重大决策，听取项目小组工作报告，协调项目组工作。可由财务总监或董事会秘书负责代理执行领导小组的具体工作。

领导小组下设挂牌项目组，与中介机构项目组对接，成员由财务部、法务部、生产部、销售部、采购部以及其他各部门负责人构成，项目组主要负责具体项目执行，配合中介机构尽职调查，协助中介机构完成其他工作。如企业财务部配合会计师及评估师完成财务审计、资产评估工作；董事会秘书与企业各分管领导负责协调企业与政府有关部门、行业主管部门、证监会派出机构以及各中介机构之间联系；法律部门配合律师处理有关挂牌法律事务，如编写发起人协议、公司章程、承销协议、各种关联交易协议等；生产部门、销售部、研发部配合中介机构进行尽职调查，对公司发展战略提出建议；董事会秘书负责完成各类董事会决议，申报主管机关批文，以对外管理媒体报道与投资者关系。这些各方职责分工需要结合企业实际情况在项目计划书中明确。

聘请中介机构后，会计师、律师也应组建项目小组。券商牵头其他中介机构与企业共同组建一个临时项目组。项目组目标是成功挂牌，项目组由企业挂牌项目组、券商项目组、会计师项目组、律师项目组、评估师项目组共同组成，项目组内部结构可分为协调组、执行组。协调组与执行组均由各方人员构成。项目组以券商为主协调人，建立相应信息沟通机制，如QQ讨论组、微信群等邀请项目组全部人员加入，加强项目组信息沟通，及时解决相关问题，推进项目进度。项目组结构如下：

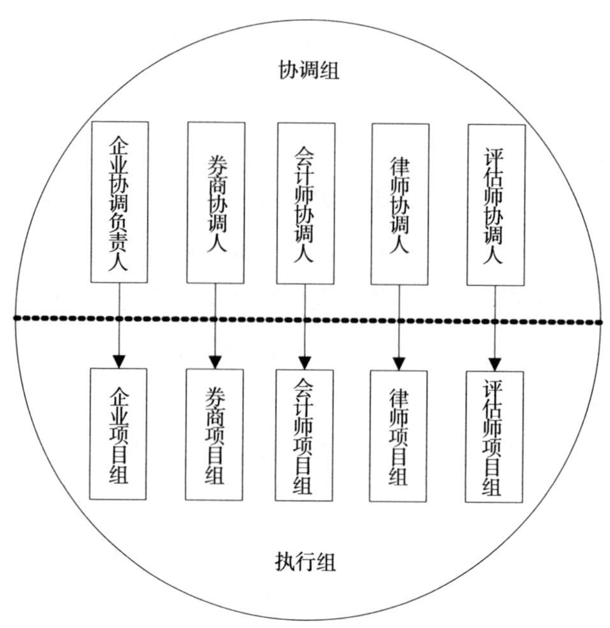

图 10–1　项目组结构图

（三）聘请中介机构与签订服务合同

企业内部项目组成立后，企业需要聘请中介机构，以便和中介机构人员组成一个更大项目组。聘请中介机构，可由企业负责人即一把手带领挂牌领导小组成员在多方考察各家中介机构后予以确定。

通常以券商为主的中介机构会结合企业实际情况编制《项目建议书》，告诉企业实施挂牌新三板项目是否可行，可以获得哪些好处，主要存在哪些问题，拟派出专业人员结构与简历，项目收费情况，券商简介与竞争优势等内容。中介机构的选择包括选聘券商、会计师、律师。其中以选择券商最为关键，因为券商需要协调会计师、律师的工作，主导整个项目运作。企业应首先选聘券商，再由券商推荐会计师、律师，由企业决定会计师、律师的选聘。

中介机构选聘好后，需要与各中介机构签订服务合同，各中介机构内部可能履行相应的程序，如券商需要对其进行初步调查并编制立项报告，报立项委员会审核通过后，方能与企业履行签订服务合同程序。

签订好服务合同后，中介机构内部也应成立项目组，确定项目总协调人、项目负责人、现场负责人、项目组成员。券商应至少配备一名注册会计师、一名律师、一名行业分析师，组成项目小组，指定其中一个或另行安排其他人员为现场负责人，并安排项目负责人，确定项目总协调人。

根据股转系统《主办券商推荐业务规定（试行）》第七条规定：项目小组应由主办券商内部人员组成，其成员须取得证券执业资格，其中注册会计师、律师和行业分析师至少各一名。行业分析师应具有申请挂牌公司所属行业相关专业知识，并在最近一年内发表过有关该行业的研究报告。

第八条规定：

主办券商应在项目小组中指定一名负责人，对项目负全面责任，项目小组负责人应具备下列条件之一：

（一）参与两个以上推荐挂牌项目，且负责财务会计事项、法律事项或相关行业事项的尽职调查工作；

（二）具有三年以上投资银行从业经历，且具备主持境内外首次公开发行股票或者上市公司发行新股、可转换公司债券的主承销项目经历。

（四）召开项目启动会

签订服务合同并成立项目组后，券商需要制定项目计划书，明确项目组成员、各方职责、工作时间安排、初步改组方案等内容。同时，券商还应组织召开挂牌项目启动会。启动会应向企业人员介绍项目流程，资本市场的游戏规则，领导讲话表明态度，鼓舞士气，部署总体工作安排，项目组人员介绍与分工，企业初步问题与解决方案，讨论初步改制方案。各方项目组总协调人、项目组负责人及现场负责人均应参会，最好各方项目组全部成员均参会。启动会是项目启动的标志，为项目顺利运作判定思想基础，部署总体工作，加强项目组沟通，是一个项目成功运作的重要节点。

二、股改阶段

这个阶段从项目启动会后，各中介机构进场调查开始到取得股份公司营业执照全部过程。股改阶段是项目实质性阶段，股改阶段的主要工作目标在规范运作基础上，把有限公司变更为股份有限公司。股改阶段的工作是为后面挂牌阶段做基础的，基础不打好，对挂牌工作会带来很多麻烦。尤其是要规范的问题，需在这个阶段查找出来并提出解决方案。如到材料制作申报阶段才发现，将导致项目延误。具体包括五个步骤：中介进场尽职调查、券商拟定股改方案、改制审计与评估、履行股改法律程序、取得股份公司营业执照。

（一）中介机构进场尽职调查

项目启动会标志着项目的正式启动，项目正式启动后就进入股改阶段，而股改阶段首先要做的就是中介机构进场进行尽职调查，包括会计师进场进行财务尽职调查，律师进场进行法律尽职调查。尽职调查的目的在于专业人员在对企业各方面进行了解后提出规范建议，以利于在股改方案中提出相应的解决措施，使企业达到挂牌或上市的规范要求。

会计师主要对企业财务方面进行尽职调查，确认公司财务核算规范性、税务处理规范性、内部控制的建立健全情况。会计师的尽职调查不是审计，所以这个阶段不对财务数据发表意见，但调查的工作会涉及对财务数据的检查核实。财务尽职调查完成后会计师对企业的财务状况、盈利情况、财务核算、纳税处理、内部控制有了深入了解后便可出具《财务尽职调查报告》，明确提出企业在财务方面还需要进行哪些规范才能达到挂牌的要求，以及如何解决这些问题，企业需要按会计师要求落实相关整改问题。

律师主要对企业法律方面进行尽职调查，主要包括：公司历史沿革、主体资格、独立性、资产完整性、发起人股东与实际控制人情况、经营业务规范性、关联交易与同业竞争、三会一层设立与运行、董监高人员及变化、主要资产负债、经营违法违规情况等内容。律师的尽职调查目的在于发现影响企业挂牌的法律问题并提出解决方案。律师尽职调查完成后出具《法律尽职调查报告》，指出影响挂牌的法律问题与解决方案。法律方面的问题更多需要在股改前发现并解决，如果到材料制作阶段才发现，再来处理法律问题会耽误项目进度。股改方案也需考虑律师的法律尽职调查报告。

券商在会计师、律师进场尽职调查期间更多是协调安排专业机构的工作，审核专业报告、关注专业人员提出问题并商讨解决方案。券商的初步尽调一般是在项目立项时完成，也就是在签订合同之前完成。

（二）股改方案的拟订与落实

中介机构尽职调查完毕后，根据各自调查情况出具专业尽职调查报告，就影响挂牌的财务、法律方面不规范的问题提出整改意见。下一步需要做的就是对这些不规范的问题进行整改，同时提出《股改方案》，对需要与股改一并解决的问题应在制定股改方案时予以考虑。股改方案由券商牵头，协调企业，并征求律师意见，根据相关法律、法规和政策拟定。

股改方案主要内容包括：股改目的与原则、股权架构与业务现状、确定挂牌上市主体、改制方式、注册资本与股本规模、改制内容、改制后股权架构与业务状况、改制基准日、股改时间计划（通常以附件形式明确）、方案结论等内容。

制定改制重组方案应遵循以下五个基本原则：① 形成明确清晰的企业发展战略，合理配置存量资源；② 突出主营业务，形成核心竞争力和持续发展的能力；③ 避免同业竞争，规范关联交易；④ 产权关系明确，不存在法律障碍；⑤建立公司法人治理结构，股东大会、董事会、监事会以及经理层的合规高效运作。

选择合适的挂牌上市主体。合适的挂牌上市主体应符合股转系统的挂牌条件。挂牌主体应突出主营业务，在挂牌主体内应包括与主营业务相关的所有资产，使其具备完整的业务体系和独立经营能力。挂牌主体的选择应有利于消除关联交易和同业竞争，保持独立性；挂牌主体可对同一控制下的相同或类似及相关业务进行重组整合，并对存在的不可避免的关联交易进行严格规范。挂牌主体的经营业绩应具有连续性，有限责任公司按原账面净资产折股整体变更为股份有限公司的，存续期间可以从有限责任公司成立之日起计算。折股依据是“账面净资产值”而非经评估后净资产，而且整体变更时不能增加股本和引入新股东，否则公司在存续期间不能连续计算。挂牌主体应该在改制时剥离非经常性资产和不良资产，明确进入股份公司与未进入股份公司资产的产权关系。

改制工作的主要内容包括业务重组、人员重组、资产重组、财务重组、机构重组、股权结构调整等方面。业务重组应根据拟挂牌主体的主营业务、核心竞争力、规避关联交易进行。人员重组应根据拟挂牌主体的业务规模、性质，对企业人员进行分流、安置，确保进入拟挂牌上市主体的人员尤其是董事、监事、高级管理人员以及财务人员的适合性和独立性。资产重组应根据拟挂牌主体的选择结果以及对改制企业产权界定结果和审计、资产评估确认。确定股本设置的基本原则，包括企业净资产归属和处置。对于财务重组，拟挂牌主体必须使用独立的银行账户，形成独立的财务会计制度并配备独立的财务人员。机构重组应根据拟挂牌主体拟定的董事会、监事会、经营管理层以及各职能部门设置，通过制定制度安排确保相关机构和人员能够依法履行职责，形成规范的公司法人治理结构。股东结构调整在股份制改造前，须对拟挂牌主体原有股东进行重新确定，确保股份有限公司的发起人股东的股权清晰，不在在潜在纠纷。如果有需要，可在此阶段引入新的战略投资者。

股改方案拟订后需要落实方案的内容。如果需要对股权结构进行调整，可能需要注册成立公司、办理股权转让、增资等事宜。规避关联交易或同业竞争可能涉及同一控制下企业合并与重组，为保证资产完整性可能需要办理资产转移手续。为保证资本充足性可能涉及需要补缴出资。为保证税务规范性可能涉及补缴税款。为保证财务核算的规范性可能需要对近两年一期的账务进行清理。落实股改方案是实务操作层面，一般由企业项目组成员进行对接完成相关工作，律师、会计师提供专业意见，券商协调各相关方，推进股改方案的落实。这个阶段随着股改方案的复杂程度不同，工作内容会有多有少，时间一般在1～4个月不等。

（三）改制审计与评估

改制审计与评估步骤与后面履行股改法律程序、取得股份公司营业执照三个步骤的工作都属于股改阶段的工作，它们的工作时间计划也会列入股改方案中，但由于其工作性质比较重要，工作内容相对独立，所以单独作为一个步骤进行说明。

股改方案拟订后，为规避关联交易进行的并购重组完成以及其他股权架构调整完成后，需要根据股改方案确定的改制基准日进行审计与资产评估工作。一般先以改制基准日为审计截止日进行审计，出具改制基准日的《审计报告》。审计确认相关数据后再进行资产评估工作，出具《资产评估报告》。资产评估机构必须具备证券期货资格，并且不能与公司聘请的审计机构为同一家。资产评估报告一般自评估基准日起一年内有效，超过一年有效期的，原资产评估的报告无效，须重新进行评估。涉及国有资产的评估还应遵守国有资产评估的相关规定。

改制审计的目的是确认改制基准日公司账面净资产数额，作为改制时验资的依据，以便确定改制时股份公司的股本数额，当然审计也同时确认了公司财务状况、经营成果、现金流量等方面内容。评估的目的是按资产法确认改制基准日公司净资产的公允价值。一般企业为了节省挂牌时间，保留以前年度的经营年限，会选择以整体变更的方式设立股份有限公司，所以公司评估的净资产价值主要用于与经审计的净资产数额比较，确认评估的净资产数量高于经审计的净资产数额。因为根据《公司法》第96条规定有限责任公司变更为股份有限公司时，折合的实收股本总额不得高于公司净资产。改制评估报告属于挂牌申报材料之一。

如果企业想尽快挂牌，可以改制基准日的审计报告作为挂牌申报材料的审计报告，但审计期间必须为两年一期。一旦确定审计截止日后面的履行股改法律程序，取得股份公司营业执照，申报材料制作与申报等工作必须在四个月内全部完成，否则可能达不到股转系统财务数据在6个月内有效的要求。因为股转系统备案审核大约需要两个月时间。如果超过这个时限可能需要补充审计，导致挂牌时间延后。如果不以改制基准日为挂牌申报的审计截止日，也可在取得股份公司营业执照完成股改后另行确定一个挂牌申报的审计截止日，在四个月内完成券商尽职调查与申报材料的制作与申报工作。总之挂牌的审计截止日一旦确定，挂牌的时间就基本确定。

改制评估与审计阶段券商与律师也可进场对企业进行尽职调查，完成部分工作。

（四）履行股改法律程序

履行股改法律程序步骤是一个比较繁琐的过程，该步骤的工作需要律师协助。履行股改法律程序的工作内容主要包括以下几个方面。

1. 改制审计

由会计师事务所出具改制基准日的《审计报告》，具体内容参见前文步骤介绍。如果是一般的发起设立或募集设立，这个过程就是缴纳出资的过程。由于整体变更无实际缴纳的过程，故只需审计与评估。审计必须先进行，这是评估的基础。

2. 改制评估

由资产评估师出具改制基准日的《资产评估报告》。具体内容参见上个步骤介绍。部分地区工商部门并不要求进行评估，要求评估的目的也是为了验证评估的净资产价值不会低于账面净资产，可以按账面净资产折股，整体变更为股份有限公司，以前的经营年限可以累积计算。

3. 股份公司名称预核准

公司改制涉及公司名称变更，需要提前向公司登记机构申请名称预先核准，按公司登记机关的要求，申请公司名称预先核准，股份公司名称通用格式一般为："SS（地级市如深圳）+ZZ（字号如海格）+HH（行业如物流，行业可以不加）+股份有限公司"。名称预先核准后一般应在六个月内向工商登记机关提出使用或变更申请，否则预核准将失效，需要重新申请。预先核准的公司名称在保留期内不得用于从事经营活动，不得转让。

4. 档案迁移

股份有限公司的工商登记管理一般由市级工商行政管理部门进行管理，有限公司的工商登记管理一般由区县工商行政管理部门进行管理，所以如果原来工商档案在区县级，需要把档案资料迁入市工商局。

5. 有限公司董事会或执行董事对公司改制进行决议或决定

公司改制一般由董事会提出，或如果没有设董事会一般由执行董事做出决定。所以公司改制事项应由董事会决议或执行董事决定，有限公司董事会或执行董事通常需对以下方案进行决议或决定。

① 同意公司类型由有限责任公司依法整体变更为股份有限公司；

② 同意公司名称由 × × 有限公司变更为 × × 股份有限公司；

③ 公司整体变更发起设立股份有限公司的具体方案；

④ 同意有限责任公司债权债务及其他权利和义务由依法定程序变更后的股份公司承继；

⑤ 公司原执行董事或董事会成员任职期限延长至整体变更为股份公司后召开创立大会，选出新董事会成员；并组成新一届董事会时为止；

⑥ 审议通过公司财务报告；

⑦ 全权委托执行董事或董事会依法办理公司整体变更发起设立股份有限公司相关事宜；

⑧ 提议召开××有限责任公司临时股东会议。

6. 股东会作出公司改制的决议

根据《公司法》规定公司从有限公司变更为股份有限公司属于企业组织形式的变更，必须由代表公司2/3以上表决权的股东的通过。股东会的召开应按公司法等法律法规的规定进行召开并保留相关记录。如临时股东会召开前应提前15天通知，发出通知应取得收到的反馈信息，会议召开时应保留会议记录，作出决议应形成会议决议。股改时有限责任公司股东会需对以下事项进行审议。

① 同意公司组织形式由有限责任公司依法整体变更为股份有限公司；

② 同意公司名称由××有限公司变更为××股份有限公司；

③ 公司整体变更发起设立股份有限公司的具体方案；

④ 同意有限责任公司债权债务及其他权利和义务由依法定程序变更后的股份公司承继；

⑤ 公司原执行董事或董事会成员任职期限延长至整体变更为股份公司后召开创立大会选出新董事会成员并组成新一届董事会时为止；

⑥ 关于全权委托执行董事或董事会依法办理公司整体变更发起设立股份有限公司相关事宜。

7. 发起人签订发起人协议

绝大部分公司改制会选择以发起方式设立股份有限公司，首先应由发起人签署《发起人协议》，明确各自在股份有限公司设立过程中权利和义务，约定账面净资产值折股方案及公司其他重大事项。

8. 验资

在审计与资产评估完成后才能进行验资。根据《公司法》第83条第3款："发起人认足公司章程规定的出资后，应当选举董事会和监事会，由董事会向公司登记机关报送公司章程、由依法设定的验资机构出具的验资证明以及法律、行政法规规定的其他文件，申请设立登记。"

有限公司整体变更为股份有限公司实际上为有限公司原股东为发起人以各自在有限公司的净资产份额出资发起设立股份有限公司，所以按《公司法》规定仍需经过验资，验证各发起人以多少的净资产份额认购多少股份以及变更后总股本数额。股改阶段的验资建议聘请具有证券期货资质的会计师事务所进行验资。出具的验资报告是报送工商登记机关的必备法定文件，也是向股转系统申请挂牌的材料之一。

9. 发起人制订公司章程

公司章程是公司设立过程中必备法律文件，是规定公司名称、宗旨、资本、组织机构等对内对外事务的基本法律文件。公司章程对公司发起人、股东大会、董事会、监事会、高级管理人员等内部与外部均具有法律约束力。《公司法》对有限公司及股份有限公司章程内容均有规定。但如果公司改制目的是挂牌或上市，则公司章程还应符合中国证监会《非上市公众公司监管指引第3号——章程必备条款》或《上市公司章程指引2006》等规定。实际制订过程一般由律师提供相关文件模板，由发起人商议并确定具体条款。

10. 召开股份公司第一次股东大会

如果是募集设立第一次股东大会也称为创立大会。第一次股东大会或创立大会的召开标志着股份公司在内部已经成立。如果是募集设立，发起人应当自股款缴足之日起三十日内主持召开公司创立大会。创立大会由发起人、认股人组成。发起人应当在创立大会召开前十五日将会议日期通知各认股人或者予以公告。创立大会应有代表股份总数过半数的发起人、认股人出席方可举行。

公司股改如以挂牌新三板为目的，第一次股东大会一般需要对以下议案进行审议。

①《关于××股份有限公司筹建工作报告的议案》；

②《关于××股份有限公司设立费用的报告的议案》；

③《关于审议××股份有限公司章程的议案》；

④《关于选举××股份有限公司董事的议案》；

⑤《关于选举××股份有限公司监事的议案》；

⑥《关于聘请××为××股份有限公司外部审计机构的议案》；

⑦《关于审议××股份有限公司股东大会议事规则的议案》；

⑧《关于审议××股份有限公司董事会议事规则的议案》；

⑨《关于审议××股份有限公司监事会议事规则的议案》；

⑩《关于审议××股份有限公司信息披露管理制度的议案》；

⑪《关于审议××股份有限公司关联交易管理制度的议案》；

⑫《关于审议××股份有限公司累积投票制实施细则的议案》；

⑬《关于审议××股份有限公司对外投资管理办法的议案》；

⑭《关于审议××股份有限公司对外担保管理办法的议案》；

⑮《关于审议××股份有限公司投资者关系管理制度的议案》；

⑯《关于审议××股份有限公司申请公司股票在全国中小企业股份转让系统挂牌并公开转让的议案》；

⑰《关于审议××股份有限公司授权董事会全权处理公司申请股票在全国中小企业股份转让系统挂牌并公开转让有关事宜的议案》；

⑱《关于授权董事会办理××股份有限公司设立及注册登记等相关事宜的议案》。

第一次股东大会召开以及文件、议案的草拟由律师协助企业完成，包括对这些文件、公司章程条款解释以及相关管理制度的培训。尤其重要的是教会企业召开股东大会的程序，以便日后召开股东大会按规定程序合法召开。这也是规范的公司治理对企业提出要求。如年度股东大会应提前20天将会议时间、地点、审议事项通知各股东；召开临时股东大会应提前15天通知各股东；会议召开时应进行签到，并作成会议记录，主持人、出席会议的董事应当在会议记录上签名。会议记录应当与出席股东的签名册及代理出席的委托书一并保存。会议不但要按程序进行召开，而且还应保存证据以证明按程序召开。

11. 召开股份公司第一届董事会

通过召开第一次股东大会选举出第一届董事会成员后，应组织召开第一届董事会，进行选举董事长、聘任高级管理人员等事项。这些会议召开较为繁琐，但的确是公司走向规范管理不可或缺的一步路，对于股份公司刚刚成立，三会运作尚不健全，这些会议更多地向公司传达规范管理的意识，学习规范运作的相关规定与操作，所以认真组织股东大会、董事会、监事会的召开仍有必要。律师在公司规范运作的过程中承担了导师的作用，需要教会企业规范运作相关规定、原理以及操作方法，培养企业规范运作的意识。

如股改目的为挂牌新三板，第一届董事会通常需对以下议案进行审议。

①《关于选举××为××股份有限公司董事长的议案》；

②《关于选举××为××股份有限公司副董事长的议案》（如有）；

③《关于聘任××为××股份有限公司总经理及法定代表人的议案》；

④《关于聘任××为××股份有限公司董事会秘书聘用人选的议案》；

⑤《关于聘任××为××股份有限公司财务总监聘用人选的议案》；

⑥《关于审议××股份有限公司总经理工作细则的议案》；

⑦《关于审议××股份有限公司董事会秘书工作制度的议案》；

⑧《关于审议××股份有限公司内部审计制度的议案》；

⑨《关于审议××股份有限公司财务管理制度的议案》；

⑩《关于审议聘请××股份有限公司申请在全国中小企业股份转让系统挂牌并公开转让的中介机构的议案》。

12. 召开股份公司第一届监事会

通过第一次股东大会选举出了股东代表监事。根据《公司法》第117条：“股份有限公司设监事会，其成员不得少于三人。监事会应当包括股东代表和适当比例的公司职工代表，其中职工代表的比例不得低于三分之一，具体比例由公司章程规定。监事会中的职工代表由公司职工通过职工代表大会、职工大会或者其他形式民主选举产生。”据此公司还需召开职工代表大会或职工大会选举出职工代表监事。

职工代表监事确定后与第一次股东大会选举的股东代表监事共同组成第一届监事会，需要召开第一届监事会会议，选举监事会主席。

（五）取得股份公司营业执照

该步骤的工作较为简单，即按公司登记机关的要求文件以及前面各步骤准备各种文件，向公司登记机关提出公司形式变更申请，即申请由有限公司变更为股份有限公司。可以说前面各步骤所做的工作形成的法律文件有很多是为这一步提出变更申请准备的文件，如变更有股东会决议、名称预核准、发起人协议、审计报告、资产评估报告、验资报告、公司章程、法定代表人董事监事任职文件等。企业向市级工商行政管理部门提出变更申请，经核准后颁发股份有限公司企业法人营业执照，标志着股份有限公司的正式成立。有的政府补助以取得股份公司营业执照作为补助节点，据此可向政府部门申请政府补助。

如果是发起设立，根据《公司法》第83条第3款：“发起人认足公司章程规定的出资后，应当选举董事会和监事会，由董事会向公司登记机关报送公司章程、由依法设定的验资机构出具的验资证明以及法律、行政法规规定的其他文件，申请设立登记。”向公司登记机关申请变更登记。

如果是募集设立，根据《公司法》第92条：“公司董事会应于创立大会结束后三十日内，向公司登记机关报送下列文件，申请设立登记。”

① 公司登记申请书；

② 创立大会的会议记录；

③ 公司章程；

④ 验资证明；

⑤ 法定代表人、董事、监事的任职文件及其身份证明；

⑥ 发起人的法人资格证明或者自然人身份证明；

⑦ 公司住所证明。

以募集方式设立股份有限公司公开发行股票的，还应当向公司登记机关报送国务院证券监督管理机构的核准文件。

三、尽职调查与材料制作申报阶段

股份公司成立后，就进入了挂牌材料制作与申报阶段，其中券商的详细尽职调查也在这个阶段，为制作挂牌材料收集相关信息。该阶段的工作并非全部需等到股份公司成立方可进行，部分工作可以提前准备，如券商的尽职调查的部分工作可与会计师审计同时进行。尽职调查与材料制作申报阶段从券商进场对企业业务、财务、公司治理、规范运作进行详细而全面的尽职调查开始，到完成全套申报材料的制作并向股转系统申报的全部过程。具体可以分为：中介机构进场尽职调查并出具专业报告、券商内核、全套申报材料制作、向股转系统申报四个步骤。

（一）中介机构尽职调查并出具专业报告

这里中介机构包括券商、会计师、律师。券商的专业报告为《公开转让说明书》，会计师的专业报告为两年一期的《审计报告》，律师的专业报告为《法律意见书》，这三大文件均是挂牌时需要公开披露的文件。中介机构的尽职调查是为出具这些专业报告收集资料、核查相关数据与事实的过程，是出具专业报告的基础工作，决定着专业报告的质量。由于券商的尽职调查工作最为全面，涉及财务、法律、行业各方面，与会计师、律师部分工作重叠，券商为提高工作效率可充分借鉴会计师、律师的专业工作，但并不影响券商独立对自己出具的文件承担法律责任。所以券商的尽职调查通常与会计师、律师同时进行，但由于券商部分工作需在会计师、律师的基础上进行，所以券商专业报告出具的时间最晚。

如果企业挂牌的申报截止为改制基准日，则这个阶段会计师不用实施审计程序、出具审计报告，但必须保证改制的审计报告为两年一期的审计报告。券商对财务部分调查工作也应与会计师实施审计程序时同时进行，确保双方对财务事项的核查进行必要的沟通。

律师在会计师审计过程中也可进行法律部分尽职调查工作，如核查公司历史沿革、股东股权、重大业务合同、重大资产、知识产权等事项。

券商在会计师审计过程中可以对公司业务与技术进行详细调查，因为这部分内容是券商在企业协助下独立完成的，无法借鉴会计师、律师的工作，并且其他阶段的工作不会影响业务技术的调查工作。故业务与技术部分的工作可以先行调查。

中介机构的尽职调查是专业性较强的工作，需要由专业人士借助专业的工具依据相关标准进行系统调查。如会计师的审计标准为财政部颁布的《审计准则》及其指南。券商推荐挂牌的尽职调查的标准为股转系统发布的《全国中小企业股份转让系统主办券商尽职调查工作指引（试行）》。

这一步骤的工作以完成三大专业文件为标志，即券商的《公开转让说明书》、律师《法律意见书》、会计师《审计报告》。这三大文件是下一步骤券商内核的主要文件，其他文件也可稍迟提交。《公开转让说明书》在内核过程中还会涉及部分修改，但审计报告、法律意见书如果由一定水平专业机构出具，修改内容较少，可提前定稿，即使涉及个别字词修改也可灵活处理，而不必等到券商内核通过后再确定其他专业文件的，否则这样会耽误时间，影响项目进度。

（二）券商内核

券商内核即证券公司内部机构核查，证券公司内部核查机构通常为内核委员会，内核委员会通常是证券公司内部非常设机构，也可以为常设机构，是监管部门对从事投资银行业务的证券公司在机构设置上强制要求。内核委员会成员一般由质控专员以及业务骨干组成，通常是证券公司专业能力较强人员组成。内核委员会的主要职责是对项目质量、风险进行内部核查，以提高项目质量，把控项目风险。IPO项目、再融资项目、债券融资项目、并购重组项目以及新三板挂牌项目均需要通过证券公司内核会。券商经过尽职调查编制《公开转让说明书》，律师完成《法律意见书》，会计师出具《审计报告》后，内核的主要文件基本完成，下一步需要提交召开内核会，对项目财务、法律、行业等各方面进行审核，并出具《内核意见》。

通过券商内核也是项目进度的里程碑的工作。标志着项目材料齐备，可以向股转系统申报了，所以很多券商也将通过券商内核作为一个收费节点，可见券商内核的重要性。券商内核一般也有一个流程以保证项目按流程运作，内核过程一般在15天时间内完成，内核完成会形成申报材料中主办券商内核相关文件。通常包括以下文件：《内核机构成员审核工作底稿》《内核会议记录》《对内核会议反馈意见的的回复》《内核专员对内核会议落实情况的补充审核意见》《内核意见》。

一般券商内核流程如图10–2所示。

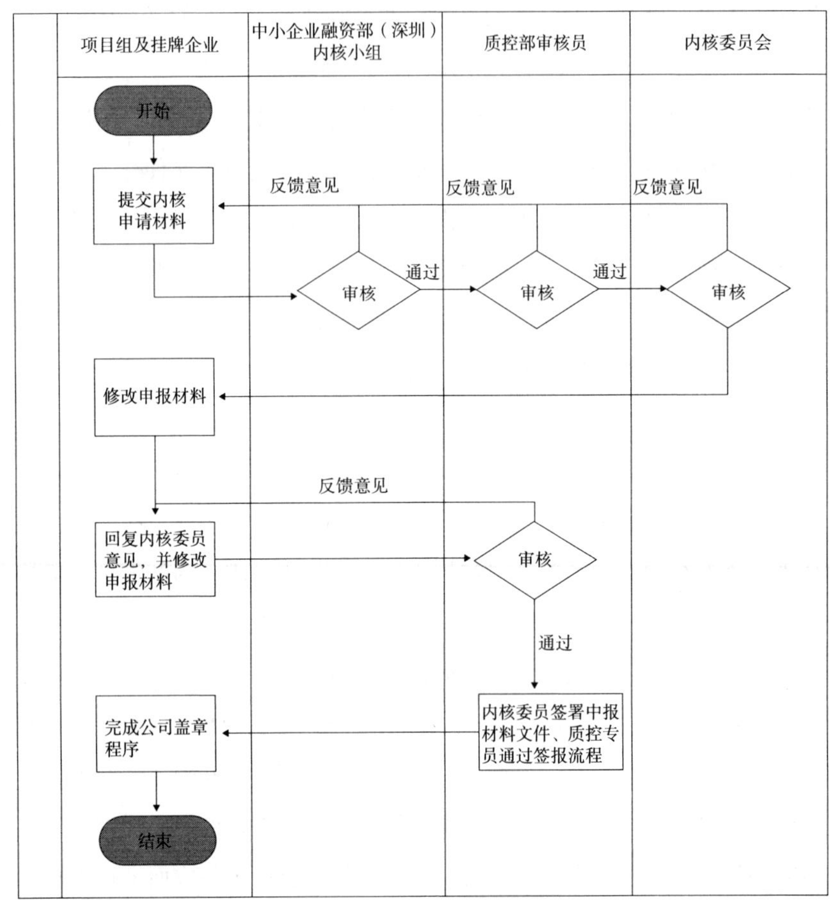

图 10–2　一般券商内核流程

（三）全套申报材料制作

挂牌申报材料通过券商内核后，加上内核过程形成的内核文件，全套申报材料已经全部齐备，下一步要做的就是根据目录（详见后文）再仔细核对每一个文件，确保文件不缺不漏，需要签字盖章的地方已经签字盖章，文件日期已经全部补充。根据股转系统要求，申报的材料应符合以下要求。

① 全部申报材料应为原件，如果不能提供的，应提供复印件，并由申请人律师提供鉴证意见，或由出文单位盖章，以保证与原件一致。申请人在每次报送书面原件的同时，应按股转系统要求报送相应份数的复印件（目前挂牌材料是1套原件、1套复印件）和标准电子文件。电子文件应以光盘形式提交。

② 申请材料应统一编制目录，按目录标明页码，并以A4纸打印，硬壳文件夹装订。申请文件章节之间应有明显的分隔标识。报送材料首页应列明公司经办人员和有关中介机构的姓名（或名称）和联系电话。文件夹立面应注明公司名称和所办事项。

③ 申请书应当以公司红头文件印制，由公司法定代表人签发。

④ 中介机构出具的专项报告，应附有签字律师、会计师、评估师及其所在机构的证券从业资格证书复印件，该复印件须由该机构盖章确认并说明用途。法律意见书应由律师事务所负责人和两名经办律师签字。

根据股转系统2013年12月30日最新修订的《挂牌申请文件内容与格式指引（试行）》，拟挂牌公司股东未超过200人时，申请文件目录如下。

第一部分 要求披露的文件

第一章 公开转让说明书及推荐报告

1-1 公开转让说明书（申报稿）

1-2 财务报表及审计报告

1-3 法律意见书

1-4 公司章程

1-5 主办券商推荐报告

1-6 股票发行情况报告书（如有）

第二部分 不要求披露的文件

第二章 申请挂牌公司相关文件

2-1 向全国股份转让系统公司提交的申请股票在全国股份转让系统挂牌及股票发行（如有）的报告

2-2 有关股票在全国股份转让系统挂牌及股票发行（如有）的董事会决议

2-3 有关股票在全国股份转让系统挂牌及股票发行（如有）的股东大会决议

2-4 企业法人营业执照

2-5 股东名册及股东身份证明文件

2-6 董事、监事、高级管理人员名单及持股情况

2-7 申请挂牌公司设立时和最近两年及一期的资产评估报告

2-8 申请挂牌公司最近两年原始财务报表与申报财务报表存在差异时，需要提供差异比较表

2-9 申请挂牌公司全体董事、监事和高级管理人员签署的《董事（监事、高级管理人员）声明及承诺书》

第三章　主办券商相关文件

3-1 主办券商与申请挂牌公司签订的推荐挂牌并持续督导协议

3-2 尽职调查报告

3-3 尽职调查工作文件

3-3-1 尽职调查工作底稿目录、相关工作记录和经归纳整理后的尽职调查工作表

3-3-2 有关税收优惠、财政补贴的依据性文件

3-3-3 历次验资报告

3-3-4 对持续经营有重大影响的业务合同

3-4 内核意见

3-4-1 内核机构成员审核工作底稿

3-4-2 内核会议记录

3-4-3 对内核会议反馈意见的回复

3-4-4 内核专员对内核会议落实情况的补充审核意见

3-5 主办券商推荐挂牌内部核查表及主办券商对申请挂牌公司风险评估表

3-6 主办券商自律说明书

3-7 主办券商业务备案函复印件（加盖机构公章并说明用途）及项目小组成员任职资格说明文件

第四章 其他相关文件

4-1 申请挂牌公司全体董事、主办券商及相关中介机构对申请文件真实性、准确性和完整性的承诺书

4-2 相关中介机构对纳入公开转让说明书等文件中由其出具的专业报告或意见无异议的函

4-3 申请挂牌公司、主办券商对电子文件与书面文件保持一致的声明

4-4 律师、注册会计师及所在机构的相关执业证书复印件（加盖机构公章并说明用途）

4-5 国有资产管理部门出具的国有股权设置批复文件及商务主管部门出具的外资股确认文件

4-6 证券简称及证券代码申请书

从以上目录即可看出，挂牌申请需报送的文件较多，制作文件时需一一核对，保证文件不缺不漏，对于不适用的文件需要书面说明。

实务操作中需要说明是这些文件的签字盖章事项。股转系统要求所有文件均为原件，如果不是原件则需要律师鉴证复印件与原件一件。对于原件上签字、盖章应全部齐备。对于需要签字的文件最关键的是要提前安排时间，文件基本形成时就应该开始安排签字。包括企业董事、监事、高级管理人员的签字，以及券商内核人员、项目组人员的签字，会计师、律师人员的签字等人员需要提前安排。因为很多人签字需要签在同一张纸上，需要安排多人轮流签字，如果其中一人出差或其他什么原因不在，就会耽误整个项目进度，还有会计师、律师声明中需要负责人签字。老总时常都很忙，项目组、内核委员也经常出差，所以签字需要提前一两周时间安排，等内核会完毕所有签字也基本齐备了。

对于文件盖章需要注意的是文件需要加盖出具单位的印章，所以材料制作者需要分清哪些文件需要盖企业印章、哪些文件需要盖券商印章、哪些文件需要盖

会计师印章、哪些文件需要盖律师印章。对于多页文件除在首页或注明需盖章处盖章外还应加盖骑缝章。有些文件甚至为节省时间需要企业人员带公章到材料制作处即时加盖公章。

所有文件齐备了，签字盖章也齐全后就需要把所有申报材料扫描成电子版（PDF、Word各一套，Word版为可编辑状态），复印一套并装订成册，这一步工作一般需要借助外部印刷装订公司的服务，大部分券商会选择荣大财经印务公司协助完成这一步工作。挂牌材料制作费一般在3000元左右，按行业惯例一般由企业承担。

（四）向股转系统申报

所有材料全部制作完成后，需要向股转系统公司申报。2014年8月4日以后新三板启用电子申报系统，可以在线接收审核材料，并且股转系统接收材料后即需要对《公开转让说明书》《审计报告》《法律意见书》《主办券商推荐报告》四个主要文件进行预披露。在线审核通过后再向股转系统提交纸质文件。

股转系统接收服务窗口工作时间为每个交易日的上午8：30~11：30，下午1：30~5：00。接收服务窗口地址为北京市西城区金融大街丁26号金阳大厦南门一层。报送材料时记得带上单位介绍信、身份证复印件等身份证明文件。如受他人委托报送申请材料和领取公文时，应提交相关授权委托书及受托人身份证明文件。

报送材料时，窗口材料接收工作人员会对照业务申请材料目录核查材料的齐备性，并检查文件签字盖章处是否有缺漏，检查无误后确认接收材料，股转系统会开具《申请材料接收确认单》并于当日将所接收申请材料移交相关部门，并更新在审企业名单。在审企业名单一般每周发布一次，材料申报完毕一个星期内拟挂牌企业即可公布在审企业名单，并可查看审核状态。股转系统审核完毕一般需要约两个月时间。

四、挂牌阶段

挂牌阶段的工作从股转系统接收材料开始到完成挂牌的所有工作。该阶段可以分为股转系统备案审查、取得证券简称和代码及领取挂牌相关文件、办理信息披露、股份初始登记、正式挂牌五个步骤。

（一）股转系统备案审查

股转系统接收材料后通常会在1个月内进行审查并出具反馈意见，2个月内完成审查并同意出具备案函。对于审查中需要申请人补充披露、解释说明或中介机构进一步核查落实的主要问题，审查人员撰写书面反馈意见，送达申请人及主办券商。至于审核人员关注的问题，我们在下一节进行探讨。

申请人应当在股转系统出具反馈意见日后十个工作日内提交反馈意见回复；如需延期回复，应提交申请，但最长不得超过30个工作日。

书面反馈回复必须加盖出文单位公章。书面反馈回复应当按照书面反馈要求提交相应份数的书面材料和电子版材料。如书面材料较多可以装订成硬壳夹。提交书面反馈回复，应当同时附《审查反馈意见通知书》复印件，便于窗口工作人员对照检查。

书面反馈回复应当以问答形式对书面反馈要求逐一作出回应。根据书面反馈要求不同，回复意见应当区别说明。

① 回复意见属于补充、完善、说明类型，应当具体说明补充、完善的内容；

② 回复意见属于修改类型，应当对比说明原内容和修改后的内容，如回复修改内容比较复杂，可以直接说明修改内容；

③ 回复意见属于删除类型，可以在回复中直接说明“此内容已经删除，在××（文件）中体现”；

④ 回复意见属于格式修改，如编号、页码、文件位置等格式问题，可心在回复中说明“已修改，在××（文件）中体现”。

关于申请挂牌业务的其他要求：

① 对需要申请挂牌公司补充披露的，公司应在反馈回复中说明补充披露的内容、中介机构结论性意见（如有），并说明需披露的内容在公开转让说明书中相应章节的修改情况，同时在公开转让说明书中以楷体加粗的格式进行修改；

② 对需要中介机构补充提供、调查或发表意见的，中介机构应在各自需提交

反馈文件的相应部分补充提供尽职调查过程中的基础性资料、进一步尽职调查的内容以及结论性意见；

③ 反馈回复材料应当在主办券商盖章页同时附内核专员、项目负责人、项目小组成员的签字。

全国股份转让系统公司出具审查意见。申请材料和回复意见审查完毕后，全国股份转让系统公司出具同意或不同意挂牌或股票发行的审查意见（包括股份公司申请挂牌同时发行、挂牌公司申请股票发行），窗口将审查意见送达申请人及相关单位。

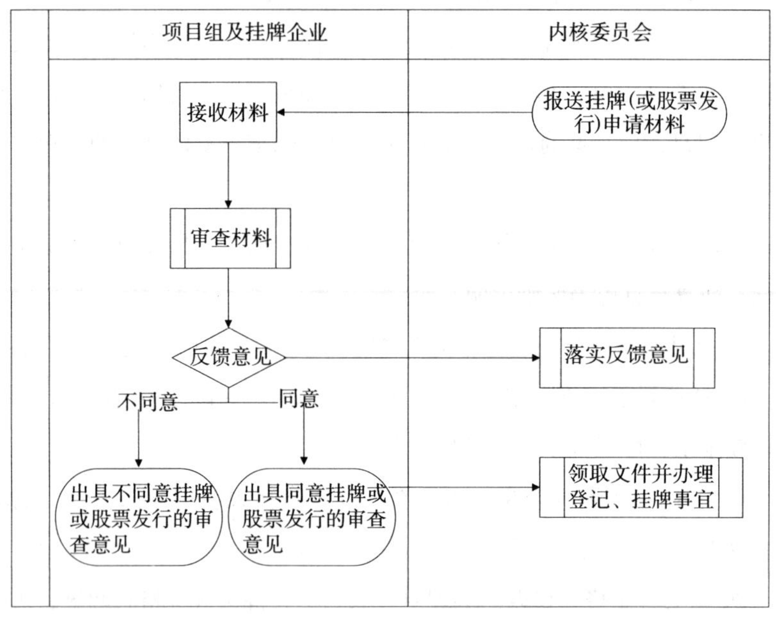

图 10-3　股份公司申请在全国中小企业股份转让系统公开转让、股票发行的审查工作流程

（二）取得证券简称和代码及领取挂牌相关文件

1. 缴费

根据全国股份转让系统公司发送的《缴费通知单》，申请挂牌公司缴纳挂牌初费和当年年费。

2. 领取文件

申请挂牌公司接到领取相关文件的通知后前往全国股份转让系统公司领取下列文件。

①在服务窗口领取全国股份转让系统公司出具的同意挂牌的函；

②在财务管理部领取缴费发票；

③在挂牌业务部领取《关于证券简称及证券代码的通知》，同时提交《信息披露业务流转表》《主办券商办理股份公司股票挂牌进度计划表》；

④在公司业务部领取股票初始登记明细表。

公司股票办理初始登记时，无论是否存在首批解除转让限制情形，均需在全国股份转让系统公司业务部领取股票初始登记明细表。

3. 办理股份首批解除转让限制

公司股票挂牌时，如股份存在首批解除转让限制的情形，申请挂牌公司应向主办券商提交股份首批解除转让限制申请材料，主办券商审核后出具《挂牌公司股东所持股份解除转让限制明细表》，并提交至全国股份转让系统公司业务部，可先以传真或电子邮件方式发送，在领取同意挂牌的函时提交原件。

（三）办理信息披露

1. 挂牌前首次信息披露

取得证券简称和代码的当日，申请挂牌公司及主办券商向深圳证券信息公司报送挂牌前首次信息披露文件；第二个工作日或之前相关文件在全国股份转让系统指定信息披露平台（www.neeq.com.cn或www.neeq.cc）披露。

挂牌前首次信息披露文件包括：

① 公开转让说明书；

② 财务报表及审计报告；

③ 补充审计期间的财务报表及审计报告（如有）；

④ 法律意见书；

⑤ 补充法律意见书（如有）；

⑥ 公司章程；

⑦ 主办券商推荐报告；

⑧ 股票发行情况报告书（如有）；

⑨ 全国股份转让系统公司同意挂牌的函；

⑩ 中国证监会核准文件（如有）；

⑪ 其他公告文件。

文件披露后，不得随意更改、替换或撤销。如确需修改，申请挂牌公司和主办券商或其他信息披露主体应当及时向全国股份转让系统公司挂牌业务部提交情况说明；经挂牌业务部确认后，发布更正公告及更正后的信息披露文件。

2. 挂牌前的第二次信息披露

申请挂牌公司及主办券商取得中国结算北京分公司出具的《股份登记确认书》的当日，向全国股份转让系统公司挂牌业务部报送《股份登记确认书》《股票公开转让记录表》《信息披露业务流转表》（加盖主办券商公章）等文件的原件或扫描件、传真件，确定公司挂牌日期（挂牌日为取得《股份登记确认书》后的第三个工作日），办理挂牌前的第二次信息披露事宜。

（1）披露时间

T-2日或之前（T日为挂牌日，下同），申请挂牌公司及主办券商向深圳证券信息公司报送第二次信息披露文件。

T-1日或之前，相关文件在全国股份转让系统指定信息披露平台（www.neeq.com.cn或www.neeq.cc）披露。

（2）披露文件

关于公司股票将在全国股份转让系统挂牌公开转让的提示性公告。

关于公司挂牌同时发行的股票将在全国股份转让系统挂牌公开转让的公告（如有）。

其他公告文件。

（四）股份初始登记

申请挂牌公司及主办券商应不迟于取得证券简称和代码的第二个工作日前往中国证券登记结算有限责任公司北京分公司（以下简称“中国结算北京分公

司”）办理股份初始登记。

① 主办券商应协助申请挂牌公司股东在证券公司营业部开立证券账户；

② 申请挂牌公司与中国结算北京分公司签署《股份登记及服务协议》；

③ 申请挂牌公司向中国结算北京分公司提交《股份初始登记申请书》；

④ 中国结算北京分公司为申请挂牌公司办理股份初始登记，出具《股份登记确认书》。

（五）正式挂牌

正式挂牌的当天，挂牌公司的股票信息可在股票系统查询到，如果需要举行挂牌仪式的可在这个步骤完成后选择挂牌仪式举行日期，到股转系统参加专场或集体挂牌仪式。

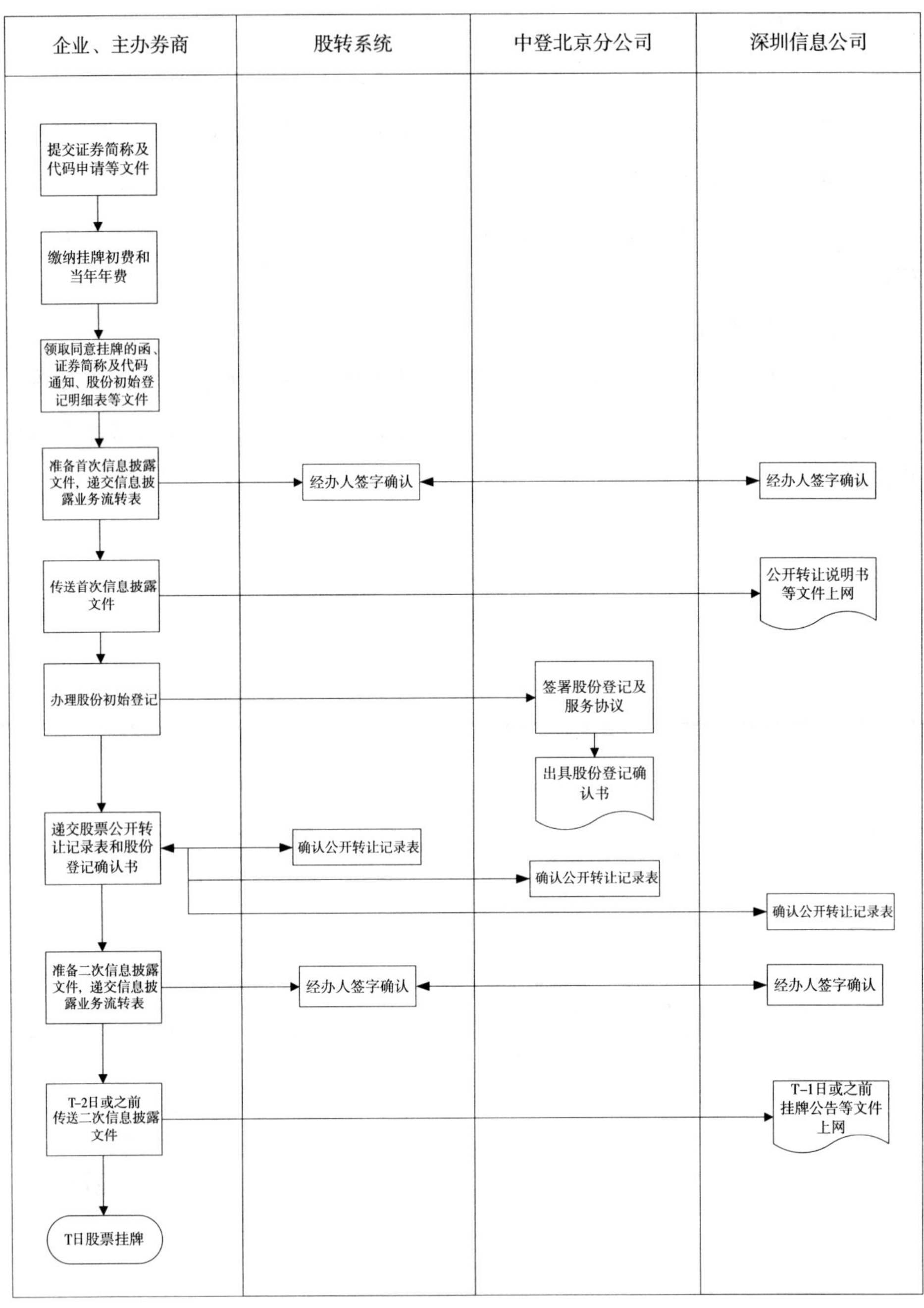

图 10–4　股转系统挂牌业务流程图

第十一章 专业问题

一、中介机构的选择问题

目前“新三板”（全国中小企业股份转让系统）挂牌企业已达2100多家，递交申报材料等待挂牌的企业也达300多家，2014年底整个市场有望达到3500家挂牌企业。从2013年底“国务院49号文”发布以来，仅仅大半年时间，这个被业内人士誉为“中国的NASDAQ”市场可以说是迎来了爆发式的增长，也越来越被众多中小企业所关注。

启动挂牌新三板的第一步就是挑选中介机构，这是一件看似简单，但其实挺复杂的事情。在过去一年的时间里，我们看到很多企业由于自己挑选券商的“不专业”而耽误了挂牌上市的整个进度，对企业伤害很大。

（一）中介机构的类型

1.“朋友、政府机构介绍推荐”型

企业一说要上新三板，往往各种推荐接踵而来。但推荐其实也是需要“专业能力”的。我们接触过一家河北企业，朋友推荐了一家券商机构。可是签约后半年多，券商、会计师、律师，连股改的基本问题都拿不准，企业家跑来问我们，哭笑不得，后来发现这个机构团队的现场人员没有一个是做过新三板项目的人，企业一不小心当小白鼠了。所以面对各方面关系的推荐时，企业家要首选评估推荐人的专业能力和专业资源，因为缺乏专业能力，推荐人可能好心办坏事。

2.“总部在当地，当地有团队”型

一家东北地区的学员企业，券商说总部在企业所在地，当地有团队，当地服务起来方便，殊不知这家券商的主要做三板的人员都在北京，结果企业和券商签署合作意向之后，5个多月过去了，连会计师、律师都没有见到，导致企业半年时间内没有接触其他机构，白白浪费掉了时间。后来了解，这个所谓的自称当地有团队的券商，其实就是传统负责炒股票的营业部的人员，他们的投行人员，尤其做新三板挂牌的团队当地确实少。很多企业听到这些宣传很容易心动，但其实真正新三板领域非常有项目经验的人都在北、上、广、深，尤其北京地区较为密集。还有一家河北企业的例子也是一样。其服务的券商人员自称是当地的负责人，和企业2012年底接触，春节后2013年初签订合同后收取了30万元，12个多月时间里去过企业仅1次，但是没有实质性推进，中间通过电话，机构总说忙，你们先自己规范整改，可是企业怎么知道如何整改！这家企业本身可以2014年挂牌的，后来我们了解之后，这个所谓负责人其实也是当地营业部的负责人，在投行那里并没有太多话语权，之所以签约后没有任何反馈，其实是营业部的项目在投行部压根就没有立项通过，导致企业一年多没有接触其他券商，白白耽误了一年时间。所以，直接找到负责新三板挂牌的投行团队是基本要求，而不要被营业部忽悠了，要知道券商内部部门很多、分工很细，部门都找错了，被耽误是必然的。

3. 中介机构资质挂靠型

听说过做工程可以借资质的，但是你知道做新三板居然也有“借”资质的吗？一家山东学员，在一次交流中，无意中提到券商进度慢，我们仔细一问，包括通过圈里的朋友打听，后来发现给企业做服务的不是该券商的正式人员，是当地过去做四板项目的公司，揽了项目后，再到处找券商挂靠。结果，这个企业的申报材料做完后券商的内核根本通过不了，同样耽误了企业时间。

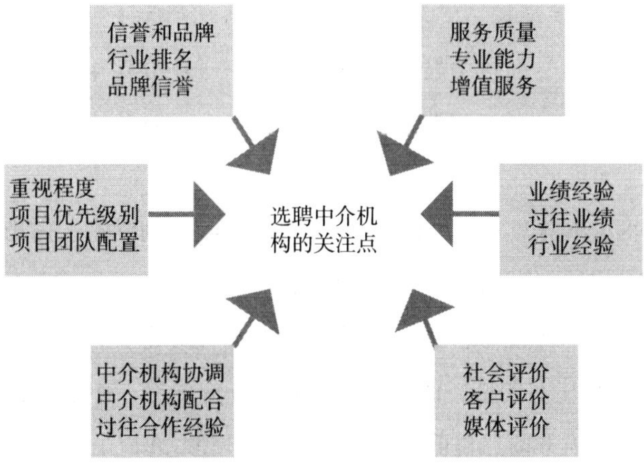

图 11-1　怎样选聘中介机构

（二）选择中介，不唯报价，只选对的

新三板做市制度推出后，挂牌服务费出现了波动。主办券商挂牌服务费整体呈现持续上涨态势，但由于竞争激烈，公开报价与实际报价“脱轨”严重。企业应根据实际情况选择合适的主办券商，切不可简单根据券商报价多少进行选择。报价过高，将增加企业不必要的负担；而报价过低，则可能存在“隐形费用”。

1. 打包价高者200万元

新三板做市制度推出后，挂牌服务费又出现了较大幅度的增长。目前券商向拟挂牌新三板企业喊出的“打包价”，最高已经冲上220万元大关，且大有向250万元迈进的趋势。所谓的“打包价”，包括券商、律师事务所、会计师事务所等中介费用，以及交给股转系统的信息披露费用。据悉，券商“打包价”2014年初约在100万元左右，少数券商喊过150万元的高价；但到了6月中旬，实力较强的大券商被曝实际“打包价”已经要价200万元。高报价主要是针对一些在股权、财务等方面梳理比较困难的拟挂牌企业。由于想要挂牌新三板的企业越来越多，梳理起来“比较困难”的企业也在不断增加，所以高报价近期明显增多。

2. 两极分化很寻常

申银万国、长江证券、宏源证券等新三板业务部门对外公开的“打包价”均为150万元以上。国信证券、广发证券新三板业务部门人士则称，公司对外没有所谓的“打包价”，但券商费用最低为100万元，其他中介费用另算。而依据目前律师事务所、会计事务所的正常报价，国信证券与广发证券的主办费用基本上也在150万元左右。

目前在券商公开报价中，150万元偏上基本已经成为常态。做市制度推出前，“150万元以上”的报价还只集中在少数券商，但现在几乎是行业标准。券商公开报价中的两极分化现象明显。如中信证券、国泰君安等本身实力较强的大券商，敢于叫高价的情况并不少见。而以东吴证券、齐鲁证券、中信建投为代表的一批实力稍弱的中等规模券商，目前的公开报价均在150万元以下。

3. 不唯报价只选对的

由于竞争激烈，一些券商的公开叫价和实际报价存在严重的“脱轨”现象，且同一券商不同地区新三板业务人员的报价也存在很大的差距。这一做法导致的后果是，企业先被低价吸引，后不得不支付一些“隐形费用”，导致最终负担加重。对券商来说，过低的报价几乎很难盈利，目前新三板全程下来至少也要100多万，且企业的素质决定价格高低。所以王彦博博士建议应根据企业实际情况选择合适的主办券商，切不可简单根据券商报价多少来进行选择。券商选企业，其实企业也要选券商，准备进入资本市场的年轻民营企业一定要有这个意识。企业最好找适合自己的券商，有的券商对某个行业比较熟悉，费用可能就低，有的券商在某个地区有优势，可能价格放开的空间就大。

二、企业改制问题

（一）企业整体变更为股份有限公司的方案设计

《公司代办股份转让系统中关村科技园区非上市股份有限公司股份报价转让试点办法（试行）》规定非上市公司申请股份在证券公司代办股份转让系统挂牌，其中的一个条件是该股份公司须存续满两年，有限责任公司按原账面净资产值折股整体变更为股份有限公司的，存续期间可以从有限责任公司成立之日起计算，因此对新三板上市公司主体的要求，意味着拟上市的企业须采取适当手段合法变更为股份有限公司。

股份有限公司设立方式包括以下两种。

1. 发起设立

指由发起人认购公司应发行的全部股份而设立公司。股份公司的发起设立包括两种形式：新设和整体变更。股份公司的新设就是由股东出资从无到有重新设立一个公司，整体变更不是重新开始，而是由原有限公司演变而来，新公司承继原公司的债权债务，符合条件的持续经营时间可以从有限责任公司成立之日起计算。

2. 募集设立

指由发起人认购公司应发行股份的一部分，其余股份向社会公开募集或者向特定对象募集而设立公司。与发起设立最大的不同是，募集设立中发起人认购的是发行股份的一部分，剩余部分向社会或特定对象募集，最终募集的资金存有一定的不确定性。因此这种方式目前在实际操作中遇见的很少。

新三板规则对拟上市企业持续经营时间要求至少2年，有限责任公司按原账面净资产值折股整体变更为股份有限公司的，持续经营时间可以从有限责任公司成立之日起计算。为了能更快地进入新三板进行股份报价转让、进行融资，多数企业都是账面折股整体变更为股份公司。

（二）整体变更与整体改制

1. 整体变更

整体变更是有限公司的现有股东作为发起人，将有限公司变更为股份公司，股份公司的股东和股权结构与有限公司完全一致。在整体变更情况下，有限公司的经营业绩才可以连续计算。

2. 整体改制

整体变更为整体改制的一种形式，但整体改制还包括其他形式。整体改制是原企业的法人资格消失，新的股份有限公司法人资格产生的过程。它是在解散原企业的基础上，原股东作为发起人，将原企业的所有资产净值折合股份，同时引入新的股东，新老股东共同新设一家股份公司，因此整体改制应当办理原企业的注销登记和股份公司的新设登记。

3. 两者区别

① 整体变更是以审计后的净资产折股，而不是以评估值验资后折股，但整体改制一般以评估值验资、折股；

② 整体变更的情况可以连续计算业绩，而以评估值验资调账的整体改制则不能连续计算原有业绩；

③ 整体变更前的企业形式是有限责任公司，而整体改制前的企业形式可以是有限责任公司，也可以是国有企业、集体企业、事业单位；

④ 整体变更的债权债务由变更后的股份公司自然承继，但整体改制的债权债务转移需要发出通知公告；

⑤ 整体变更是将原有限责任公司的所有资产纳入股份公司的范围，而整体改制也可能剥离非经营性资产，只将经营性资产纳入股份公司范围。

（三）有限公司整体变更的条件

1. 发起人、股东的人数要求

根据《公司法》要求，原有限公司由50个以下股东出资设立，股份公司应当有2人以上200人以下为发起人，其中须有半数以上的发起人在中国境内有住所。因此，在有限公司整体变更中，由于原有限公司股东一般为发起人，原有限公司股东需2人以上50人以下。同时，根据新三板规则，外商投资企业可以作为股份有限公司的发起人，但必须是经过登记管理机关核准登记、领取营业执照的中外合资经营企业、中外合作经营企业和外商独资企业。

2. 净资产额与股本要求

新三板规定对挂牌企业的注册资本没有特别的要求，只要达到股份有限公司注册资本的最低限额人民币500万元即可。

3. 股份发行筹办事项符合法律规定

股份的发行必须本着公开、公平、公正的原则，必须同股同权、同股同利。在有限公司改制为股份公司时，主要是根据有限责任公司阶段股东所占的股权比例进行认购，每股应支付相同的价格。有限责任公司原股东筹办公司变更事项，必须严格按照《公司法》《证券法》及其他相关法律的规定进行。

4. 发起人制订公司章程

重订或变更公司章程是公司整体变更的必要条件和程序，新的公司章程必须由有限责任公司原全体股东同意并签名盖章。

5. 有公司名称，建立符合股份有限公司要求的组织机构

股份有限公司的名称必须标明“股份有限公司”或“股份公司”字样。股份有限公司必须设立股东大会、董事会、监事会、经理等规范的组织机构，应当制订并通过三会议事规则。

6. 有公司住所

公司的场所和住所不同，公司的住所仅指公司的主要办事机构所在地，公司的经营场所比住所更广泛，它包括公司的住所和公司从事经营活动的其他地点。

（四）企业针对新三板的股份制改造流程

1. 设立企业改制工作小组，新领导班子负责如下工作

① 统筹安排改制工作进程；

② 聘请中介机构；

③ 整理、提供公司相关资料；

④ 协调公司内部和中介机构的工作对接；

⑤ 拟定改制的有关文件等。

2. 尽职调查

企业配合律师、券商、会计师进行，目的是了解企业基本情况，为下一步提出改制方案打基础。主要调查以下事项：

① 企业的工商登记情况、股权结构、管理结构、企业制度、诉讼及纠纷等；

② 详细调查企业财务状况，包括资产负债情况和现金流量情况；

③ 对企业有形无形资产进行评估。

3. 确认发起人

有以下3种方式：

① 公司以全部净资产进行折股改制，即原股东共同签署发起人协议书（人

数、依据需符合要求）；

② 现有股东转让部分股权，引入新的股东作为发起人，对公司股权结构进行改组；

③ 增加注册资本、增发股份，联系合适的发起人，可借机引入战略投资者或风投。

4. 制定改制方案并取得认可

根据尽职调查提出的问题以及法律、法规关于设立股份有限公司的相关规定，结合发起人意见，制定改制方案；改制中应形成以下文件：《股东会关于公司改制的决议》《改制可行性研究报告》《发起人框架协议》《企业改制总体设计方案》及公司章程等；签署股份有限公司发起人协议书。

5. 发起人出资

折股改制的由会计师事务所验资，并出具验资报告；实物或者知识产权出资的，应输产权转移手续，并出具验资报告；吸收新的股东增加注册资本时，企业应当设立验资账户，发起人应出资认缴股份。

6. 召开创立大会

股款缴足30日内主持召开创立大会，决议事项包括：

① 审议发起人关于公司筹办情况的报告；

② 通过章程；

③ 选举董事会、监事会成员；

④ 对设立费用等进行审核；决议必须经出席会议的认股人所持表决权的半数以上通过。

7. 工商变更

创立大会结束后30日内，董事会应向工商局申请办理变更登记手续。

（五）企业整体变更为股份有限公司的常见问题

新三板市场作为场外市场，同样属于资本市场的一部分，并且其作为三板市场，与主板市场、创业板市场（二板市场）共同构成了中国资本市场主体架构。对于包括新三板在内的资本市场而言，其中的交易主体必须严格符合法律规定的设立以及存续条件，即必须为合法存续法律主体，其在自身历史沿革上不存在任何重大瑕疵，也不存在其他任何潜在争议纠纷。法律进行如此规定，其初衷十分明确，即希望尽可能避免因为历史沿革问题产生争议，进而影响投资者投资交易利益的顺利实现，并以规范市场交易秩序，促使整个资本市场良性健康发展。

1. 常见历史沿革问题及表现

新三板市场挂牌报价转让市场明确规定挂牌企业必须为合法存续两年以上的股份有限公司，如果有限责任公司整体变更的，存续期间可以从有限责任公司成立之日计算。由此，在新三板挂牌的企业至少需要合法存续两年以上，并且自身不存在任何重大历史沿革瑕疵及问题。从实际案例中可以大致归纳出企业存在的历史沿革问题，根据企业设立以及存续阶段可以分为两类，这一类企业设立存在历史问题，这主要体现企业的出资、设立手续等问题上，而企业存续历史问题，主要体现在企业的增资、股权转让、资产交割等行为上存在的问题。

历史沿革问题体现在企业出资上，主要为股东出资方式、出资不实，以及未经法定验资手续等方面。法律规定的股东出资方式一般为现金、知识产权以及其他可以货币化的无形资产等，并且法律规定了知识产权等无形资产出资必须进行有关评估验资，且在公司成立时注册资本不能高于一定比例（70%）。但是在现实中，股东出资有时往往突破上述界限，诸如股东以人力资本出资（无法进行评估验资），股东以非自有或者重大瑕疵资产出资（法律明确禁止该种情形，现实中比较常见，诸如股东以别的公司的知识产权为自己出资，股东出资上存在重大纠纷或者争议，存在担保限制权属处分情形），出资存在虚增、水分等不实情形（属于明显虚假出资情形），股东以无形资产出资比例超出法定70%比例，或者股东以无形资产未进行验资评估手续，股东出资过程存在中介机构代垫代缴问题（比较普遍，也比较容易产生争议，会导致股东身份、股东资格认定问题）等。

企业设立手续上问题，主要存在企业实际出资与工商登记不一致问题（曾经遇见的案例，企业实际出资情形与工商登记出现差错，工商登记出现瑕疵），企业实物出资以及无形资产出资没有进行转移权属手续（主要为一些股东以房产、车辆、技术、著作权、专利权等出资，但未将这些实物资产权属转移至公司名下，依然在出资者名下），未进行股东出资验资登记手续等。

而历史问题体现在企业增资也尤为明显，如企业增资没有履行股东会决议程序，增资没有进行验资手续，涉及国有出资企业增资未进行国有资产评估及报批手续；当然在增资过程中还会出现股东或投资人增资出资问题，诸如股东以公司资产作为自己的增资出资，等等，这与前述的出资问题类似。

而在股权转让过程中，主要出现的问题为股权转让对价不清晰（实际遇见的案例，实际为零对价股权转让，但是却没有在股权转让协议中注明，留下问题及隐患）；还有股权转让不真实，存在着挂牌前突击投资，给以一些中介机构利益输送问题；另外涉及私募股权机构投资时通常会遇见对赌协议、优先权条款等问题的处理和解决；当然还涉及国有出资企业以及集体企业股权转让未履行资产评估及报批手续。

资产交割问题，主要体现在关联企业之间关系处理过程中，对于资产交割不清，权利和义务不明确，容易产生纠纷和争议。在新三板挂牌企业有时会涉及关联交易及同业竞争问题，在处理这些问题时，关联企业之间通常会进行对关联资产及业务并购或者剥离，会涉及一些资产特别是生产设备资产、知识产权等交割问题，需要明确这些资产交割及承继关系，避免由于资产交割不清产生不必要的麻烦和争议。

2. 历史沿革问题解决途径

对于以上存在的历史沿革问题，不少企图挂牌新三板市场的企业身上或多或少都会出现，不同的企业程度不同而已。一般而言，对于历史沿革问题，中介机构会积极努力地在现有企业框架内加以解决，但是确实无法彻底解决的，也只能建议企业放弃现有企业外壳，重新设立公司运营，这对于企业以及中介机构都是不希望看到的。由此可见，历史沿革问题对于企图挂牌新三板或者进行其他资本运作诸如IPO的企业而言，可谓根本性和原则性的问题，不可谓不重视；并且由于各种历史沿革问题不一样，性质和影响都不同，在具体解决问题方面采取的手段和途径也不同，需要对症下药，方能药到病除。

一般而言，对于出资问题，相对比较复杂，原则上对于违反法律规定的出资类型，应当由相应股东以现金出资予以补足，对于虚增的出资应当由相应股东以现金予以补足，并且由相应股东作出承诺，对于因为出资问题的可能的损失承担全部责任。对于无形资产的问题，应当重新进行评估验资，并由股东进行补足，并做出承诺承担由此产生的相应责任；对于中介机构代垫代缴出资问题，如存在抽逃的，应当由股东进行补足，并确实说明实际出资的历史经过原貌，相关股东进行承诺，承担与此相关的责任。当然对于出资问题，有时通过上述途径也无法彻底解决，需要有关中介机构予以综合评估，然后确定是否坚持继续解决，还是放弃。

对于企业出资登记手续问题，需要企业与工商机关进行沟通和协调，对于错误的工商登记予以纠正；未转移出资权属的应当予以转移至公司名下，并由股东承担与此相关的责任。

对于增资问题，没有进行股东会表决程序，需要公司股东补充出示有关决议文件；未进行国有资产评估及报批手续的，需要协调国资委出示有关说明文件，确保其中不存在国有资产低估流失等问题；增资出资问题处理同上面处理的方式，需要综合考虑，也相对比较复杂。

对于股权转让问题，一般需要由股权转让股东与受让股东将股权转让经过还原历史原貌，并出示有关承诺函，承诺就股权转让过程不存在任何争议即纠纷，并愿意承担因此导致的相关责任。对于股权转让过程中存在的私募股权投资涉及的对赌协议优先权问题，原则是应在挂牌前予以解决即可，需要各方在挂牌前（一般在改制时）予以处理。对于资产交割问题与股权转让问题处理方式类此，需要还原历史原貌，并且由资产交割双方出示有关承诺函。

以上仅对常见历史沿革问题解决对策进行初步解析，现实情况远比这复杂和多变，企业应充分利用中介机构（券商及律师等）专业知识和经验，积极解决和应对。

对于大部分中小企业而言，虽然挂牌新三板作为登陆资本市场的初次尝试，但是这也是一次全新而且完全的资本市场历练，因此应当把企业挂牌新三板等同于IPO资本市场运作，在理顺企业历史沿革问题，规范公司治理，规范关联交易和同业竞争，调整主营业务等问题上严格按照新三板挂牌要求并参照IPO标准进行操作。这样看似提高运作要求，其实对于企业而言有益无害，并且企业也将从挂牌新三板过程中受益匪浅，最终实现自身的华美转变，从而彻底与资本市场结缘，实现与资本市场完美地结合。

三、股权问题及解决方案

（一）股份代持问题

股份代持，通常是在做项目过程中一个老大难的问题，不论是首发上市还是新三板挂牌。股份代持问题在企业上市过程中由于可能会损害到拟上市公司股权的清晰问题以及可能引起很多的利益纠葛和法律纠纷，从而是被明文禁止的。目前新三板挂牌标准要求中还是要求将股份代持清理之后才可以的。

关于股份代持的原因，这里再简单说一下几种比较常见的：① 某些人的身份当时不适合做股东；② 一个团体的股份放在一个人身上，既保证了工商程序的简便也便于员工管理；③ 为了相互担保银行融资，通过代持的方式设立多家非关联企业。

关于股份代持的清理，基本上都是采取无对价股权转让的方式，这里就不再谈具体业务细节问题，那么是不是只要企业存在股份代持就不允许新三板挂牌呢？

第一，企业不论登陆哪个层次的资本市场，都在强调信息披露，只要企业将问题说清楚，讲明白就可以了。由于交易所上市有很多历史原因也有很多现实的牵绊，因为信息披露基本原则属于“摸着石头过河”地实践，但是新三板挂牌我们可以实施得干脆些，彻底些，为以后的资本市场之路扫清障碍。

第二，既然我们强调信息披露，那么股权代持问题能不能在某些特定条件下允许充分信息披露之后不再构成新三板挂牌的实质性障碍呢？首先信息披露需要关注的要点：① 股份代持的原因；② 股份代持的具体情况；③ 股份代持可能存在的后果，如果引起争议或者诉讼是否会导致股权大幅变动甚至是实际控制人变更；④ 股份代持没有及时解除的原因和障碍（比如成本太高或者时机不够成熟）；⑤ 股份代持解除的具体时间和方案，以后如果存在问题的后续解决措施。

第三，如果企业充分披露了股份代持的相关情况（如上述的基本思路）并且愿意承担可能出现的后果（比如担心股权纠纷而无人问津甚至被强制退市），同时市场投资者等参与者能够认知并判断这种风险，那么对于入口的监管机构来说，不应该“一刀切”地禁止这样的情形，而应该放权给市场进行博弈和取舍。

第四，从另外一个角度来看，如果一个企业愿意把股份代持问题一五一十地交代清楚，那么说明这个问题企业心里就是没有鬼的，那么也是愿意接受监督和检验的。反之，如果某些股份代持会存在很大风险，那么这个时候企业也是不愿意主动披露的（比如通过股份代持关联担保的问题），那么这时候也是企业自主选择的一个问题。

第五，还需要说明一点的是，在实践中不论是交易所上市还是新三板挂牌，通过君子协定约定股份代持问题的不能说没有。所以，从这个角度来看，对于问题堵不如疏。股份代持，并不就是洪水猛兽，只是在于我们能不能正确看待这个问题。

（二）出资不实

股东出资是企业运行的基础和根本，不论是什么原因或者什么政策背景，股东出资都必须是真实和充实的。从某种意义上讲，这不仅代表了股东的诚信问题，也代表了企业的运行是否合理问题。

新三板挂牌企业可以对企业有更高的容忍度，但是对于出资问题也必须要满足“两性”。如果企业存在出资方面的问题，也需要整改，不然也是不符合新三板挂牌条件的。

基本原则我们都已经了解了，但是在实践中我们有一些具体业务性的细节问题还是需要好好把握，以免错误理解了问题，从而引起不必要的麻烦。

首先，我们要判断好什么情况属于出资不实的情形。在实践中，存在一些并不合理的情况：① 对出资不实的本质没有把握清楚，将企业正常的出资行为误诊为出资不实；② 对问题核查研究不够细致，对企业出资不实的性质和程度没有准确的界定。既然我们做项目是奔着解决问题来的，那么我们首要的前提和工作自然是要找出问题并分析清楚问题，如果问题搞不清楚，那么我们提出解决问题的方案不仅不一定能解决问题，甚至有可能适得其反。

其次，提出解决问题的最佳方案。如果出资不实的瑕疵和问题已经明确，那么我们要提出解决方案，这里有几个问题需要明确：① 以现金补足或者置换的解决方式是最佳方案，但不一定就是唯一方案；② 方案以最根本地解决问题为目的，并不是付出的代价越高越好，也并不是花得钱越多能够兜底风险的也就越多。

最后，向投资者提示可能还存在的风险。出资问题属于比较典型的历史问题，那么历史问题解决了也就解决了，但是由于出资问题还可能涉及股权以及股东之间的纠纷等特定问题，因而还需要关注：① 股东曾经的出资不实行为是否会构成对于其他股东的违约责任，是否有股东对该责任提出主张；② 股东曾经的出资不实行为是否引起了企业不必要的负债，是否存在因此而利息承担问题上的纠纷或者潜在纠纷；③ 企业历史上是否存在分红，是否会因股东出资不实问题而引起分红问题的纠纷；④ 股东曾经的出资不实是否会有其他股东对股东所持有股份存在质疑，认为当年股东的持股就应该是实际出资的部分而不是认缴的部分。

股东出资不实的问题是一个企业参与资本市场过程中非常典型、非常重要也是非常明确的一个问题。这个问题尽管很关键也很重要，但是只要我们认真把握，仔细处理，就不应该在实践中出现太大的偏差。

（三）新三板之股权代持案例

背景资料：

① A蚕业公司成立已满二年，拟申请新三板挂牌；

② A蚕业公司股东3人，都曾以非专利技术（蚕业加工技术）出资，且无形资产出资比例超过了70%，目前尚未减资；

③ A蚕业公司股东3个自然人，其中2个是亲属（是夫妻，颜某和张某），各持有45%，另外一个王某持有10%；

④ 另外一个持有10%股权的自然人王某，系代持其他人股份；

⑤ A蚕业公司组织架构目前仅有执行董事、经理、监事，颜某任执行董事兼

经理，张某任监事；

⑥ A蚕业公司股东之一颜某还投资设立一个蚕业公司（B蚕业公司），是该B蚕业公司的控股股东；

⑦ A蚕业公司自己有出纳，外聘会计作账；

⑧ 最近两年，A蚕业公司以公司副总方总的个人银行卡进行采购农民桑蚕丝的货款结算；

⑨ 最近两年，A蚕业公司各股东都曾向公司拆借款项，且没有协议，没有利息；

⑩ A蚕业公司某位核心技术人员曾希望获得员工股权激励，未果后离开了公司。

问题：王某代持他人股权，是否符合新三板挂牌规定，如何解决？

问题分析思路：

第一，股权代持的含义以及产生原因？

第二，股权代持是否符合法律的相关规定？

第三，如果不符合规定，则纠正思路是什么？

下面按照以上思路逐一分析：

第一，股权代持的含义以及产生原因。

股权代持又称委托持股、隐名投资或假名出资，是指实际出资人与他人约定，以该他人名义代实际出资人履行股东权利义务的一种股权或股份处置方式。在此种情况下，实际出资人与名义出资人之间往往通过股权代持协议确定存在代为持有股权或股份的事实。所谓的“股权代持协议”就是股东将自己的股份以其他股东名义在工商管理部门登记，同时与名义股东签订协议确认股份的实际持有人为未登记的股东，双方的股份确认协议就是“股权代持协议”。

股权代持容易与股权信托相混淆。股权信托是指委托人将其持有的某公司的股权移交给受托人，或委托人将其合法所有的资金交给受托人，由受托人以自己的名义，按照委托人的意愿将该资金定向投资于某公司，受托人因持有某公司的股份而取得的收益，归属于委托人指定的受益人。虽然股权信托与股权代持都是委托人将股权委托给名义持有人持有，但股权代持相对于股权信托的概念外延要宽泛许多，如股权信托关注的是股权的收益，而股权代持则更多关注股权持有方式的隐蔽；股权信托注重信托人的具体管理运作，而股权代持多注重股权的归属；股权信托可操作的空间受到很多限制，而股权代持方式有多种多样，操作更加灵活。

在经济生活中，产生代持股权的原因一般有以下几种：① 真实的出资人不愿意公开自己的身份，比如有的真实出资人是国家工作人员，不能够开展公司经营。所以，找别人代持股份；② 为了规避经营中的关联交易，找别人代持股份；③ 为了规避国家法律对某些行业持股上限的限制，找别人代持股份；④ 有的公司对股东身份有特别的要求，不符合要求的人也想成为股东，就私下出资请别人代持股份。

第二，股权代持是否符合相关法律规定?

从法理角度来看，股权代持属于委托关系的一种。股权代持协议，首先应该属于一种委托合同，因此，委托持股关系应该适用我国民事法律的一般原则和规定。从委托持股的含义出发，其目的是向公司出资并享有相应公司股权，其权利义务的安排也应该符合《公司法》的相关规定。从案件背景出发，王某代持他人股份应该符合“新三板”的有关规定。如果股权代持行为不符合其中任何一方面的规定，将构成新三板挂牌的障碍。

首先，从民法和合同法的角度进行分析。

我国《民法通则》第4条规定：“民事活动应当遵循自愿、公平、等价有偿、诚实信用的原则。”第6条规定：“民事活动必须遵守法律，法律没有规定的，应当遵守国家政策。”第7条规定：“民事活动应当尊重社会公德，不得损害社会公共利益，破坏国家经济计划，扰乱社会经济秩序。”第57条规定：“民事法律行为从成立时起具有法律约束力。行为人非依法律规定或者取得对方同意，不得擅自变更或者解除。”因此，只要签订股权代持协议的行为符合民法自愿、公平等基本原则，不存在《民法通则》58条规定的无效情形，在民事法律关系成立时即具有法律效力。

我国《合同法》第44条规定："依法成立的合同，自成立时生效。法律、行政法规规定应当办理批准、登记等手续生效的，依照其规定。"第52条规定："有下列情形之一的，合同无效：（一）一方以欺诈、胁迫的手段订立合同，损害国家利益；（二）恶意串通，损害国家、集体或者第三人利益；（三）以合法形式掩盖非法目的；（四）损害社会公共利益；（五）违反法律、行政法规的强制性规定。"因此，从《合同法》的角度出发，只要签订委托协议的行为不存在52条规定的无效情形，在满足合同成立条件时具有法律效力。

由此可见，在我国民法和合同法中没有有关"股权代持"的专门规定，"股权代持"行为只要符合民法和合同法的一般规定，不存在规定的无效情形，即为合法有效的行为。

其次，从《公司法》的角度进行分析。

我国《公司法》第33条规定："公司应当将股东的姓名或者名称及其出资额向公司登记机关登记；登记事项发生变更的，应当办理变更登记。未经登记或者变更登记的，不得对抗第三人。"可见《公司法》并未明确禁止股权代持。

2011年1月27日，最高人民法院出台的《最高人民法院关于适用〈中华人民共和国公司法〉若干问题的规定（三）》第25条规定："有限责任公司的实际出资人与名义出资人订立合同，约定由实际出资人出资并享有投资权益，以名义出资人为名义股东，实际出资人与名义股东对该合同效力发生争议的，如无合同法第五十二条规定的情形，人民法院应当认定该合同有效。前款规定的实际出资人与名义股东因投资权益的归属发生争议，实际出资人以其实际履行了出资义务为由向名义股东主张权利的，人民法院应予支持。名义股东以公司股东名册记载、公司登记机关登记为由否认实际出资人权利的，人民法院不予支持。实际出资人未经公司其他股东半数以上同意，请求公司变更股东、签发出资证明书、记载于股东名册、记载于公司章程并办理公司登记机关登记的，人民法院不予支持。"可见，我国《公司法》保护无合同法第52条规定情形的股权代持，同时正式承认了实际出资人的权利。

最后，从新三板对拟挂牌企业的相关规定进行分析。

根据《全国中小企业股份转让系统股票挂牌条件适用基本标准指引（试行）》（以下简称《指引》）的规定，拟申请挂牌的企业需要满足以下六项标准：① 依法设立且存续满两年；② 业务明确，具有持续经营能力；③ 公司治理机制健全，合法规范经营；④ 股权明晰，股票发行和转让行为合法合规；⑤ 主办券商推荐并持续督导；⑥ 全国股份转让系统公司要求的其他条件。其中第四项标准中的股权明晰是指，公司的股权结构清晰，权属分明，真实确定，合法合规，股东特别是控股股东、实际控制人及其关联股东或实际支配的股东持有公司的股份不存在权属争议或潜在纠纷。虽然《指引》中没有明确否定股份代持，但是依照该《指引》规定的第四项标准，股份代持将无法通过审核。

股份代持不符合《指引》标准的原因在于，股份代持可能带来如下风险：① 登记在工商管理部门的股东是接受委托的代持股人，并不是真正的出资人。当代持股人出现其他不能偿还的债务时，法院和其他有权机关可以依法查封上述股权，并将代持股权用于偿还代持股人的债务的。真正的出资人如果未能及时阻止，只有依据代持股协议向代持股人主张赔偿责任。② 当代持股人意外离世，代持股人名下的代持股权会变成遗产份额。委托人不得不卷入遗产继承的纠纷案件中，才能拿回自己的财产权。③ 有的真实出资人并不参加公司的经营和管理，在这种情况下，出资人的股东权利包括经营管理权、表决权、分红权、增资优先权、剩余财产分配权等一系列的权利，实际上都是由代持股人行使。显然，道德风险巨大。代持股人的转让股份、质押股份的行为，真实出资人都很难控制。④ 对故意规避国家法律而产生的代持股行为，一旦有人以此为依据请求确认违法和无效，将会对公司经营产生巨大的风险。然而，以上各种风险都极有可能引发权属争议或者其他纠纷，导致公司的股权结构混乱，权属模糊，难以满足《指引》对于拟挂牌企业股权明晰的要求。

综上所述，股权代持并不违反我国民法、合同法和公司法的有关规定，依据民法自治的原则，只要股权代持不存在民法和合同法规定的无效情形就受到法律的保护。但是，由于A蚕业公司拟申请新三板挂牌，根据中证协对拟挂牌企业提出的六项标准，股权代持由于隐含多种风险，影响股权明晰，因此，A公司股东王某代他人持股的行为，需要被纠正。

第三，A蚕业公司新三板挂牌，股权代持的解决思路如下：

① 是对A蚕业公司进行整改，让王某所代持股权的实际控制人出面持股；

② 是由实际出资人将其股份转让，让代持人王某或其他具有出资资格的人成为相应股份的所有权人；

③ 是请求司法确权。根据《公司法》解释三的规定，在企业挂牌前通过法院判决的方式对真实股东的身份予以确认。

相关法律规定：

1.《民法通则》相关法条

第4条："民事活动应当遵循自愿、公平、等价有偿、诚实信用的原则。"

第6条："民事活动必须遵守法律，法律没有规定的，应当遵守国家政策。"

第7条："民事活动应当尊重社会公德，不得损害社会公共利益，破坏国家经济计划，扰乱社会经济秩序。"

第57条："民事法律行为从成立时起具有法律约束力。行为人非依法律规定或者取得对方同意，不得擅自变更或者解除。"

第58条：下列民事行为无效：

① 无民事行为能力人实施的；

② 限制民事行为能力人依法不能独立实施的；

③ 一方以欺诈、胁迫的手段或者乘人之危，使对方在违背真实意思的情况下所为的；

④ 恶意串通，损害国家、集体或者第三人利益的；

⑤ 违反法律或者社会公共利益的；

⑥ 经济合同违反国家指令性计划的；

⑦ 以合法形式掩盖非法目的的。

无效的民事行为，从行为开始起就没有法律约束力。

2.《合同法》相关法条

第44条："依法成立的合同，自成立时生效。法律、行政法规规定应当办理批准、登记等手续生效的，依照其规定。”

第52条：有下列情形之一的，合同无效：

① 一方以欺诈、胁迫的手段订立合同，损害国家利益；

② 恶意串通，损害国家、集体或者第三人利益；

③ 以合法形式掩盖非法目的；

④ 损害社会公共利益；

⑤ 违反法律、行政法规的强制性规定。

3.《公司法》相关法条

第33条：“公司应当将股东的姓名或者名称及其出资额向公司登记机关登记；登记事项发生变更的，应当办理变更登记。未经登记或者变更登记的，不得对抗第三人。”

4.《公司法》解释三相关法条

第25条：“有限责任公司的实际出资人与名义出资人订立合同，约定由实际出资人出资并享有投资权益，以名义出资人为名义股东，实际出资人与名义股东对该合同效力发生争议的，如无合同法第五十二条规定的情形，人民法院应当认定该合同有效。”

“前款规定的实际出资人与名义股东因投资权益的归属发生争议，实际出资人以其实际履行了出资义务为由向名义股东主张权利的，人民法院应予支持。名义股东以公司股东名册记载、公司登记机关登记为由否认实际出资人权利的，人民法院不予支持。”

“实际出资人未经公司其他股东半数以上同意，请求公司变更股东、签发出资证明书、记载于股东名册、记载于公司章程并办理公司登记机关登记的，人民法院不予支持。”

5.《全国中小企业股份转让系统股票挂牌条件适用基本标准指引（试行）》相关规定

四、股权明晰，股票发行和转让行为合法合规

（一）股权明晰，是指公司的股权结构清晰，权属分明，真实确定，合法合规，股东特别是控股股东、实际控制人及其关联股东或实际支配的股东持有公司的股份不存在权属争议或潜在纠纷。

1. 公司的股东不存在国家法律、法规、规章及规范性文件规定不适宜担任股东的情形。

2. 申请挂牌前存在国有股权转让的情形，应遵守国资管理规定。

3. 申请挂牌前外商投资企业的股权转让应遵守商务部门的规定。

四、尽职调查的财务问题

拟挂牌企业在适用会计政策方面常见问题主要体现在：错误和不当适用，譬如收入确认方法模糊；资产减值准备计提不合规；长短期投资收益确认方法不合规；在建工程结转固定资产时点滞后；借款费用资本化；无形资产长期待摊费用年限；合并会计报表中特殊事项处理不当等。

在备战新三板的过程中，企业不仅要考虑主营业务重组、历史沿革梳理、治理结构规范、持续盈利保障等关键问题，还得重视财务问题。根据新三板挂牌的要求，参照拟上市企业IPO被否的原因分析，结合拟挂牌企业的普遍性特点，主要有以下九个财务问题需要企业提前关注并解决。

1. 会计政策适用问题

拟挂牌企业在适用会计政策方面常见问题主要体现在：一方面是错误和不当适用，譬如收入确认方法模糊；资产减值准备计提不合规；长短期投资收益确认方法不合规；在建工程结转固定资产时点滞后；借款费用资本化；无形资产长期待摊费用年限；合并会计报表中特殊事项处理不当等。另一方面是适用会计政策没有保持一贯性，譬如随意变更会计估计；随意变更固定资产折旧年限；随意变更坏账准备计提比例；随意变更收入确认方法；随意变更存货成本结转方法等。对于第一类问题务必纠正和调整，第二类问题则要注重选择和坚持。

2. 会计基础重视问题

运行规范，是企业挂牌新三板的一项基本要求，当然也包括财务规范。拟挂牌企业，特别是民营企业，在会计基础方面存在两个方面的问题，一方面是有“规”不依，记录、凭证、报表的处理不够规范，甚至错误，内容上无法衔接或不够全面；另一方面是“内外”不一，由于存在融资、税务等多方面需求，普遍存在几套账情况。这不仅让企业的运行质量和外在形象大打折扣，还势必影响好企业挂牌，当然更会影响企业今后的IPO。建议严格执行相关会计准则，充分认识到规范不是成本，而是收益，养成将所有经济业务事项纳入统一的一套报账体系内的意识和习惯。

3. 内部控制提升问题

企业内部控制是主办券商尽职调查和内核时关注的重点，也是证券业协会等主管备案审查的机构评价的核心。从内部控制的范围来看，包括融资控制、投资控制、费用控制、盈利控制、资金控制、分配控制、风险控制等；从内部控制的途径来看，包括公司治理机制、职责授权控制、预算控制制度、业务程序控制、道德风险控制、不相容职务分离控制等。一般来说，内部控制的类型分为约束型控制（或集权型控制）和激励型控制（或分权型控制）。通常情况下，中小型企业以前者为主，规模型企业可采取后者。另外，内部控制不仅要有制度，而且要有执行和监督，并且有记录和反馈，否则仍然会流于形式，影响挂牌。

4. 企业盈利规划问题

虽然新三板挂牌条件中并无明确的财务指标要求，对企业是否盈利也无硬性规定，但对于企业进入资本市场的客观需要来说，企业盈利的持续性、合理性和成长性都显得至关重要。因此，要对企业盈利提前规划，并从政策适用、市场配套、费用分配、成本核算各方面提供系统保障。盈利规划主要包含盈利规模、盈利能力、盈利增长速度三个方面，必须考虑与资产负债、资金周转等各项财务比率和指标形成联动和统一。从真正有利于企业发展和挂牌备案的角度来看，盈利规划切忌人为“包装”，而是要注重其内在合理性和后续发展潜力的保持。

5. 资本负债结构问题

资本负债的结构主要涉及的问题有：权益资本与债务资本构成；股权结构的集中与分散；负债比例控制与期限的选择；负债风险与负债收益的控制等。以最为典型的资产负债率为例，过高将被视为企业偿债能力低、抗风险能力弱，很难满足挂牌条件，但过低也不一定能顺利通过挂牌审核，因为审批部门可能会认为企业融资需求不大，挂牌的必要性不足。因此，适度负债有利于约束代理人道德风险和减少代理成本，债权人可对当前企业所有者保持适度控制权，也更有利于企业挂牌或IPO融资。因此，基于这样的考虑，对企业的资产、负债在挂牌前进行合理重组就显得格外重要。

6. 税收方案筹划问题

税收问题是困扰拟挂牌企业的一个大问题。对于大多数中小企业来说，多采用内外账方式，利润并未完全显现，挂牌前则需要面对税务处罚和调账的影响。主要涉及的有土地增值税、固定资产购置税、营业收入增值税、企业所得税、股东个人所得税等项目。如果能够通过税务处罚和调账的处理解决，还算未构成实质性障碍，更多的情况是，一方面因为修补历史的处理导致税收成本增加，另一方面却因为调整幅度过大被认定为企业内控不力、持续盈利无保障、公司经营缺诚信等，可谓“得不偿失”。因此，税收规划一定要提前考虑，并且要避免与盈利规划结合起来。另外，在筹划中还要考虑地方性税收政策和政府补贴对企业赢利能力的影响问题。

7. 关联交易处理问题

关联交易的正面影响反映在可提高企业竞争力和降低交易成本，负面影响在于内幕交易、利润转移、税负回避、市场垄断等。因此，无论是IPO还是新三板挂牌，对于关联交易的审查都非常严格。从理想状况讲，有条件的企业最好能够完全避免关联交易的发生或尽量减少发生，但是，绝对的避免关联交易背后可能是经营受阻、成本增加、竞争力下降。因此，要辩证地看待关联交易，特别要处理好三个方面的问题：一是清楚认识关联交易的性质和范围；二是尽可能减少不重要的关联交易，拒绝不必要和不正常的关联交易；三是对关联交易的决策程序和财务处理务必要做到合法、规范、严格。

8. 员工激励衔接问题

员工激励，既是一个人力资源方面的管理问题，也是劳动关系方面的法律问题，更是一个财务问题，主要体现在：股从哪里来？股价如何定？钱从哪里来？股往何处去？业绩如何考评？行权价可否调整？会计如何入账？税收怎么征收？这些问题在企业发展初期多不被企业家所重视，或者无暇被顾及，但到了挂牌需要改制时，就自然会蜂拥而至，而往往这个时候的处理难度将瞬间加大。我们主张，企业在团队相对稳定后就应该考虑这个问题，并阶段性的设计相关法律方案和财务结构，并且预留出股份空间和资金周转余地。另外，还应该把员工激励与业绩考核、收益预测等因素有机结合起来。

9. 素质意识提高问题

在与拟挂牌企业接触过程中，我们发现，部分企业较为规范，人员配备较为齐整，现代化财务意识相对先进，大部分企业的财务人员主要分为三种类型，一类是行政兼管型（即由办公室主任等行政人员代为处理日常账目）；二类是亲信操作型（即由企业老板的亲属和关系方担任财务人员）；三类是简单执行型（即虽由专业财务人员担任，但实际财务决策均由老板掌握），这里面有重经营轻管理的思想在作怪，更有老板紧抓财权和人权的意识在起作用。从某种意义上，这些想法都无可厚非，但如果长此以往，专业意识、现代意识、独立意识这三个财务工作的命脉将荡然无存，诸多财务问题将逐渐显现。因此，要真正解决财务的规划问题，还是要从财务人员的素质抓起，从老板的意识培养起。

10. 常见的11大财务问题及案例

上市是一项复杂的系统工程，需要在各个方面满足上市的规范要求，而财务问题往往直接关系功败垂成。据统计，因财务问题而与上市仅一步之隔的企业占大多数。本书拟对企业发行上市过程中应当注意的有关财务问题，结合证监会审核关注点进行说明，以期对读者有所帮助和借鉴。

（1）持续盈利能力（企业盈利能力是否具有可持续性）

能够持续盈利是企业发行上市的一项基本要求，从财务会计信息来看，盈利能力主要体现在收入的结构组成及增减变动、毛利率的构成及各期增减、利润来源的连续性和稳定性等三个方面。

从公司自身经营来看，决定企业持续盈利能力的内部因素为核心业务、核心技术、主要产品以及其主要产品的用途和原料供应等方面。

从公司经营所处环境来看，决定企业持续盈利能力的外部因素为所处行业环境、行业中所处地位、市场空间、公司的竞争特点及产品的销售情况、主要消费群体等方面。

公司的商业模式是否适应市场环境，是否具有可复制性，这些决定了企业的扩张能力和快速成长的空间。

公司的盈利质量，包括营业收入或净利润对关联方是否存在重大依赖，盈利是否主要依赖税收优惠、政府补助等非经常性损益，客户和供应商的集中度如何，是否对重大客户和供应商存在重大依赖性。

案例：某公司创业板上市被否决原因：其主营产品为药芯焊丝，报告期内，钢带的成本占原材料成本比重约为60%。最近三年及一期，由于钢材价格的波动，直接导致该公司主营业务毛利率在18.45%～27.34%大幅波动。原材料价格对公司的影响太大，而公司没有提出如何规避及提高议价能力的措施。

某公司中小板上市被否原因：公司报告期内出口产品的增值税享受“免、抵、退”的政策，2008年、2007年、2006年，出口退税金额占发行人同期净利润的比例分别为61%、81%、130%，发行人的经营成果对出口退税存在严重依赖。

某公司创业板上市被否原因：公司三年一期报表中对前五名客户销售收入占主营业务收入的比例分别为69.02%、70.57%、76.62%及93.87%，客户过于集中。

（2）收入

营业收入是利润表的重要科目，反映了公司创造利润和现金流量的能力。在主板及创业板上市管理办法规定的发行条件中，均有营业收入的指标要求。

公司的销售模式、渠道和收款方式。按照会计准则的规定，判断公司能否确认收入的一个核心原则是商品所有权上的主要风险和报酬是否转移给购货方，这就需要结合公司的销售模式、渠道以及收款方式进行确定。

销售循环的内控制度是否健全，流程是否规范，单据流、资金流、货物流是否清晰可验证，这些是确认收入真实性、完整性的重要依据，也是上市审计中对收入的关注重点。

销售合同的验收标准、付款条件、退货、后续服务及附加条款。同时还须关注商品运输方式。

收入的完整性，即所有收入是否均开票入账，对大量现金收入的情况，是否有专门内部控制进行管理。对于零售企业等大量收入现金的企业，更须引起重点关注。

现金折扣、商业折扣、销售折让等政策。根据会计准则规定，发生的现金折扣，应当按照扣除现金折扣前的金额确定销售商品收入金额，现金折扣在实际发生时计入财务费用；发生的商业折扣，应当按照扣除商业折扣后的金额确定销售商品收入金额；发生的销售折让，企业应分别按不同情况进行处理。

关注销售的季节性，产品的销售区域和对象，企业的行业地位及竞争对手，结合行业变化、新客户开发、新产品研发等情况，确定各期收入波动趋势是否与行业淡旺季一致，收入的变动与行业发展趋势是否一致，是否符合市场同期的变化情况。

企业的销售网络情况及主要经销商的资金实力，所经销产品对外销售和回款等情况，企业的营业收入与应收账款及销售商品、提供劳务收到的现金的增长关系。

（3）成本费用

成本费用直接影响企业的毛利率和利润，影响企业的规范、合规性和盈利能力，其主要关注点如下。

首先应关注企业的成本核算方法是否规范，核算政策是否一致。拟改制上市的企业，往往成本核算较为混乱。对历史遗留问题，一般可采取如下方法处理：对存货采用实地盘点核实数量，用最近购进存货的单价或市场价作为原材料、低值易耗品和包装物等的单价，参考企业的历史成本，结合技术人员的测算作为产成品、在产品、半成品的估计单价。问题解决之后，应立即着手建立健全存货与成本内部控制体系以及成本核算体系。

费用方面，应关注企业的费用报销流程是否规范，相关管理制度是否健全，票据取得是否合法，有无税务风险。

对于成本费用的结构和趋势的波动，应有合理的解释。

在材料采购方面，应关注原材料采购模式，供应商管理制度等相关内部控制制度是否健全，价格形成机制是否规范，采购发票是否规范，

（4）税务

税务问题是企业改制上市过程中的重点问题。在税务方面，中国证监会颁布的主板和创业板发行上市管理办法均规定：发行人依法纳税，各项税收优惠符合相关法律法规的规定，发行人的经营成果对税收优惠不存在重大依赖。

企业执行的税种、税率应合法合规。对于税收优惠，应首先关注其合法性，税收优惠是否属于地方性政策且是否与国家规定不符，税收优惠有没有正式的批准文件。对于税收优惠属于地方性政策且与国家规定不一致的情况，根据证监会保荐代表人培训提供的审核政策说明，寻找不同解决办法。

纳税申报是否及时，是否完整纳税，避税行为是否规范，是否因纳税问题受到税收征管部门的处罚。

案例：如上海某公司创业板上市被否决原因：2006年纳税使用核定征收方式，不符合企业所得税相关规定而未予纠正。

（5）资产质量

企业资产质量良好，资产负债结构合理是企业上市的一项要求。其主要关注点如下：

应收账款余额、账龄时长、同期收入相比增长是否过大。

存货余额是否过大、是否有残次冷背、周转率是否过低、账实是否相符。

是否存在停工在建工程，固定资产产证是否齐全，是否有闲置、残损固定资产。

无形资产的产权是否存在瑕疵，作价依据是否充分。

其他应收款与其他应付款的核算内容，这两个科目常被戏称为“垃圾桶”和“聚宝盆”。关注大额其他应收款是否存在以下情况：关联方占用资金、变相的资金拆借、隐性投资、费用挂账、或有损失、误用会计科目。关注大额“其他应付款”是否用于隐瞒收入，低估利润。

财务性投资资产，包括交易性金融资产、可供出售的金融资产等占总资产的比重，比重过高，表明企业现金充裕，上市融资的必要性不足。

案例：如某企业创业板上市被否决原因就是应收账款余额过大，应收账款占总资产的比例每年都在40%以上，风险较大。

如某企业创业板上市被否决原因：存货余额较高，占流动资产的比例为33.75%。而且存货周转率呈现连年下降的趋势，2007年为3.67，2008年为4.92，2009年上半年仅为1.88，下降幅度惊人。随着公司应收账款和存货规模的不断增加，流动资金短缺的风险进一步加大。

（6）现金流量

现金流量反应了一个企业真实的盈利能力、偿债和支付能力，现金流量表提供了资产负债表、利润表无法提供的更加真实有用的财务信息，更为清晰地揭示了企业资产的流动性和财务状况。现金流量主要关注点有以下几个方面。

经营活动产生的现金流量净额直接关系到收入的质量及公司的核心竞争力。应结合企业的行业特点和经营模式，将经营活动现金流量与主营业务收入、净利润进行比较。经营活动产生的现金流量净额为负数的要有合理解释。

关注投资、筹资活动现金流量与公司经营战略的关系。例如，公司投资和筹资活动现金流量净额增加，表明企业实行的是扩张的战略，处于发展阶段。此时需要关注其偿债风险。

案例：如某公司上市被否决原因：公司报告期内经营活动现金流不稳定，2007年、2008年度经营活动现金流量净额为负且持续增大。2009年1～9月，公司经营活动产生的现金流量净额仅为138.6万元。公司现金流和业务的发展严重不匹配。

（7）重大财务风险

在企业财务风险控制方面，中国证监会颁布的主板和创业板发行上市管理办法均作了禁止性规定，包括不存在重大偿债风险，不存在影响持续经营的担保、诉讼以及仲裁等重大事项；不存在为控股股东、实际控制人及其控制的其他企业进行违规担保的情形；不得有资金被控股股东、实际控制人及其控制的其他企业以借款、代偿债务、代垫款项或者其他方式占用的情形。

案例：如某公司创业板上市被否决原因：控股股东在报告期内持续以向企业转让债权、代收销售款方式占用企业大量资金。

（8）会计基础工作

会计基础工作规范，是企业上市的一条基本原则。

拟改制上市企业，特别是民营企业，由于存在融资、税务等多方面需求，普遍存在几套账情况，需要及时对其进行处理，将所有经济业务事项纳入统一的一套报账体系内。

会计政策要保持一贯性，会计估计要合理并不得随意变更。如不随意变更固定资产折旧年限，不随意变更坏账准备计提比例，不随意变更收入确认方法，不随意变更存货成本结转方法。

（9）独立性与关联交易

企业要上市，其应当具有完整的业务体系和管理结构，具有和直接面向市场独立经营的能力，具体为资产完整、人员独立、财务独立、机构独立和业务独立五大独立。尤其是业务独立方面，证监会对关联交易的审核非常严格，要求报告期内关联交易总体呈现下降的趋势。因此对关联交易要有完整业务流程的规范，还要证明其必要性及公允性。

案例：如某公司上市被否决原因：与其关联公司在提供服务、租赁场地、提供业务咨询、借款与担保方面存在关联交易。2006年、2007年、2008年及2009年1~6月，与其控股股东及其附属公司发生的业务收入占同期营业收入的比重分别为38.19%、32.53%、29.56%、27.47%，关联交易产生的毛利额占总毛利的比重分别为48.18%、42.28%、34.51%、30.82%。发审委认为其自身业务独立性差，对控股股东等关联方存在较大依赖。

（10）业绩连续计算

在IPO过程中，经常有公司整体改制，这就涉及业绩连续计算的问题，主板上市管理办法规定最近三年内主营业务和董事、高级管理人员没有发生重大变化，实际控制人没有发生变更。即使创业板也规定最近两年内上述内容没有变化。

对同一公司控制权人下相同、类似或相关业务的重组，在符合一定条件下不视为主营业务发生重大变化，但需掌握规模和时机，不同规模的重组则有运行年限及信息披露的要求。

案例：如某公司创业板被否决原因：报告期内实际控制人及管理层发生重大变化，公司的第一大股东A信托公司持有公司32.532%股份。2008年10月8日，经某市国资委有关批复批准同意，A信托与B集团签署《股份转让协议》，A信托将其持有的公司32.532%股权悉数转让给同为某市国资委控制的B集团。转让前后控股股东的性质不完全一致。同时，A信托以信托业务为主，B集团以实业股权投资为主，二者的经营方针有所区别。另外，2009年1月，本次控股股东发生变更后，B集团提名了两位董事和两名监事，企业主要管理人员发生了变化。发审委认为企业本次控股股东的变更导致了实际控制人变更。

（11）内部控制

不可否认的是，政府相关机构对企业的内部控制越来越严格。主板及创业板上市管理办法均对发行人的内部控制制度进行了明确规定。值得一提的是，2010年4月《企业内部控制应用指引第1号——组织架构》等18项应用指引以及《企业内部控制评价指引》和《企业内部控制审计指引》颁布，自2011年1月1日起在境内外同时上市的公司施行，自2012年1月1日起在上海证券交易所、深圳证券交易所主板上市公司施行，择机在中小板和创业板上市公司施行。因此企业应按照相关要求，建立健全内部控制并严格执行。

案例：如某公司就曾因内部控制缺陷而在创业板上市时被否决原因：报告期内子公司——北京富根智能电表有限公司在未签订正式合同的情况下，即向山西省电力局临汾供电公司大额发货；同时对其境外投资的平壤公司未按合营合同规定参与管理。发审委认为申请人在内部控制方面存在缺陷。

五、申报、反馈、挂牌一般问题

（一）出资

1. 出资验资

请主办券商、律师、会计师根据《关于新修〈公司法〉施行后挂牌条件及其指引调整情况的公告》规定，说明股东是否按公司章程规定出资、制作核查出资工作底稿及取得出资证明文件（包括但不限于验资报告、打款凭证）等情况，并就公司股东出资是否真实、缴足发表明确意见。

2. 出资瑕疵

请主办券商、律师核查公司股东历次出资有无瑕疵。如有，请核查出资问题的形成原因、存在的瑕疵及影响，以及公司采取的补正措施，并对以下事项发表明确意见：① 公司采取的措施是否足以弥补出资瑕疵，公司是否存在相应的法律风险；② 是否存在虚假出资事项，公司是否符合“股票发行和转让行为合法合规”的挂牌条件。请主办券商、会计师核查以上瑕疵补正的会计处理方式是否符合《企业会计准则》的规定。

（二）财务与业务匹配性

请主办券商、会计师结合行业特点、产品或服务类型、关键资源要素、采购模式、销售模式、盈利模式、收付款政策、客户及供应商类型、主要业务合同等，比照《企业会计准则》、核查公司财务报表相关科目的会计政策及会计处理、列报是否与实际业务相匹配。

1. 公司收入

请公司：① 列表披露业务收入构成，说明收入分类与业务部分的产品及服务分类的匹配性；② 结合产品及服务类别、销售模式等实际生产经营特点披露具体收入确认时点及计量方法；如存在同类业务采用不同经营模式在不同时点确认收入的，请分别披露。如公司按完工百分比法确认收入，披露确定合同完工进度的依据和方法。

请主办券商及会计师：核查针对收入真实性、完整性、准确性履行的尽调程序及审计程序，确认的金额占总金额的比重，并说明取得的相关的内外部证据；针对收入的真实性、完整性、准确性发表专业意见。

2. 成本

请公司：① 披露成本构成，结合直接材料、直接人工、制造费用等分析影响成本的主要影响因素，发生较大波动的，请公司披露波动原因；② 披露成本的归集、分配、结转方法；③ 结合存货变动情况说明采购总额、营业成本之间的钩稽关系。

请主办券商及会计师结合上述情况核查公司采购的真实性、成本的真实性及完整性，并发表专业意见。

3. 毛利率

请公司：① 结合同行业情况、公司自身优劣势等披露公司毛利率水平的合理性；② 结合销售价格及单位成本的内外部影响因素的变动情况披露公司毛利率波动的合理性。

请主办券商及会计师就公司营业成本和期间费用的各组成项目的划分归集是否合规发表意见，就公司报告期内收入、成本的配比关系是否合理核查并发表意见。

4. 期间费用

请公司结合影响期间费用的内外部因素的变动情况说明并披露公司期间费用波动的合理性。请主办券商、会计师：① 结合预付款项、其他应收款、应付款项、其他应付款等资产负债类科目核查公司是否存在跨期确认费用的情形；② 结合固定资产、在建工程、长期待摊费用等科目核查公司是否存在将期间费用资本化的情形；③ 针对公司期间费用的真实性、准确性、完整性发表专业意见。

5. 应收账款

请公司：① 结合收款政策、客户对象、业务特点等披露公司应收账款余额水平的合理性；② 存在长期未收回款项的，请披露原因，并结合客户资信情况说明可回收性；③ 报告期内或期后有大额冲减的，请公司披露冲减原因；④ 结合同行业公司以及公司自身特点分析坏账计提政策的谨慎性。

请主办券商及会计师核查坏账政策是否谨慎，并结合应收账款期后收款情况核查收入的真实性，结合收入确认依据核查是否存在提前确认收入的情形。

6. 存货

请公司：① 结合经营模式、生产周期、生产模式等补充分析并披露存货构成的合理性；② 说明公司对存货是否已制定了科学、合理的内控和管理制度；③ 结合存货跌价的具体测算过程补充分析存货价值是否存在较大的减值风险；④ 结合生产模式分析公司的生产核算流程与主要环节，说明如何区分存货明细项目的核算时点，存货各项目的确认、计量与结转是否符合会计准则的规定。

请主办券商、申报会计师详细核查公司存货各项目的发生、计价、核算与结转情况，说明期末存货是否履行了必要的监盘或核验程序，成本费用的归集与结转是否与实际生产流转一致。

7. 现金流量表

请公司：① 分析并披露经营活动现金流波动的合理性，经营活动现金流量净额与净利润的匹配性；② 披露各报告期内所有大额现金流量变动项目的内容、发生额、是否与实际业务的发生相符，是否与相关科目的会计核算钩稽，特别是“销售商品、提供劳务收到的现金”“购买商品、接受劳务支付的现金”“收到的其他与经营活动有关的现金”“支付的其他与经营活动有关的现金”“收到的其他与筹资活动有关的现金”“支付的其他与筹资活动有关的现金”“构建固定资产、无形资产和其他长期资产支付的现金”等。

请主办券商、会计师核查并发表意见。

（三）财务规范性

1. 内控制度有效性及会计核算基础规范性

请公司：说明报告期内公司财务制度的制定及执行情况，并结合财务人员数量、执业能力、公司业务特点等情况补充说明公司的财务人员是否能满足财务核算的需要。

请主办券商、会计师核查：① 公司销售与收款循环、购货与付款循环、生产循环、筹资与投资循环、货币资金循环等五大循环相关的内控制度，结合职责分离、授权审批、内部凭证记录等核查相关制度是否有效，是否得到有效执行；② 公司会计核算基础是否符合现行会计基础工作规范要求，说明在尽职调查及审计过程中发现的与公司内控及会计核算相关的主要问题以及后续规范措施，并对报告期内公司财务管理制度是否健全、会计核算是否规范发表专业意见。

2. 税收缴纳

请公司分别披露公司及其子公司的流转税与所得税税率及税收优惠情况。

请主办券商及会计师结合公司实际情况核查公司税收缴纳的合法合规性，包括但不限于业务特点、客户对象、报告期内发生的重大资产重组、非货币资产出资规范等。

（四）财务指标与会计政策、估计

1. 主要财务指标

请公司：① 按照反馈督查报告模板格式在公开转让说明书中填列主要会计数据及财务指标简表，并在表下简明注释净资产收益率、每股收益、每股净资产等财务指标的计算方法；② 结合主要财务指标分析公司盈利能力、偿债能力、营运能力、获取现金流能力，结合同行业公司情况补充分析公司相关指标的合理性，并针对财务指标的波动原因进行分析并披露。请主办券商、会计师结合上述情况核查公司财务指标及其波动的合理性，如存在异常，请核查异常会计数据的真实性及准确性。

2. 财务异常信息

请公司说明并披露报告期改变正常经营活动，对报告期持续经营存在较大影响的行为，包括但不限于调整收付款条件、调整广告投入、调整员工工资、客户重大变动等，如有请充分量化分析其影响。

请主办券商及会计师核查公司实际生产经营情况，分析论证公司报告期财务指标是否存在异常情况，应对报告期财务数据进行多维度对比分析，包括报告期各年度财务数据、报告期财务数据与报告期前历史数据、报告期数据与可比挂牌公司、上市公司财务数据，说明核查程序及判断依据。

3. 会计政策及会计估计变更

请公司梳理并披露报告期发生的重要会计政策和会计估计变更，量化分析影响，包括但不限于重要性判断标准、内容、原因、审批程序、受影响的报表项目名称和金额，及会计估计变更开始适用的时点。

请主办券商和申报会计师核查上述情况，分析公司选用会计政策和会计估计的适当性，会计政策和会计估计是否与同行业公司存在明显差异，报告期内会计政策的一致性，分析其是否利用会计政策和会计估计变更操纵利润，如改变收入确认方式、调整坏账计提比例、调整存货计价方式等。

4. 关联交易类型

请公司区分经常性及偶发性关联交易，分别披露。请主办券商及会计师核查公司经常性及偶发性关联交易的区分是否合理。

5. 必要性与公允性

请公司：① 结合交易的决策程序、内容、目的、市场价格或其他可比价格等要素，披露公司关联交易的必要性及公允性，未来是否持续；② 如报告期内存在关联交易显失公允或存在其他利益安排，请量化分析并披露对公司财务状况的影响，并披露对关联交易的规范措施，并做重大事项提示；③ 如报告期关联交易占比较大，分析是否对关联方存在重大依赖，并披露关联交易对公司业务完整性及持续经营能力的具体影响，做重大事项提示。

请主办券商、会计师核查关联交易的必要性及公允性，发表专业意见，并着重说明对关联交易真实性的核查方法及程序。请主办券商、律师核查报告期内关联交易的内部决策程序的履行及规范情况。

六、监管部门反馈意见的变化

最近这一次新三板申请挂牌企业收到的反馈意见有很大的变化，引起了广泛的争论，一种主流的观点从“量”上进行了解读，其主要认为：以前反馈意见大概只有几页，现在一下子有30多页，然后认为新三板挂牌条件和门槛提高了，以后券商推荐挂牌难度大幅增加，企业挂牌新三板难度也增加，甚至以后收费也要增加了。

我们并不是很认同这种单纯从量上来认定的基本的逻辑，其实我们仔细来分析这份反馈意见，那么一般部分其实并不能真正称之为反馈意见。这些问题应该是我们在判断企业承做项目时进行全面尽职调查需要关注到的问题，只是以前没有明确的规则要求，而现在只是将中介机构以前曾经做的工作给予书面化规范。因为反馈意见中绝大部分的工作其实已经做过了，那么说这次反馈会无限增加中介机构工作量的说法也是不成立的。

分析反馈意见的一般部分，其内容基本上涵盖了一个企业全部的方面，涉及股权、注册资本、业务、财务、发展规划等各个层面，应该是这样的一个东西，非常必要也是用心良苦。虽然这些方面是我们推荐挂牌时必然要做的工作，但是由于以下的原因以前可能并没有做好：① 挂牌条件的规定非常简单，导致很多人误解为企业挂牌新三板也很简单，什么都不用管；② 新三板推荐挂牌的中介机构业务水平参差不齐，对问题的认识和判断能力差异非常大。

所以，股转系统就非常用心地像一个保姆一样指导着我们该怎么去做，该如何做到位，该如何成功控制一个企业的风险，并且能够发现企业的发展轨迹和投资价值。这有点像当年保荐制度刚推出来的时候，监管机构也是一条一条地指导保荐机构该怎么去做，该做到什么样子。

对于这样的反馈意见的内容是非常好的，从目前的状况来看，也应该会成为一种常态，但是这样的改变是放在反馈意见阶段还是放在初次申报阶段呢？我们的观点认为：

① 可以考虑将一般部分的反馈意见的核查和提交提前到初次申报挂牌资料时，在尽职调查报告中中介机构需要对这些问题进行详细核查并发表明确意见；

② 券商督查报告作为尽职调查报告的附件一并提交，这作为券商内核和内控的重要文件作为项目挂牌的重要依据；

③ 通过出文对尽职调查报告的法律性质和挂牌资料中的地位进行明确界定，将尽职调查报告作为券商尽职调查和内部控制工作的核心依据。

如果这样来做，一来可以更好地指导券商的项目承做以及质量控制工作，二来可以减轻反馈意见回复的工作量以及后续的审核安排。其实，如果一般问题反馈常态化，那么很多项目必然会在申报的同时提前准备相关反馈意见回复，那么还不如直接干脆提前化。

第三部分

机构参与

很多人都说新三板是一个金矿，是一个发家致富改变现有格局甚至改变证券历史的一个大大的金矿。但是，新三板是不是金矿，只有挖矿人才有真正的发言权，换句话说，新三板能不能从零起步真正发展成为一个金矿，也只有挖矿人才有发言权。

那么，谁是金矿的挖矿人，自然是新三板的投资者，尤其是资金相对雄厚、思维相对理性、眼光相对长远的机构投资者。

但从目前来看，机构投资者在新三板领域参与的广度和深度并不是很高，这可以从两个层面理解：其一，企业挂牌新三板并没有改变投资者对于某个企业的印象，更不要提投资者投资企业时由于挂牌新三板而带来的投资溢价。其二，机构投资者自身的投资理念和思维也没有及时更新，至少没有几家能够真正理解新三板的理念和运行规律，不知道新三板到底是什么东西，到底能够给企业以及自己带来什么东西。

资本市场说到底是一个定价和交易的市场，不论是定价还是交易，那么都需要广泛且成熟的投资者的参与，那么这时候机构投资者对于新三板参与的热情和程度就显得至关重要。机构投资者在新三板问题上的思考可以从以下几个方面入手。

第一，机构投资者在选择投资对象上，应该改变原来满世界扫大街的模式，而可以考虑充分利用新三板市场的平台，将更多的精力和投资方向转移到新三板上来。

第二，新三板的推荐挂牌尽管程序简便，但是同样需要专业中介机构的核查和推荐，这可以在很大程度上降低投资者投资企业的风险，至少可以省却很多尽职调查的工作量。

第三，随着新三板市场相关制度的逐步完善，定价功能以及流通性制度的逐步改善，那么投资者在投资新三板企业的时候应该对新三板这一挂牌行为提供相应的“挂牌溢价”，简单来说，就是同样的企业投资者对于新三板挂牌企业的估值要高于没有挂牌的企业。尽管单纯从挂牌新三板这一行为的即时效果来看并不明显，但是从长远眼光来看，我们应该给予新三板一定的溢价。

第四，当然，最后还是那句话，新三板监管机构以及相关参与者需要用心呵护新三板的成长，同时要保证新三板挂牌企业顺畅的优胜劣汰制度，只有这样才能保证新三板挂牌企业是优质的、值得依赖的。只有最后大家都能够认同新三板挂牌企业是值得信赖的，那么投资者的关注和溢价才是有可能的。

第十二章 新三板盈利模式剖析

一、投行业务盈利模式

随着新三板市场发展的如火如荼，企业挂牌新三板服务费也水涨船高。年前企业挂牌新三板服务费市场报价在130万～140万元。但年后，市场给出的平均报价达到了180万元。

据介绍，新三板挂牌服务费主要包括券商、律师事务所、会计师事务所等中介费用，以及交给股转系统的挂牌初费与年费。此前，券商收取的费用基本在100万元左右，但是年后仅券商的报价就涨到了130万～150万元。与此同时，律师事务所和会计师事务所收取的费用也水涨船高。

新三板上市联盟的创始人杨峰也证实，目前企业挂牌新三板服务费的最新报价范围在150万～200万元，个别企业挂牌新三板服务费报价更是接近200万元大关。

拟挂牌新三板企业服务费的不同，主要是因各个企业的资质不同而制定的。资质好的服务费相对低些，资质差的服务费相对高些。目前各类企业蜂拥至新三板寻求挂牌是推动服务费用大涨的主要原因。

据介绍，像安信、国海这类券商，对新三板挂牌服务费（包中介）的报价仍是150万元左右，当然这个没有包括融资（承销），融资可能还得增加实际融资额3%～5%的费用。目前，部分地方政府对企业挂牌新三板是有专项资助的。例如，北京市东城区，完成股改后奖励100万元；挂牌成功后奖励50万元；融资达到3000

万元及以上的奖励100万元。天津市南开区，在“新三板”挂牌交易的本区企业，一次性专项补助100万元。河北省石家庄市，完成改制的奖励50万元，成功挂牌的再奖励50万元。山东省威海市，成功挂牌的，奖励企业高管30万元，转板上市，其融资额不满5亿元的，奖励企业高管30万元；其融资额在5亿元以上的，奖励企业高管50万元。

（一）挂牌时中支付给中介机构的专业服务费

挂牌时支付给中介机构的专业服务费是企业挂牌新三板过程支付的最大成本，总计约150万～200万元之间，包括支付给券商的改制财务顾问及推荐挂牌费80万～150万元；支付给会计师事务所的审计验资费20万～30万元；支付给律师的法律服务费20万～30万元；支付给评估师事务所的改制评估费5万～10万元。中介机构专业服务费一般分阶段收取，签订合同时收取20%～30%，完成阶段性成果时根据阶段性成果工作量与重要性收取40%～60%，项目完成后收取20%～30%。假设券商的服务总收费为100万元，通常在签订服务合同后收到20万元预付款启动项目，完成改制后收取20万元，制作材料并通过券商内核后收取30万元，挂牌成功后收取剩余30万元。所以企业至少需要准备100万～200万元启动新三板挂牌项目。

表12–1

费用收取方	服务内容	费用概算（元）
券商	改制财务顾问费	40万～60万
	推荐挂牌费	60万～90万
会计师	审计、验资费	20万～30万
律师	法律服务费	20万～30万
评估机构	资产评估费	5万～10万
股转系统	挂牌初费与首年费	5万～15万
合计		150万～235万

（二）挂牌后每年的运行成本

企业挂牌新三板后即属于公众公司，需要按证监会及股转系统有关规定规范运作，需要聘请券商进行持续督导、聘请会计师出具年度审计报告、聘请律师担任法律顾问，履行信息披露、在中登公司办理股份托管、在股转系统挂牌转让等事项。所以企业挂牌新三板后每年还需要支出一笔相对固定的运行成本，总计30万~80万元。费用支出项目如表12-2所示。

表12-2

收费项目	市场平均收费概算	收取方
持续督导费	10万~15万元/年	主办券商
年度审计费	10万~30万元/年	会计师事务所
法律顾问费	10万~30万元/年	律师事务所
信息披露费	1万元/年	信息公司
股份登记费	1000元/年	中登公司
分红手续费	（红股面值+现金股利）×0.035%	中登公司
名册登记费	100元/年	中登公司
挂牌初费	总股本2000万股（含）以下，3万元 总股本2000万~5000万股（含），5万元 总股本5000万~1亿股（含），8万元 总股本1亿股以上，10万元	股转系统
挂牌年费	总股本2000万股（含）以下，2万元/年 总股本2000万~5000万股（含），3万元/年 总股本5000万~1亿股（含），4万元/年 总股本1亿股以上，5万元/年	股转系统

（三）其他成本

如果把挂牌新三板作为一个项目看待，启动项目与不启动项目的成本差别除上述看得见的成本外可能还会增加企业部分隐性成本。如挂牌材料的制作印刷费用，向股转系统申报时发生差旅费；再如为顺利推进挂牌项目及以后资本运作企业可能需要聘请财务总监而支出人工成本；再如企业为加强信息披露工作可能需要聘请专人负责信息披露事务支出人工成本；再如企业挂牌时为规范税务问题可能需要补缴税款而增加支出；再如企业挂牌时可能因规范运作需要员工补交社保与住房公积金而增加成本；再如企业挂牌时可能因规范法律事项需要补缴出资、退还关联方占款等隐性成本。

（四）新三板挂牌项目与IPO项目成本比较

表12–3

费用名称	挂牌项目		IPO项目	
	收费标准	市场均价（元）	收费标准	市场均价（元）
改制财务顾问费	协商	40万～50万	协商	100万～120万
辅导费	—	无	协商	100万～120万
保荐费	协商	60万～100万	协商	200万～300万
承销费	—	无	融资额3%～4.5%	2000万～6000万
会计师费用	协商	20万～30万	协商	120万～150万
律师费用	协商	20万～30万	协商	100万～150万
评估费用	协商	5万～10万	协商	20万～40万
路演推介费	—	无	协商	200万～500万
信息披露费	1万元/年	1万	协商	150万～200万
挂牌上市初费	总股本2000万股（含）以下，3万元； 总股本2000万～5000万股（含），5万元； 总股本5000万～1亿股（含），8万元； 总股本1亿股以上，10万元	3万～10万	深交所：3万元 上交所：总股本×0.03%，最高3万元	3万
挂牌上市年费	总股本2000万股（含）以下，2万元/年； 总股本2000万～5000万股（含），3万元/年； 总股本5000万～1亿股（含），4万元/年； 总股本1亿股以上，5万元/年	2万～5万	深交所：按月收取，5000万股以下，500元/月；股本每增加1000万元增加100元/月，最高2500元/月 上交所：按年收取，上市总面额的0.012%，最高不超过6000元/年	6000～3万

续表

费用名称	挂牌项目		IPO项目	
	收费标准	市场均价（元）	收费标准	市场均价（元）
股票登记费	1000元/年	1000元	深交所：发起人股、国家股、国有法人股免费；流通股按股本面值0.3%，其他非流通股按股本面值0.1%收取 上交所：5亿股以下费率0.1%	3万～50万
综合成本	—	150万～200万	融资额6%～8%	3000万～7000万扣除承销路演费后700万～1000万

（五）政府补助

挂牌新三板与IPO上市都有利于推动本地企业飞速发展，吸引外来投资，促进地方经济发展，增加地方财政收入，扩大当地就业人口，所以各地政府像支持企业IPO一样支持地方企业在新三板挂牌，并纷纷推出挂牌财政补贴政策。财政补贴政策大大降低企业挂牌成本，对推动企业挂牌新三板效果明显，是企业发展又一次是重大机遇。

关于新三板挂牌或上市补贴政策一般由各级政府主管金融工作的部门（如上市办、金融办）或经济促进部门制定，也有部分行业主管部门为推动本行业的发展而出台挂牌上市补助政策，如地方文化主管部门可能出台促进本地文化企业挂牌上市而出台补助政策。部分地区对新三板挂牌无补贴政策，但上市有补贴政策，并且上市是分阶段进行补助，企业挂牌新三板可能达到上市补助的某一个阶段而获得补助，如上市补助可能分为股改阶段、辅导阶段、上市阶段，如企业挂牌新三板至少需要完成股改工作，所以也可依据上市补助享受该阶段的补助。所以各地政府补助政策要详细查询，以享受到应该享受的政策优惠，节省挂牌成本。如有相关政策根据政府信息公开原则，这些补贴政策一定可以在网络上查找得到。可以到高新区政府、县区政府、市政府、省政府等各级政府部门网站进行站内关键字搜索，如“上市补贴”“新三板”“上市”“全国中小企业股份转让系统”“股转系统”等，也可以到政府的经济促进部门或金融办或主管企业上市部门索要纸质文件。

各地区根据本地区经济发展情况与财政预算情况制定补贴政策，各地区的补贴标准、条件、金额、程序各不相同，如深圳宝安地区的新三板挂牌补贴在企业股改前需要先到上市办进行备案登记，政府好安排预算。具体补贴的程序、标准、金额需要拿到具体的文件才能确定。部分政区对挂牌新三板没有专门制定补贴政策，但由于新三板挂牌需要股改，地方政府也同意按上市标准进行补助，但只享受改股阶段的补贴金额。

二、PE私募股权投资模式

（一）PE扎堆新三板

相关统计显示，新三板正成为VC/PE和其他机构优质项目的发现平台。2012年新三板完成了23家挂牌企业定向增资，总的融资额是8亿多元，平均市盈率15.79倍。参与定向增资的机构除原有股东外，还有诸多专业投资机构。

2014年，新增的80多家投资机构里面有51家属于VC和PE机构。例如，天津久日化学有两家知名创投参与投资，深创投2011年1月份4.17元入股了久日化学，占公司总股本的6.56%。深创投进入之后，久日化学完成了改制。同年，同创伟业创投公司南海成长以7.36元的价格增资久日化学。久日化学在2011年9月7号挂牌之后，当天的价格是9元多。从股权投资的角度讲，不论是深创投还是同创伟业的南海成长，都获得了比较丰厚的收益。

此外，新三板不仅是股权退出的平台，还是项目孵化的一个平台。尽管PE更多地愿意通过IPO退出，但通过新三板这个市场并购来退出，也是非常好的方式。卖比买更难。这句话指的是创投界的退出方式。作为投资行业的四个重要环节之一，退出一直是影响和制约中国PE、VC行业发展的一个重要内容。数据告诉我们，被投资企业都去IPO实际是不可能的，虽然有实力的投资机构依然会把IPO作为首选，但受到经济形势、政策等多方因素影响，机构也不得不将目光投向并购等其他方式。

2014年，科技部、商务部、国家开发银行联合进行了第11次“全国创业风险投资调查”，这项统计工作组织了全国31个省、市、自治区的56个调查机构进行协同工作，得到了可观的权威数据。统计发现，我国创业风险投资各类机构已经超过1183家，其管理的资本总量超过3300亿元。从我国创业风险投资的资本来源结构来看，中国创业风险投资的资本来源结构仍以未上市公司为主体，而投资项目IPO的退出回报率则大幅下滑。

（二）不能只会做Pre-IPO

近年来，创业风险投资行业的快速扩张与造富效应带来了大量的风险资本追逐于成熟期项目，投资阶段明显后移。2012年，中国创业风险投资机构的投资重心相比上年有所前移，对种子期投资的金额增加至6.6%，投资项目占12.3%，项目投资平均持续时间为4.3年。

究其原因，一方面受国家宏观政策引导的影响，鼓励风险投资进一步加大早前期项目的投资；另一方面，受业内竞争环境与资本市场退出影响，客观上推动了部分创投机构不得不放弃短平快的成熟项目，寻求长线发展，向更早期的阶段寻找优质项目。

IPO，好是好，可是受政策影响，想要仅仅通过IPO获益，可没那么容易了。普华永道发布2014年上半年沪深股市IPO情况，受经济形势、政策走向等多方面不确定因素的影响，上半年IPO市场表现低迷，沪深股市IPO共计52宗，融资总额352亿元，较2012年同期（2013年上半年IPO暂停），分别下降达50%及55%。

让我们回头看看2012年。受国内外宏观环境影响，全年共有154家企业在境内资本市场上市，远低于2011年的356家企业 。另一方面，尽管上市退出企业大幅缩减，但具有VC/PE背景的上市企业仍达到131家，包括中小板上市的43家与创业板上市的63家企业，总量与2011年相比下滑20.6%。

按退出渠道划分，比例占全部退出项目的29.41%，与2011年基本持平，但IPO项目的平均账面回报仅为4.86倍，较2011年相比大幅减少了38.1%。另一方面，受

2012年下半年资本市场IPO暂停影响，部分企业退而求其次，选择回购方式退出，回购退出占比大幅上升，占45.01%。全行业项目退出收益率为196.35%，与2011年基本持平。其中，通过并购与回购方式退出的项目收益率有较大幅度提升，分别为162.23%、29.18%。

所以说，只会做“Pre-IPO”的机构是活不下去的。

（三）新三板与PE二级市场成为新渠道

由于政策趋紧、二级市场持续低迷等诸多因素，加大了中国创投基金的募资难度，如何保障创投行业持续稳定的资金来源、开拓更多的合格投资者，也成为业内关注的重点之一。目前企业与政府资金仍是我国创业风险投资的主要资金来源，合计占比69.25%；但近年来数据显示，个人投资者与机构投资者的资金呈上升趋势。2014年，个人投资金额占全行业的38.85%，明显高于往年。一方面，受政府宏观政策环境的影响，鼓励天使投资发展；另一方面，由于资本市场持续低迷，投资渠道狭窄，以及高收入人群和优秀投资人才的增长也为天使投资造就了丰沃的土壤，作为天使投资人的个人投资者不断增多。与此同时，相关政策的制定也进一步打通了不同金融机构间的进入壁垒，2012年9月，证监会发布修订后的《基金管理公司特定客户资产管理业务试点办法》，打通了基金公司进入私募股权市场的通道；2013年2月，证监会发布《资产管理机构开展公募证券投资基金管理业务暂行规定》，明确了符合条件的创投管理机构可以开展公募证券投资业务。可以预计，拓宽创投行业募资来源、增加LP（有限合伙制）层面的合格机构参与者，将是未来行业相关政策的重要内容。

随着IPO市场的暂停，以及境外退出渠道的收窄，客观上导致通过IPO实现退出的企业绝对数量大幅缩减，而这正与中国创投行业近几年来的繁荣与快速扩张形成了鲜明反差，致使大量等待通过退出进而实现收益的创投企业陷入退出拥堵的困境。流动性的缺乏难以实现行业造血机制，也为未来创投业的发展带来隐患。提高资金流动性，催生更多元化的投资与退出渠道成为行业发展的重要因素。“新三板”加速扩容，预计未来将有更多企业及投资机构将目光转向“新三板”，并使之成为创投机构重要的投资及退出渠道。

目前，新三板市场上挂牌公司的质量在逐步提升，交易量在不断放大，特色公司层出不穷。此外，当前新三板公司整体估值10～15倍，在利润基数很低的情况下并不算贵，关键是公司的商业素质要优秀。

统计显示，自2006年中关村成为首个试点园区至2014年底，新三板累计挂牌企业数量达1595家，其中超过77%是在2014年挂牌的。

无论是挂牌数量，还是融资金额、成交金额、估值水平，新三板在2014年都实现了量的突破，在众多金融机构和中小企业看来，新三板正在迎来质变。

2014年，A股依靠第三季度以来的走势，以全年累计52.87%的涨幅领衔全球主要股指，并诞生了不少牛股。事实上，在波涛暗涌的新三板“牛股”的诞生率同样也不低。

Wind数据显示，2014年以来，71家新三板挂牌企业股价涨幅超过10倍，其中，知名投资机构九鼎投资就以惊人的91766%的涨幅位居第一；此外，英富森、沃捷传媒、哇棒传媒、新天药业、仁会生物、天松医疗、亿童文教等7家挂牌企业股价涨幅超过30倍。

2014年8月25日新三板做市交易上线后，做市商给新三板市场带来前所未有的流动性，包括恒锐科技、蓝山科技、凌志软件、银橙传媒、普滤得、联合永道、天阶生物、海纳川、华阳密封等在内的12家挂牌公司股价涨幅超过1000%。

融资方面，全国中小企业股份转让系统（简称“全国股转系统”）副总经理隋强在2014年12月22日的新闻媒体沟通会上透露，新三板融资突破两个“100亿元”。截至2014年12月12日，全国股转系统股票发行融资额合计120亿元，各合作银行共向挂牌公司提供贷款超过100亿元。

安信证券研究报告也指出，发行数量进一步加快、融资能力大幅增加是2014年新三板的变化之一。此外，市场成交开始活跃、估值水平系统性提升也是值得关注的变化。数据显示，实施做市转让方式后，新三板公司市盈率（PE）从2014年8月的18倍到目前稳定在24倍左右，升幅约为33%。

隋强还特别指出，新三板挂牌公司并购重组渐趋活跃。2014年以来，共计18家挂牌公司涉及重大资产重组事项。这18家公司2013年平均营收增长率和平均净利润增长率分别为39.39%和31.65%，分别高出市场平均水平23.82个和27.57个百分点。其中，8家公司因被上市公司收购终止挂牌，或即将终止挂牌。

此外，股权质押和优先股融资也颇有看点。股权质押融资业务质押金额大约70亿元，平均融资额为884万元，平均质押率最高可达60%。轻资产挂牌公司也逐渐获得银行认可。此外，优先股融资也值得重视，新三板对城商行、中小保险公司等金融行业主体的吸引力将会提升。

2015年新三板的“数字”会进一步刷新。2014年12月26日，中国证监会发布《关于证券经营机构参与全国股转系统相关业务有关问题的通知》（以下简称《通知》），全方位鼓励与支持新三板市场的发展。预计这之后3年，新三板挂牌企业将以每年1500家的速度增加，到2017年末达到7000～1万家。同时，在推动新三板发展过程中，券商不是唯一的受益者。

《通知》明确指出，公募、私募基金等投资机构全部有合法渠道参与新三板。这一政策更有利于进一步提升新三板的流动性。实际上，从2014年中开始，一些定位于新三板的理财产品已经开始活跃。

2014年5月，深圳一家私募基金就募集了一只新三板基金，规模约4000万元，主要投资于新三板挂牌企业的定向增发，锁定期3年。新三板中少数优质公司转板上市的概率很大，而未来随着新三板市场自身的活跃，交易退出也能有安全的溢价。这家私募基金对新三板前景非常乐观，给客户的预期年化收益率能高达30%以上。

2014年3月，宝盈基金子公司中铁宝盈推出了“宝盈中证第一期计划”，投向高成长、做市交易及转板预期较高的新三板挂牌企业，主要瞄准TMT（电信、媒体、科技）、医药健康、节能环保、高端装备、新材料等行业。在2014年蝉联“定增王”的财通基金也着重在2015年布局加码新三板。

新三板将是2015年权益类资产投资的重点方向，随着交易制度的改善（做市商与竞价交易的推出）以及投资者主体的活跃，将大大改善新三板公司因流动性缺乏而价值低估的局面。2014年以来，已有不少私募基金开始募集新三板相关产品，在监管层鼓励下，新三板公募基金产品也有望爆发。

除了基金之外，PE（私募股权投资）/VC（风险投资）则更加积极。PE/VC“入手”新三板的时间相比公募和私募基金更加早。早在2012年，由科技部出资3000万元阶段参股的武汉东湖创投成立了国内首只冠以“新三板”命名的股权投资基金，总规模5亿元；中信证券旗下直投公司金石投资也曾出资500万元，专门成立专项基金用于投资新三板企业。

从新三板挂牌企业的整体情况来看，启迪创投、深创投、九鼎投资、达晨创投等机构位居前列，其中存量项目占据不少比例。与此同时，部分机构拉起新三板机构主题基金，在存量投资基础上，加大对新三板市场的布局。

此外，投中集团的报告还指出，近几年来，围绕新三板主题，有一批新兴创投机构迎风而起，在新三板市场上极为活跃，如早期涉入的东方汇富，近期踊跃参与的天星资本、凤博投资等。这些机构的代表性特点是，主要围绕新三板主题开展投资行为，或在企业挂牌之前进入，或在挂牌之后参与，对新三板标签企业的升值空间寄予厚望。风险投资机构的优势在于发现和培育有潜力的项目，因此，很多企业可能在新三板挂牌之前就已经参与，而推动企业到新三板挂牌则是增加退出渠道，提高流动性。

统计显示，新三板公司的成长性显著高于创业板、中小板，新兴行业的增速更明显高于A股。2014年上半年，新三板公司整体收入平均增速达50%，远高于创业板整体平均增速25%，以及中小板的12%。其中，信息技术行业的收入增速高达88%，医疗保健行业增速43%，远高于A股信息技术增速14%，以及A股医疗保健增速13%。

新三板具有吸引力最主要的原因是：新三板上市公司与创业板、中小板有很多相似之处，且大多处于新兴行业，符合经济转型的逻辑，而其中的公司有着很高的成长性，但由于股票流动性差、风险偏高，所以目前新三板公司与创业板/中小板相比，估值明显更低。一旦新三板公司可以开展竞价交易（提升流动性），或者直接转板进入创业板，或者被A股公司吸收合并，那么，新三板公司的估值水平必然会提升。因此，新三板目前的吸引力在于大家对未来的政策预期与并购事件的预期所带来的套利空间。

王彦博博士结合自身的实战经验，给出了四个指标来筛选投资标的：2013年收入大于5000万元；2013年和2014年盈利；2013年、2014年上半年收入增长高于30%；处于信息技术和医药保健行业。从转板可能性、被并购可能性、标的稀缺性、商业模式等角度，对部分行业公司进行筛选。

从医药板块来看，医药板块盈利能力总体处于正常水平，最近几年的毛利率均值为51.19%，净利率约为10%。值得关注的是，净利润增速明显高于营业收入，主营业务收入增速中位数的均值为21.31%，净利润的增速均值为37.98%，这种内在增长势头较好。该板块研发费用占比均值为8%，比创业板研发费用占比均值高出21%，鉴于研发投入对技术创新公司的重要意义，部分新三板公司可能颇具增长潜力。

（四）PE盈利模式

根据上面的分析，新三板企业具有一定的成长性，投资挂牌新三板的企业，不但能够节省挑选企业的复杂过程和风险，而且能够以较低的市盈率购得企业股权，在风险和利润之间寻找最优结合点，因此，机构投资者很容易通过企业上市、并购、转板等实现退出，获得差价。

新三板扩容，会有更多的企业进入新三板市场，由于门槛低，今后的挂牌数量甚至可能超过主板，必将吸引更多的机构投资者，资金的涌入意味着市场的繁荣，从而制造更多的投资机会，资金的进退也更加方便快捷。

1. 盈利模式1：深入园区抢项目——新三板挂牌——IPO上市

重庆、天津，还有深圳、西安、武汉等，这些城市科技园区的优质企业资源一样很多，都有做新三板的实力，从主要的科技园区扫货，找到可能被市场广泛接受的企业，将它们推上新三板，然后推上场内市场IPO上市。这是最佳盈利模式。

投资机构在考察投资对象时，不能仅仅简单地看这些企业的商业模式和技术团队，大量时间还是要拜访当地的科技局和市主管工业的部门（比如发改局），新三板投资不仅要看企业本身的资质，还要看地方的配套政策，看重地方的政策扶持。目前，各地的科技园区管委会也乐于组织企业与创业投资机构的对接。这些园区内的企业净资本少，主要应该是对一些无形资产如技术、团队和商业模式进行估价，几千万元资金对于一个创业企业来说已经是一个大数目。在新三板挂牌并没有苛刻的盈利要求，这些企业在新三板历练几年，商业模式开始成熟，财务状况得到改善，然后再推向创业板或者中小板就变得更可行，目前已经有久其软件（002279）等多起成功上市案例。

目前，各地科技园区开始广泛和本地的投资机构合作，比如一些券商和浙江本地风投签订协议，联手推动浙江的新三板企业储备。所以，实力较小的PE寻求和券商联手也不失为明智之举。

对于这些投资机构，将企业推上新三板，只是投资的一个环节，需要扶着这个企业上马走一程，真正意义上的退出变现，要等若干年这个企业进入证券市场之后。如果新三板发展成开放的买卖市场，风投在合适的时候，也可能在这个股份转让系统中部分套现。

企业挂牌后取得一个无形资产——壳资源，可以充分利用它进行资本运作。另外，企业有了知名度后，更容易吸引风险资本投入，引入战略投资者，企业能更方便地进行资产并购与重组，而先期介入的PE无形中又增加了进退的便利。新三板的投资价值正在被发现，其已然成为机构投资者眼中的“香饽饽”。这种模式将可能产生几倍甚至几十倍的收益。

2. 盈利模式2：认购定向增资股份——新三板退出或IPO上市

2010年，有超过40名机构投资者参与了新三板的定向增资。进入2011年，机构参与新三板定向增资的热情有增无减。2011年，一季度三家新三板企业公布的定向增资预案里，就有接近5成（11家）定向增资的认购人为机构投资者。

一些企业经过多次融资，已经形成了良性循环，目前已实现多次定向增资的新三板企业包括，北京时代3次、联飞翔和中海阳分别2次。

诺思兰德2011年1月26日发布的定向增资备案公告中显示，此次该公司定增不超过189.20万股，新增拟认购人有13人。包括8名机构投资者和5名公司员工。而8名机构投资者中就有6名为风投企业和私募基金。

但诺思兰德公司本身至今仍没有稳定的销售收入，业绩也还处于亏损状态。

诺思兰德2010年半年报显示，前一年上半年实现净利润-111.68万元，每股收益-0.12元/股。

而这次诺思兰德的定增方案却出人意料地将增发价格定在了21元/股的高位。根据方案，公司拟定向发行189.2万股，筹资3973.2万元。《财经国家周刊》曾援引诺思兰德副总经理聂李亚的话，当诺思兰德作出融资决定后，只给两家一直跟踪公司发展的创投机构打了电话。但接下来不到一个月的时间里，有15家机构来谈投资，提供的意向资金高达8000万元。由此案例，PE的投资热度和力度可见一斑。PE通过认购定向增资，介入新三板公司股份，待机在新三板退出或IPO上市退出，亦是较好的盈利模式。

3. 盈利模式3：新三板选股介入——新三板退出或IPO上市

第一步，根据创业板上市财务标准，剔除财务上与创业板IPO要求差距过大的一些公司，保留那些财务数据略有差距，但可能有增长潜力的公司。

第二步，全面梳理各家公司基本面和毛利率、净利率、ROE（净资产收益率）、市盈率和负债率等经营指标，剔除基本面较差的公司。在基本面研究中，关注的重点是公司使拥有的自然科学技术资源，及实际控制人拥有的社会关系资源，因为新三板公司普遍存在的问题是规模较小、管理不够规范，因此，财务指标不能完全体现一个高科技公司的未来潜力。一旦发生治理结构的重大变化，只要有好的产品技术和市场，指标的提升会非常迅速。

第三步，从财务指标上符合转板要求的公司中找出挂牌以来有过定向增资的公司，根据融资驱动的选股逻辑，这些公司也值得关注。

筛选公司不仅需要较强的基本面研究实力，同时要求长期定期跟踪研究，现场尽职调查，与新三板公司高管保持密切联系等手段，以期全面了解公司基本面中任何蛛丝马迹的变化。

投入新三板公司的资金在短期内不可能像短线炒股那样短期收回，即便收回，投资回报率也不会太高。因此对新三板公司的投资更适合以价值投资的方式。介入后必然中长线期持股，待机在新三板退出或IPO上市退出。

（五）机构介入新三板公司的四个时点比较

在竞价交易尚未推出的背景下，实行做市交易的挂牌公司股票更能获得流动性和估值的提升。根据王彦博博士自身的实战经验，总结出四种参与新三板挂牌公司交易的方式。

第一，挂牌前自行联系股东入股；第二，在挂牌后做市前通过协议转让或定增入股；第三，在公司公告由协议转让变更为做市转让后2个交易日内入股；第四，正式做市转让后从做市商手中购买股份。这四种方式各有优缺点，综合股权价格成本与变现流动性风险来看，第三种方式最优。

具体而言：时点一，即挂牌前与股东自行商议入股，最大的优点是可能以低价买入，但涉及挂牌后限售股分批解禁以及可能无法顺利挂牌的风险，因此流动性风险最大；时点二，即挂牌后以协议转让方式成交等待做市，优点是此阶段个股P/E普遍较低，缺点是协议转让阶段换手率低，流动性差；时点三，即公告做市至做市前，这一阶段入市的好处是可能享受到较低的P/E，且后续变现容易，缺点则是时间紧迫；时点四，即在做市阶段入股，最大的好处是流动性强，但随着市场交易活跃且个股价值逐渐被发觉，介入成本可能较高。

根据我们的统计发现，2014年8月25日～12月26日，全部106家做市标的公司自公告前5个交易日起（时点二）平均涨幅为172.97%；标的公司自公告后第1个交易日起（时点三）平均涨幅115.10%；而自做市转让第1个交易日起（时点四）平均涨幅只有18.69%。也就是说，时点二介入涨幅最高，但流动性是不可忽略的短板；而时点三和时点四流动性差别不大，但考虑到个股启动做市转让时经常高开，但时点四介入收益有限。综合而言，在时点三介入最佳。

三、二级市场理财产品机会

作为“中国版纳斯达克”，2014年新三板无论是市场规模，还是各项制度建设，均获得了很大发展，开启了一场方兴未艾的资本市场盛宴。但作为一个尚在完善中的市场，新三板对于普通投资者而言，仍然是可望而不可即。2015年，随着市场对竞价交易制度和分层管理的呼声渐高，新三板将受到越来越多的投资者关注。从近期官方密集表态来看，新三板竞价交易有望于2015年中推出。2014年8月做市商制度出台后，曾大幅提升新三板公司估值。因此市场普遍预期，竞价交易推出后将进一步提升新三板估值。

2015年2月5日，全国信托行业首支新三板投资集合信托计划—“中信·道域1号新三板金融投资集合资金信托计划”问世。这是暨中建投信托发行首只新三板信托产品后，信托公司针对新三板市场推出的又一只信托计划。据中信信托有关人士介绍，本信托计划资金拟运用项目为新三板二级市场股票投资、新三板定向增发股票投资，以及拟挂牌新三板企业股权投资。

根据股转系统数据，截至2014年12月31日，新三板市场挂牌公司家数1572家，同比增长324%。2014年1月～12月，新三板全市场股权融资132亿元，同比增长1220%。这些数据显示出新三板市场对中小企业的金融扶持能力正在持续显著上升。“新三板”是2013年国务院部署的九项深化经济体制改革重点工作之一，是新一届政府解决中小微企业融资难问题的切实抓手，是构建多层次资产市场的重要一环，是降低企业杠杆的有效途径，因此未来“新三板”将持续受到新一届中央政府的高度重视与政策支持。

事实上，不仅中信信托与中建投信托在新三板市场发力，据了解，业内多家信托公司都将新三板市场作为重点领域进行创新。新三板是近几年中国资本市场上的重头戏，无论是政策支持力度还是挂牌公司质量，都预示着这个市场近几年有较大的投资机会。信托公司可以在以下几个时点介入：在新三板公司上市之前介入，提供PER-IPO融资，还款来源为公司上市后的资本增值，可以让实际控制人或者大股东提供抵押、质押或连带责任保证等担保；第二，在新三板公司转板之前，提供资金支持，还款来源为其转板后的资本增值。

我们曾经针对高净值客户，500万元以上的客户做了一次培训，我们分别到各地区，对高净值客户进行培训。培训他们对这个市场的认知，他们在这个市场的机会。有一次，碰上一个地区负责人，他就跟我讲：“你怎么看新三板？”我说：“新三板是非常好的市场。”他说：“我认为一点都不好，如果你让我们的高净值客户买新三板股票的话，我就不让他们买。”我回答他：“如果假定你是一个投资者，今天买了股票，明天就抛掉，然后就能暴利的一个眼光去看这个市场的话，这个市场确实是一个无效的市场，垃圾的市场。但是如果你用三年、五年、十年的眼光看这个市场，那一定是非常高效的一个市场。”

所以这个新三板的二级市场，我觉得这种做市方的转让方式，确实给我们的投资者带来了一种不同于主板的新的投资理念。你的理念能不能转换过来？你能不能意识到？其实在美国这么多年，美国的投资人多数都是机构投资者，散户投资者占得比较少。你访问他们，多数都是持有3～5年以上的长期投资人才能真正地赚到钱，你想炒来炒去、打来打去地赚钱，那太难了。而且这个做市商制度的推出，让我们很多中小企业，非常小微企业的股权，能够在非常短的时间进入到新三板这个市场的二级市场，不管是转让、做股权质押还是做退出，都有一个非常好的标杆。将来我觉得这种市场，至少每个企业到了这个市场，你至少能够找到你的价值定位，这是它的意义。

新三板的赚钱魅力正吸引各路资金的踊跃参与，券商定向资管计划、基金专户理财、私募基金纷纷布局。除上述资金外，网贷平台（P2P）日前也宣告进场。

（一）P2P布局新三板

金斧子首席执行官张开兴透露，该公司已发起设立了两款专门投资新三板的产品，最新一期尤其得到投资者认可，5000万元额度不到一天就已完成募集，另一款不到3天已收到超过200名投资者预约。

在线综合理财平台金斧子参与新三板，均采取与私募机构合作的方式。据张开兴介绍，金斧子发起设立的新三板基金，与一些P2P产品的无门槛参与不同，这类基金门槛一般在100万元以上，与券商投资新三板的定向资管计划类似。而金斧子看中新三板投资机会主要有四点：一是制度变革的套利机会；二是流动性的溢价套利；三是企业价值成长的套利；四是首发上市转板估值差的套利机会。

金斧子是正式宣布将新三板投资作为客户资产配置的P2P公司。除P2P平台瞄准新三板市场外，京东等网络金融平台也在蓄势待发准备布局新三板。据了解，京东正在设计一款产品，投资标的就是新三板市场。

（二）公募新三板产品已上报

2014年12月开始，招商基金、兴业全球、财通基金、前海开源基金、海富通基金、宝盈基金等多家基金公司都已经推出了新三板专项资产管理计划，并全部完成销售。其中，宝盈基金是首家尝鲜新三板的基金公司，通过子公司设立了基金行业首只新三板产品宝盈中证新三板1期资管产品，募集资产总额5000万元。此外，上投摩根、易方达、华夏基金、红塔红土等多家基金公司正在积极筹备相关新三板产品的专项资产管理计划。

基金公司专户理财方面，已有九泰、招商、前海开源等多家基金公司发行了新三板专户产品，博时、南方、财通等基金公司也在筹划发行中。证券公司方面，2014年3月份，安信证券首款针对新三板的定向资管计划面世，规模为5000万元，期限为3年，起始投资门槛为100万元。平安证券、招商证券等随后也发售了相应的定向资管产品，财富证券、华龙证券等也在紧张筹备中。

（三）个人可借道资管产品参与

值得一提的是，目前投资者无论是参与新三板二级市场公开交易，还是参与挂牌公司定增，准入门槛都相当高。这也将许多想直接参与新三板交易的投资者拒之门外。

2013年12月30日修订的《全国中小企业股份转让系统投资者适当性管理细则（试行）》规定，个人投资者想要参与新三板挂牌公司公开转让，必须同时符合以下两个条件：第一，投资者本人名下前一交易日日终证券类资产市值500万元以上。证券类资产包括客户交易结算资金、在沪深交易所和全国股份转让系统挂牌的股票、基金、债券、券商集合理财产品等，信用证券账户资产除外。第二，具有两年以上证券投资经验，或具有会计、金融、投资、财经等相关专业背景或培训经历。而机构投资者要想参与挂牌公司转让，则必须是注册资本500万元以上的法人机构；或是实缴出资总额500万元以上的合伙企业。

这种高门槛导致了新三板投资者非常有限。根据数据统计，2014年新三板个人投资者达到43980户，相比2013年增长5倍；机构投资者4695户，相比2013年增长3.6倍。尽管增幅惊人，但从绝对数量来看，新三板仍然属于小众市场。

不过，这并不意味着不符合条件的个人投资与新三板完全无缘。2014年12月26日，证监会发布证券经营机构参与新三板相关业务有关问题的通知，明确提出券商自营资金、资管产品和公募基金产品可以投资新三板。这意味着投资者借助金融机构发行的理财产品，便可曲线投资新三板。

投资新三板股票，需要投资者对标的企业有非常深刻的了解，其投资决策过程与主板股票投资差距甚远。考虑到个人投资者的相关决策成本和新三板股票固有的风险，现阶段建议符合条件的个人投资者通过投资以新三板股票为标的的资产管理产品和基金产品，来参与新三板投资，并培养自己的新三板投资决策模式。

第十三章 新三板参与机会

大机会、大钱是我们一直梦寐寻找的，我们总在说过去10年的地产，过去8年的矿业，过去5年的信托是大机会，但不能光在感叹里划下句号，而要放眼看未来的机会在哪里。王彦博博士经过对新三板1年多的跟踪、研究和实践，认为新三板（NEEQ）就是摆在我们面前的10年一遇的大机会。

新三板自2014年2月份登场后，一半是海水，一半是火焰。一是短短半年迅速扩展到1100多家，媒体也挺热闹，券商积极性也挺高，看上去波涛汹涌；二是并没有引起太多投资机构的重视，包括公募、私募基金和私募股权基金，即便是三大券商也只拿了2个亿试一下做市（除了东证、齐鲁号称是十亿元规模），表现出来在前段投行业务上很放肆，而在后端做市上相当委婉。

国务院就批了三个交易所：深交所、上交所和北交中心。这不是上海、前海股交中心以及各个地方股交中心所能比拟的。新三板是包容性最强的全国性资本市场，包容则意味着分化，分化同时意味着巨大的机会。

在新三板市场中，我们赚的是什么钱？一是搞得早；二是制度红利；三是流动性红利；四是高增长红利。赚1000万元的公司，规范前估值1个亿，挂牌规范后2亿～3亿元，典型的规范溢价和制度溢价，且现阶段不存在挂不了牌的问题。过去赚1000万元的公司，IPO等5年再说吧，现在6个月可以挂牌交易，这就是流动性溢价，从40多家有做市商的挂牌企业开始，虽然在试行甚至过渡阶段，交易量的增长仍然比较迅猛。赚1000万元的公司经历规范、融资、机构协助后，在2～3年实现业务的增长，变成赚2000万～3000万元的公司不是太难，这是赚经营增长的钱，而且这几项都是相乘的几何式关系。

下面从新三板市场各方参与者的角度分析一下，为什么新三板市场必然超高速的大发展。

第一，先来看搭台唱戏的政府和交易所。中央政府和证监会构建多层次资本市场的逻辑就不分析了，除了政治需求外也是资本市场发展至今的内在需求。从主要省、市明文的红头文件看，解决小微企业融资难问题也是工作重点，新三板上，算上区级补助，明文的一般都在100万～150万元。但地方政府的根本动力在于税收。原来一个企业一年赚500万元的时候，账面上估计是亏了50万元，未来挂牌规范审计后都体现出来了，全国5000多万家小微企业，每家多上了10万元的税就是5万亿元，这对地方税收有太重要贡献了，当然挂牌数量也是地方政府的名声诉求之一。

第二，北京股权交易中心的诉求。交易所就得有交易量，否则就是跟没有一样。无论是地缘政治，还是交易所自身的生存需求，交易量起来是必然，2014年8月份推出了做市商制度，转版、分层分级制度、连续竞价制度估计是2015年，开放非券商做市商估计是2016年，降低入市门槛估计也是时间的问题。监管部门是聪明的，先都进来再说，3～5年，5000～10000家公司挂上新三板，进来以后，好的公司可以转版，可以交易，可以再融资，差的公司就变成“仙股”沉沦到底层。

对于转板的问题，我们应该这样分析：对交易所来说，好的都转走了，剩下的就是垃圾场了，一定不愿意。所以要想留住好企业就得提供交易量和再融资功能。数据显示，截至2014年9月19日，新三板总市值2960.61亿元，市盈率31.37倍。再融资8月份就完成51次定增，总额达33亿元。2014年1月～8月，新三板挂牌公司共完成股票发行154次，发行股数13.11亿股，发行融资金额达到89.77亿元。交易量方面9月平均周成交有2亿元左右，而且做市商转让已经超过50%。更值得注意的是，2014年9月15日，做市转让笔数约是协议转让笔数的3.3倍，交易量和再融资的规模正在快速增长。

关于交易量我们看一下台湾的例子，台湾企业要在兴柜市场（新三板）挂牌才能在上柜市场（主板）上市交易，2013年台湾兴柜市场换手率34%，中国新三板2%；2013年上柜换手率100%，中国创业板500%；保守一点，中国新三板换手率达到台湾的34%是可以预期的。

第三，各个中介机构，包括律师、会计师、评估师和券商。现阶段，做一个新三板上市，收费也就仅够个工资和差旅，谈不上赚钱。但这类客户是5000万个以上的中小企业和中小企业主，是塔中间最大的最丰厚的市场。众所周知，企业经营中对法律、财务、融资、顾问的需求是持续的，挂牌不赚钱，但未来会给中介机构带来持续的业务量，尤其是券商是终身保荐制。所以，作为最了解企业的中介机构，针对企业的延伸业务会是无限广阔，收益方式也多种多样。

目前券商的情况是：中小券商也都组织了40～60人的"投行队伍"来做新三板，同时中等券商现在排队挂牌的企业也有几十家，更不要说大券商分区域布局的人数众多的新三板"投行队伍"，但对做市商还比较羞涩。究其原因，一是太新，缺乏长期战略认识，人、钱、系统都不完善，笔者比较了一下，相当多的做市商并不完全满足做市商制度要求的制度、人员、交易后台等；二是太怕，尝试心态，走一步看一步随大流，怕砸在手里，缩手缩脚而不敢进行战略实施，三是赚钱方式不熟悉，做市商主要赚得是差价，不是佣金，投研配置没有跟上。纳斯达克就是典型的从单一做市商制度变成现在的做市商加连续竞价混合的制度，只要公司好，交易活跃度和再融资都很惊人，也没有看到微软等大企业就转到纽交所了，做市商早就不是交易场里的纸片纷飞了，在执行交易下单时，在电子化处理中看不出来任何区别。

第四，挂牌企业诉求。企业付出的代价就是成本200万元（实际扣除补贴后花费在100万元以内），年报20万元。稍微有点长远眼光的企业家都应该知道这是长期发展、持续经营的必经之路。这点代价对获得的收益比太微不足道了，股权可以抵押了，贷款容易多了，新项目可以快速实现股权融资了，品牌大幅度提升了，治理的规范可以做大了，有一定的变现能力了等。企业只要经营得好，业务有特色，自然有海量的机构和个人会关注和投资，而机构的认可，对公司的业务发展也会带来持续的增量。

第五，新三板给投资机构带来了太多变化和要求。

一是项目来源的变化，过去项目是东一个西一个，不能系统化、批量研究，新三板市场形成后，投资机构可以通过研究公开资料来批量发现有价值的公司，沙里淘金，彻底解决了项目来源问题，改变了原来的商业模式。

二是投资环境的变化，过去为了拿一个项目打破头，需要关系，需要人脉，现在通过公开研究，可以面对海量的潜在挂牌和已挂牌的企业了，竞争环境变得宽松，话语权明显上升，大家可以想一下我们面对5000～1万家新三板挂牌企业的时候，面对上万家准备挂牌企业的时候是个什么情形。

三是综合能力要求高了，又能打又会写，不但要有股权投资能力还要有研究能力，一二级市场联动，投行投研联动能力，具备这种联动能力的机构较少，股票私募对投行不太了解；股权型私募缺少研究能力，且还沉浸在重组和定增上。

四是创新能力的要求高，在新三板各种资本运作受到的监管很轻微，产融结合，并购与被并购更易成行。比如为什么不能控股几家新三板公司，为什么不能先上的企业借助机构的力量，通过再融资并购同类或上下游的企业，这里面的利润空间无限巨大。

未来挂牌公司质量在逐步提升，交易量在不断放大，特色公司层出不穷，这些都在验证我们前期的研究。有人说过，新三板价格太高，但是笔者认为，给一个公司整体估值10倍还是15倍，在利润基数很低的情况下影响不大，而且可选投资标的太多，只要公司的商业素质优秀，不必太纠结。

一、定向融资

新三板定增，又称新三板定向发行，是指申请挂牌公司、挂牌公司向特定对象发行股票的行为。新三板定向发行具有以下特点。

① 企业可以在挂牌前、挂牌时、挂牌后定向发行融资，发行后再备案；

② 企业符合豁免条件则可进行定向发行，无须审核；

③ 新三板定增属于非公开发行，针对特定投资者，不超过35人；

④ 投资者可以与企业协商谈判确定发行价格；

⑤ 定向发行新增的股份不设立锁定期。

首先，新三板定增流程和可豁免核准条件是怎样的？

新三板定增的流程有：第一，确定发行对象，签订认购协议；第二，董事会就定增方案作出决议，提交股东大会通过；第三，证监会审核并核准；第四，储架发行，发行后向证监会备案；第五，披露发行情况报告书。

发行后股东不超过200人或者一年内股票融资总额低于净资产20%的企业可豁免向中国证监会申请核准。新三板定增由于属于非公开发行，企业一般要在找到投资者后方可进行公告，因此投资信息相对封闭。

其次，投资者为什么要参与新三板定增？

① 目前协议转让方式下，新三板市场整体交易量稀少，全年成交量只有数亿元，投资者很难获得买入的机会。定向发行是未来新三板企业股票融资的主要方式，投资者通过参与新三板企业定向增发，提前获取筹码，享受将来流动性迅速放开带来的溢价；

② 新三板定向发行融资规模相对较小，规定定向增发对象人数不超过35人，因此单笔投资金额最少只需十几万元即可参与；

③ 新三板定向发行不设锁定期，定增股票上市后可直接交易，避免了锁定风险；

④ 新三板定向发行价格可协商谈判来确定，避免买入价格过高的风险。

（一）定向增发介绍

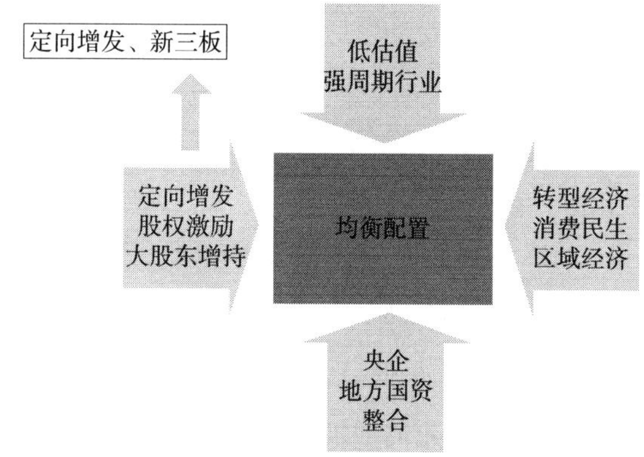

图 13–1　主题投资逻辑框架

定向：具备确定发行对象，别于公开增发，一般为大股东和机构投资者。

种类：资产注入（大股东）、筹集资金（针对机构投资者）。

基本面：企业资产中进入一块增量资产，而且经过资产评估和证监会审查核准，资产质量往往增厚业绩，只是增厚幅度不尽相同——导致股价反应不同。

关注定向增发原因：第一，资产注入型：打通产业链、消除同业竞争，大股东资产低价换股。第二，筹集资金型：发行价格较高，以尽量少的股份换取资金，提高每股净资产，同时新项目很有希望成为公司新利润增长点。总体而言：定向增发无疑为企业带来新的增量活力，股价往往形成正面影响。

关注定向增发的原因：定向增发的频率和规模越来越大，成为仅次于IPO的融资方式。投资者对定向增发概念的关注，一方面体现在定向增发股票在二级市场上的投资机会，另一个方面，对机构投资者来说，认购定向增发股份的盈利状况也值得关注。

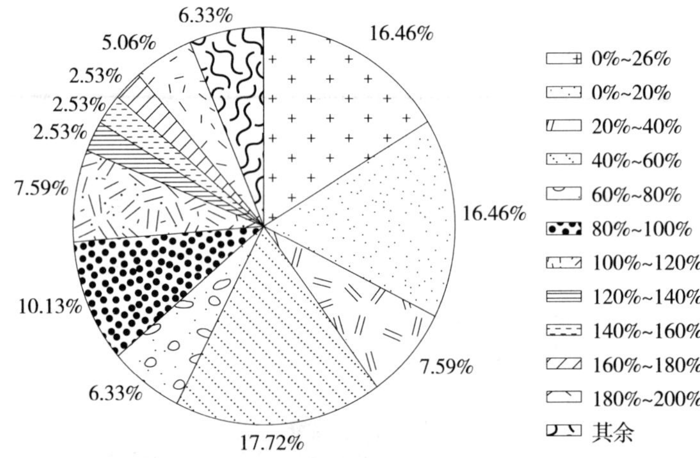

图 13-2　在锁定期内定向增发股年化收益分布状况

在持有定向增发股份的锁定期内，大部分的投资者能获得正的账面收益，年化收益率平均70%，最高500%，最低31%，如果去除定向增发收购资产的上市公司其年化收益率平均在26.84%，定向增发股收益分布状况如图13-2所示。

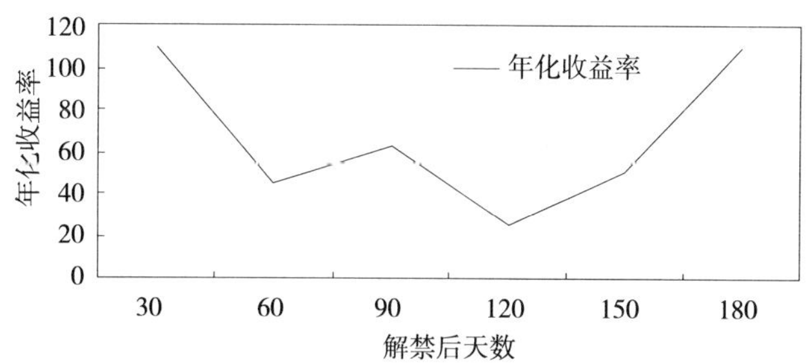

图 13–3 定向增发解禁后持有收益状况

多数定向增发股，在解禁半年内股价呈现 曲线下降状态，往往在半年后见底以后随市场状况波动回升，掌握解禁后的投资策略显得尤为重要。

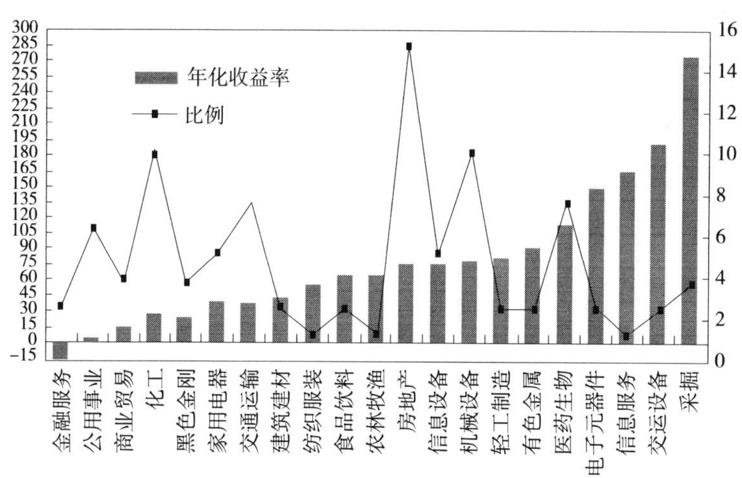

图 13–4 在锁定期内定向增发股年化收益与市场热点相关

持有定向增发股票，在锁定期内，大部分能获得正收益和正Alpha，但金融服务、房地产行业受政策调控，出现负收益和负Alpha的情况较为普遍。采掘、交运设备、信息服务、电子元器件、医药生物、有色等行业收益和Alpha比较小，尤其是房地产收益为负家数居多。总体看收益与市场热点相关。

（二）定向发行情况

九鼎旗下九州证券投行部郑罗平教授表示，新三板定增高收益还能持续1～2年，新三板市场快速扩容，呈现出爆发式增长，如2013年挂牌企业仅356家，但在

2014年挂牌家数已在1572家，到撰稿时止，这一数量已突破1700家。伴随着挂牌股票家数的增长，市场融资需求也在快速扩大，从2013年的60次增长到2014年的327次。另外，市场成交额从2013年的8亿多元提升到了2014年的130.36亿元。郑教授介绍说，相关公司在成功挂牌后，后续将推出定增方案，投资者及时介入，往往能获得流动性改善后带来的股票溢价。新三板定增高收益还能持续1～2年。如2014年实行定增的优炫软件，定增价为7.37元，撰稿时价格已在12.85元。维珍创意定增价为12.5元，撰稿时价格已在20元，采用定增的方式买入“原始股”，能够获得60%的收益。

但郑罗平教授也表示，新三板的公司业绩波动会较大，公司业绩也往往是良莠不齐，缺乏实业背景、财务分析背景的投资人并不适合盲目投资，可以借助券商、基金等专业机构进行间接投资，可以大大减少新三板波动带来的风险。

1. 新三板市场定向发行融资法规模总额

表13-1　　新三板市场定向发行融资法规模总数

年份	当年融资总起数	已实施起数	实际募集资金（万元）	实际增发股份（万股）	平均发行价格（元）
2006	1	1	5000.00	4250.00	5.18
2007	2	2	8189.92	1754.64	4.67
2008	6	6	22888.83	5113.41	4.48
2009	3	3	13540.80	3344.00	4.05
2010	9	9	56198.31	6151.95	9.14
2011	18	18	78043.96	16351.11	4.77
2012	17	17	48440.13	11228.65	4.31
2013	88	82	153028.83	38289.19	4.00
2014	163	84	795257.91	105888.64	7.51
合计	308	223	1186588.69	192371.59	6.17

注：以上数据采自2014年8月16日Wind基础数据，并进行分析填列。“当年融资总起数”包括已经发布预案尚在实施过程中与已经实施完毕的定向融资起数。“已经实施起数”“实际募集资金”“实际发行股份”均以已经实施完毕为统计口径。

2. 新三板市场定向发行平均规模

表13-2 新三板市场定向发行平均规模

年份	累计挂牌家数	当年融资起数	平均增发股份（万股）	平均募集资金（万元）	平均市盈率（倍）
2006	10	1	2125.00	5000.00	12.68
2007	24	2	877.32	4094.96	24.37
2008	41	6	852.23	3814.80	14.69
2009	61	3	1114.67	4513.60	10.38
2010	77	9	675.19	6244.26	18.66
2011	102	18	908.40	4335.78	21.84
2012	207	17	634.93	2722.23	20.74
2013	355	88	536.02	1922.67	19.17
2014	1012	163	1246.75	6282.17	16.77
平均/合计	—	308	967.48	4622.37	17.70

注：以上数据采自Wind2014年8月17日数据。由于定向发行周期较长，从发布预案到最终实施完毕一般需要3～6个月，“当年融资起数”及基础数据均包括发布了预案但未实施完毕的定向发行，由于计算平均数不影响分析结果。

（三）参与定增获低价筹码

此外，从2014年的情况来看，新三板定增日益火爆。无论是实施协议转让还是做市转让，不少公司都热衷于通过定向增发融资。而随着各项制度的完善，参与新三板定增也成为一个不错的投资方式。

统计数据显示，2014年新三板共计实施定向发行327次；涉及资金总额129.99亿元，为2007～2013年募资总额的3.95倍。2015年1月13日，股转系统发布了2014年12月的定增数据，全月共完成70次定增，发行融资总额为15.79亿元，其中包括55次已挂牌公司股票发行、15次在公司挂牌的同时发行股票。

定向增发的对象相比新三板扩容前有了较大变化。2015年1月12日，裕国股份（831036）公告称，拟以不低于8元/股进行定增，发行总数不超过1375万股，预计募集资金总额1.1亿元。发行对象为“包括主办券商经纪业务客户、机构投资者、集合信托计划、证券投资基金、证券公司资产管理计划以及其他个人投资者在内的不超过35名合格投资者”。

联讯证券（830899）近期推出的不超过30亿元定增议案，发行对象包括了股权登记日在册股东、与公司签署协议的做市券商及其他符合投资者适当性管理规定的自然人投资者、法人投资者及其他经济组织。另外，部分新三板公司还采取了竞价方式进行定增定价。根据同花顺iFinD统计数据显示，从2014年1月18日至2015年笔者撰稿时的一年时间内，共有13次定增采取竞价方式。

如行悦信息（430357）2014年12月初公告称，拟发行不超过1500万股普通股，发行价格不低于3.2元/股，不高于4.8元/股。本次发行采取公开询价的方式，认购者可根据认购意向书向公司申报认购的价格和数量，由公司董事会按照价格优先的原则，综合考虑认购数量、认购对象的类型以及与公司未来发展的契合度，确定发行对象、发行价格和发行股数。最终行悦信息确定以3.9元/股价格，定增1500万股，共募集资金5850万元。

总体来说，大部分公司给出的定增价格都较低廉，从而为参与定增的股东预留了盈利空间。如拥有8家做市商的伯朗特（430394）2014年6月曾向7名在册股东定向增发800万股股票，融资800万元，价格只有1元/股，甚至低于公司2014半年报时1.57元的每股净资产。2015年1月16日，伯朗特报收于每股8.15元，此前参与定增的股东盈利可谓相当可观。

二、并购重组

随着新三板的升温，越来越多品质不错的公司登陆新三板，也得到了上市公司的关注，截至12月5日，2014年共有9家新三板公司成为A股上市公司的收购标的。

（一）上市公司收购新三板公司

截至2014年12月5日，新三板挂牌企业已达到1441家，做市转让82家，协议转让1359家。新三板待挂牌企业73家，在审企业数量达到726家。按此挂牌节奏，我们预计至2014年年底新三板挂牌企业将超过1500家。

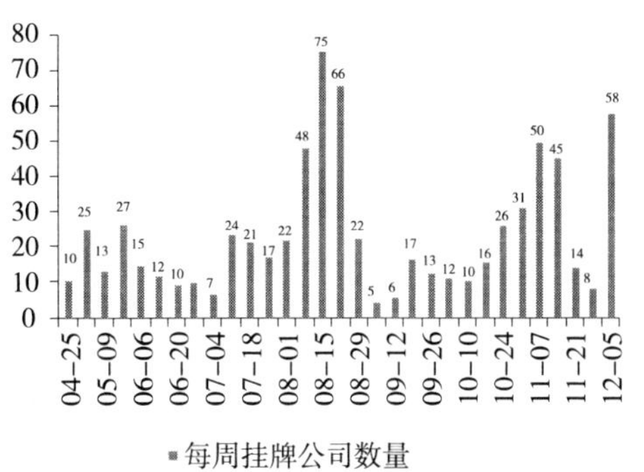

图 13–5　2014 年新三板挂牌数量情况

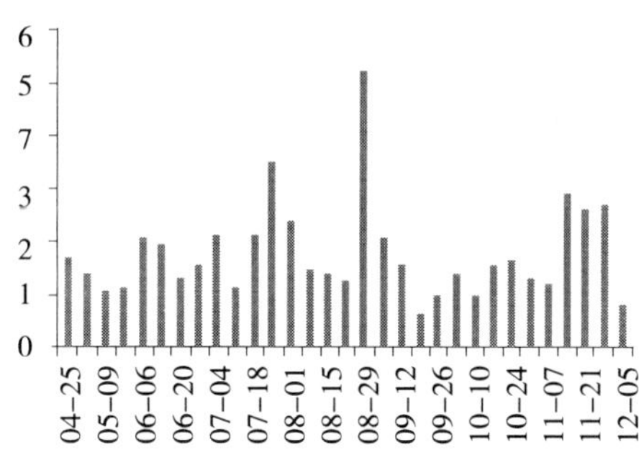

图 13–6　新挂牌公司平均收入的 1 亿元

表13–3　　上市公司收购新三板公司交易汇总

时间	收购事项	交易价格（亿元）	现有或承诺业绩	被收购标的核心产品
2014.10	芭田股份（002170）通过发行股份及现金的方式购买阿姆斯（430115）100%的股权	1.42	2014、2015、2016、2017年净利润分别不低于800万、1200万、1600万及2000万元	微生物、微生物肥料
2014.10	欧比特（300053）通过发行股份及支付现金的方式购买铂亚信息（430708）100%股权	5.25	2014、2015和2016年净利润分别不低于3400万、4200万和5140万元	—
2014.9	宝胜股份（600973）通过定增募集资金的方式收购日新传导（830804）100%股权	1.62	2014、2015和2016年三个会计年度实现扣除非经常性损益后净利润分别为1500万、2000万和2600万元	—
2014.9	联建光电（300269）通过发行股份及支付现金的方式购买易事达（430628）100%股权	4.89	2014～2018年，易事达对应年份净利润则分别不低于3800万、4200万、4500万、5000万和5330万元	LED高清节能全彩显示屏
2014.9	亚威股份（002559）拟收购控股激光装备（430710）	未定	未定	机器人激光集成应用自动化系统，三维和二维激光切割
2014.8	大智慧（601519）通过向湘财证券（430499）股东非公开发行股份及支付现金的方式购买湘财证券100%的股份	不超过90	2014年半年报显示公司实现净利润1.9亿元	证券业务

续表

时间	收购事项	交易价格（亿元）	现有或承诺业绩	被收购标的核心产品
2014.7	东方国信（300166）通过发行股份及支付现金的方式购买屹通信息（430364）100%股份	4.51	2014、2015和2016年的净利润不低于3500万、4550万以及5915万元	银行BI产品、移动银行产品（MB）、移动营销作业产品（MM）
2014.5	通鼎光电（002491）向10名自然人发行股份购买其合计持有的瑞翼信息（430531）51%的股份	1.15	2014~2017年，实现净利润不低于1958万、2808万、4119万以及6007万元	挂机短信、E+翼、水池控、微生活、流量掌厅等
2014.4	东江环保（002672）收购新冠亿碳（430275）所持南昌新冠100%股权及合肥新冠100%股权	0.71	两家公司2013年净利润为1035万元	垃圾填燃气气体收集发电业务、CER（核证械排量）转让交易业务

2013年以来A股上市公司并购重组风起云涌，而新三板有不少属于具有技术优势和模式创新的公司，为上市公司谋求外延扩张或者跨界转型提供了可选择的标的范围。截至12月5日，2014年共有9家新三板公司成为A股上市公司的收购标的。

从行业来看，除湘财证券外，其余8家被收购标的均属于新兴行业，其中瑞翼信息、屹通信息及铂亚信息均属于信息技术行业公司。

从交易价格来看，收购市盈率（对应2014年净利润）普遍在10～20倍左右，较二级市场相关行业可比公司市盈率有较大幅度折价。

从核心产品来看，被收购标的普遍具有核心技术或资源，如铂亚信息在人脸识别领域拥有多项关键技术，阿姆斯拥有微生物菌剂培养核心技术，新冠亿碳深耕气体发电领域，易事达在LED高清显示屏优势明显，屹通信息和瑞翼信息都是信息服务提供商。

（二）定向增发助力新三板公司并购重组

2010年以来，新三板公司共实施定向增发537起。按预案公告日，2010年有11起定向增发，2011年有18起，2012年有18起，2013年激增到89起，2014年1月～11月更是达到401起。从融资规模上来看，2014年1月～11月新三板公司定向增发募集资金已达到190亿元，远远超出了2010年～2013年的总和。

目前来看，新三板公司定向增发仍以补充流动资金为主，但2014年以来已有部分新三板公司通过定向增发进行并购重组。我们认为未来定向增发将成为推动新三板公司并购重组的主要资金来源。

表13-4　　2014年新三板公司通过定向增发进行并购重组案例

时间	收购事项	现有或承诺业绩（万元）	被收购标的核心产品
2014.1	科胜石油（430284）收购北京科胜永蜀软件有限公司49%的股权	304	公司股东、境内自然人
2014.4	益特信（430015）收购上海信通信科技有限公司100%股权	480	境内自然人
2014.5	日化学（430141）收购华牧化学100%股权	2027	大股东、机构投资者、境内自然人
2014.5	中讯四方（430075）收购深圳华电有限公司的全部股权	7980	境内自然人
2014.10	恒信启华（430268）收购北京丰润软件技术有限公司的100%股权	420	境内自然人
2014.11	汽车股份（430453）收购春茂集团100%的股权	48.923	文本春茂农牧集团有限公司

不管是新三板公司被上市公司收购或者是新三板公司自身进行并购重组，都给市场带来的新的投资机会。我们认为有五大因素推热了新三板的并购重组市场：第一，2013年以来A股上市公司并购重组风起云涌，而新三板有不少属于具有技术优势和模式创新的公司，为上市公司谋求外延扩张或者跨界转型提供了可选择的标的范围；第二，新三板公司并购重组制度逐步完善，政策面支持有关新三板公司的并购重组，包括引入做市商制度、颁布《非上市公众公司收购管理办法》《非上市公众公司重大资产重组管理办法》《并购重组私募债券试点办法》等；第三，新三板公司的并购成本较低，新三板公司具有较高的信息披露要求和财务透明度，较好的公司治理有利于上市公司降低并购成本；第四，套利动机，注册制渐行渐远，优质新三板公司转板预期强烈；第五，曲线上市，部分新三板公司有创投背景，创投通过推动并购重组实现退出。

（三）新三板公司多属新兴行业——优质收购标的

新三板市场一个重要特点是新兴行业公司数量多，信息技术类公司占比达到36%。而2013年以来A股上市公司并购重组风起云涌，新三板里这类具有技术优势和模式创新的公司，为上市公司谋求外延扩张或者跨界转型提供了可选择的标的范围。

新三板公司普遍具有核心技术和资产。上市公司并购新三板公司有两个目的：第一，可以加快产业链横向或纵向整合，如联建光电并购易事达，属于产业链的横向整合；第二，由于缺乏行业积累和相关核心人才，上市公司进入新的行业需要很大的成本，且具有较大的不确定性，而上市公司可以直接通过收购新三板公司实现跨界转型或者储备新业务，例如欧比特并购铂亚信息。

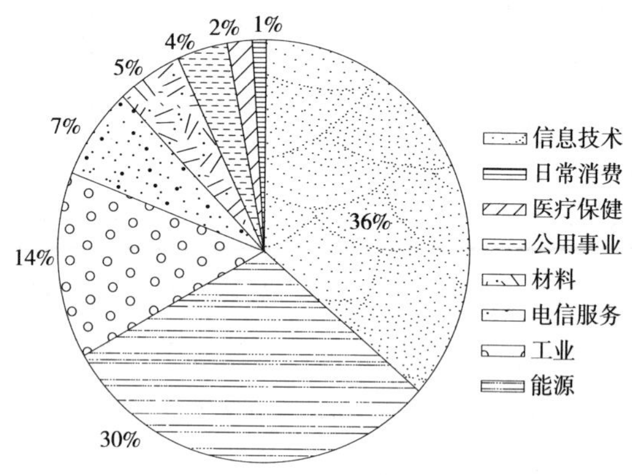

图 13–7　新三板公司多属新兴行业

（四）新三板政策助力并购重组

随着新三板制度不断完善，政策红利不断释放。我们预计未来政策将从提高流动性（降低投资者门槛，引入更大范围的做市机构），完善市场功能（试点连续竞价交易，发展优先股、可转债等多种融资工具），引入转板机制（符合条件的新三板企业转创业板上市）为主要着力点，新三板公司的吸引力有望大大加强，并购重组的火会越烧越旺。

表13–5　　有关新三板市场重大政策一览

时间	政策名称或动向	政策内容	主要影响
2013.12.24	国务院：《关于全国中小企业股份转让系统有关问题的决定》	在全国股份转让系统挂牌的公司，达到股票上市条件的，可以直接向证券交易所申请上市交易	首次明确提出符合条件的新三反公司可转板上市
2014.6.27	证监会：《非上市公司收购管理办法》、《非上市公司受大资产重组管理办法》	非上市公司收购的具体程序，信息披露要求，资产重组管理办法等	为新三板挂牌企业的并购与被并购提供了明确的政策支持
2014.8.25	证监会：正式引入做市商制度	40余家企业成为试点挂牌做市企业，引入多家券商并做市业务	提升了交易的度和市场的流动性
2014.10.9	证监会：《支持深圳资本市场改革创新意见》	允许符合一定条件的盈利的三联网和科技创新企业在全国中小企业股份转让系统rfth12wh月后到创业板发行上市	进一步提升了新三板公司转板预期
2014.11.5	中国证券业协会：《并购重组私募债券试点办法》	发布并购重组私幕债券试点办法，并在机构间私募产品报价与服务系统适行、试点期间发行人暂不包括沪上市公司	极大的丰富了新三板公司并购重组融资工具，有利于新三板公司通过并购重组做市

数据来源：全国中小企业股份转让系统网站、证监会网站。

（五）流动性提升——为并购重组提供价格依据

新三板的一个突出问题是其流动性相比主板市场相差太大，其原因有三：第一，目前新三板除了少数公司可以做市转让之外，转让交易制度只有协议转让方式，大大限制了其流动性；第二，当前新三板准入制度的限制，新三板扩容初期，为防范风险，将个人投资者准入门槛设置为500万元。这一准入门槛令大部分中小投资者无法达到，因此大大减少了参与新三板市场的投资人数量；第三，新三板企业股权集中度过高，按照《公司法》规定，改制以后发起人在一年之内股份不能转让。在这种情况下，很多企业挂牌之后没有可转让的股份。

2014年以来，一系列政策有望解决新三板流动性问题。

① 2014年8月25日，证监会正式引入做市商制度，40余家企业成为试点挂牌做

市企业，我们预计未来做市转让会逐步扩展到新三板其他公司，做市交易将成为新三板交易的重要方法，极大改善新三板流动性。

② 市场预期2015年底将推出集合竞价制度，集合竞价制度的推出或将彻底解决流动性问题。我们设想新三板市场引入集合竞价和连续竞价机制，按照“价格优先、时间优先”的原则，由交易系统自动撮合交易，成交效率将大大提高，且双方无法操纵价格，这对新三板市场有极大的促进作用。

③ 现在对投资人的门槛限制，实际上是为避免新三板在发展最初出现混乱而制定的高标准，其目的在于防范风险。随着新三板市场发展，我们认为该标准一定会有所降低，以符合对中小投资者公平交易的原则。

我们认为随着三种交易模式的出现，投资门槛的降低，以及股权分散度开始形成，未来新三板的流动性会有大幅提升，流动性的提升将带来连续的价格曲线，所形成的公允价格将为企业未来并购重组提供价格依据。

（六）市场功能完善——为并购重组提供新的融资工具

2014年6月27日，证监会发布《非上市公众公司收购管理办法》和《非上市公众公司重大资产重组管理办法》，明确非上市公司收购的具体程序，信息披露要求，资产重组管理办法等，为新三板挂牌企业的并购与被并购提供了明确的政策支持。

2014年11月5日，中国证券业协会发布《并购重组私募债券试点办法》，丰富了新三板公司并购重组融资工具。

表13–6　　《非上市公众公司收购管理办法》要点归纳

与《上市公司收购管理办法》不同之处	要点
更加简便高效	基于公司股权集中、流动性等特点，《收购办法》将披露标准的发提高到10%。此外后续增减触及5%的倍数时，要求披露权益变动报告书
更加放松管制	强调信息披露、市场监管，不设事前行政许可
不设要约收购	区别于上市公司设置的30%强制要约收购的规定，非上市公司是否采用要约收购有收购人自愿或核收购公司在章中自行约定
资金来源更多元	收购人可以采用现金、证券、证券现金相结合的方式支付估价、通过降低了成本的方式

表13-7 《并购重组私募债券试点办法》要点归纳

项目	要点
发行人	发行人是中国境内注册的有限责任公司或股份有限公司，并不包括沪深交易所上市公司
发行目的	用于支持交购重组活动，包括但不限于支付并购重组款项，推迟并购重组贷款等
发行利率	发行利率不得超过同期银行贷款基准利率的4倍
转让	可以通过报价系统直接转让或受让交购重组私幕贷款

以上法律法规的出台都释放了明确的政策信号—鼓励新三板公司使用多种融资工具，通过并购重组做大做强。

（七）新三板公司的并购成本较低

对于上市公司来讲，新三板如同过滤器。挂牌上新三板公司的大多具有较高的信息披露要求和财务透明度，较好的公司治理有利于上市公司降低并购成本。同时主办券商需要持续督导，能进一步提升企业规范运作水平。

表13-8 新三板公司挂牌条件

项目	要点
1	依法设立且存续
2	业务明确，具有持续经营能力
3	公司治理机制健全、合法规范经营
4	股权明晰、股票发行和转让行为合法合规
5	主办券商推荐并持续经营

（八）转板预期下新三板公司将加快并购重组步伐

2013年12月24日，国务院发布《关于全国中小企业股份转让系统有关问题的决定》，提出在全国股份转让系统挂牌的公司，达到股票上市条件的，可以直接向证券交易所申请上市交易。该政策为新三板公司转板提供了最有力的政策支持。

2014年10月9日，证监会发布《支持深圳资本市场改革创新意见》，允许符合一定条件尚未盈利的互联网和科技创新企业在全国中小企业股份转让系统挂牌满

12个月后到创业板发行上市，进一步提升了新三板公司潜在的转板预期。

我们认为新三板转板政策已经蓄势待发，未来极有可能首先以互联网公司作为试验田，打通新三板和创业板的转板机制。由于证券法的修改需要到2015年6月才能完成，注册制的推行应该也要在2015年中，部分优质新三板公司将直接转板至创业板中的分层市场。阿里巴巴和腾讯的故事已经充分说明一个可以容纳尚未盈利的互联网企业上市的重要性，互联网公司转创业板上市符合如今全球资本市场的趋势，未来以此作为突破口的概率很大。而在转板预期下，套利动机将加快新三板公司的并购重组步伐。

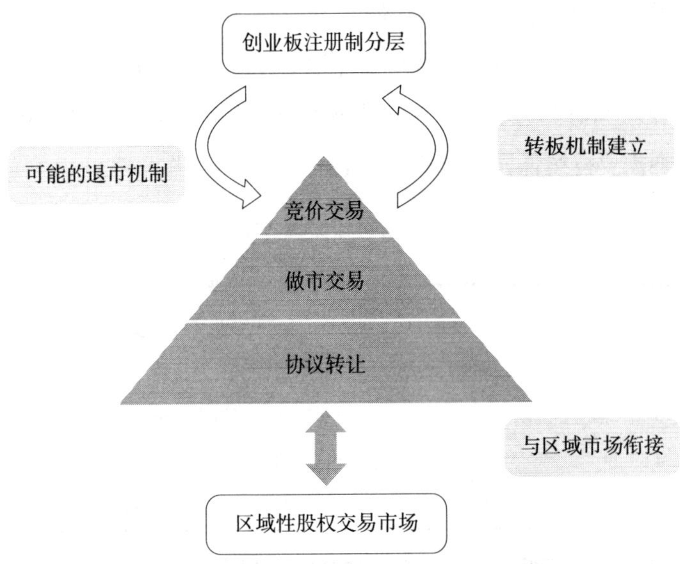

图 13-8　新三板将为创业板注册制分层提供股票来源

（九）并购重组成为创投退出新渠道

新三板公司被上市公司并购成为投资机构退出的新途径，投资机构推动相关收购方案实施的动力极强。2014年9个新三板公司被上市公司并购的案例中，有一半以上新三板公司具有创投背景。

表13–9　　被收购新三板公司具有创投背景

被收购新三板公司	创投持股情况
阿姆斯	燕航创股：6.87%
易事达	苏州天航钟山九鼎投资中心：9.76%；深圳市华信兄弟投资合伙企业：6.41%；苏州天蜀湛卢九鼎投资中心：5.04%
铂亚信息	融泰投资：9.18%；掌科钜华创业投资：8.0%；合富投资：4%
激光信息	国联通资水：6.33%；苏州华创赢达创业：3.25%
日新传导	东莞市中科松山湖创业：12.22%；东莞市科技创业：4.89%；广东融易创业：3.67%

（十）并购投资机会列举

新三板并购重组大背景下，我们认为可以从两方面挖掘上市公司和新三板的投资机会。第一，参股或控股新三板的上市公司，如：鲁信创投、钱江水利、大族激光和紫光股份；第二，具有热门或稀缺概念的新三板公司，这类公司主要集中在医药、教育、电子政务、信息安全、体育、互联网电商、国防、汽车智能化、环保新能源等领域。

参股或控股新三板的上市公司。新三板公司通过并购重组做大做强，或者被上市公司并购的潜在预期下，套利空间巨大。部分上市公司与新三板公司存在股权关系，未来将明显受益。例如：钱江水利（600283）：持有专业创投公司硅谷天堂27.90%的股权，硅谷天堂目前已入股工控网、亿童文教、易维科技3家新三板挂牌公司。硅谷天堂自身也在筹划在新三板挂牌。大族激光（002008）：2014年以来公司下属3家子公司元亨光电（430382）、大族冠华（830820）和大族能源（831018）相继登陆新三板。紫光股份（000938）：是布局新三板较早的上市公司之一。参股的新三板公司包括北京时代（430003），持股比例14.66%，绿创设备（430004），持股比例12.94%。我们以新三板公司2014年中报披露的股东关系为依据，只列举上市公司直接持股新三板公司比例超过5%的情况。

表13-10　　上市公司持股新三板公司超过5%

上市公司	新三板公司	持股比例（%）	股东位数
大族激光（002008）	大族在华（830820）	70.81	第一大股东
创无科技（000551）	苏釉股份（430418）	55.00	第一大股东
中国宝安（000009）	永利科技（830840）	52.00	第一大股东
精华制药（002349）	森萎股份（830946）	51.00	第一大股东
机器人（3000024）	舒松传和（430019）	46.43	第一大股东
当升科技（3000073）	星城石墨（831086）	40.00	第一大股东
中原特钢（002423）	石晶光电（430025）	36.22	第二大股东
大族激光（002008）	无亨光电（430382）	34.00	第一大股东
互动娱乐（3000043）	树业环保（430452）	28.50	第二大股东
东富龙（300171）	建中医疗（430214）	27.91	第二大股东
*ST三鑫（002153）	中航钢材（430056）	23.36	第二大股东
久其软件（002279）	同望科技（430653）	20.35	第二大股东
云南创业（000878）	云钢科技（430530）	18.98	第二大股东
市北高新（600604）	维珍创意（430305）	18.65	第二大股东
紫光股份（000938）	北京时代（430003）	14.66	第二大股东
双鹭药业（002038）	星昊医药（430017）	8.96	第二大股东
国旅联合（600358）	均信担保（430558）	7.59	第二大股东

具有热门或稀缺概念的新三板公司。部分新三板公司具有稀缺技术和资产，已成为细分领域的龙头公司，预计未来将通过并购重组（并购或被并购）做大做强。这类公司主要集中在医药、教育、电子政务、信息安全、体育、互联网电商、国防、汽车智能化、环保新能源等。例如：蓝星科技（430570）：公司在汽车信息终端、系统平台等领域拥有完整自主知识产权，成为全球最早从事汽车娱乐信息系统（IVI）研发制造的企业、全球第一家整车IVI配套上市的企业，使中国自主品牌汽车信息化水平处于国内领先水平。其核心产品包括蓝星科技军用车辆应用方案、蓝星科技森雅S80车载信息系统、蓝星科技手机映射、蓝星科技物流车辆应用方案、蓝星科技消防系统车载信息化方案、蓝星科技一汽系列车载系

统等。公司技术优势明显，系车载系统领域龙头企业。吉玛基因（430601）：吉玛基因是由国家千人计划特聘专家张佩琢博士及其创业团队创办的高科技生物技术公司，主要从事RNA干扰产品以及相关DNA/RNA合成用生物化学试剂的研发和销售。目前公司拥有处于国际领先水平的DNA/RNA化学合成生物化学试剂的全部核心技术，包括RNA单体合成技术、各种修饰单体、各种用于核酸标记的荧光染料、生物素、淬灭染料等。公司提供包括基因测序在内的多项基因相关应用类产品，系该领域核心企业。随视传媒（430240）：随视传媒成立于2006年，是中国互联网大数据营销国内第一股，先后获得来自百度、英特尔、浙报集团和华谊兄弟等大集团的联合注资。随视传媒是实体商务电子化的全方位解决平台，陆续与百度、新浪微博、奇虎360、微信等平台有针对性地进行企业营销商业产品的开发合作。其主要产品包括随视传媒360精致推广、随视传媒精准+（DSP）、随视传媒社交+ 、随视传媒微信-易维城。

我们同时选取部分具有热门或稀缺概念的新三板公司列举如下，建议投资者积极关注。

表13-11　　具有热门或稀缺概念的新三板公司

新三板公司	热门或稀缺主题概念	主要产品
古玛基因（430601）	基本测序	RNA干扰产品以及相关DNA/RNA合成用生物化学试制的研发和销售
点点客（430177）	微信平台适营	点点客、点点客电商、点点客企信缘、点点客微伙伴、点点客微信代运营
亿通文教（430223）	幼儿教育	网络培训、学习材料、游戏材料、运动材料等
联合永道（430664）	教育软件	RCD教学教务管理系统、ROD教育资源云管理平台、ROD教研管理系统
光监三维（830978）	3D打印	3D打印与快速成型制造服务、大幅面三维扫描仪、大幅面透明介质激光3D打印、工业级3D打印机
大律股份（430098）	环保材料	稻香碰装泥、古城堡碰装、平湖碰装泥、亲子碰装泥、盐湖碰装泥
金网教育（430182）	商城系统	B2B2C商城系统、B2C商城系统
随视传媒（430240）	大数据营销	360精致推广、精准+（DSP）、社交+微信-易维城

续表

新三板公司	热门或稀缺主题概念	主要产品
颐大教育（430244）	在线教育	互联网教育服务、教育软件及技术服务
蓝星科技（430570）	车联网	军用车辆应用方案、森雅S80车载信息系统、手机映射、物流车辆应用方案
华韩整形（430335）	整形服务	提供全套整形服务
跃迅体育（430617）	体育主题	体育媒体内容管理业务、体育赞助管理业务、体育资源策划管理业务
中智华体（830808）	体育主题	体育场信工艺咨询、体育场信智能化系统销售、施工服务、体育场馆专项设计、体育盛事信息系统销售、施工服务
众志和达（830942）	大数据云计算	大数据分析系统、大数据基础设施管理系统、数据驱动应用服务、云计算服务
智通人才（830969）	人力资源外包	“线上+线下”复合招聘服务、高级人才导坊服务
中网科技（831095）	云计算	IDC数据中心、网站基础服务、云计算服务
安威士（430349）	生物识别	分布式门禁控制器、考勤机、射频识别读头、生物识别读头、智能频
安森股份（831063）	智慧城市	能耗监管系统、光伏控制逆变一体机、建筑能源管理业务、节能工程业务、新能源应用业务、智慧建筑业务
华国教育（830858）	教育培训	公务员考试培训服务

（十一）点点客并购微巴的案例

新三板上市公司点点客新年首次定增就吸引到十多家机构投资者扎堆认购。红土创新基金、前海开源资管、华夏资本等机构及深创投、中信证券（600030）、浙江红土创投等点点客公司原股东纷纷出资，认购情况堪称火爆。

“这次非公开发行的认购情况相当踊跃。如果不作限制的话，意向认购总金额可能会达到4亿~5亿元。”点点客相关负责人透露。

点点客近日发布的重组报告书显示，公司计划以8000万元的价格收购微信第三方服务商微巴信息100%股权。其中，5836.68万元交易对价将通过发行股份的形式支付，另外2163.32万元以现金支付。同时，点点客计划非公开发行不超过1165.29万股股份，募集不超过1.63亿元配套资金。

点点客披露的资产评估报告显示，标的资产微巴信息主营业务为基于微信公众平台为企业提供开发、运营、培训、推广一体化解决方案，客户包括万达集团、宝马、奥迪、大众、凯迪拉克、奔驰等知名企业。微巴信息总资产账面值为1886.2万元，负债账面值为289.91万元。

2013~2014年，微巴信息分别实现营业收入761.92万元、2643.66万元；净利润分别为313.17万元、1143.12万元。资料显示，在2013年和2014年1~6月，点点客营业收入分别为6806.9万元、3309.37万元；净利润分别为1061.18万元、611.18万元。

点点客上述相关负责人告诉记者，收购微巴信息更多是出于行业整合的考虑。微巴信息和点点客的业务重合度较高，其规模排在行业前列，收购完成后，能进一步优化公司的业务。

目前，点点客总市值已经达到12.8亿元，挂牌新三板之后，其股价一路上升，转增股本前，最高曾达到64.6元/股。2014年12月31日，点点客宣布以总股本1993.6万股为基数，向全体股东每10股以资本公积金转增15.1股。除权后，截至2015年1月12日，点点客股价为25.6元/股。

十多家机构扎堆认购。点点客1165.29万股增发股份吸引到了包括红土创新基金、前海开源资管、华夏资本在内的十多家机构参与认购。此外，点点客总经理黄梦等多名高管及公司原股东深创投、浙江红土创投等也纷纷出资参与认购。点点客此次定增方案中，仅认购对象就达到了43名之多。

事实上，远低于市价的发行价格正是众多机构踊跃参与的原因之一。点点客此次定增发行价格为14元/股，而截至1月12日，其股价为25.6元/股。一位市场人士告诉记者，考虑到公司未来发展和收购带来的协同效应，点点客股价仍有很大上涨空间，这个价格相对很便宜。

重组报告书显示，点点客以最近90个交易日除权后算术平均价格12.92元/股为参考，综合考虑了公司所属行业、公司的商业模式、未来的成长性、每股净资产等多种因素，并与交易对方及特定投资者协商后最终确定。不过，点点客也在重组报告书中提到，发行的绝大部分股票有较长的锁定期，符合公司的长期发展战略。作为点点客的做市商，中信证券和齐鲁证券也分别出资认购了35.71万股和20万股增发股份。由于参与做市，这部分股份没有锁定期限制。

三、股权激励

实施股权激励的主要目的如下：

① 实现“上下同欲”。在员工个人发展与公司发展之间建立直接关联，提高管理人员、技术骨干、业务骨干的归属感和忠诚度，使激励对象的行为与公司的战略目标相一致。

②“金手铐”效应。把高级管理人员和关键岗位人员的收入、利益与公司业绩表现相结合，吸引、保留、激励高级管理人员和关键岗位人员，为公司长期稳健发展提供人力资源保障。

③ 优化薪酬结构。以股权（期权）代替对激励对象的部分现金薪酬，优化员工的薪酬结构，提高整体激励效果，增强企业凝聚力。

④ 回应员工呼声。回应管理人员和技术人员（尤其是部分老员工）希望持有公司股票的呼声。

（一）股权激励的一般规则（挂牌前与挂牌后）

激励方式	· 限制性股票 · 股份期权
股票来源	· 向激励对象发行股份 · 回购本公司股份
股票数量	· 用于股权激励计划所涉及的股份总数累计不得超过公司股本总额的10% · 非经股东大会特别批准，任何一名激励对象通过股权激励计划获授的公司股票累计不得超过股本总额的1%

图 13–9 股权激励的一般规则

（二）股权激励方式

1. 方案A：股份期权

股份期权模式企业出资者同经营者商定的在任期内由经营者按既定价格获取适当比例的本企业股份，收益延期满，并享有相应权利和义务。

股份期权是非上市公司运用股票期权激励理论的一种模式。管理人员经营业绩考核和资格审查后可获得一种权利，即在将来特定时期，以目前评估的每股净资产价格购买一定数量的公司股份。届时如果每股净资产已经升值，则股份期权持有人获得潜在的收益，反之可不行权。激励对象购买公司股份后在正常离开时由公司根据当时的评估价格回购。如果非正常离开，则所持股份由公司以购买价格和现时评估价格中较低的一种回购。

案例：公司先借款给自己的管理层或技术高层职工，他们利用公司的借款购买股权后，只享有分红权，有的可以享有决策权，但要看公司怎么与职工做出约定，管理层在享有股权后，股权不得转让、不得抵押，不得买卖，股权所得的分红不能领取，分红首先归还公司的借款。达成一定得经营或者绩效条件后，职工的股权转化为实股，可以到工商行政部门办理。有些期权还约定职工的股权在工作满一定年限后由公司进行回购，不同的公司要求不一样。

2. 方案B：限制性股份

限制性股份是按董事会决议参与持股的人员，可员工出资，也可公司从利润划拨一定比例至员工持股会，根据股份比例进行激励。

在挂牌前，员工可通过股东转让或者增资的方式进行股东变更。挂牌后，只能通过股东代持、成立公司或者委托第三方公司持有公司股份。根据需要约定收益的分配方式和履行收益的时限。

案例：员工持股计划拟在3年内完成，由公司担保从银行贷款给员工持股会，员工持股会用于购买本公司40%的股份后再分配给员工，其中的10%由员工直接出资购买，另外30%由日后每年公司分红归还本息。

3. 方案C：分红（干股）

通过类似认股权方式，获得由公司支付的公司股票在年度末比年度初的净资产的增值价差。分红没有所有权、表决权、配股权。该模式直接拿每股净资产的增加值来激励其高管人员、技术骨干和董事，无需报财政部、证监会等机构的审批，只要经股东大会通过即可实施。具体操作起来方便、快捷。

（三）股权激励范围

应为在公司正式任职者：公司董事、监事；公司高级管理人员；核心技术（业务）人员；子公司的管理层和核心技术（业务）人员；公司认为应当激励的其他员工。

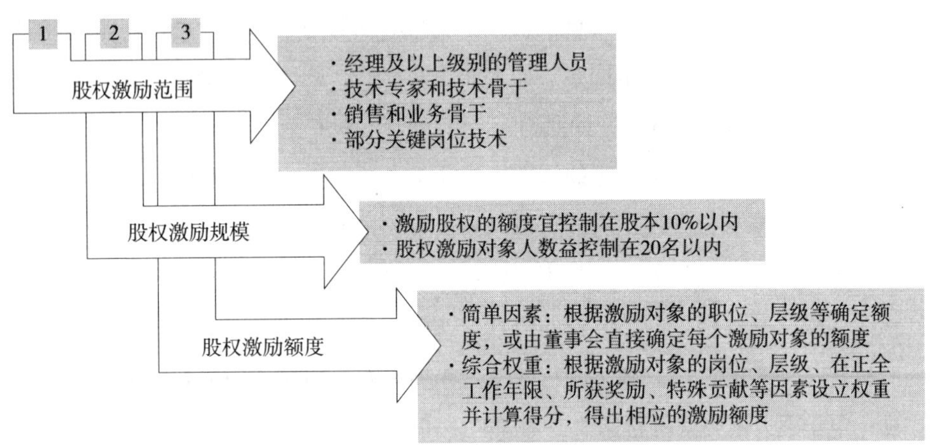

图 13–10　股份激励范围、规模及额度

需注意事项：

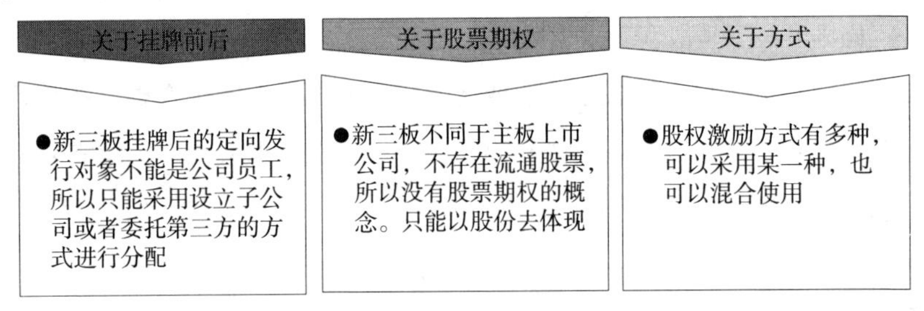

图 13–11

（四）股权激励案例

1. 上市公司案例：浙富股份—限制性股票

基本模式：公司提取股权激励基金分两期从二级市场回购本公司股票无偿授

予激励对象，每期授予之限制性股票均附有二十四个月的锁定期，锁定期满后相应限制性股票分批解锁，实现流通。

股票来源：二级市场回购

有效期：2008年12月20日～2014年12月31日

激励对象：核心技术人员21 人；业务骨干3 人。不包括公司董事、监事和高级管理人员。

提取额度：第一期提取金额按照2008年较2007年扣除非经常性损益后净利润增长额的20%，但不超过08 年扣除非经常性损益后净利润的5%（约500万元）。第二期提取金额按照2009年较2008年扣除非经常性损益后净利润增长额的20%，但不超过09 年扣除非经常性损益后净利润的5%（约700万～800万元）。

股权激励基金的提取条件和解锁条件：

第一，公司2008 年度扣除非经常损益后加权平均净资产收益率不低于10%；2009～2012 年间，公司均需满足扣除非经常性损益后加权平均净资产收益率不低于12%。

第二，2009 年、2010 年、2011年、2012 年扣除非经常性损益后的净利润须分别较2008 年增长20%、40%、60%和80%。

2. 上市公司案例：光明乳业—限制性股票

基本模式：授予激励对象的股票数量不超过869.53万股，即公司总股本的0.84%，其中预留60 万股。授予价格为10.10 元/股，激励对象购买价格为4.70 元/股，差价部分由公司承担。

股票来源：向激励对象定向发行股票

有效期：5年，包括禁售期2年和解锁期3年。

激励对象：共104人，包括：公司高级管理人员，公司中层管理人员及子公司高管，经公司董事会认定的对公司经营业绩和未来发展有直接影响的核心营销、技术和管理骨干。

行权和考核条件：

第一，2010年、2011年营业总收入分别不低于94.80亿元和113.76亿元，净利润不低于1.90亿元和2.28亿元；

第二，2012年营业总收入不低于136.51亿元，净利润不低于2.73亿元；

第三，2013年营业总收入不低于158.42亿元，净利润不低于3.17亿元。

四、转板

转板上市是指在新三板挂牌的企业中符合交易所上市条件的企业在不公开发行股票的情况下可以不经过证监会审核即可转移到证券交易所主板、中小板或创业板上市。目前转板制度还没有正式出台，但国务院已经就转板政策进行明确。2013年12月14日，国务院发布《关于全国中小企业股份转让系统有关问题的决定》，第二项明确“二、建立不同层次市场间的有机联系。在全国股份转让系统挂牌的公司，达到股票上市条件的，可以直接向证券交易所申请上市交易。在符合《国务院关于清理整顿各类交易场所切实防范金融风险的决定》（国发〔2011〕38号）要求的区域性股权转让市场进行股权非公开转让的公司，符合挂牌条件的，可以申请在全国股份转让系统挂牌公开转让股份。正式确定相关转板机制，在全国股份转让系统挂牌的企业，如果满足交易所上市条件且不公开发行股票，将不再需要证监会审核即可在沪、深交易所上市”。

2014年7月30日证监会召开视频会议，落实国务院2014年7月23日常务会议精神，会议做出十项对资本市场重要决定，其中第三项明确决定要完善创业板制度，在创业板建立单独层次，支持尚未盈利的互联网和高新技术企业在新三板挂牌一年后到创业板上市，进一步支持自主创新企业的融资需求。预计2015年该政策将会正式出台实施。

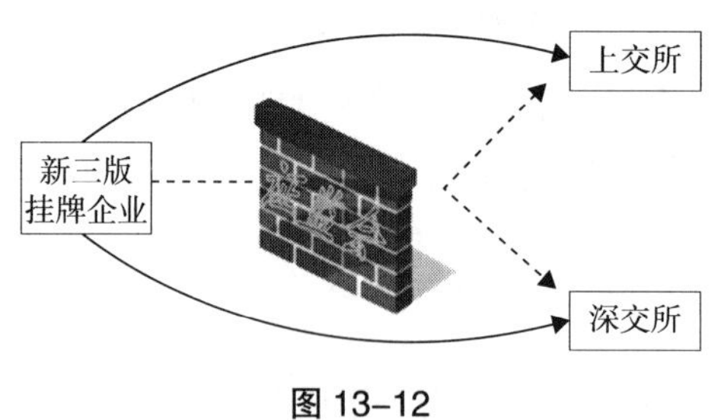

图 13–12

目前新三板累计有9家企业已完成创业板、中小板上市，合计募集资金44.17亿元。但都是通过证监会审核走IPO程序完成的转板。转板情况如下：

表13-12

公司名称	上市板块	转板历程
粤传媒	中小板	2007.11.16完成中小板上市
久其软件	中小板	2009.08.11完成中小板上市
北陆药业	创业板	2009.10.30完成创业板上市
世纪瑞尔	创业板	2010.12.22完成创业板上市
佳讯飞鸿	创业板	2011.05.05完成创业板上市
紫光华宇	创业板	2011.10.26完成创业板上市
博晖创新	创业板	2012.05.15完成创业板上市
东土科技	创业板	2012.09.28完成创业板上市
安控科技	创业板	2014.01.23完成创业板上市

除挂牌公司直接登陆交易所市场的转板方式外，已经有部分挂牌公司与交易所市场上市公司建立了股权关系，其中有的直接为上市公司所控制，纳入上市公司的合并报告，已经是上市公司的一部分。

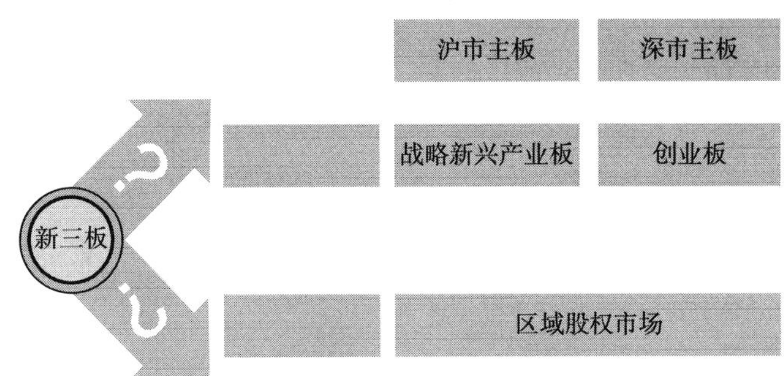

图 13-13 中国尚在建设中的多层次资本市场

在监管层数度表示支持的氛围烘托下，市场对新三板与创业板转板通道的开通预期愈发强烈，仅差交易所层面对此进行确认。

2014年底，在组织员工学习2015年全国证券期货监管工作会议精神时，深交所终于表态“将在今年推动新三板与创业板转板试点”，以全面推进创业板改革。

创业板虽然在2014年进行了一些制度“修补”，但目前创业板仍可谓“腹背受敌”：前有上交所战略新兴产业板的潜在竞争，后有扩容全国一年后，挂牌企业逼近2000家、总市值已破5000亿元的新三板的实质性威胁。创业板“中国纳斯达克”的招牌正风雨飘摇。为重拾创业板“创新型企业培育板”的定位，除注册制改革外，深交所也寄望于以开通转板通道的方式“对接”新三板，为创业板输送优质创新型企业。面对所处市场的良好发展前景，新三板挂牌企业有多大动力“转场”创业板，股转系统又是否甘于做创业板的“后花园”，是深交所无法回避的现实。

（一）新三板147家企业符合转板条件

经过一年的发展，新三板的挂牌企业数量已由2014年初的365家实现了4.7倍的增长，企业数量已经到达1853家，总市值达5519.83亿元。

按目前挂牌企业情况来说，新三板仍然以软件服务等新兴行业公司为主，其转板的目的地多为创业板。按照深交所的交易规则，企业登陆创业板需要满足以下几个条件：最近两年连续盈利且净利润累计不少于1000万元；或者最近一年盈利且净利润不少于500万元；最近一年营业收入不少于5000万元；最近两年营业收入增长率均不低于30%；最近一期末净资产不少于2000万元，且不存在未弥补亏损。

以“2013年净利润大于500万元”“2013年营业收入大于5000万元且营业收入增长率大于30%”以及“2013年期末净资产大于2000万元”为标准，对新三板的挂牌企业进行统计，统计结果显示，符合这些条件的企业数量为147家，占比达8.4%。而如果只考虑创业板的盈利和净资产这两个要求，新三板中符合条件的企业多达872家。

统计数据均来自2013年年报，具有一定的滞后性，经过一年的规范和发展，相信真正符合创业板上市条件的企业会更多。例如：作为国内一家老牌互联网企业，完成股改的中搜网络曾因为连续三年盈利的门槛止步IPO，当终于满足上市条件时，又遭遇2013年IPO暂停，无奈之下公司转入了新三板挂牌，也就是说，公司本身就是符合主板上市条件的。而随着拟挂牌企业数量的增多以及已挂牌企业的发展，新三板符合创业板上市条件的企业会越来越多。

由此看来，我国多层次资本市场建设的进程正不断加快，各个市场之间互联互通也变得尤为重要。作为目前资本市场的基石组成部分，新三板会培养出越来越多的优秀企业，打通了这些优秀企业进入主板市场的通道，新三板的影响力会越来越大。另外，其服务中小企业的融资功能也会更好地凸显，有了更多的优秀企业挂牌，才会吸引更多的PE等金融机构参与到新三板中来，这样整个市场的活跃度就增加了。

（二）转板绿色通道成为市场关注点

监管层2014年底透露，将在2015年推动新三板与创业板转板试点。早前，深交所组织员工学习2015年全国证券期货监管工作会议精神，梳理明确全年工作重点，深交所明确，将加快发展多层次股权市场。进一步明确深交所市场定位，加强对市场发展的战略规划研究，搞活壮大主板和中小企业板，全面推进创业板改革，丰富创业板层次，推动新三板与创业板转板试点。

2015年，新三板政策中最大的亮点将是转板机制的落实到位。由于不设财务门槛，申请挂牌企业可以尚未盈利，新三板被认为是一个类注册制的市场。然而由于交投不太活跃，融资渠道相对单一，转板机制的缺失成为制约新三板发展的主要矛盾。

新三板上市联盟创始人、鼎尖投资公司董事长杨峰认为，建立畅通的转板机制，是衡量一个市场是否走向成熟的标志。挂牌公司转板问题一直以来都是新三板市场的一个敏感话题。一方面，股转系统不甘以其他资本板块蓄水池的身份立于多层次资本市场中；另一方面，A股市场较高的估值水平一直是不少挂牌公司梦寐以求的天堂。转板并不一定是新三板企业的最后选择，随着新三板制度的逐渐完善，转板可能完全没有必要。2014年可谓新三板开局之年，谈论多层次资本市场建设，几乎没有业内人士不提到新三板。截至撰稿，新三板挂牌公司已超过1500家，并有600家左右的企业在审。新三板市场挂牌公司总数已经超过中小板与创业板之和，并直逼主板市场。

同时监管层还表示，2015年将围绕注册制改革要求，落实好各项改革任务，推动重点基础制度改革。充分吸收借鉴境外市场有效做法，全面做好注册制的组织机构、工作规程、规则体系修改及人员队伍保障等工作。同时，还将推动落实“深港通”、前海跨境平台建设工作，推动基金、资产证券化等业务创新，推动股票期权试点工作。

与创业板相比，新三板企业主要有两点区别：一是按照证监会的说法，新三板是承接创新型、创业型、成长型中小微企业的证券市场，相对创业板企业来说，它的规模更小，不需要硬性的财务指标，完全由市场所决定；二是新三板面向的投资群体也不同于创业板企业，不是公众，而是有准入条件的个人投资者和机构投资者。而与区域性股权转让市场的区别则主要在于地方性与全国性。

其实，在发展的过程中，新三板除了承接主板退市的企业外，已经向主板输送了多家优秀企业上市：粤传媒和久其软件分别在2007年和2009年登陆了中小板，北陆药业、世纪瑞尔、佳讯飞鸿、华宇软件、东土科技、安控科技以及医疗器械供应商博晖创新也都在2010～2014年成为创业板的一员。除了走正常的上市程序，新三板还有多家挂牌企业被主板市场的上市公司收购兼并。

目前，在IPO排队的队伍中，也不乏新三板挂牌企业的身影，合纵科技、海鑫科金、康斯特、双杰科技均已走了部分上市程序，而现代农装、大地股份、金和软件、盖特佳、中科软件、中航新材也纷纷表示有转板计划。一旦转板政策落地，挂牌企业将迎来新的机遇，由于创业板相对新三板存在明显的估值溢价，转板政策真正落地后，转板潜力公司将会大概率迎来估值提升。加之创业板改革的推进以及监管层对互联网和技术创新型企业的重视，新三板或在政策靴子落地时迎来转板潮。

王彦博博士认为，市场准入是公平的，新三板的挂牌企业进行转板上市应该与其他IPO企业完全一致，不应该有绿色通道，但随着注册制改革步伐的加快，转板机制具体如何设计还要看证监会的考量和社会人士的意见。深交所明确提出将新三板与创业板转板作为重点工作来部署推进，已挂牌企业到时可通过转板制度进入主板、中小板和创业板交易，转板通道试点的加速推进或将带来新一轮的新三板投资热潮。

（三）新三板转板机制激发PE投资

2013年12月14日，国务院发布了《关于全国中小企业股份转让系统有关问题的决定》（以下简称《决定》），其中最令PE/VC感兴趣的无疑是有关新三板转板机制的规定。《决定》明确指出，在新三板挂牌的公司，达到股票上市条件的，可以直接向证券交易所申请上市交易。同时，在国务院发布决定之后，证监会也在其官网上发布了关于积极推进新三板建设的多项措施，其中涉及修订《非上市公众公司监督管理办法》等与新三板相关的部门规章。虽然对于如何落实转板机制未作出具体安排，但是打开了PE/VC关于退出渠道的想象空间。

PE/VC长期以来面对的一个很重要的问题便是退出渠道，特别是在今年IPO暂停的情况下，这一问题尤其突出。以往PE/VC的退出渠道主要是IPO和并购两种，但是对于很多中小企业来说，由于A股门槛很高，上市成本又很大，审批时间还特别长，所以上市特别困难。而如果转板机制能够顺利落实，这无疑会吸引更多PE/VC投身到新三板中去，帮助这些企业成长，同时也为PE/VC开辟一个新渠道。据统计，新三板目前挂牌的351家企业中，有49家2012年的业绩符合创业板首次公开发行条件，占比约为14%。

而新三板转板成功的例子无疑会增强PE投资的信心。2007年10月，证监会发审委公告称，正式审核通过粤传媒的首发申请，由此，粤传媒成为首家从三板成功转至中小板的公司。《决定》中关于加强监管的规定也有利于解决PE投资的信息不对称问题。《决定》明确要求，证监会应当比照《证券法》关于市场主体法律责任的相关规定，严格执法，对虚假披露、内幕交易、操纵市场等违法违规行为采取监管措施，实施行政处罚。信息不对称问题的存在，一方面增加了PE/VC投资的风险，另一方面加大了PE/VC投资的成本，《决定》中关于加强监管的规定将在很大程度上降低PE/VC投资的风险和成本。同时，一个运行良好的新三板市场会成为PE/VC寻找投资项目的不错平台。

（四）新三板企业转板的两种方式

新三板挂牌企业转板创业板存在两种方式，一是创业板设立单独层次，专门接纳在新三板挂牌满一年尚未盈利的互联网和高新技术企业，此种方式实施的前提是降低财务指标等发行条件，即IPO方式；二是转板企业不通过发行，只通过交易所之间转板，即在新三板通过定增和交易，股权分散程度达到了创业板的上市条件，实现转板。

深交所提出的转板方式是设立单独层次，降低IPO条件，吸纳尚未盈利的互联网和高新技术企业在新三板挂牌一年后到创业板上市，但目前对于挂牌企业标准、转板条件、转板程度等均未有定论。

两大行业企业转板创业板是试点创新，需要对现行《证券法》中的相关限制做出修订，比如股票经国务院证券监督管理机构核准已公开发行；公司股本总额不少于人民币3000万元；公开发行的股份达到公司股份总数的25%以上等条款。

《决定》明确要求“建立不同层次市场间的有机联系”，提出在新三板挂牌的企业，达到股票上市条件的，可以直接向证券交易所申请上市交易。在符合《国务院关于清理整顿各类交易场所切实防范金融风险的决定》（简称38号文）要求的区域性股权转让市场进行股权非公开转让的公司，符合挂牌条件的，可以申请在新三板挂牌公开转让股份。

王彦博博士认为，对于我国证券市场而言，转板机制的构建一方面能够实现不同板块之间的互联互通；另一方面能够鼓励更多企业在门槛较低的场外市场先行挂牌，提高资本市场资源配置效率。随着近两年加快培育，新三板和区域股权交易市场在政策松绑和制度完善过程中扩容明显，作为连接场内与场外市场的新三板，应成为引入转板机制的突破口。

根据《决定》，在区域性股权转让市场进行股权非公开转让的公司也可以申请在新三板挂牌公开转让股份，但必须满足两个条件：一是区域性股权转让市场必须符合38号文的规定；二是股份公司必须符合新三板的挂牌条件。

未来，新三板与区域性股权交易市场是优势互补、层次递进的关系，应鼓励大量企业先在低层次市场挂牌，然后建立递次的转板机制，使四板市场在多层次资本市场体系中发挥更好的基础和补充作用。

（五）创业板的根基摇动

“与创业板建立转板通道”是国务院对新三板提出的要求。2014年初，不少企业选择新三板就是希望未来能借助绿色通道，低成本、高效率地转到创业板上市。直到2014年5月证监会表示正就“在创业板建立单独层次进行研究”，转板的具体机制才露出冰山一角：互联网和高新技术企业在新三板挂牌一年后可到创业板上市，无论盈利与否。此后，监管层又多次在公开场合重申了对这一转板安排的支持。

在A股先后痛失京东、阿里巴巴等巨无霸之后，曾以“培育创新型企业”为设立初衷的创业板承受着空前的压力。2014年，创业板相继实施了“降低财务准入门槛”“建立再融资机制”等改革措施，不过相较于注册制改革，这些对创新型企业抛出的橄榄枝并没有足够的吸引力，只能算是制度的“小修小补”。令创业板倍感压力的是，上交所已在2014年上报了战略新兴产业板方案。该板块旨在支持创新型国家建设和产业结构调整，多被外界解读为“上海创业板”，将成为创业板在成长股宴席上的劲敌。就在深交所表示要在今年推动转板试点之际，上交所又几乎同时宣布“建设战略新兴产业板将是2015年工作重点”。两大证交所对具有重大战略意义的创新型企业资源的争夺日趋激烈。

尽管面临战略新兴产业板的潜在竞争，目前对创业板构成实质性威胁的还是本次的转板试点对象——新三板。近一年来，新三板对创新型企业的大量招揽已开始动摇创业板发展之根基，后者高举“中国纳斯达克”大旗的双手愈显无力。

深交所表态说明，创业板急需重拾“创新型企业培育板”的定位已成监管层和交易所的共识，对接新三板就是其中重要一步。不过，新三板企业可转板的具体条件、转板批量以及是否双向转板等关键细节，目前还都未有定论。根据现行《证券法》，上市与公开发行股票是“捆绑”在一起的，由于新三板挂牌企业并未公开发行过股票，因此若要转板创业板，还将牵扯到《证券法》的修订。

转板上市作为多层次资本市场互联互通的枢纽，不仅是中小微企业直接IPO之外对接资本市场的重要补充，也关乎新三板自身的发展前景。因此，转板机制的尺度把握、门槛高低、规模大小、时机选择等问题值得政策制定者认真思考，初期步伐不宜迈得太宽，谨慎选取一定层次或行业小范围展开较为稳妥。

截至撰稿，新三板挂牌公司已经增至2000家。中小企业对新三板挂牌兴趣由淡转浓，虽然有新三板制度设计日趋完善的驱动，但是关键还在于转板政策的吸引。特别是一些改制企业甚至放弃IPO排队申请到新三板挂牌，其实就怀揣着伺机转板的“小九九”，冀望通过转板借道IPO从而规避当前拟上市企业排队上市的时间成本。从某种意义上说，正是未来转板上市的“美好愿景”，为新三板超常规发展提供了难得机遇。

不过，随着转板机制的推出渐行渐近，其对于新三板的作用越发呈现出“双刃剑”的意味——在发挥作用吸引中小企业挂牌的同时，也不可避免地成为导致新三板优质企业资源流失的“罪魁”。在一些放弃IPO排队而转挂新三板的中小企业计划中，新三板更大程度上是一块IPO跳板，一旦具备条件随时会弃新三板而去。这对于新三板自身发展是不利的。在暂时不具备融资功能、交投也不够活跃的情况下，相信多数优质企业对于新三板而言都会是匆匆过客，对接创业板乃至中小板、主板转板通道的确立，就意味着新三板“为人做嫁衣”命运的开始。

然而，从国务院发布的《决定》来看，已经明确新三板是一家全国性证券交易场所的法律地位。那么，在为更高层次市场板块源源不断输送优秀苗子的同时，其实新三板本身也面临着如何做大做强的任务。目前新三板大力推进诸如做市商制度建设、投资者门槛降低以及竞价交易、转板机制的建立，正是着眼于上述目标。

在当前情况下，转板试点虽然推行大势已定，但还是应该尽量减少对于新三板的负面影响。如若转板门槛过宽、转板数量过大，势必会加大对于新三板优质企业资源流失的负面影响，使得新三板一定程度上成为小公司和差公司的集中营，不仅不利于新三板未来的做大做强，对于创业板、中小板也会形成扩容压力，甚至在转板通道造成新的“堰塞湖”。

因此，较为稳妥的做法是选取“小切入口”稳步推进，比如结合监管层正在大力推进建立的创业板专门层次，仅允许亏损互联网、高科技行业的中小企业进行转板试点。或者是与新三板当前正在酝酿推行的内部分层改革相结合，制定标准将转板企业框定在一定范围，而不是一步到位扩大到适用于新三板所有挂牌企业。

就具体的转板条件，目前业界尚无定论。不过，深交所总经理宋丽萍曾经在公开场合对此问题有所表述，她认为，新三板申请转板的公司必须达到一定的挂牌年限和一定程度的股权分散度，以及公司治理和信息披露等方面的规范要求。同时，转板的主要财务条件，应与《新上市规则》和《退市公司重新上市实施办法》规定保持一致。

其实，眼下转板机制之所以如此牵动市场敏感神经，就在于新股上市注册制悬而未决，上市资格仍属稀缺资源，一旦注册制的问题得以解决，高悬市场的IPO堰塞湖得以泄洪，企业上市没有了当前的时间成本，新三板转板机制的市场需求也就自然降温。

当然，这并不是说转板机制没有设立必要。作为多层次资本市场的基础构成部分，新三板担负着为暂时还达不到IPO上市的中小微企业提供融资、规范等金融服务的功能，转板机制真正着眼的是上述企业的长远需求，更是未来多层资本市场内部互联互通的关键环节。

最理想的状态是，随着新三板规模扩容、自身流动性和层次建设的有序展开，结合注册制改革后，IPO“堰塞湖”的有效治理，转板机制在多层次市场体系内水到渠成地生成，自然而然地运行。

（六）企业转板动力成疑

新三板会成为创业板的“后花园和根据地”吗？从这点上看，新三板企业有多大的转板动力呢？

2015年，除创业板改革外，新三板竞价交易制度和自然人投资者门槛的降低也将推进。届时，原本就拥有相同法律地位（全国性证券交易市场）、类似功能定位的新三板和创业板，在市场硬件方面也将趋同，新三板的优质挂牌企业似乎没有理由转投创业板。

美国纳斯达克提供了一次历史镜鉴。由于市场运行良好，转板对纳斯达克挂牌企业而言意义不大，微软就曾多次拒绝纽交所的邀请。2006年，纳斯达克从“全国性场外市场”一跃升级为“全国性证券交易所”，旗下挂牌企业一次性“转正”为上市公司。由此，转板的吸引力降至零，因为这些企业已身处美国最优秀的两家交易所之一。

无论新三板及其挂牌企业能否在未来完成类似转变，我们都要看到纳斯达克带来的启示——“转板”的本质并非简单地更换证券交易场所，而在于原先的场所已无法满足企业进一步的发展需求。目前新三板正处在快速发展期，现在就谈转板未免“不公平”，应让市场自行决定新三板的最终定位。

相对于“升级”转板，新三板2015年将把更多精力放在内部转板，即市场分层的建设上，后者也是股转系统公开谈论最多的事项。针对转板创业板，股转系统仅有寥寥数语：“这将由企业自主选择，我们不会阻拦。若选择离开，只能说明未来新三板需要更好地满足企业需求。”

这种态度已经表明，面对定位类似的创业板，新三板并不甘于扮演“为他人作嫁衣”的角色，言语里甚至透露出些许“不服”的色彩。

对创业板而言，与新三板互联互通固然诱人，但在聚光灯外，众多区域股权市场的挂牌企业同样拥有发展潜力，而且它们也更想抓住对接证交所的历史机遇。目前浙江股交中心就正同战略新兴产业板探讨未来对接事宜。

深交所日前已表态正在研究新三板和创业板之间的转板试点。而据不完全统计，新三板有近150家挂牌企业符合创业板上市条件，新三板转板试点推出后很可能会掀起一轮转板热潮。不过，目前监管层仍未对新三板转板机制形成统一意见，是否会有绿色通道也成为市场猜测的重点。

新三板是2014年资本市场的关键词，经过一年的跨越式发展，已经初具市场规模的新三板展示出了多层次资本市场建设所取得的成就。随着挂牌企业的大幅扩容、市场机制的不断完善，新三板承载了市场对金融改革的诸多期望，比如集合竞价交易、分层管理制度、转板机制……

值得注意的是，新三板的转板机制已经有了新动态。深交所在组织员工学习2015年全国证券期货监管工作会议精神时，明确了“加快发展多层次股权市场，搞活壮大主板和中小企业板，推动新三板与创业板转板试点”将是2015年的工作重点。

其实，关于转板机制的推出已不是监管层第一次表态。2014年5月19日，在证监会学习贯彻新“国九条”的会议上，证监会主席肖钢提出，“研究在创业板建立单独层次，支持尚未盈利的互联网和高新技术企业在新三板挂牌一年后到创业板上市”。虽然没有详细的政策出台，但这被市场看做转板机制推出的信号，市场推测互联网和高新技术企业有望先行试点转板机制。新三板相关负责人表示，证监会一直在研究转板机制，估计2015年中下旬有望公开征求意见，机制年内推出可期。

通俗来讲，转板是指公司的股票从一个市场板块转到另一个市场板块进行交易。转板制度包括对转板市场、对象、形式、规则、条件、程序、信息披露以及监管等各个方面的制度设计，完善的转板机制有助于保持各个板块市场的独特性，维持各个层次的收益风险统一化，形成强流通性的多层次资本市场体系。

（七）转板背景下新三板投资策略

王彦博博士针对目前的新三板企业，总结了三步筛选法，筛选逻辑如下：

第一步：根据创业板上市财务标准，剔除财务上与创业板IPO要求差距过大的一些公司，保留一些财物数据目前略有差距，但可能有增长潜力的公司。

第二步：全面梳理76家公司基本面和毛利率、净利率、ROE、负债率等经营指标，剔除基本面较差的公司。在基本面研究中，关注重点是公司所拥有的自然科学技术资源以及实际控制人所拥有的社会关系资源，因为新三板公司普遍存在的问题是规模较小，管理不够规范，因此财务指标不能完全体现一个高科技公司的未来潜力。一旦发生治理结构的重大变化，只要有的好的产品技术和市场，指标的提升会非常迅速。

第三步：从财务上符合转板要求的公司中找出挂牌以来有过定向增发现金融资的公司，根据融资驱动的选股逻辑，这些公司也有理由获得关注。

在《决定》发布之后，相对于新三板给PE/VC带来的制度化投资机会，个人投资者在投资新三板时则应保持足够的谨慎。相对于PE/VC等机构投资者，个人投资者如果投资新三板，一方面，将面对比PE/VC更为严重的信息不对称问题；另一方面，中小微企业业绩波动大、风险高的特点决定了个人投资者不适合投资新三板。所以，应当严格限制个人投资者的准入条件。以2010年11月8日通过转板成功登陆创业板的世纪瑞尔为例，其上市当年的净利润同比增长达50.01%，但随后两年陷入增长乏力的窘境，2013年前三季度，其净利润更是同比下滑55.38%。

根据国务院发布的《决定》，新三板将定位于专业投资市场，积极培育和发展机构投资者队伍，鼓励证券公司、保险公司、证券投资基金、私募股权投资基金、风险投资基金、合格境外机构投资者等机构投资者参与市场，逐步将该板建成以机构投资者为主的证券交易场所。证监会表示，针对自然人投资者，将从财务状况、投资经验、专业知识等三个维度严格准入条件，提高投资者准入门槛，切实维护投资者的合法权益。

根据2014年2月8日发布的《全国中小企业股份转让系统业务规则（试行）》《全国中小企业股份转让系统投资者适当性管理细则（试行）》等有关个人投资者参与新三板交易的门槛规定，个人投资者需要具有两年以上证券投资经验，或具有会计、金融、投资、财经等相关专业背景，并且要求投资者本人名下前一交易日日终证券类资产市值在300万元以上。

不符合条件的个人投资者可以通过基金、理财产品等方式来间接投资新三板，这也是一种规避风险的较好方式。

五、交易

对于全国符合条件的中小企业申请到全国股转系统挂牌，将以股东人数200人为界区分审核，股东人数不满200人的企业可豁免证监会非公部审核，由全国股转系统公司直接核准；同时，对技术系统建设及交易方式的拓展也作出了安排，按照目前的工作规划，包括协议转让、做市商、集合竞价等在内的多种交易方式将逐步落实。

据有关渠道了解到，国务院关于将全国股转系统服务范围扩大至全国的有关文件已经形成定稿，距正式下发仅一步之遥。该文件作为全国股转系统建设更高层次的法律文件，将对市场整体发展做出规范。同时，在日后的证券法修订中，也将增加对全国性场外市场建设相关的条款，从而形成包括证券法、国务院文件、证监会部门规章、全国股转系统规则在内的制度体系。新技术系统预计于

2015年中期正式上线，上线后全国股转系统可实现多种交易方式。多种交易方式实施后，全国股转系统流动性将得到明显改善，不同挂牌企业可选择更适合自身需求的交易方式。

（一）全国股转系统配套规则

根据修订后的《非上市公众公司监督管理办法》配套修订、制定、发布了14项业务制度。其中，制定8项业务制度，修订6项业务制度。全国股份转让系统表示，制定的8项业务制度主要内容体现在三方面：一是明确了市场的交易方式和交易规则；二是明确了股票发行业务的规则和流程；三是以公告的形式明确了境内企业到全国股份转让系统挂牌的有关事项。市场业务规则涵盖了准入、交易、融资、监管、主办券商、投资者适当性等6项业务主线。

按照新的交易规则，市场安排了三种交易模式：竞价交易模式，包括集合竞价和连续竞价；做市商交易模式；协议交易模式。之所以安排三种交易模式，是因为市场的企业类型比较多，为适应企业主体的要求。具体采取何种交易模式，使用选择方式，三种方式不兼容，由挂牌企业与主办券商协商决定，选择之后即按照此种方式交易。同时，还可以依照需求更改交易模式，但须经过股东大会认可。

鉴于流动性不足问题较为严重，市场选择了传统竞争性做市商模式，即有两家以上证券公司给一只股票做市。交易时段内，投资人只能与做市商之间成交，投资者之间、做市商之间不可交易。

协议转让模式实现后，每手报价不低于3万股的最小交易单位调整为1000股；除了保留传统的一对一协议转让及单向报价点击成交的协议转让外，还在收盘时对价格相同方向相反的保单进行自动匹配。

根据股转系统公司新发布的投资者适当性管理要求，自然人投资者门槛由原先的300万元进一步提高到500万元，实现自然人与机构的准入标准在财务条件上等同。针对自然人投资者也有例外安排，在新制度公布前，按照之前公布的300万元门槛已经入市的自然人，仍然属于符合适当性管理的投资者。企业内部职工持股的，只能持有、买卖本公司股票。

（二）协议转让

图 13–14 一张图读懂新三板交易规则

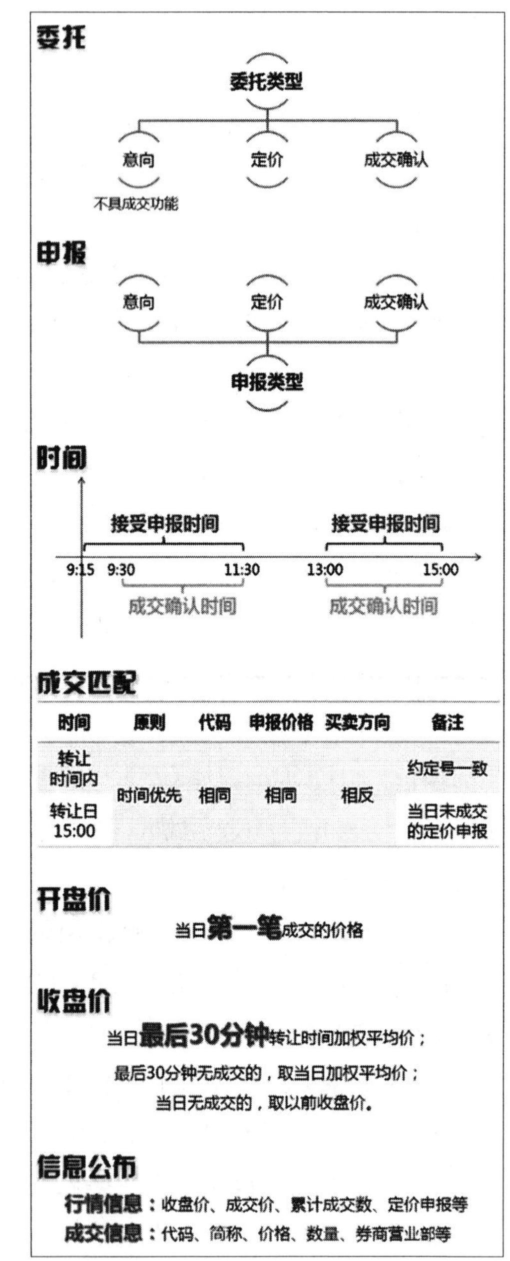

图 13–15 一张图读懂新三板协议转让

（三）做市交易

从纳斯达克的经验来看，新兴市场成长初期的最大问题是流动性，当市场交投活跃后，挂牌和做市交易利润趋近于零，而基于高成长公司的全产业链投行业务、衍生品业务和资本中介业务是市场盈利的核心，这些都要建立在市场繁荣的基础上。券商具有业务平台、资本实力、定价能力和机构渠道的优势。

统计显示，截至2014年末，共有15家证券公司的做市企业数量超过10家，12家出自中小券商。其中，齐鲁证券以23家做市企业拔得头筹；天风证券紧随其后，做市20家；广州证券排名第三，为19家。

从成交金额看，同样是中小券商占据半壁江山。涉及股票总市值超过100亿元的券商中，天风证券、齐鲁证券、东方证券、世纪证券、华融证券、上海证券皆上榜。做市商的盈利模式主要来自两方面，一方面是赚企业成长性的钱，在给予做市企业资金支持的同时，还培育企业，如并购、产业层面合作等，另一方面是赚流动性提升的钱。

成为新三板企业的做市商对券商具有战略意义，一是成为新三板企业的股东后，可以促成其他业务部门（如直投、并购等）的潜在合作机会；此外，从最近3个多月的试点来看，通过做市价差及股票浮盈，同样也可给券商带来收益。此次《通知》为券商开拓了更广阔的盈利空间。《通知》允许主办券商探索股权支付、期权支付等新型收费模式，这意味着券商未来在推荐企业挂牌时就可获得其股权。如果挂牌企业发展良好，今后无论是转板、并购还是留在新三板，券商都会获得不菲收益。

2014年8月25日，做市商系统正式上线，新三板一个划时代的大幕徐徐拉开。

新三板挂牌公司股票可以采取做市转让方式、协议转让方式或竞价转让方式之一进行转让。

什么是做市商制度?

"做市商制度是一种以做市商为中介的证券交易制度。做市商向市场提供双向报价，投资者根据报价选择是否与做市商成交，传统做市商制度下，投资者委托不直接配对成交。

做市商条件

股票挂牌时拟采取做市转让方式应当具备以下条件：

1 2家以上做市商同意为申请挂牌公司股票提供做市报价服务，且其中一家做市商为推荐该股票挂牌的主办券商或该主办券商的母（子）公司；

2 做市商合计取得不低于申请挂牌公司总股本5%或100万股（以孰低为准），且每家做市商不低于10万股的做市库存股票；

3 全国股份转让系统公司规定的其他条件。

释疑：只对初始库存股数量的下限做出决定，而并未规定做市商在做市过程中库存股票的上限。其原因一方面是因为做市商若大量持有股票触发全面要约收购的标准，则有相应的并购办法进行管理。另一方面，我们也建议当做市商库存股大幅度变动时可采用延期公告的方式，以避免市场投资者对做市商仓位的判断而进行逼仓等投机行为，具体延期公告的办法可另行制定。

协议转让方式的股票，申请变更为做市转让，应当符合的条件：

1 2家以上做市商同意为该股票提供做市报价服务，并且每家做市商已慑得不低于10万股的做市库存股票；

2 全国股份转让系统公司规定的其他条件。

做市转让方式的股票，申请变更为协议转让，应当符合的条件：

1 该股票所有做市商均已满足《转让细则》关于最低做市期限的要求，且均同意退出做市；

2 全国股份转让系统公司规定的其他条件。

图 13-16　一张图读懂新三板做市商制度

1. 做市商到底给企业带来了什么

第一，进一步提升了挂牌公司的形象。大家经常说："我挂新三板有什么好处？新三板有什么好处？"新三板是第三家交易场所，所有交易场所具备的好处它都有。这里面就包括，你的形象肯定是得到提升的。这一次提出这43家做市来做市，对于他们形象的推广就更进一步了。所以好多企业也是争着抢第一单，做出来之后，市场反响会非常大，推介的作用得到体现。

第二，给股权提供流动性。大家都知道，在协议转让下，有很多挂牌公司，在协议的方式下，确实交易不活跃。如挂牌的盛泉，是山东省非常大的一家公司，净利润到了股本的2.5个亿，价格到了每股14元多，它没有做市商，那一天14元多每股突然间就会变成1元多每股，包括九鼎，800多元，突然到1元多。在没有做市商的情况下，股价的波动太大，估值不稳定，流动性太差。在做市商的情况下，我觉得这种情况出现的概率很小。

第三，实现了股东财富的保值增值。这一次的做市商，确实使得交易价格回归到了股票的内在价值。实际上做市商制度出来之后，43家的估值比原来的低一些，虽然低一些，但是恰恰体现了市场对于这些股权的正确估值。

第四，拓宽融资渠道。因为做市商这种流动性的保障，银行对你的股价也更加认可。之前一个新三板企业要做股权质押贷款，银行有可能给你打三折、两折、一折，没有道理的给你打折。但是上了新三板，因为这个流动性相对来说原来协议转让的流动，使得对价能力、溢价能力和质押率大大提升。

2. 做市交易提升公司估值——并购前的自估值管理

从2014年的数据来看，随着挂牌公司数量增加和做市商制度推出，新三板交易活跃度迅速上升。而两种交易制度的统计数据也为投资者参与新三板提供了决策参考。

根据股转系统统计数据显示，2014年新三板挂牌公司总成交量为22.82亿股，同比放大10.27倍；成交额130.36亿元，同比放大15.02倍。其中，协议转让方面，2014年新三板共发生协议转让成交20.27亿股，涉及金额108.95亿元。成交量前10名的挂牌公司合计成交10.83亿股，占全部成交量的67%。做市交易尽管2014年8月以后才推出，但截至2014年底总共成交已达2.50亿股，成交金额21.20亿元。做市交易在为新三板带来流动性的同时，也提升了相关挂牌公司的估值。统计数据显示，2014年12月新三板做市部分的公司整体市销率达3.06倍，首次超过中小板的2.85倍；市净率达到4.87倍，首次超过中小板，并高出中小板21%；市盈率达27.75倍，而协议转让部分市盈率仅13～18倍。

3. 联讯证券做市案例

2014年1月30日，新三板挂牌券商联讯证券（830899）在惠州举行做市签约仪式，参与该公司做市的做市商刷新纪录达到15家，此前新三板市场挂牌企业做市商最多的为8家。

（1）单家企业做市商达15家

据悉，包括主办券商财达证券在内，还有齐鲁、中投、安信、恒泰、广州、东方、华安、国都、华鑫、江海、东莞、国信、兴业共14家券商和华夏资本为联讯证券做市，做市商数量破历史纪录。

联讯证券于2014年8月在新三板挂牌。通过两次定向增发，以不到400万元的融资成本募资40亿元，注册资本从5亿元增至约32亿元。短短半年时间，联讯证券在新三板平台上完成转型。

全国股转系统副总经理高振营表示，联讯证券挂牌新三板，不仅让其自身得以发展，也为股转系统创造了诸多第一：第一家在新三板实现融资的证券公司；第一家实施股票做市转让的证券公司；第一家推出全员持股计划的证券公司；新三板做市商数量最多的挂牌公司；新三板现金融资规模最大的挂牌公司。

目前新三板挂牌企业有两种交易方式：协议转让和做市交易。截至2015年1月30日，新三板挂牌企业1864家，其中采用协议转让交易的企业1718家，做市交易的146家。在146家做市交易的挂牌企业中，伯朗特（430394）有8家做市商，7家做市商的企业有4家、6家做市商的企业有7家，其他的挂牌企业做市商都在5家及5家以下。

（2）优质做市标的争夺战打响

“联讯证券的确不错，我们也努力了好多次，可惜最终还是没能如愿。”中部某券商场外市场部做市交易业务负责人惋惜地说。

根据新三板的要求，参与做市的挂牌企业需聘请2家以上做市商，每家做市商至少持有10万股库存股，如果挂牌当天立即做市的则做市商必须购买5%或100万股的库存股。也就是说，想成为某家挂牌企业的做市商，首先手中需要拥有一定额度的库存股。

"这次争夺得很厉害，我们也才拿到1000万元的份额，还是早先就介入了。"参与联讯证券做市的一家券商透露，这次15家做市商的配售比例无一家满额配售，基本都按照20%比例配，一些想参与做市的券商还因申请时间滞后、申请额度太小等，错失了机会。

"这次定增老股东认购非常踊跃，老股东认购完成后才开始让做市商认购，额度非常紧张，晚些时候想为我们做市的很多券商都没货了，其他的想要参与配售的机构就更别提了。"联讯证券副总裁兼董秘苏峰说。联讯证券2014年12月24日披露定增方案，拟发行股份不超过20.55亿股，每股发行价格为1.46元，预计募集资金30亿元。

根据新三板行情数据，联讯证券2015年1月30日成交价为3.02元，当天成交金额为950.70万元。"赚钱效应当然明显啦，1.46元的增发价，转手在二级市场按3元的价格出手，收益就是1倍多。"深圳一位做市业务员私下说，这也是这么多券商争先恐后参与联讯证券做市的根本原因。

（四）竞价交易

2015年还有很多变化在等待着新三板。其中，"分层管理"是被多次提到的一个词。未来可能划分为多个层级，盈利条件、总股本、股权分散程度、做市商数量等预计成为分层的标准，最高层级或采取竞价交易方式，未来也可能直接与创业板单独层次对接。分层有利于优质企业融资，有利于信息披露质量提高、风险管理层次化，最终有利于投资者门槛降低和投资者结构多元化。

2015年新三板的更大发展不是规模的扩张，而是层次的提升，在当前阶段，优先且关键的是实施市场分层制度，竞价转让、投资者门槛调整、转板退市等制度需要分层作为基础和统筹，市场分层是推进制度建设、丰富市场产品、提升交易所竞争力的基础性制度，分层是新三板“大发展的基础”。

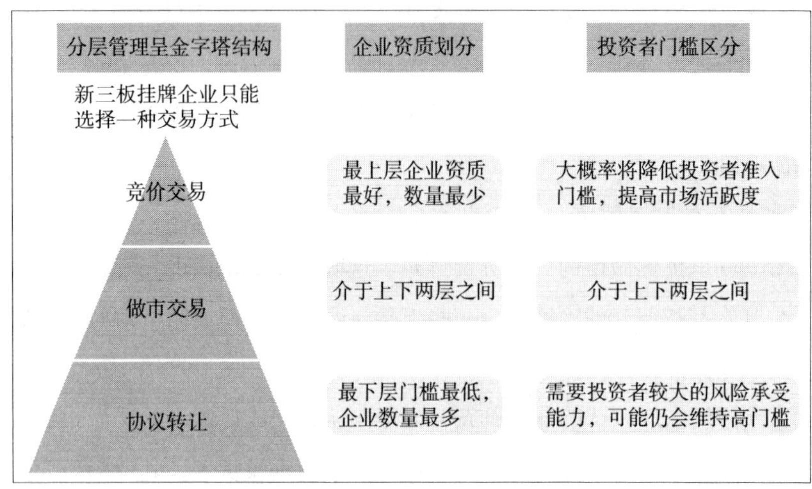

图 13–17　新三板分层管理模式

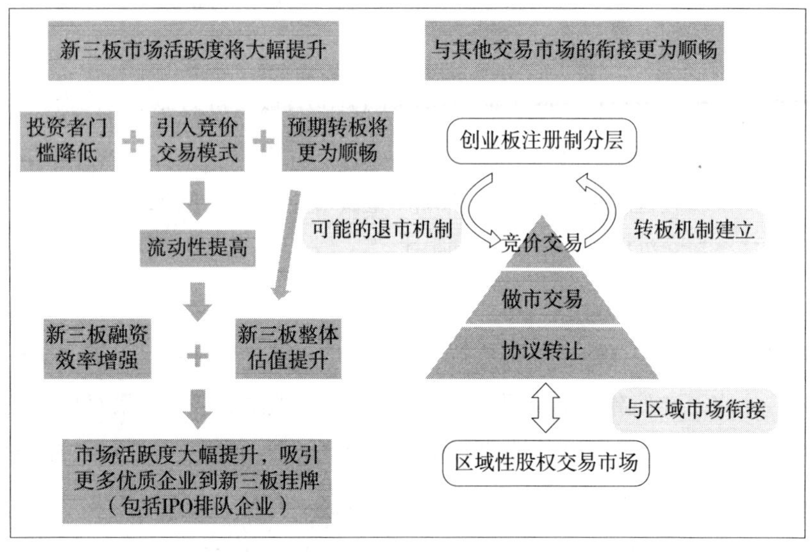

图 13–18　新三板实施分层管理将带来的影响

2015年，市场对于新三板分层和竞价交易的预期非常强烈。参考做市商制度带来的流动性提升，我们认为，竞价交易将引发新三板相关挂牌公司估值再一次提升，而这也是2015年新三板一次较大的投资机遇。

2014年12月22日，股转公司副总经理隋强透露，预计2015年中前后竞价交易系统将上线。不过，目前新三板尚无竞价交易制度相关细则，只有《全国中小企业股份转让系统业务规则》对竞价交易的程序做了相应规定。

但有一件事可以确定，根据股转公司公司业务部总监吴疆2014年12月在“2014年新三板峰会”上的说法，不是所有新三板挂牌公司都有条件实现竞价交易，一般只有股东人数达到一定标准，股票规模达到一定水平的公司，才能实行竞价交易。股转公司业务部副总监王小军2015年1月23日在东方证券首届“新三板挂牌公司日”会议上透露，新三板竞价系统建设争取在2015年六七月份完成，连续竞价对公司股本市值、股权分散度等方面有要求。

我们总结挂牌公司是否实施竞价交易可能会有三个考量标准：一是股权分散度，如果一家公司只有几个股东，那么实施竞价交易不大现实，预计可能至少需要200户股东左右；二是换手率标准，最初实施竞价交易的挂牌公司应该会从做市转让的公司中产生，做市阶段换手率高的公司有望率先实施竞价交易；第三，由于竞价交易实施后带来流动性提升，出于保护投资者的考虑，挂牌公司财务指标也可能是筛选标准之一，例如能否持续经营等。

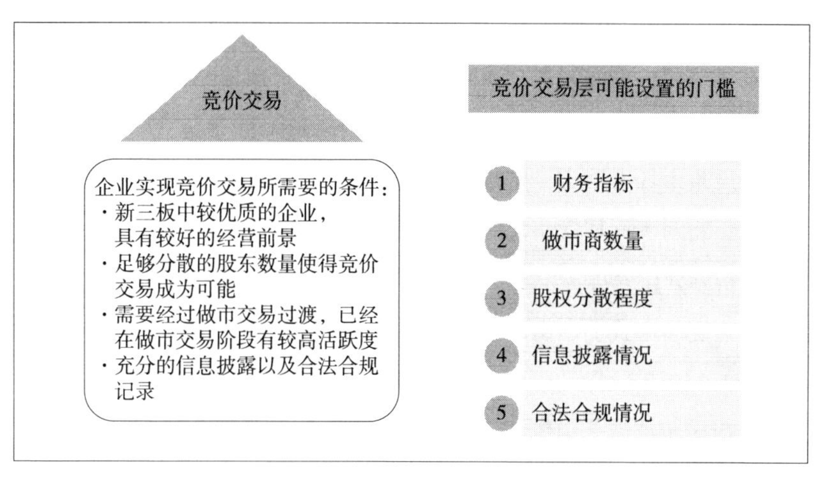

图 13-19　哪类企业可能进行竞价交易

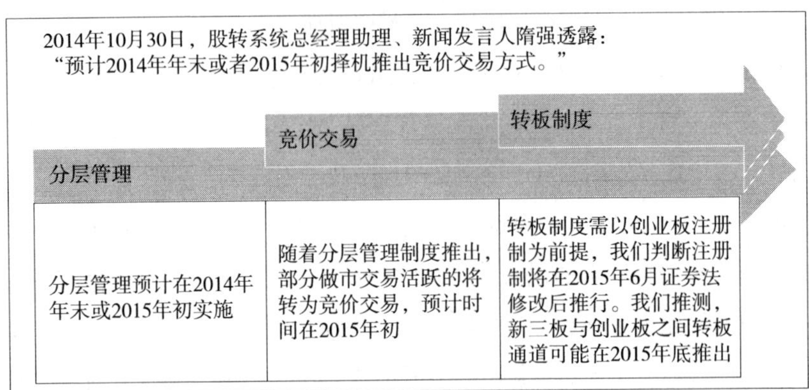

图 13-20　何时推出分层管理和竞价交易

（五）市场分层是风险分层

与建立多层次资本市场，以满足不同资质企业的发展需求一样，新三板实施内部分层管理有着现实的考虑。从已挂牌的1000多家企业来看，由于新三板在挂牌门槛上不设财务指标，也不限于高新技术企业，宽松的挂牌条件和市场化的审核机制，使这些企业在成长阶段、盈利水平、股权集中度及市场流动性等方面已形成较大的差别。

公开信息显示，注册资本上，规模较大的湘财证券超过32亿元，而规模较小的公司仅有500万元；盈利能力上，中科软、绿岸股份等公司2013年净利润超过1亿元，而有的公司仍大幅亏损，盈利预期尚不明确。股权结构上，有的已初步符合发行上市标准，有的公司股权仍高度集中。

市场分层是市场发展到一定规模后的内生需求和持续创新发展需要。新三板的市场分层，将对不同层次市场在交易方式、信息披露、股票发行、投资者适当性等方面实行差异化安排。

特别是在交易方式上，由于新三板实行多元化的交易机制安排，提供做市、协议及竞价3种转让方式，选择哪种方式将由市场主体自主选择，并可以申请转换。这不仅适应了挂牌公司股票流动性需求差异较大的特点，也为市场内部分层预留了制度选择空间。

挂牌公司差异化决定了其市场需求的差异化，进行市场分层是实现风险分层管理、更好地服务挂牌公司、投资者等市场主体多样化需求的现实选择，其优势非常明显。比如，分层管理有助于对应挂牌公司多元化的融资选择，并降低信息的不对称性，能让不同的投资者甄选合适的投资标的、规避投资风险等。尤其重要的是，内部分层能为企业在不同阶段提供有针对性的服务，留住具有成长力的企业。

（六）实现权利和义务相匹配

从我国证券交易所市场来看，虽然已区分了主板、中小板和创业板，并在公司发行上市条件和投资者适当性等方面有所差异，但从交易制度来看，三者并未有实质性区别。作为交易所市场之外市场的重要组成部分，新三板的内部分层值得仔细筹划。

从海外市场经验来看，美国纳斯达克市场是最值得学习和借鉴的，在中国所有的市场中，新三板的定位与纳斯达克最为接近。纳斯达克的做市商制度和市场分层等两大特色制度在中国资本市场的试点也都将落在新三板。

在20世纪70年代纳斯达克成立之初，只有一个整体的市场，到20世纪80年代因为引入实时成交价格和数量技术而分为全国市场和小型资本市场。到2006年，纳斯达克市场推出一个新的市场层次“全球精选市场”，并将原来的全国市场和小型资本市场分别改名为“全球市场”“资本市场”。至此，纳斯达克现行的3个层次形成。各层次的上市和维持标准是随着宏观经济和市场需求不断变化的，比如早期纳斯达克全国市场主要挑选流动性好的股票，强调过去6个月成交量指标，后来侧重企业的成长性，提出了多套指标，如增加利润标准、市场资本标准等，逐渐形成目前3个层次市场各自初始上市标准和维持上市标准的现状。

此外，在纳斯达克上市的公司可以在任何时间段内申请在不同层次之间转换。企业选择从高层次市场降低至低层次市场，是因为不能维持其持续在市标准，低层次市场从股东权益、市值、公众持股数量、公众持股市值、股东人数等条款要求都低于高层次市场。

总体来看，新三板的分层不应是区分大公司与小公司、好公司与坏公司，而是根据市场功能和实现功能的要求，实现权利和义务相匹配，以投资者的视角将不同风险程度的公司分开，给予不同的市场制度安排。

（七）三大交易方式本质区别

据了解，新三板竞价交易系统已基本完成，股转公司会先自测系统，之后券商可能也会参与测试。目前股转公司已经在测试竞价，此前，新三板市场的新闻发言人隋强曾表示，目前竞价交易的技术准备、制度准备正在有序开展，预计在2015年择机推出。

做市推出几个月以来，新三板交易金额屡创新高，目前平稳运行，价格博弈状态持续延续。截至撰稿，已有61家挂牌企业选择做市商交易，整体而言，做市转让交易方式已经成为新三板交易中的常态。这61家采用做市转让的挂牌企业中，除首批43家做市企业多选择通过老股转让的方式引入做市库存股以外，新增的18家企业多采用定向增发的方式引入做市券商。

新三板上市联盟创始人杨峰指出，目前做市股票价格稳中趋强，多数做市股票已经形成连续的价格曲线，新三板市场活跃度明显提升。据悉，竞价交易初步设定的门槛较高，50人以上股东，3000万元以上股本的企业可能先行申请参与竞价交易。

目前新三板交易方式实施的是协议转让和做市制度，协议转让是由买卖双方在场外自由对接达成协议后，再通过报价系统成交。而做市商制度是由券商不断地向投资者提供买卖价格，并按其提供的价格接受投资者的买卖要求，以其自有资金和证券与投资者进行交易，从而为市场提供即时性和流动性，并通过买卖价差实现一定利润。

集中竞价交易是证券交易所内进行证券买卖的一种交易方式，目前我国上交所、深交所均采用这一交易方式。一般来讲，是指两个以上的买方和两个以上的卖方通过公开竞价形式来确定证券买卖价格的情形。在这种形式下，既有买者之间的竞争，也有卖者之间的竞争，买卖各方都有比较多的人员。集中竞价时，当买者一方中的人员提出的最高价和卖者一方的人员提出的最低价相一致时，证券的交易价格就已确定，其买卖就可成交。

《全国中小企业股份转让系统股票转让细则（试行）》曾明确提出，在交易机制方面，全国股转系统将并行实施做市、协议和竞价3种转让方式，符合条件的挂牌企业可依需在3种方式中任选一种，3种方式不兼容，但若企业需求变化，可以依规进行变更。

第四部分

政府战略

新三板，即全国中小企业股份转让系统的俗称，企业在新三板挂牌不但可以通过股份转让、定向增发、发行私募债、银行授信等金融工具享受到企业上市融资、规范治理、品牌提升等诸多好处，更是给中国经营者一次由“企业家”向“资本家”转变的制度性机会。

第十四章 新三板金融改革战略

国务院于2013年12月14日发文，《国务院关于全国中小企业股份转让系统有关问题的决定》（国发〔2013〕49号），其中明确表示，为更好地发挥金融对经济结构调整和转型升级的支持作用，进一步拓展民间投资渠道，充分发挥全国中小企业股份转让系统的功能，缓解中小微企业融资难，按照党的十八大、十八届三中全会关于多层次资本市场发展的精神和国务院第13次常务会议的有关要求，决定中表述，全国股份转让系统是经国务院批准，依据证券法设立的全国性证券交易场所，主要为创新型、创业型、成长型中小微企业发展服务。境内符合条件的股份公司均可通过主办券商申请在全国股份转让系统挂牌，公开转让股份，进行股权融资、债权融资、资产重组等。申请挂牌的公司应当业务明确、产权清晰、依法规范经营、公司治理健全，可以尚未盈利，但须履行信息披露义务，所披露的信息应当真实、准确、完整。

新三板设立的背景如下：

第一，中央对全国性场外市场建设的高度重视。

① 建设创新型国家，需要发展场外市场；

② 大力发展多层次资本市场，场外市场是其重要组成部分；

③ 代办股份转让系统的建设获得有关部委的鼓励支持。

第二，高科技企业发展的现实需求。

高科技企业在初创期和成长期，需要投入大量的科研资金和人力成本，在成熟期需要扩大规模和兼并重组，但目前我国普遍存在融资难的现状，私募股权投资退出渠道不通畅等，不利于吸引民间资金。

第三，完善我国资本市场体系的必然要求。

目前，我国资本市场主要由沪深主板、创业板及场外市场构成，沪深主板市场对企业上市的条件要求较高，主要为成熟的国有及民营大中型企业上市提供服务。沪深主板市场和创业板对于在创业初期的科技型企业来说仍是高门槛，需要资金支持以发展技术和开拓市场的中小企业无法获得更好的融资服务，因此需要大力发展场外市场，为中小企业提供更便捷门槛较低的融资平台。纵观国际发达的资本市场，如美国多层次的资本市场体系，以及先进的交易制度，也是我们可以学习借鉴的。

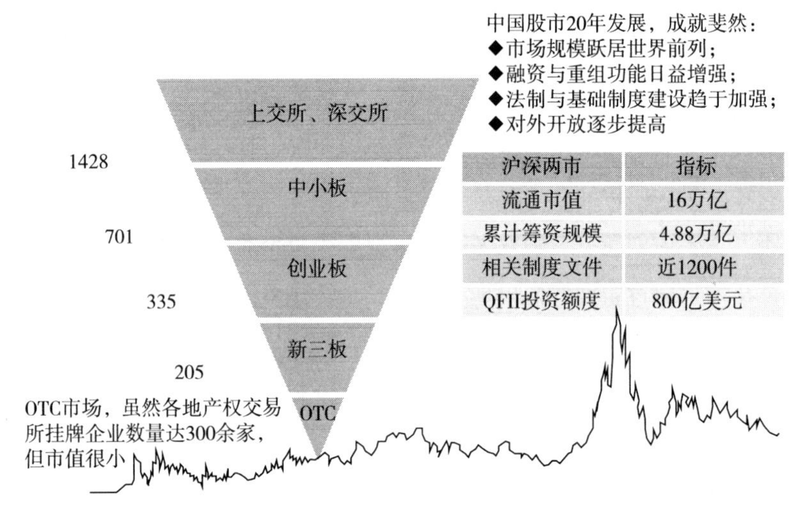

图 14–1　资本市场发展现状概述

新三板正式全国扩容具有两方面意义：第一，丰富资本市场层次，对构建中国多层次的资本市场迈出重要一步。第二，有利于解决中小企业融资难的问题，对中国的经济转型有很大助推作用。目前看新三板挂牌的数量不会很多，但将来新三板肯定会变成中国资本市场的重要补充，挂牌公司的数量将急剧上升，为中国的经济转型提供强大的助推作用。

未来我们可能会有三种机会。

图 14-2 多层次资本市场架构

一是新三板。为什么新三板非常重要？如果像现在这样的速度，每年有上千家新三板公司挂牌，等到三年后，新三板公司极有可能会超过5000家。而现在新三板公司挂牌之后，做市商越来越多，可以想象，将来新三板的这些公司流动性会非常好。这就像改革一样，今后这一块的机会就像过去股改一样，或者说就像过去的房地产一样，会是一个非常巨大的市场。

二是混合所有制改革。其实股权的混合在朱镕基时代已经做到了，现在做到的就是让国有企业管理层真正的市场化，如果管理层真正的市场化，未来在中国的管理层持股会更加蓬勃。在这样一个领域里，混合所有制所带来的国有合资混合企业管理层的持股之后带来的机会一定是非常多的。

三是房子。房子有一个基本的规律，在美国1927年城市住宅是93.7万元一套，但是后来房子不行了，城市住宅启动量不是跌到他们认为合适的50万元一套，而是直接跌了90%，变成9.3万元一套，中国现在就是处于这种状况，房子盖得太多了，如果这个产业将来发生一种结构性的变化，那么如果能够在制度上找到未来的准盘，在这个价格破灭之后能够把握机会，实际上，我们会获得下一轮繁荣的机会。

第十五章 新"国九条"的解读

2014年5月9日，国务院发布了《国务院关于进一步促进资本市场健康发展的若干意见》（即新"国九条"）。这是基于国家战略角度对资本市场顶层设计的纲领性文件，勾勒了未来5～10年国内资本市场转型的路线图，信心比黄金更重要。

市场化改革是新"国九条"一以贯之的方向，新"国九条"强调提高一个比重（即"提高直接融资比重"）、发展两类市场（即"场内市场/场外市场"）、完善三种主体（即"上市公司/中介机构/专业投资者"）。

一个比重：2009年以来，我国直接融资比重呈现下降态势，目前只有美国市场一半，在提高直接融资比重规划下，资本市场IPO/债券发行/并购重组规模将有巨大成长空间。

两类市场：建设多层次资本市场，发展场内和场外两类市场，包括壮大主板/中小企业板市场，改革创业板市场，加快完善新三板系统，规范发展债券市场，培育私募市场。

三种主体：在完善上市公司主体方面，推动混合所有制经济发展将加快国企改革，上市公司股权激励/员工持股/市值管理/交叉持股制度有望实施。在完善专业投资者方面，新"国九条"要求鼓励社保基金/保险/QFII 等长期投资者进入资本市场，这有利于培育长期价值投资和重视现金分红的资本市场环境。

发展两个市场：场内市场/场外市场。新"国九条"明确提出，要发展多层次股票市场，规范发展债券市场，培育私募市场，提高证券期货服务业竞争力等政策措施。

在股权市场发展方面，本次顶层设计意见以多层次股权市场的体系结构，提出要壮大主板、中小企业板市场，改革创业板市场，加快完善全国中小企业股份转让系统，在清理整顿的基础上将区域性股权市场纳入多层次资本市场体系，加快多层次股权市场建设。

在债权市场发展方面，截至2013 年底，公司信用类债券余额达9.2万亿元。但本次证监会指出了我国债权市场存在的问题，如品种不够丰富、市场相对分割、信用约束机制不健全和违约处臵机制不完善等。预计加快品种推出、加速交易所场内市场与银行间场外市场联通、减少审批同时加大监管力度等将成为今后发展的方向。

在鼓励并购重组方面，新“国九条”要求鼓励各类资本公平参与并购，破除市场壁垒和行业分割，实现公司产权和控制权跨地区、跨所有制顺畅转让。新“国九条”提出，要积极稳妥推进股票发行注册制改革，建立和完善以信息披露为中心的股票发行制度。充分发挥资本市场在企业并购重组过程中的主渠道作用，实现公司产权和控制权跨地区、跨所有制顺畅转让。构建符合我国实际并有利于投资者保护的退市制度，逐步形成公司进退有序、市场转板顺畅的良性循环机制。

衍生品市场有望有望在品种创新/投资结构改善等多方面取得发展。相对于美国具有单只股票期权/股指期权/ETF 期权/短期利率期权/不同期限利率期货等多种金融衍生品，我国目前只有国债期货/股指期货等金融衍生品种，种类单一。特别是在国际衍生品市场中，金融期货及衍生品占比超过90%。我国期货市场仍以商品期货为主，结构尚需调整。投资者参与范围的扩大和创新品种的推出将提高衍生品市场参规模，预计2014年有望推出的金融衍生品报考个股期权和股指期权，以沪深500为标的的股指期货等产品。

表15-1　　衍生品和场外产品不足使我国券商经纪业务收入单一

经纪业务来源	美国（2010）（%）	中国（2013）（%）
交易所交易	6.16	48
OTC场外交易	2.10	0
期权等衍生品交易	1.31	0
其他创新产品交易	10.52	0
经纪业务占总收入比例	20.09	48

受交易制度/参与主体等一系列局限，我国目前场外市场发展程度总体落后于场内市场。新“国九条”指出，要“加快完善全国中小企业股份转让系统，建立小额、便捷、灵活、多元的投融资机制”。发展多层次资本市场有利于促进我国中小微企业发展，未来新三板市场将成为场外市场发展的主体，新三板及区域场外市场将获得大发展。

在多层次资本市场建设提速下，我国现有以主板为主的“倒金字塔”结构将转型为场外市场蓬勃发展的正“正金字塔”形结构。“中央支持+区域金融改革+金融创新”为场外市场发展发展提供了有利条件。预计做市商制度和以机构参与者为主体的投资结构将成为新三板市场的亮点，我们预计2014年后每年有1000家以上企业将在新三板挂牌。

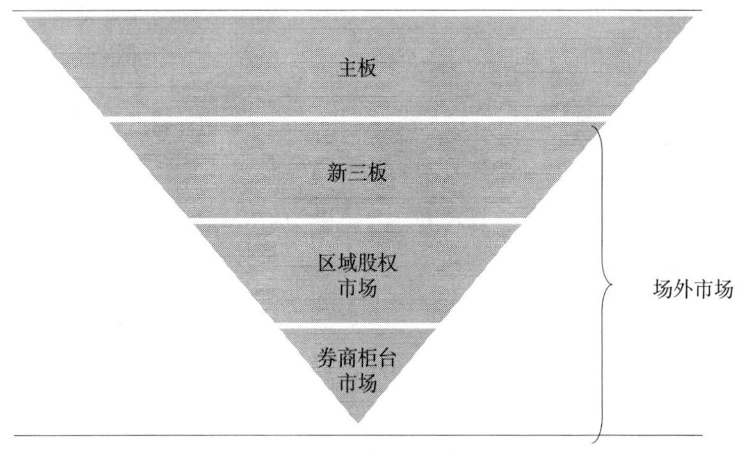

图 15-1　多层次资本市场建设将促进我国场外市场发展

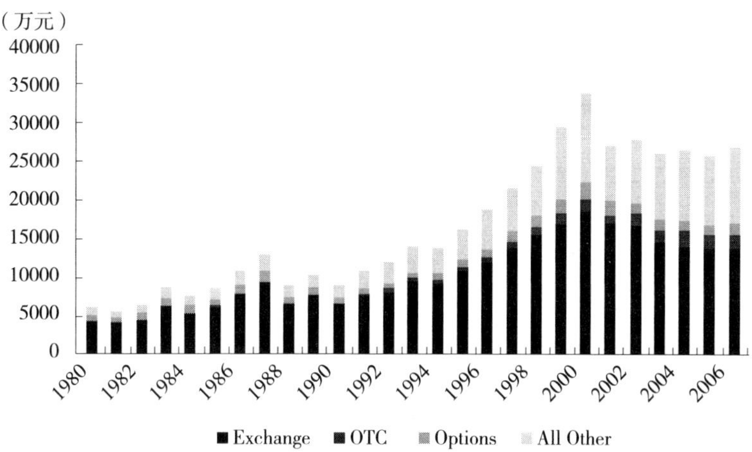

图 15-2　美国场外市场占证券市场交易的半壁江山

新“国九条”首次专门对培育私募市场作出了具体部署。私募市场主要指面向特定对象、采取非公开方式募集资金和进行交易的金融市场。我国资本市场在过去20多年中，主要围绕交易所市场和公募市场展开，而私募市场正在起步中。

为培育私募市场，新“国九条”首先提出了证券私募发行的总体要求。主要包括建立合格投资者标准体系，规范募集行为。对私募发行不设行政审批，允许各类发行主体在依法合规的基础上，向累计不超过法律规定特定数量的投资者发行股票、债券、基金等产品。针对私募产品的风险收益特点，建立健全私募产品发行监管制度，切实强化事中事后监管。建立促进经营机构规范开展私募业务的风险控制和自律管理制度安排，以及各类私募产品的统一监测系统。

实践中私募投资基金是重要的投资主体，本次意见专门对发展私募投资基金进行了专门规定。主要内容有：按照功能监管、适度监管的原则，完善各类私募投资产品的监管标准。依法严厉打击以私募为名的各类非法集资活动。完善扶持创业投资发展的政策体系，研究制定保险资金投资创业投资基金的相关政策。创新科技金融产品和服务，促进战略性新兴产业发展。

第十六章 国资混改借力新三板

全国中小企业股份转让系统（新三板）国企板块正在崛起，同时新三板正在成为挂牌国企实施改革的资本平台。

截至撰稿，虽然证监会未出台非上市公众公司员工持股计划指导意见，但2014年6月份证监会已经制定并发布了《关于上市公司实施员工持股计划试点的指导意见》。此外，根据《非上市公众公司监督管理办法》规定，非上市公众公司向特定对象发行股票时，发行对象除了是公司的董事、监事、高级管理人员、核心员工和符合投资者适当性管理规定的自然人投资者、法人投资者及其他经济组织外，投资者合计不得超过35名。2015年1月12日，国资委全面深化改革领导小组第十八次全体会议已经审议并通过了《关于混合所有制企业实行员工持股试点的指导意见》。这意味着，新三板企业实施员工持股计划没有了政策障碍。

目前，已有不少地方国资委将新三板纳入实施国资国企改革的重要资本平台。

四川省国资改革方案提出，加快国有资产证券化。鼓励国有企业充分利用包括主板、中小板、创业板、新三板在内的多层次资本市场上市挂牌，通过市场化机制为资本定价、发现价值，以融资、转让、并购等方式实现国有资本的充分流动和股权的多元化。

广东省的改革方案明确，利用境内外多层次资本市场，推动汽车贸易、仓储物流、轨道交通施工、招投标板块等具备上市条件的企业实现主营业务上市，推动电子信息、生物医药、食品粮油等企业逐步注入省属同类业务上市公司，推动一批具有发展前景的企业在新三板上市。

江苏省发布的方案提出，国有资本运营公司以资本运营和资产处置为主，持有母公司层面股权多元化或整体上市后的国有股权，接受并处置其他国有企业资源整合清理过程中剥离的非主业等资产，按照市场法则进入多层次资本市场和公共资源交易市场，进行股权和资产的交易和运作。同时允许混合所有制企业员工持股。以留住人才、调动积极性为目的，积极探索混合所有制企业员工持股的多种形式，形成资本所有者和劳动者利益共同体。

据统计，除两网及退市股票以外，截至撰稿，新三板已挂牌企业中，有58家国有企业，其中央企控股企业11家，地方国有企业47家。未来随着国资国企改革进入到实质性阶段，新三板国企板块将迅速崛起，同时借助新三板推进国资国企改革，将成为央企控股挂牌国企和地方国企低成本实施改革的重要资本市场平台。

第五部分

未来趋势

新三板，中国资本市场的又一处金矿。未来随着竞价交易板推出、投资者门槛降低等政策红利的兑现，新三板市场的交易量与估值水平有望大幅提高。如今，除了券商已在做市商领域大展身手外，公募、私募亦已整装待发欲杀入新三板市场。群雄逐鹿新三板的时代渐行渐近。

第一，新三板企业数量将爆发。

新三板的流动性一直是投资者关注的重点。我们认为，流动性问题并非难题。日后，新三板投资的退出渠道也会越来越多，包括做市交易、被并购、竞价交易、转板、IPO等。竞价转让制度有望在2015年推出，并有望成为新三板主流交易方式，新三板的流动性将进一步增强。

据了解，目前业内人士普遍认为，2015年新三板市场将迎来最大的制度红利。全国股转公司计划2015年利用新三板内部分层，有效降低投资者准入门槛。正常的新三板挂牌公司转板可能伴随注册制的落地会有细则推出。据悉，东方证券、申银万国等券商已经提交了相关的市场分层建议，分别建议从股东人数、社会公众股东人数，以及公司市值、年化总市值周转要求等多个方面进行分层。

中国股转系统未来将可能是全世界最大的基本的股转市场，这也将是多层次市场的格局。未来市场分层的重要指标将参考企业背后的做市商数量，另外，股权分散度也将是整个市场分层的逻辑。将来股转市场进行市场拆分以后有三个模块：第一个是竞价交易，分为连续竞价和集合竞价，与A股形式相仿；第二个是做市交易；第三个是协议转让交易，目前这一阶梯的企业体量最大。

从数据来看，中国股转系统2013年融资量仅有10.02亿股，而2014年全年完成了129.99亿股，增长了12倍。截至2015年1月26日，挂牌公司已经达到1810家，总股本742.13亿股，其中无限售股本260.76亿股，总市值达5278.68亿元。挂牌公司股票成交19555万元，其中做市转让交易10888万元，协议转让交易8666万元。

同时，券商受理准备挂新三板企业近4000家，按照当前的审核进度来看，每年挂牌的企业大概在1200～1500家。2015年上半年肯定能超过沪深两市整个A股的整个企业数量，这是明确的市场预期，2015年整个市场活跃度或超乎想象。

第二，未来估值打开想象空间。

对于公募基金来说，2015年不仅是新三板高速发展的一年，更是新三板投资的黄金之年。与创业板相比，新三板估值相当低，并且有些公司的盈利模式是主板和创业板所没有的，属于市场稀缺标的。未来，新三板是资本市场的一座金矿，其估值极具想象力。

目前登陆新三板的公司所处阶段相当于创业板上市公司发展阶段再往前推3～5年，具有比创业板公司更高的成长性，而目前这些公司的市盈率平均在20倍左右，远低于创业板50倍左右的水平，若是能挑选到好标的，未来会有很高的收益。

随着新三板挂牌公司流动性的好转，其估值将会整体提升。新三板作为具有高成长性的创新科技型企业板块，未来有很大的上涨空间。我们保守估计，2015年底，新三板企业的估值有望上升30%。

第三，公私募争发新三板产品。

据不完全统计，截至撰稿，已发行或拟筹备发行的公募基金已逾10家，其中前海开源、宝盈、财通、海富通等基金已通过专户渠道成功发行了产品。此外，包括朱雀、景林等私募机构也参与发行了新三板产品。另外，有数家私募基金表示，2015年上半年其也有发行产品的规划。

2015年，每个月都可能有机构发行不同的新三板产品。目前来看，新三板的成交量并不大，公募子公司发行的产品规模也不大，多数在3000万元。不过，一旦竞价交易推出，公募基金可能就会像洪水泄闸一样涌入新三板。目前已有公募基金经理放弃二级市场，从而转投新三板。

目前基金非公募业务中的新三板产品，锁定期大多采用2+1的模式，等该公司转板、被上市公司收购，或通过与对手方交易等形式退出。由于大量新三板公司分布在互联网、传媒、电子、医药、环保、设备、服务、新材料、新能源等新兴产业，这些本来就是公募基金重点覆盖的行业。因此，在目前的投研体系中增加了对新三板的研究，形成协同效应。但我们也应该注意到，新三板企业都处于成长初期，投资风险远高于成熟企业，公募基金需要将法律、审计、企业管理等专业人士纳入投研团队。

第十七章 新三板未来建设

一、美国OTC市场

（一）美国OTC市场的历史沿革与发展现状

1. 美国场外市场的历史沿革

场外市场（OTC），又称柜台交易市场，原意是服务于经纪商之间或经纪商与客户之间的直接买卖，为中小企和新兴产业的融资、风险投资退出、非主板的转让提供高效率的渠道。随住场外市场的发展，美国OTC市场已经逐步进入“完善监管体系，场外交易场内结算，多元化的产品”方向发展，并成为全球最活跃及最重要的场外市场。

1904年，美国建立了世界最早有组织的证券场外交易市场——Pink Sheets市场，为场外股票提供交易，报价等服务。20世纪40年代，大宗商品的衍生品市场开始形成，相对证券承销和并购市场，其市场空间较少，使得投资银行在衍生品的业务投入较少。直到20世纪60年代，OTC市场的基本状况与1929年证券市场大崩溃之前的市场形态变化不大，仍然属于一个十分不规范的证券交易市场，主要反映在市场的股票价格披露状况长期以来一直难以改善，不但杂乱不堪，而且更不及时。这种长期混乱和不规范的股票报价状况最终促成了美国政府决心对OTC市场进行整顿和规范。

场外市场的多元发展在20世纪70年代进入高速发展时期。当时投资银行在经济滞涨和传统业务低迷下，急需开拓新的收入来源。与此同时，利率和汇率风险在布雷顿森林体系崩溃后更为突出，市场对金融类的衍生品需求大幅增加，因此投资银行也逐步加大了衍生品业务的投入。

进入21世纪，ECN的发展促成了纳斯达克证券交易所的诞生，同时也成为世界上仅次于纽约证券交易所的第二大证券交易所。

2008年全球金融危机爆发，暴露出机构监管的缺陷，以及监管体系的不完善。2009年美国财政部发布《金融监管改革：新基础》，强调衍生品市场监管改革以防范衍生品市场风险影响整体金融体系稳定、增强场外衍生品市场透明度、防范市场不当行为、防范产品不当销售予不成熟投资者等方面为目标。2010年《Dodd Frank法案》推出，重新构建整个监管体系，使得美联储得到银行、证券、保险（放心保）、基金等机构的绝对监管权。同时，法案也限制银行和金融公司的自营交易、强化衍生产品的监管、强调消费者金融保护等。从而为场外衍生市场提供一个匹配的监管体系，避免再一次对全球金融体系的冲击。

2. 美国OTC市场发展现状

（1）市场构成元素

OTC市场具有多功能、多层次和多交易中心的特点，主要可被细分为零售、批发、外汇和衍生品等功能各异的市场。零售和批发两个市场均可按照不同的市场群体更进一步分割为不同的子市场。

① 纳斯达克证券市场。纳斯达克证券市场是OTC市场上股票零售业务的旗舰，其功能与证券交易所相同，既有上市融资的功能，也具备二级市场股票交易的功能，但没有证券交易所那种集中和固定的证券交易场所，秉承了OTC市场造市商所特有的虚拟和分割的市场模式。如今的纳斯达克证券交易所仍然保持着原有的市场模式。

② OTC公告版市场。OTC公告版市场是一个受到全美证券经销商协会监管的市场，而粉单市场则是一个基本不受监管的市场。

上市公司可以根据OTC市场不同细分市场的特点各取所需，选择合适的子市场进行融资和挂牌交易。

③ 第三市场。由于机构投资者需要买卖大量的股票，直接在证券交易所进行

交易不仅会引起市场价格的波动，提高股票交易的成本，而且还无法避免一笔不菲的手续费。因此，机构投资者需要寻求一个出价好，即买入价格更低或是卖出价格更高、而且手续费比较合理的代理商来执行自己的交易。于是，这些做大宗交易的机构投资者就在OTC市场上吆喝买卖，把交易放给那些出价好、手续费低廉的造市商。这种在OTC市场上买卖交易所股票的投资行为导致了在OTC市场上发展和形成了一个特殊的大宗交易批发市场，即OTC第三市场。

④ 第四市场。第四市场是OTC市场为方便机构投资者之间的相互交易便利而设立。与第三市场不同的是第四市场交易模式不需要中间商角色。换句话说就是，第四市场上不存在造市商，机构和机构之间可以直接对话交易，也不需要付任何手续费，属于对手方交易模式。

在第四市场上做交易的机构主要有保险公司、退休基金公司以及银行的信用部门等。这些机构喜欢通过OTC市场买卖有价证券的原因有以下几点。

a. 大量买卖美国政府和地方政府的债券，这些债券通常只在OTC市场上交易。

b. 大量在一级市场和二级市场发行的新股都在OTC市场上完成交易。

c. 在OTC市场买卖大量股票不会引起二级市场的股票价格发生剧烈波动，出现大幅度上升或是下降的现象。

第四市场是买卖美国政府债券的主要市场，具体的交易业务基本上围绕着40个主要的债券经销商进行。

随着互联网技术的发展，第四市场也在变化。依托互联网的网上交易撮合系统开始为个人投资者提供没有中间商的直接交易撮合模式。现在，第四市场的报价和交易已经可以通过先进的互联网技术和全自动化的电子撮合技术来实现。

⑤ 外汇和衍生品市场。外汇和衍生品市场。OTC市场上的外汇交易占到全美国外汇交易的90%以上。参与OTC外汇市场交易的主要有外汇经销商、非经销商类客户、中央银行、外汇交易代理人四种不同类型的公司。

OTC市场上的金融衍生品交易主要在经销商和客户之间直接进行。通常经销商是某一个银行或是投资银行，而客户则是企业或者是政府机构。

OTC衍生品的经营主要集中在一些大型金融机构的手里。根据纽约联邦储备银行给出的资料显示，主要由54个经销商组成了这一市场，他们之间的营业额占到整个OTC金融衍生品市场的71%。

OTC金融衍生品的营业额在过去的十年里增长很快，1995年平均日营业额在520亿美元，1998年上升到910亿美元，而到了2001年则达到了1350亿美元，7年中的涨幅达到了2.6倍。

从OTC市场的金融业务和体系结构中可以看出，OTC市场是一个巨大且包罗万象的有价证券交易市场，在美国的金融体系中扮演着十分重要的角色，与证券交易所市场共同组成了美国证券交易市场完整的融资渠道和有价证券交易市场。

相对于稳定的证券交易所市场结构，OTC市场结构最大的特点就是其所具备的多功能、多层次和多交易中心的市场结构，以及各交易中心之间耦合的松散性和非稳定性，并以此造就了一个多姿多彩的证券交易市场。

（2）OTC市场份额

全球金融危机后，场外衍生品的交易名义本金额（名义本金额是指交易双方在协议中所确定的合约规模，即要进行交易的资金数额。之所以称为“名义本金额”，是因为双方并不进行实际的资金借贷和转移，它只是双方用以计算盈亏的本金数额）也有所下降。从2007年和2008年保持在4700亿美元（经调整后），下降至2012年中4169亿美元（经调整后一年数据）。虽然场外衍生品在危机后有所下滑，但仍然保持在2006年前的水平以上。直至2012年6月，场外衍生品主要以利率和外汇为主，分别占总交易额的77%和10%，而信用类占5%左右，商品和证券类就更少。在利率中，互换和期权是最主要的场外产品。这种市场结构在2006至2012年也没有明显的变化，反映场外市场的主要交易跟利率相关的产品比较多。

3. 推动OTC市场发展的动力

（1）客户需求

客户的需求是推动OTC市场发展的重要因素。利率和汇率风险在布雷顿森林体系崩溃后，市场对金融类的衍生品需求大幅增加，因此投资银行也逐步加大了衍生品业务的投入。1980年，所罗门兄弟公司开展全球首次掉期合约交易。1981年，高盛收购期货商J.Aron，介入衍生品市场，并更多地通过衍生品向自营业务发展。参考高盛的财务数据，高盛的自营利润从1998年占总比例的24%升至2000年占比接近40%。衍生品交易在高盛自营业务占有重要地位，衍生品资产约占总资产和总负债的12%~13%。从20世纪70年代开始，投资银行的手续费收入占总比例不断下降，最初占比40%~50%，到2000年下降至20%左右。另一方面，在2007年和2008年衍生品业务占总收入超过50%，这都反映投资银行在场外产品设计和做市方面创造极大收入。时至今日，多元化的场外衍生品已经被大量应用在利率，外汇，商品，证券，信用，天气，碳排放等各方面，很多结构性金融产品也通过这些衍生品和相关概念建立起适合不同投资需要的方案。

（2）监管需求

OTC市场的逐步规范是其发展的有效保障。1938年美国政府对《证券交易法》进行了首次修正，修正内容全部来自于一个叫做“莫隆尼修正案”的议案。正是因为“莫隆尼修正案”的补充，使原来只适用于证券交易所市场的《证券交易法》的管辖范围延伸到了OTC市场。

“莫隆尼修正案”明确要求OTC市场必须成立专门的经纪人和经销商自律协会。这类由会员组成的自律协会是在美国证券法律框架之下成立的非营利性的民间自律监管组织，不允许带有地域特性，必须是全国性组织，并且在美国证监会注册。

一年之后，也就是1939年，全美证券经销商协会向美国证监会提交了注册申请。同年8月19日美国证监会批复了申请，全美证券经销商协会从此走上了美国证券市场的历史舞台。

美国国会1990年通过了《1990年分值股票改革法》的法律。根据此项法律，OTC市场需要进一步改造其资本市场的结构，继续提高市场透明度。

《1990年分值股票改革法》的出台与美国国会对OTC市场进行的一次情况调查有关。调查的结果表明：分值股票市场上的欺诈行为和弊端已经到了肆无忌惮的地步。为了在整个美国的证券市场的格局中维系一个强壮的经济和多元化的交易市场，确保分值股票市场的健康和透明十分关键。因此，有必要通过加强立法来保护投资者的利益和正常的市场融资和交易能力。

1999年1月4日是一个具有重大意义的日子。美国证监会在这一天颁布了“OTC公告版资格条例”，对信息披露做出了明确的规定，要求在OTC公告版市场挂牌交易的公司提交。自2000年6月份开始，所有在OTC公告版市场交易的股票所披露的信息已经和在纳斯达克证券市场上市的微软和英特尔这样的重量级公司相等同。OTC公告版市场从此走上了更为规范之路。

1999年《金融服务现代法》的实施，明确要求衍生品需要受机构和功能监管。换言之，就是分别对衍生品交易的各类参与者，衍生品工具以及市场进行监管。机构监管按照机构所属的行业来界定，例如商业银行接受财政部金融局（OCC）和联邦存款保险公司的监管；商业银行控股的公司由美国储备委员会（FED）来监管；证券经纪交易商由美国证券交易委员会（SEC）来监管；商品和期货行业由美国商品期货交易委员会（CFTC）来监管。功能监管主要由SEC和CFTC进行，分别监管相关资产类别的产品和市场。但是，美国立法者认为对场外衍生品市场的交易者已经实施足够的机构监管，没有必要对场外衍生产品进行更严格的功能监管。美国国会采纳《场外衍生品与商品交易法报告》的意见，在2000年通过《商品期货现代法》，把非农产品（000061）的互换，如信用和权益掉期合约等，豁免纳入监管体系。这种豁免推动了场外衍生品的发展，但也间接引发了由信用违约掉期（CDS）和房地产次级债造成的2008年全球金融危机。

2008年金融危机之后，全球化场外衍生品市场的风险引起全球监管机构的关注，美国率先在2010年通过Dodd Frank法案，充分体现出后危机时代美国金融监管理念和监管模式的变革方向，场外交易的标准化和强制集中清算是加强场外衍生品监管的两个方面。法案倡导所有的非豁免互换均实行场内交易和集中清算。为此，法案提高了非集中清算互换的保证金和风险敞口要求，并要求互换交易方仍需签订双边标准互换文件。法案要求CFTC对传统的期货、期权以外的商品衍生品建立持仓限额。方案赋予CFTC限制场外市场掉期交易以及交易所期货交易的权利。

（3）IT技术推动OTC市场发展

1963年全美行情署被芝加哥一家称之为Commerce Clearing House，简称CCH，中文翻译为商业清算公司的出版商买走。正是由于CCH是一个出版商，所以CCH

把全美行情署也看成是一个单纯的出版发行刊物，因此，在很长的一段时间里没有对全美行情署进行新的技术改造。很快，全美行情署就变得无法跟上OTC市场的发展步伐。

虽然早在20世纪初期全美行情署发布的市场信息就已经成为经纪人和经销商不可或缺的投资工具，但却在1971年以后逐渐地被以技术为核心竞争力、为经纪人和经销商提供实时报价服务的纳斯达克证券市场所取代，此后一直不振。

进入21世纪，来自于ECN的挑战直接威胁到了纳斯达克证券市场在OTC市场的市场份额。

ECN市场以其惊人的发展态势不断升级对市场的挑战。2000年，一家叫做群岛（Archipelago）的ECN公司被美国证监会批准成为证券交易所，一举从一家OTC市场的经销商脱胎为一家全自动的电子证券交易所，即群岛证券交易所。

代表新生的ECN市场，群岛证券交易所在2005和2006年的一系列商业活动令市场叹为观止，在收购了太平洋证券交易所之后，旋即与纽约证券交易所合并成立了NYSE集团，并令纽约证券交易所一举成为一家上市公司。

为了迎接挑战和夺回失地，纳斯达克证券市场自成立以来第一次全面地、大规模地改建其证券交易信息系统平台。2002年底，纳斯达克证券市场终于完成了对股票证券交易系统平台的全面升级和改造，并寄希望于新建的交易系统平台能够从ECN市场手里夺回失去的市场份额。

2006年1月13日，美国证监会批准了纳斯达克证券市场的申请，成为继纽约证券交易所和美国证券交易所之后第三家全国性的证券交易所——纳斯达克证券交易所，同时也成为世界上仅次于纽约证券交易所的第二大证券交易所。

（二）美国OTC市场结构分析

1. 美国OTC市场运行方式

步骤1：客户1提出场外交易的诉求给其交易经纪商1，交易经纪商1通过四种途径帮助客户1完成其诉求。

途径1：交易经纪商在其客户群体中寻找到对手方客户2，使客户1和客户2能达成场外诉求。

途径2：交易经纪商在自己的客户群体中找不到对手方，可以通过场外交易电子报价系统为客户1找到对手方。

途径3：交易经纪商在自己的客户群体中找不到对手方，可以通过其他交易经纪商2寻找对应的对手方客户3。

途径4：交易经纪商1为做市商，直接满足客户1的诉求，成为客户1的对手方，同时通过期权、掉期、互换、期货等衍生品规避自己吸纳头寸的风险。

步骤2：当场外交易双方达成协议，双方通过其对应的交易经纪商将交易的信息上报信息确认平台。

在美国信息确认中间平台目前有四种选择，分别为CME、Bberg VCON、MarkitWire、Markit Trade Manager，交易经纪商可以任选一个平台进行信息确认，以便后期的结算。

步骤3：清算所通过信息确认中间平台的信息对这笔场外交易进行逐日清算，然后将清算结果发送给有清算资格的清算经纪商，清算经纪商对相应的交易经纪商进行清算，交易经纪商对自己的客户进行清算。

2. 风险控制和清算

（1）清算

《多特法案》提高了非集中清算互换的保证金和风险敞口要求，并要求互换交易方仍需签订双边标准互换文件。法案对“互换”和“基于证券的互换”规定了不同的清算场所，要求“互换”在“衍生品结算组织（DCO）”进行清算，“基于证券的互换”在“结算机构”清算。获准集中清算的互换必须在经监管部门审核注册的交易场所进行交易，具体包指定合约市场（DCMs）和互换执行设施（SEFs）两类。

（2）隔离

互换交易商需要通知对手方他有权利要求对交易的保证金、债务或尚未清算的互换交易中作为抵押品的资产进行隔离。

（3）互换交易数据的信息发布

CFTC和SEC要求互换交易商公开发布互换交易的实时信息，包括交易的价格和交易量。

（4）互换数据存放

衍生品清算组织可以注册为互换数据存放机构，每一个注册互换数据存放机构都需要接受CFTC和SEC的监督和检查。

3. 投资者保护

2009年6月17日，美国财政部发布了《金融监管改革：新基础》的白皮书，计划对美国衍生品市场监管进行重大改革。

（1）确保将合适的产品卖给合适的投资者

新法案通过限制场外衍生品市场交易对手类型来保护不成熟的市场投资者，防止其购买与自身风险承受能力不匹配的高风险衍生品合约。CFTC和SEC将对《商品交易法》《证券法》《证券交易法》等法律进行重新审查，就如何进一步加强市场交易对手限制、实施额外的披露要求、专门针对不成熟市场投资者建立销售规范等提出修订意见。

（2）防止市场操纵、欺诈及其他滥用行为

新法案明确赋予CFTC和SEC对场外衍生品市场中的市场欺诈、市场操纵及其他不公平竞争行为拥有独立的监管处置权，对操纵或明显影响市场价格的场外衍生品交易合约，CFTC有权设置相应的敞口限制条款，监管机构有权要求各中央交易所、交易储存库及其他市场参与主体提供场外衍生品市场交易活动的详尽数据及相关信息，便于及时发现和处置市场不公平竞争行为。

《Dodd Frank法案》有多个条款就《商品交易法》规定的市场操纵、内幕交易和市场欺诈等交易禁止行为作了修改和完善。美国司法机关根据《商品交易法》，通过案例确立了认定操纵行为的四个传统要件：被告有影响市场价格的能力；被告特定地意图创造或者影响价格或者价格趋势，导致该价格不能合理地反映市场的供求状况；存在人为价格；被告的行为导致了人为价格。

法案在查处操纵行为方面最主要的变化，是授权CFTC将市场操纵的主观意图扩展至不计后果地。在以前，CFTC为确保起诉市场操纵行为胜诉，必须证明被告具有创造人为价格的特定故意。而新规定放宽了这一认定标准，根据《Dodd Frank

法案》和《反操纵实施细则》的规定，市场操纵行为被分为两类——“使用或者试图使用操纵手段和欺诈手段的操纵行为”和“价格操纵行为”。也就是说，《Dodd Frank法案》已经在法律层面明确区分不同类型操纵行为的认定标准——传统意义上的“价格操纵行为”必须有特定意图，但对其他使用操纵手段的行为或者基于欺诈的操纵行为，主观上的要求只是一般的故意或者不计后果。此外，根据法案和《反操纵实施细则》，对基于欺诈的操纵行为排除了证明人为价格存在的要求。这些举措无疑将降低CFTC认定操纵行为的难度，使得CFTC可以更有效地促进市场的完整性和保护市场参与者。

（3）加强经纪商和投资顾问的义务

为了更好地规范经纪商和投资顾问的义务，新法案对所有场外衍生产品市场交易商以及其他能够对其对手方形成大的风险头寸的机构实行稳健和审慎的监管。内容包括：保守的资本金要求、业务操守准则、交易报告制度以及与对手方信用风险相关的保守的初始保证金要求；对于所有银行和银行控股公司的不通过中央清算进行的场外衍生产品交易，应提高资本金要求；对于不能通过中央清算系统清算的非标准化合约，其对手方风险应当通过这种覆盖所有交易商的稳健机制解决。

（4）信息披露

采取措施使得场外衍生品市场的交易更为透明和公开化。相关的监管者可以在保密的前提下直接查询单个交易商或交易方的交易和敞口信息，而公众则有权利知道整个市场的整体信息。

授予CFTC和SEC基于各自监管目的的明确的权力，允许其对OTC衍生品头寸予以限制，并增加对OTC交易记录留存和报告的要求（这些要求包括对敞口的仓位进行合计，记录数据、面向公众的交易总量等，并对单一交易主体的交易和头寸数据留存），致力于使OTC市场交易更加透明，起到价格发现的功能。

（三）美国OTC市场的借鉴意义

1. 建立统一清算机构，防范OTC 市场的信用风险

（1）2008年金融危机之后，场外衍生品统一清算机制受到全球监管机构与

市场参与者的共同关注。美国与欧盟等多个国家的监管机构均开始大力推行统一结算机制。此外，场外大型交易商（如高盛、摩根大通、花旗银行等），在ISDA的组织下，联合响应欧盟号召，开始针对信用违约互换（CDS）合约使用中央结算。

2010年4月，国际货币基金组织（IMF）出台金融稳定性报告，认为统一清算机制中的中央结算对手方（Central Counterparty，CCP）能够显著减少市场风险。原因有三点：第一，CCP能够减少系统性风险。单个交易商的违约后果由中央结算所处理，避免市场上出现多米诺效应。第二，能够强制交易商提高风险管理标准，督促他们缴纳结算保证金。第三，能较快消化结算会员的违约损失。

美国目前已有三个场外结算机构，一是芝加哥交易集团（CME）的CME Clearport，目前处理逾1000笔合约，其中大多为能源期货合约，涉及原油、燃油、天然气、电子等产品，但近年来金属与大宗商品农产品期货数量也不断增加。二是洲际交易所旗下的ICE Trust，在场外信用衍生品市场具有显著优势。三是伦敦清算所的美国分部LCH Clearnet U.S.。位于欧洲的LCH Clearnet是全球最大的利率衍生品结算机构，在全球推进统一结算的进程中，LCH Clearnet在美国开办分支机构，希望能进一步拓展业务。

这些场外结算机构发展迅速，一方面避免场外交易的信用风险，促进市场健康发展；另一方面，为监管机构监督场外衍生品市场，提供了良好的数据基础与平台。

（2）我国目前在期货市场已经基本具备统一清算的基础。中国期货保证金监控中心已经成为四家期货交易所的数据中枢，并且已建成跨四家期货交易所的监测监控系统。数据的集中统一，为集中清算提供了良好的基础保证。此外，四家期货交易所也在积极研究统一清算机制，近年来已经取得一定的研究成果。

从国际经验来看，无论是交易所旗下的垂直结算机构（例如CME ClearPort），还是平行于交易所的水平结算机构（例如LCH Clearnet），均在减少市场对手方信用风险、降低市场交易成本等方面具有突出的作用。我国在发展多层次衍生品的路径中，应逐步推出统一结算机构。

2. 通过OTC市场，发挥期货公司的专业性

OTC市场能更有效协助实体企业管理风险，但同时也存在着低流动性和不透明性，使得市场风险、信用风险、交易风险更加难以控制和评估，因此，实体企业亟须能够指导市场和管理风险的专家。期货公司拥有多年衍生品业务经验和风险控制能力，完全可以通过OTC市场，充分发挥专业性，促进期货业与实体经济紧密结合：

一是期货公司设计符合实体企业风险需要及满足市场需求的场外衍生品合约，为OTC市场提供注入具活力和影响力的产品。

二是期货公司担任实体企业的顾问、经纪商、交易对手等多位一体的全方位角色，向客户介绍适当的风控产品，指导客户正确运用产品，协助客户交易并在需要时成为其交易对手，一站式解决实体企业“不懂用”和“难参与”等关键问题，扫除企业参与OTC市场的障碍。

三是期货公司运用场内市场功能以平滑OTC市场的风险，透过场内合约的对冲，将降低场外产品产生重大亏损的风险，使得市场在健康及风险可控的环境下发展。

3. 场内市场的产品、层次、工具必须丰富，以满足服务产业的需要

OTC市场、场内市场和现货市场是多层次金融体系的主要组成部分，其中，OTC市场更是连接场内市场和现货市场的重要纽带。OTC市场的非标准金融服务，不仅能填补场内标准产品的不足，而且能鼓励、培养和发展创新型产品和灵活性的风险管理业务。由于场外产品具有非标准性、不透明、低流动性等特点，实体企业往往难以寻找交易对手与其签署场外合约，因此，投资银行经常充当场外产品的交易对手，并透过场内市场交易标准化的合约对冲全部或大部分的风险，避免资产价格波动造成重大的损失。如果场内市场缺乏有效或合适的工具，投资银行在无法过量承担风险的情况下，可能拒绝成为交易对手，最终OTC市场也难以发展。因此，建立一个成熟有效的场内市场是推动OTC市场发展的关键条件。

场内市场需要多元化品种及完善的合约制度以支撑OTC市场发展。品种方面，多元化可以理解成更多种类的资产。截至目前，我国只有31个商品期货和1个

股指期货；商品期货品种还不够丰富，其他两个金融期货利率和外汇板块尚未建立；期权产品也未上市，上述缺失严重制约了我国OTC市场的发展空间。合约制度方面，合约的改善和扩充也十分重要。例如，交易所允许场外合约进行场内结算或者建立月份价差合约、短周期结算合约、期权、互换等不同类型合约，将为场外产品提供更多渠道对冲风险，并鼓励场外产品设计者开发一些满足实体企业多元风险管理目标的结构性产品。

4. 加强监管、放松管制，提高OTC市场流动性

OTC市场是非标准化的市场，流动性至关重要。太严苛的管制将会导致流动性受损，最终影响市场功能的发挥，影响合理价格的形成过程。

美国的金融市场目前是全球最大的金融市场，历经百年，仍然充满创新与活力。究其原因，美国业内人士指出，无论场内、场外，金融市场一定要具有流动性。监管应该为市场制定标准、约束不良行为，但不能严苛地限制市场化进程。只有开放竞争，给市场主动权，允许市场有充裕的流动性，才能最大化发挥市场功能。

在美国的金融市场上，市场参与者有很大的话语权。期货市场监管机构CFTC在多德–弗兰克法案的要求下，制定了期货市场限仓新规。但是随后被两家业内的协会状告法庭。法院判处CFTC败诉后，CFTC必须重新起草相应规则。在此机制下，监管机构将需要站在更高的平台上审视市场监管与发展的平衡。

反观我国的衍生品市场，存在“管制严格，但监管仍有不足”的情况。监管亦是一门艺术，在市场机制尚不完善的情况下，对我国监管机构的要求尤其高。既能听取市场意见，达到各方平衡；又保持中国市场发展的特色，方见大师功力。

为了提高OTC市场的流动性，我们还可以借鉴美国场外交易市场的经验，尽快引入做市商制度，使诸多的做市商与高新技术企业、项目、个人、其他社会组织一起成为OTC市场的交易主体和客体，是当前发展我国OTC市场中重要的技术和制度层面。

5. 充分揭示风险，强化投资者教育

几年前，全球经历了金融危机的阵痛。大量散户、企业承担了超过自己承受

能力的风险产品，损失惨重。事实上，金融产品纷繁复杂，设计和演变逻辑难以琢磨。散户及一般企业在金融市场上处于绝对弱势，只有专业的金融机构才能够对风险具有一定的判断力。因此，投资者教育至关重要，增强投资者对市场风险的判断力，并且必须坚决要求专业金融机构向投资者揭示风险，才能避免投资欺诈行为，保护投资者的权利。

在美国，投资者教育长期大力投入。一方面，投资者教育利于市场发展。CBOE期权交易所负责人曾指出，办期权交易所与投资者教育密不可分。对投资者教育的投资非常重要，因为成熟的投资者不仅能保证良好的市场环境，更能够为交易所带来更多的收益。我国沪深300指数期货已安全平稳运行3年多，其中一个较为重要经验就是建立了以适当性为核心的投资者教育制度体系，受到市场好评。未来的创新产品应继续学习股指期货的经验，加强投资者教育。

另一方面，向投资者充分揭示风险，是投资者教育中非常重要的一环。美国金融危机之后，《多德-弗兰克法案》要求金融机构向投资者充分揭示产品风险，这已经成为任何产品介绍的首要环节。我国的衍生品市场仍比较单一，产品线尚未充分发展。事先完善强制风险披露规则，为未来发展多层次资本市场奠定良好基础。

6. 明确监管权限，提升监管效率

美国的场外衍生品市场也经历了长期的监管模糊时期。但在2008年金融危机爆发后，场外市场监管权限不清，这个漏洞成为众矢之的。因此，美国国会及时通过了《多德-弗兰克法案》，明确将场外衍生品市场的监管权限主要赋予CFTC。有关证券衍生品的产品，仍由SEC监管。

我国的场外衍生品市场监管界限尚不清晰。虽然2011和2012年国务院相继发布了37、38号文件，明确清理违规交易场所及其分支机构，但是这类交易场所的监管权限至今仍未明确赋予任何监管机构。

从美国经验来看，监管空白、权限不清会导致极端后果。衍生品是高风险的市场，应该在初期进行全面的顶层设计，引导市场健康发展。否则会出现市场行为混乱，影响正常的市场价格形成机制，甚至引发社会稳定。证监会对证券、期货市场的监管经验丰富，与国际监管机构交流充分，能够胜任此职。因此我们建议，在我国推进建立多层次资本市场发展的过程中，赋予证监会明确的场外衍生品监管权限，促进衍生品市场健康、稳定发展。

二、中国多层次资本市场的发展趋势

中国经济要转型升级，实现又一次大的飞跃，离不开资本市场的助推力。大力发展和建设多层次资本市场是经济发展的必然要求。全国中小企业股份转让系统，俗称新三板市场，正是我国多层次资本市场建设的基石。

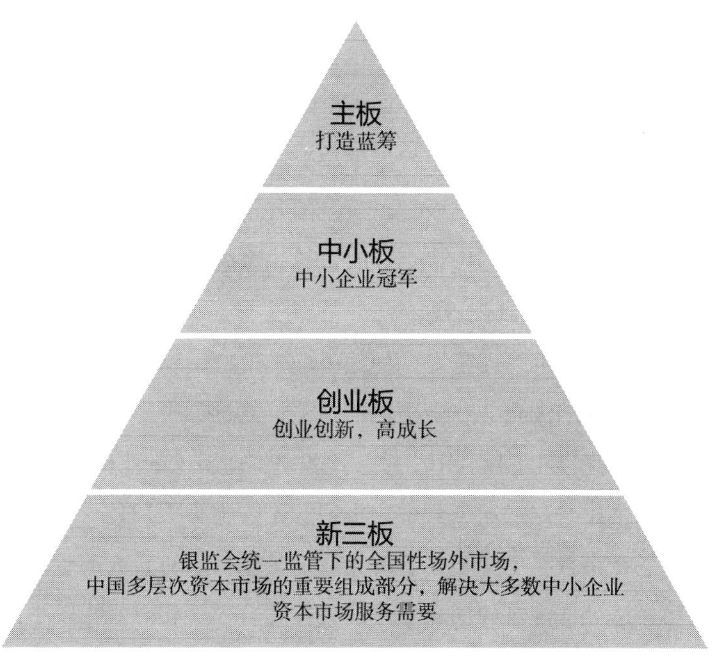

图 17–1 新三板我国多层次资本市场的基石

全国中小企业股份转让系统是经国务院批准设立、中国证监会监管下的全国性证券场外市场。新三板是2006年经国务院批准，由北京中关村科技园区的非上市股份公司进入证券公司代办股份转让系统进行股份转让试点演变而来。2012年8月3日，国务院批复同意设立全国股份转让系统，扩大新三板试点。按照总体规划分步推进、稳步推进的原则，首批扩大试点除中关村科技园区外，新增了上海张江高新产业开发区、湖北东湖新技术产业开发区和天津滨海高新区。2013年12月14日，国务院发布了《关于全国中小企业股份转让系统有关问题的决定》，批准境内符合条件的股份公司均可以在全国股份转让系统挂牌。之后，中国证监会发布（财苑）了修改后的《非上市公众监督管理办法》，制定了相关公司公开转让说明书、公开转让说明文件等七项配套规则。这标志着全国股份转让系统扩大至全国的工作全面启动。2014年1月24日，全国共计266家企业集体挂牌，标志着新三板正式迎来全国大扩容。在我国多层次资本市场建设中，新三板市场建设才刚刚起步。与我国上千万家企业的直接融资需求相比，新三板市场具有广阔的发展空间。

一般来说，多层次资本市场包含场内市场和场外市场。场内市场就是上海证券交易所和深圳证券交易所，有主板、中小板、创业板；场外市场就是全国中小企业股份转让系统，也就是新三板，以及全国各地的股权交易中心。上海证券交易所、深圳证券交易所、全国中小企业股份转让系统都由证监会统一监管，而地方股权交易中心则由地方自行监管。

在国外成熟的资本市场体系里，场外市场（柜台市场）企业的数量最多，在金字塔的底部。主板的大企业在金字塔的顶部，数量最少。而我国恰恰相反，最先并且长久以来发展的是主板和中小板，2009年才推出了创业板。截至撰稿，A股场内市场的上市企业共2493家，其中主板1392家，中小板721家，创业板380家，呈倒金字塔。能在主板、中小板挂牌的企业都是规模相对较大的企业。即使是创业板，也是已经达到一定规模的企业才能去挂牌。很多相对规模较小的企业，希望有个可以在全国性的场外市场挂牌进行直接融资的渠道。新三板的推出，正是为这些企业搭建了一个融资及发展的平台。

目前，新三板已经汇集了各个行业的企业，截至撰稿，新三板制造业企业达到335家，占比超过50%；其次是信息传输、软件和信息技术服务业，有202家，占比31%。此外，来自科学研究和技术服务业、文化、体育和娱乐业、建筑业、农、林、牧、渔业、采矿业、租赁和商务服务业等行业的企业也不在少数，甚至还有金融类企业，如湘财证券、均信担保。随着挂牌企业的不断增多，差异化服务需求的出现，新三板内部的分层管理必将推出，使不同类型的中小企业都能够在新三板市场得到很好的发展。

（一）“多层次”如何体现

多年来，我国证券监管部门始终把建设多层次资本市场体系作为核心工作，直接承担着制度设计工作，包括设计每个层次股票交易市场的基本体系和功能定位，不断推进和改革发行制度和交易制度，逐步完善相关法律法规。经过多年努力，我国多层次股权交易市场体系的框架已经搭建起来，已经形成了主板、中小板和创业板三个场内交易市场，也形成了新三板、地方股权交易中心和券商柜台交易市场组成的三个场外交易市场。

然而，这个看似链条很完整的多层次股票交易市场体系，目前却很难发挥应有的作用，跟欧美资本市场相比，似乎“形似神不似”。从三个层次的场内股票交易市场来看，我国过去只有上海证券交易所和深圳交易所两个股票交易市场，两个市场在发行、交易制度上并没有本质区别，很长时期形成了沪深两个市场相互竞争的格局，一时沪强深弱，一时深强沪弱，彼此取长补短，推动互动发展。在竞争过程中逐渐形成了上海证交所以大公司为核心，深圳证交所以中小公司为核心的基本格局。2012年，深圳证交所成立创业板，为了与既存的市场区别开来，只得把深圳既存的上市公司改称为中小板。可见，中小板并不是预先设计出来的，其上市企业定位以及发行交易制度与上海主板并没有本质区别。

这两年，中国产业结构的大变革，带动了深交所创业板的极度火热，市场重新回到了“深强沪弱”的格局，蓝筹股备受冷落。从上市资源看，传统蓝筹类上市资源越来越稀缺，上交所也不得不把重心放在争夺新兴产业和高成长中小企业上，也开始讨论是否设立战略性新兴产业板。为了尊重拟上市公司选择上市市场的权利，监管部门已经不再把发行规模作为企业选择上交所还是深交所的限制条件。可以说，沪深证交所在发行、上市、交易等制度上的差异，正在不断抹平。即使是苦心定位的创业板，实际上市的条件也越来越高。三个场内股票交易市场并不存在明显的层次关系，也不存在通过转板的衔接关系，发展越来越趋同。

从场外股权交易市场来看，新三板是在原来券商代办股份转让市场的基础上演变而来的，现在以几个高新技术开发区为依托，试图发展成全国联网的最大场外市场。各地已经形成的三十多个股权托管交易市场，是各地地方政府推动发展起来的，除了深圳前海略有特色外，其他基本大同小异。这两个市场彼此之间不存在层次关系，与三个场内股票交易市场也不存在衔接关系。这两个市场尽管目前挂牌公司数量不少，但是基本没有交易量。没有交易量，当然也就没有市场价格。即使有价格，那也是无效的。市场对股权没有定价能力，不知道定价标准，当然也就无法实现融资和再融资的功能。至于券商柜台交易市场，目前才刚刚开始建立。一些券商号称已经建立了柜台交易市场，但没有多少券种在交易。通过互换业务模式，很多券商的柜台交易市场正在演变成新的渠道融资工具。

因此，我国已经形成了六个层次的股权交易市场，未来中国的多层次资本市场体系就是要从这六个市场基础上发展而来。但这六个类型的股票交易市场，产生原因不同，推动主体不同，体制机制不同，发展模式不同，目前彼此之间没有衔接关系，也不存在明显的层次关系。从现状来看，场内三大交易市场功能和交易制度正在趋同，场外市场又基本没有交易流动性，场内市场和场外市场之间又无法衔接，如何能在此基础上构建“结构合理、功能完善、规范透明、稳健高效、开放包容的多层次资本市场体系”，将是一个巨大的系统工程。

（二）不存在统一先验模式

我国推进多层次资本市场的基本做法是，先由政府部门来进行总体的和基本制度的设计，再逐步推进落实。这些设计不仅包括应该有哪些层次的交易市场，也包括各个层次交易市场的职能定位、发行、上市、交易和监管制度等。由于证券交易市场具有广泛的公众性，社会影响面广，为了控制风险，各个交易市场和交易所也基本上由政府牵头组织，政府直接控制证券交易市场（交易所）的设立、组织、人事和运营等。可以说，我国建立多层次资本市场体系走的完全是自上而下的模式。这种发展模式可以最大限度地规避风险，形成自上而下的推力，缩短发展历程。但这种发展模式成功的先决条件是政府对多层次资本市场体系的设计和制度安排是正确的。要进行预先设计，就必须假设存在一个适应中国需要的多层次资本市场体系的先验模式。

那么，究竟有没有一个实用于各国的多层次资本市场的基本模式？这种模式从何而来？反观历史和现状，世界上并不存在一个实用于各国的多层次资本市场体系模式。各个证券交易市场由于其交易制度、交易成本不同，适用于不同的交易标的和投资人。证券交易市场总体上存在着场内集中竞价交易和场外分散交易等基本模式，但是各国究竟应该有多少层次多少类型的交易市场，各个类型的交易市场在发行、上市、交易和下市等制度上该如何设计，取决于各国经济、金融市场、企业和投资人等自身特点，并不存在普遍适用的模式。想先验设计出一个多层次资本市场模式来那是不可能的。

历史上，很多国家都认为设立创业板来推动新兴产业和创新型企业发展十分重要，也都先后推出了创业板，但是真正成功的创业板也就是美国的纳斯达克市场。而今天的纳斯达克市场跟当初的创业板市场定位和场外市场的交易方式已经完全不同，跟主板市场已经没有什么区别。各国资本市场都需要发展柜台交易市场，但是各国柜台交易市场的模式千差万别，交易的标的更是完全不同。过去真正从事股权类柜台交易的，做得比较成功的是台湾的柜台交易市场，现在也已没落。

欧美日各国的多层次资本市场差别很大，各有特色，并不存在统一模式。各国现存的多层次证券交易市场模式是从各国的资本市场发展历史中演化而来，是历史沉淀的结果，并不可能预先设计。美国证券交易市场从梧桐树下的分散交易开始，到纽交所的场内集中竞价交易，到场内交易和场外交易的并行发展，形成一个完整的历史演化过程。期间，无数种类型的证券交易市场在历史演化中消失，才成就了当前的多层次资本交易市场模式。

（三）把交易所交还市场主体

政府主导下的多层次资本市场发展模式的基本特点是政府直接办证券交易所，或政府垄断证券交易市场，包括证券交易所的设立、制度、股权、人事、财务、运营监管等。两大交易所尽管体制上实行会员制，但是会员对交易所并没有话语权，甚至多年没有召开会员大会。政府办交易所的确存在一系列的弊病。

政府办交易所，必然要把风险控制放在第一位。这种导向必然导致要不断提高企业上市条件，要对企业优中选优。各个交易市场都在不断提高上市条件，优选上市企业，这就必然导致多层次交易市场的层次性越来越模糊，导致交易所功能的趋同。从资本市场角度看，上市公司是否有完整的信息披露制度是监管部门要管的，上市公司如何经营以及经营业务的好坏并不是监管内容。各种类型的企业都应该能找到自己股票上市交易的市场，不是只有业绩好的企业才能上市。证券交易所并不是只为业绩好的企业服务。

政府办交易所，必然导致政府作为证券市场监管者在功能上的错位，交易所是证券市场的核心中介组织，是证券市场的重要组织者，证券商、上市公司和投资人都通过证券交易市场链接起来。证券交易所是证券市场的核心自律主体，是证券监管部门的监管对象。政府办交易所，导致了政府作为监管者自身又成为被监管对象的矛盾。

十八届三中全会确立的核心改革思想是，要划清政府与市场的边界，要把市场能做的事情还给市场。在中国资本市场上，划清政府和市场边界的核心内容是把交易所和交易市场还给市场主体。如果说，在中国资本市场过去发展历史中，为了加速发展历程，控制发展风险，协调好各方面利益，政府垄断证券交易市场有其合理一面的话，那么时至今日，中国资本市场已经逐渐成熟，规模日益扩大，证券中介机构特别是证券商已经日渐成熟，资本市场的市场结构、产品结构、交易结构已经十分复杂，政府直接办交易所已经无法适应市场环境的变化了。成立交易所，推动交易市场的运行，这是市场层面的事情；加强对交易所的监管，加强对交易市场的调控和引导，这是证券监管部门的事情。两者的职能必须分清。各个层次市场的发行、上市、交易制度，交由交易所确定。证券监管部门要对其所确立的制度的合规合法性加以监控，并监督检查是否按照确立的制度运行。

把证券交易所还给市场，核心是把证券交易所还给券商。券商是证券交易市场的核心推动者。从发展历史看，最初的证券商被称为证券交易商，核心职能是代理证券买卖和撮合交易。无论是早期的场外交易市场，还是后来的场内集中竞价交易市场，都是由券商发起成立，设计交易制度，撮合交易运行。证券交易所由券商发起设立，为券商服务，这是证券交易所的本源。我国政府办证券交易所的模式，使得券商由证券市场的重要组织者旁落成完成市场交易过程的程序员，对证券交易市场的组织和制度本身没有任何发言权。

把证券交易所还给券商，首先必须要让现在的两大证券交易所与证券监管部门在行政隶属上逐渐脱钩，恢复两大交易所会员制的基本属性，充分发挥会员的核心作用，让会员当家做主。要结合股票发行注册制改革，逐步将股票发行、上市、交易和退市等制度设计交给交易所，以交易所为核心来组织证券市场交易。把证券交易市场的组织交给证券交易所，把证券交易所的组织交给券商，这是基本趋势。

其次，要逐步放开证券交易所的设立，允许证券交易所之间的适度竞争。设立证券交易所由于具有广泛的社会公众性，必须要慎重，政府必须要严格监控。当前一些贵金属交易市场的混乱现象已经给我们敲响了警钟，政府加强对各种交易所的清理和监控是完全必要的。但是加强监控，不等于不允许市场设立证券交易所，不等于不允许证券交易所之间竞争。中国多层次资本市场体系只能从市场发展的历史中产生，只能从市场竞争中产生。一个层次、一种类型的交易市场到底有没有生命力，能不能生存发展下去，只能由市场说了算，任何先验设计都是没有用的。交易所倒闭是很正常的现象，历史上倒闭的交易所比现存的交易所数量要大得多。

最后，要让券商参与各类证券交易所的建设，充分发挥券商的交易功能。长期以来，我国A股市场交易过度，让我们忽视了保持市场交易流动性问题。随着多层次资本市场的不断设立，交易流动性问题已经愈来愈突出。流动性，是证券交易所的生命之源，没有流动性的交易市场是无法发挥任何功能的。可以预计，目前我国现存很多地方股票和股权交易市场，除了少部分外，大部分市场都会因长期缺乏交易流动性而消亡。证券市场的交易流动性需要根据实体经济的实际需求、合理的制度设计和券商的流动撮合才能形成，不注意流动性设计的证券交易市场必然是个死市场。现存的新三板市场以及各地成立的股权交易市场，应该大力吸收券商参与，参与交易制度设计，参与交易撮合。提供流动性，是券商和证券交易所的共同职能，是交易所的核心制度，也是券商的核心业务。

把证券交易所交给券商，把证券交易市场交给市场主体去组织，把中国多层次资本市场体系建设的核心工作交给市场去完成，在市场竞争中实现，这样证券监管部门才能更加游刃有余地把握方向，加强监管，控制风险；中国多层次资本市场建设才能真正与实体经济的需求相结合，与证券市场的发展规律相一致。

（四）中国新三板的未来展望

进入2015年，投资者对新三板的期待更多。目前市场最为期待的，是酝酿已久的竞价交易制度上线，新三板层次的细分，以及转板机制打通。在一级市场方面，2015年，挂牌企业数量将继续维持高速增长、挂牌企业所覆盖的行业将进一步丰富和细化。有容乃大，因为新三板市场的包容性和挂牌企业自身的成长性，会出现一些优质的稀缺行业挂牌企业。在行业垂直整合过程中，这些企业很有可能成为良好的并购标的。在企业挂牌流程的制度变化、注册制、金融类企业挂牌预期、市场融资需求的挖掘等方面存在着巨大的新制度、新机遇、新市场。

在二级市场方面，2014年8月做市商制度实施，一定程度上改善了新三板二级市场的流动性。进入2015年，做市交易更上一层楼。2015年1月12日，雷帕得登陆新三板，这家从事汽车零部件生产的山东公司在挂牌的同时完成股票发行融资、做市转让方式确定等业务，成为首家挂牌即做市的企业。以前，中介机构和企业担心挂牌同时选择做市、发行等多项业务会影响企业挂牌的整体进度，因此，中介机构在推荐企业挂牌时往往会选择协议转让方式，挂牌后再考虑转让方式变更。雷帕得的案例表明，企业挂牌同时确定做市转让，整体审查进度并没有变慢。相反，企业挂牌时采取做市转让方式，有助于提高审查效率，减少重复流程，为企业应对市场变化节约时间成本。从目前情况看，无论是券商还是挂牌公司，对于做市业务都非常推崇。截至2015年1月12日，实际从事做市业务的主办券商达61家，较做市初期的42家新增19家，增长45%。平均每只做市股票有3.3家做市商，较做市初期的2.5家增长32%。平均每家做市商为6.5只股票做市，较做市初期的2.5只增长160%。与此同时，有超过60家挂牌公司已召开股东会决定采取做市转让方式，做市企业数量快速增长的趋势日趋明显。对于新三板的发展来说，仅靠协议转让和做市商制度还不够。目前创业板上市公司刚超过400家，只相当于新三板的1/4，但单日成交额就超过400亿元，比新三板一年的成交额还多。这说明新三板交易体系的完善还有很长的路要走。新三板接下来的种种制度，都是围绕流动性这个中心展开，流动性的问题一旦得到解决，新三板中的优秀公司，其估值自然就能得到提升。如果制度完善，流动性能够得到有效提升，新三板的投融资效率也能得到相应提高。

2015年，新三板要想更上一层楼，竞价交易制度推出、做市商制度进一步完善，以及丰富投资者主体将成为三大主线。早在做市交易推出之前，竞价交易制度就被一再提及。随着做市商制度逐渐完善，2015年，竞价交易制度也被提上了日程。所谓竞价交易，通俗地说就是主板市场实施的交易制度。百度百科如此解释：在交易市场组织下，买方或卖方通过交易市场现货竞价交易系统，将可供需商品的品牌、规格等主要属性和交货地点、交货时间、数量、底价等信息对外发布要约，由符合资格的对手方自主加价或减价，按照价格优先、时间优先的原则进行成交。竞价交易将以市场为导向，让公司和券商之间做双向选择，没有任何行政力量的参与，在这个基础上，还要考虑公司的股权分散度和交易流动性。预计2015年中前后竞价交易系统上线。做市商制度进一步扩容以及投资者的积极参与，也将是2015年值得期待的重点。不过，对于挂牌公司质地参差不齐的市场，竞价交易推出也将只是交易制度完善的一部分。以海外成熟市场为例，美国纳斯达克实施的就是做市与竞价混合的交易制度。

2014年12月26日，证监会发布《关于证券经营机构参与全国股权系统相关业务有关问题的通知》，支持基金子公司、期货子公司、证券投资咨询机构等开展推荐业务；支持基金子公司、期货子公司、证券投资咨询机构、私募基金等机构开展做市业务；明确提出券商自营资金、资管产品和公募基金产品可以投资新三板；支持证券期货经营机构利用全国股转系统补充资本；允许主办券商探索股权支付、期权支付等新型收费模式。在我们看来，这是2014年“最重量级”的文件，对新三板市场活跃度的提升将起到关键作用。第一，企业到新三板挂牌更容易；第二，做市积极性再次提高；第三，挂牌企业融资方式越来越多；第四，为新三板引入更多投资资金；第五，更多证券经营机构到新三板融资。

而挂牌公司对于2015年交易体系的完善也充满期待。很多人都在关注新三板的投资门槛的问题，如果一直保持500万元的投资门槛，新三板的发展依然有比较大的制约，投资者门槛适当降低，与整个市场的发展也是相辅相成的。只有门槛适度降低，才能提升新三板的活跃程度，同时才能更好地发挥资本对企业的定价功能，这样会提升整个新三板的质量。更多的企业愿意挂牌，这对整个资本链条都有较大的推动作用，当然也利于新三板的发展形成良性循环。以前控制投资者进入可能是从风险角度来考虑，但市场功能会有所牺牲，所以需要在投资门槛这个问题上找到平衡。值得一提的是，证监会新闻办也表示，目前新三板对合格投资者的要求过高，下一步可能要修改合格投资者的标准。尽管官方并没有透露下调幅度，但是业界普遍推测，竞价交易甚至做市交易的准入标准可以降至50万元。

未来市值将达万亿——未来5年，新三板挂牌企业将突破5000家，总市值突破10000亿元。

将具备上市准备板的功能——各种迹象表明，证监会有意让新三板承担“上市预备板”的功能，拟上市企业先选择在新三板挂牌，通过一段时间的信息披露即可提高规范运作水平，也可通过市场检验经营能力，提高信息披露质量。

分流IPO“堰塞湖”压力——证监会或出台政策鼓励排队IPO企业自愿申请新三板挂牌。短期内这不失为一个疏导化解IPO“堰塞湖”的办法，而从长期来看，新三板有望成为多层次资本市场的重要一环，为中小企业提供一个更匹配其风险特征的融资市场。

第十八章

新三板未来大发展的基础——分层管理

2015年“新三板”的更大发展不是规模的扩张，而是层次的提升。在当前阶段，我们认为优先且关键的是实施市场分层制度。竞价转让、投资者门槛调整、转板退市等制度需要分层作为基础和统筹，市场分层是推进制度建设、丰富市场产品、提升交易所竞争力的基础性制度，分层是新三板“大发展的基础”。

2014年以来，新三板飞速发展，初期的规模扩张已经实现，发展空间已经打开；预计2015年将迎来更大发展，我们寄望的大发展不是规模的扩张，而是层次的提升。后续新三板再上台阶，我们认为需要三个条件：第一，市场制度仍需完善，比如竞价交易、做市商制度、投资者适当性管理、退市制度、信批制度、转板制度等，而且这些制度建设又是相互之间有机关联的。第二，市场产品仍需丰富，比如债权产品、介于股债之间的产品（优先股、可转债等）、市场指数，甚至衍生品等。第三，股转系统包容性、市场化、“开门办市场”的基本理念深得人心，交易所的管理和监管水平也有个随市场不断成熟而不断提升的过程，新三板已经从非上市非公众公司上升到非上市公众公司，进一步发展空间的突破还需要以交易所为主体的市场各方共同努力。为实现以上三点，在当前阶段我们认为优先且关键的是实施市场分层制度，市场分层是推进制度建设、丰富市场产品、提升交易所竞争力的基础性制度，我们称之为新三板“大发展的基础”。

一、新三板实施市场分层制度的必要性

（一）新三板的重要特征：公司差异明显

截至2014年12月25日，新三板挂牌公司已达1525家，按照目前的挂牌节奏，在公司数量上新三板将很快超过沪深交易所的总规模。一方面新三板的规模基数大；另一方面新三板的一个重要特征是挂牌公司差异明显，不论从规模、业绩，还是流动性、估值来看，都存在很大的不同。

（二）新三板的健康有序发展催生分层需求

新三板挂牌公司的差异巨大给股转系统的日常监管造成了很大的压力，也为个人和机构投资者挑选出具有发展潜力、投资价值的标的造成困扰。正因为巨大的分化，使得新三板规模迅速扩大的同时日益感觉成长的烦恼，在保证最大包容性的同时，也需要相应的制度安排来满足各方市场参与主体的不同诉求，市场分层的必要性也就应运而出。

1. 吸引优质公司，孵化创业公司

实施分层管理，挂牌企业可以自由选择更符合自身要求的层次板块，如发展较为成熟的企业可以直接选择有较高标准的板块挂牌，初始阶段的企业可选择首先进入门槛较低的层次，承担相对较少的挂牌成本，逐渐发展壮大再转到上一层级。我们始终认为分层不是给公司质量作出区分，而是对不同特征公司的归集，一方面坚持新三板的包容性，发挥创业企业孵化器的作用；另一方面也让一部分公司可以更快地脱颖而出，打造明星板块，吸引优势企业集聚，为其发展提供相应的条件。

2. 改善信息不对称，降低投资决策成本

对投资者而言，新三板投资的困难之处主要是两方面：一是挂牌公司家数多，但不论交易还是股票发行，单笔金额小，因此单位投研决策成本高；二是挂牌公司质地参差不齐，市场信息不对称程度高，也造成投研决策成本高。

对于机构和个人投资者而言，市场分层将不同风险特征的公司分开，一方面可降低信息不对称程度；另一方面可以使投资者更容易在自己感兴趣的层次找到

合意的投资目标，进行估值时也有更可靠的参照体系，降低投资决策成本。

3. 降低监管成本

新三板规模的迅速扩大给监管层带来与日俱增的压力，实施市场分层后，可以在不同层次实施不同的管理标准，有助于相关政策与制度的制定和推行，便于有针对性地实施，做到分类监管，有所侧重。

4. 提升市场竞争力的基础性安排

从海外场外市场的经验看，综合性市场是最具前景、最具竞争力的方向，而综合性市场的基础性制度安排之一是分层管理。较低的层次可以增强市场包容性，使得资本市场服务下沉，将更多的公司纳入规范监管的体系内；较高的层次可以吸引更多的优质公司和更多的投资者，与其他市场良性竞争。对新三板来讲，实施分层是后续推行竞价交易的基础，与投资者适当性管理制度相结合，同时也与日后的转板制度相对接等必要的基础性安排。

二、新三板分层制度设计建议

（一）思路和原则

1. 分层的出发点及设计思路

我们认为一个市场的核心竞争力是为各方参与主体提供高效率、低成本、公平快捷的服务，因此分层的出发点并非以股转系统的行政要求来决定哪个公司在一个什么层次上，而是一方面根据不同公司对资本市场的不同诉求给予不同制度安排以供选择；另一方面，交易所提供便利投资者进行投资决策的制度安排，将价值判断的事情交给市场。因此我们认为不应以公司规模大小、所属行业、盈利多少等指标作为分层主线标准。

我们借鉴了海外市场的经验，设计思路主要基于两点：第一，信息披露作为市场的灵魂，是分层主线。股转系统坚持以信息披露为核心，引导市场主体归位尽责的监管理念，因此我们的分层设计也考虑以信息披露为主要标准，一方面根据信息披露的充分程度进行分层管理；另一方面对于信息披露方面违规的行为，除了以往监管措施，还有比如降层等进行处理，层次管理也成为以信息披露为核心的自律监管的一个重要工具。第二，权利与义务对等原则。信息披露是公司进入资本市场并持续挂牌要承担的义务，信息披露越充分，投资者决策成本越低，但挂牌公司相应付出的成本越高，应该赋予更多权利补偿，我们考虑以信息披露作为主要义务，相应的以流动性作为主要权利。

因此我们的分层管理，不是区分大公司与小公司，好公司与坏公司，而是根据市场功能和实现功能的要求进行权利和义务的匹配，以投资者的视角将不同风险程度的公司分开，给予不同的市场制度安排。

2. 分层设计的两项基本原则

分层制度首先需要考虑两个原则性问题：一是层次选择是强制还是自愿；二是公司挂牌时即进入相应层次，还是挂牌后再进行调整。

原则一：进入自愿，转层自愿，降层强制。从海外经验看，比如纳斯达克早期1982年首次分层时有强制和自愿两套标准，即符合强制标准的必须要上高层次市场，符合自愿标准的可以自愿申请到高层次市场；其他市场更多是自愿标准。考虑到我们分层设计以信息披露为主线，义务和权利对等，且股转系统一直秉承市场化的原则，因此我们考虑：首先，由挂牌公司根据其愿意承担的信息披露义务，自愿选择进入相应层次；其次，如果挂牌公司自愿披露更加充分的信息，可以申请进入高层次市场；如果挂牌公司希望降低信息披露成本，也可以申请进入低层次市场；最后，如果挂牌公司的信息披露达不到所在层次要求，也就是不能履行在申请进入该层次时的承诺，股转系统可对其实施强制降层的自律监管措施。

原则二：挂牌即分层，定期与不定期进行层次调整。根据海外经验，我们考虑：第一，对存量公司进行一次性分层。第二，后续新挂牌公司挂牌时即进入相应层次。第三，对于信息披露等主观标准，开放几个窗口期供挂牌公司申请转换层次。第四，对于其他客观标准，触发临界值并由挂牌公司或股转系统确认后系统自动进行层次调整。第五，对不满足层次要求的挂牌公司，股转系统可及时实施降层处理。

（二）层次划分框架设计

1. 分层设置及分层标准

以信息披露充分程度分为三个层次：充分信息层次（NC）、标准信息层次（NS）和有限信息层次（NL）。大致思路上，标准信息层次维持当前新三板信息披露要求（但监管将更严格）；充分信息层次在非公公司相关法规框架下接近上市公司信批要求；有限信息层次放宽要求，只需要公布特别重大信息，且披露时限更为宽松。

信息披露主要分三种类型：首次披露、定期报告和临时报告，我们考虑从三个维度对信息披露进行分层。

一是广度，比如充分信息层次（NC）要求公布年报、半年报和季报，并要求重大业绩变动预警，标准信息层次（NS）要求公布年报和半年报，有限信息层次（NL）仅要求公布年报。

二是深度，比如同样对于年报中管理层讨论与分析（或者董事会报告）部分，充分信息层次（NC）要求"对与上一年度相比变动达到或超过20%的重要财务数据或指标，充分解释导致变动的原因"；标准信息层次（NS）可以放宽到变动30%的指标，有限信息层次（NL）则可以免于解释。

三是时效，比如充分信息层次（NC）和标准信息层次（NS）要求财年结束后4个月内披露年报，有限信息层次（NL）可放宽至6个月内。

公司在挂牌时可自主选择进入相应层次，一并在申请挂牌材料中提交。

以上的分层标准同时是每个层次在信息披露方面的持续挂牌条件，基本要求是达到每个层次的最低信息披露标准，鼓励自愿披露更加充分的信息便于投资者进行价值判断。

2. 不同层次的政策安排

我们考虑将流动性作为信批义务对应的主要权利，且在流动性基础上可延伸其他权利。

有限信息层次（NL），公司股票只能采用协议转让方式，且每周安排一、三、五的三个交易日交易。

标准信息（NS）和充分信息（NC）层次，公司可自主选择协议转让和做市转让两种交易方式中的一种，执行《全国中小企业股份转让系统股票转让细则（试行）》中相应规定。

在充分信息层次（NC）设立二级层次Prime板块，该板块的股票采用竞价转让方式（建议进行T+0试点）；个人投资者门槛适当降低（比如50万元）；向沪深交易所申请直接转板的公司应至少在NC-Prime板块挂牌满6个月。

同时满足以下条件的公司可向股转系统申请进入Prime板块：在充分信息层次（NC）持续挂牌时间满一年（首批竞价转让公司可考虑将NC持续挂牌期限要求设置为满6个月）；实施做市转让满6个月；股本不少于3000万股；股东人数不少于200人或者前十大股东合计持股比例不超过75%（2014年中报创业板公司股东户数平均1.29万，中值1.05万；前十大股东合计持股比例平均62.5%，中值64%）；净利润为正或者R&D占比超过5%；每个自然月度都有股份成交，且过去6个月换手率超过20%（首批43家做市公司8月25日至12月25日平均换手率19.6%，中值10.7%）（换手率=成交股数/无限售条件股份总数×100%）。

3. 维持挂牌条件

除上述信息披露要求外，每个层次还应设置维持挂牌条件。主要考虑股本规模、股东人数及股权分散度、股价、市值及净资产等指标。

（三）层次转换制度设计

1. 转层条件

关于层次转换，我们预计如下。

① 可上可下，可跨层次。

② 分为自愿和强制两种情况，当公司满足更高层次的挂牌条件，可以申请转到更高层次；当公司不想承担更高层次的挂牌义务，可以申请转到更低层次；当公司不能满足更高层次维持挂牌条件，将被强制转到更低层次；当公司不能满足最低层次维持挂牌条件，将被强制退市。

③ 公司从低层次升至高层次遵循自愿原则，承诺承担更高标准的信息披露义务即可申请进入更高层次，每年两次窗口期6月份和12月份开放申请。公司可随时

申请进入NC-Prime板块，只要满足相关条件。

④ 公司可自愿从高层次降至低层次，从而承担更低的信息披露义务，但至少需要在当前层次持续挂牌满一个会计年度才能申请降入更低层次，每年两次窗口期6月份和12月份开放申请。自愿降层6个月之内公司不得再发起升层申请。

⑤ 强制降层情况：若公司信息披露违规连续3次或一个会计年度累计超过5次，则进入观察名单，观察期3个月，观察期内必须进行整改，尽力消除前次影响，并不得有再次违规，合格者可撤销观察，否则将被强制降至更低层次；累计有3次观察记录者也强制降至更低层次。公司列入观察名单将及时进行信息公示，公司降层将在股票名称上给以特殊标记（自愿降层者则无特殊标记）。强制降层1年以内公司不得再发起升层申请。

⑥ 若公司不满足NC-Prime除信息披露外的其他持续挂牌条件，则进入观察名单，观察期3个月；若在观察期内恢复持续挂牌条件，则撤销观察；若在观察期内仍未满足持续挂牌条件，公司可申请交易方式变更为做市转让，若未申请其竞价转让方式将强制变更为协议转让。

⑦ 层次转换后，将按照新层次的交易规则进行股票转让，对于降层者将给予20个交易日的过渡期，过渡期内按原层次的交易规则进行股票转让。

⑧ 公司进入观察名单前一交易日应公告提示，每隔10个交易日应披露恢复挂牌条件的进展；股转系统将公示并实时更新观察名单列表。

2. 转层流程

自愿升层/降层：满足条件——股东大会——报送申请——获批/不获批并反馈理由。

强制降层：触发降层条件（不满足维持挂牌要求）——股转系统风险警示，列入观察名单——公司在一定期限内仍不达要求——强制降层。

三、分层是新三板大发展的基础

（一）新三板迫切需要进行内部分层管理

首先，从海外市场尤其纳斯达克的成功经验来看，其赖以成功的两项基础性制度是做市商和分层，做市商保障流动性，分层制度则同时兼顾包容性和竞争力，是纳斯达克得以从场外市场迅速成长为综合性交易所的关键。实施分层管理后，一方面可以将更多公司纳入统一的规范监管体系内，增强市场包容性；另一方面吸引更多的优质公司，同时市场化而非行政化的分层设计，可以让优质公司更快地脱颖而出成长起来，标的质量是一个市场生命力和竞争力的基础。

其次，分层制度实施后一方面提升市场信息披露质量，降低信息不对称性，便利投资者进行标的筛选和投研决策，提升整个市场的吸引力；另一方面分层将给较高层次股票的流动性和估值带来显著提升，形成赚钱效应，吸引资金进入，从而更好地满足这些公司成长中的融资等多方面资金需求，推动公司的业绩成长，进一步提升估值和流动性，同时也激励较低层次的公司加快向较高层次努力，最终形成市场内部各层次以及市场内外的正向反馈机制，盘活整个市场。

分层之后将更能体现并发挥新三板创业创新孵化器的功能。一方面，公司可以从创业期的初级阶段就登陆资本市场寻求各项资源的支持，在不断成长进步中根据公司的能力和需求上升到更高层次；另一方面从天使投资人到VC，再到PE，再到二级市场投资者，不同的投资者都能在这个市场中更加清晰、便利地找到符合其投向的公司，也可以将同一家公司在新三板这个市场中不断向前推进。

（二）内部分层管理仍需要坚持市场化方向

我们认为市场化是新三板最大的制度优势所在，因此建议分层制度也继续秉持市场化的方向。不是以行政要求来决定哪个公司在一个什么层次上，而是一方面根据不同公司对资本市场的不同诉求给予不同制度安排以供选择，给挂牌公司一方选择的权利；另一方面，交易所提供便利投资者进行投资决策的制度安排，将价值判断的事情交给市场，给投资者一方选择的权利。最终哪个公司在哪个层次挂牌，是由市场参与各方自由选择的结果，而非行政硬性干预的结果。当然市场化的同时必须配以严格和到位的监管。

（三）权利与义务对等原则引导公司向更规范方向发展

我们认为分层的目的不是区分好公司和烂公司，而是不同风险特征的分类和归集；风险不在于公司挂牌时盈利与否，而在于它的信息披露是否真实、充分和及时，因此我们建议将信息披露作为分层主线。不过信息披露对公司来说是义务和成本，因此需要相应的制度安排来进行引导和鼓励，我们建议采取权利和义务对等原则，信息披露是公司进入资本市场并持续挂牌要承担的义务，相应的以流动性作为主要权利来对等补偿，不同程度和质量的信批对应竞价、做市和协议等不同的转让方式。

（四）能上能下，转层先于转板

分层之后，新三板的市场功能将更加丰富与完善，具备向综合性交易所发展的基础，内部层次之间的转换，可以作为多层次资本市场不同层次市场间有机联系的有益探索。对于转层，首先，建议向上和向下的自愿通道完全打开；其次，强制降层需要严格执行；第三，降层是退市的过渡，给公司一个缓冲的机会，也给投资者保护更多空间；第四，进行相应制度设计并严格监管，防止利用转层进行政策套利。

（五）分层制度需要因应市场而适时调整

从纳斯达克和OTC Markets等海外市场的成功经验看，分层并非一成不变，而是需要随着市场变化进行调整。以信息披露作为分层主线的设计方案，虽然在初期对监管要求较高，但通过技术手段还是容易实现的，而且符合事中及事后监管的方向，最重要的是，信息披露是市场灵魂，一开始就以信息披露为重点进行市场建设，将市场义务与权利结合，以市场化的方式引导挂牌公司行为，直接形成健康的市场环境，而非等到灵魂扭曲后再来治理。当然，随着市场成熟度的提升和挂牌主体的进一步丰富，可以考虑再细分二级层次，或者加入财务、市值等指标设立精选板块等。

第十九章 投资项目标的平台

“相比沪深交易所，新三板更符合人们对资本市场的想象，对企业，对每个投资者，都是机会”“新三板开启了一场全民资本盛宴”“新三板正迎来趋势性投资机会”……

“规模不是问题，难点在挂牌后如何发展，挂牌新三板是企业开启公众公司的第一步。”企业主们应当根据企业的实际情况，梳理出公司核心竞争力与特色，尽早制订公司切实可行的发展战略，公司短、中、长期的金融需求及如何利用相应的金融工具。

对挂牌公司的融资方式、融资时点、融资规模、融资过程、融资价格均不予干涉，完全由市场主体自主协商，充分体现出市场化特征。在发行方式上，可以选择挂牌同时发行或挂牌后发行；在发行目的上，可以是引进外部投资者或是用于股权激励；在发行节奏上，不对发行次数和间隔时间作硬性规定；在认购方式上，既可以是现金认购，也可以是股权认购。在新三板，小额、便捷、灵活、多元的投融资机制基本形成。企业挂牌后，还有被上市公司或战略合作方并购实现间接上市，甚至转板的机会。

成功挂牌新三板的浙江力诺董秘冯辉彬和创力股份董秘黄勇达认为，“对他们企业来说，挂牌新三板的意义不仅在于更方便地融资，还在于拓宽企业未来发展空间和平台，为企业打开资本市场，去分享资本市场盛宴”。

随着做市商制度正式落地新三板，越来越多挂牌企业的股价随着流动性的注入开始上下波动，新三板投资步入黄金时期。我们认为，新三板是真正具备互联网思维的资本市场，其发展将是超预期。类似1971年的英特尔、1980年的苹果、1986年的微软、1998年的腾讯、1999年的阿里巴巴、2001年的百度、2010年的特斯拉，一大波这样的企业将从新三板中诞生。

投资新三板，机会大，风险也大。新三板投资介于股权投资和权益投资之间，不同于A股二级市场传统的盈利模式和投资理念，它不以交易为主要目的，注重成长性，强调股权投资和资本回报，而不同于注重博取差价和资金回报的A股二级市场。

新三板正在成为资本市场下一个风口，改革红利吸引了越来越多公募基金的布局。新三板挂牌企业数量从2013年底的300多家增加到如今的1800多家，定增融资规模也一路从9.54亿元增长至上百亿元。

据统计，宝盈基金、前海开源、招商基金、红土创新基金、九泰基金等10多家基金公司通过旗下专户或是基金子公司渠道发行投资新三板的产品。公募基金以众筹的方式参与到新三板挂牌企业的定向增发，破解中小企业融资难题，也吸引越来越多企业挂牌，改革形成正向激励，这意味着公募围绕新三板的抢筹战已紧锣密鼓打响。

一、多家公募已卡位

近期，首批投资新三板的产品将在公募基金母公司平台运作，投资期限是2+1年，投资标的为一揽子低估值高成长的新三板公司，投资门槛仅为100元，而个人投资者投资新三板的资产门槛则为500万元，投资新三板专户产品或是专项资管产品的门槛多为100万元起。这进一步揭开了公募基金在新三板上的圈地图谱。事实上，首个在新三板布局产品的是宝盈基金公司。2014年4月，宝盈基金通过其子公司宝盈资产推出第一期新三版专项资管计划，募集规模约为3000万元。截至2014年12月31日，中铁宝盈——中证新三板1期的浮动盈利超过50%。我们第2期产品在2014年底也成立了，募集规模超9000万元。相关资料显示，招商基金、华夏基金、海富通基金、兴业全球等也在2014年通过子公司或是专户渠道在新三板上布局了各自的首只产品。

机构逐步达成共识：新三板是一片估值洼地，若是能挑选好的标的，未来收益可期。所以2015年伊始，中小及次新基金公司更是想通过发力新三板业务走出差异化、特色化的公募发展路线。红土创新基金、前海开源基金、国寿安保、九泰基金都推出了自己的新三板产品。

二、投资标的、估值是难点

我们经过实践发现，新三板的投资、研究的工作方法、思路与主板有巨大的差异，因此，基于新三板市场的特性，公司建立了新三板投资业务的专属投研团队，团队是由具有丰富的投资、研究、评估、风控实际操作经验的成员组成。目前并无一套成熟的新三板投资标的筛选体系，各家基金公司都是基于自己的特性在进行探索。

第二十章 并购选秀池

2014年股市整体成上涨态势，并购重组在简政放权的大背景下突飞猛进，监管松绑、产业转型的压力以及混合所有制改革等共同成就了2014年前三季度A股上市公司并购重组的井喷态势。

2014年前10个月，A股市场有1545家上市公司发生了3200起并购，并购数量创历史新高。值得注意的是，2011年这一数据是1087起，2012年的并购增至1814起，2013年猛增至2523起。而2014年前9个月此数据已经轻松超越去年，并且，在2014年的A股市场中，平均每天有12起并购发生。

2014年风起云涌的并购意味着并购大时代真的到来了，这次并购的动力来自于经济结构调整和产业转型升级的需求。

目前A股市场中，第一，有经济转型的大背景，第二，有企业发展战略市场竞争的需要，第三，就是现在政策提供了更多的便利，因此2014年能进入并购大时代。

最近两年制度层面的放开，对于并购来说是前20年都不曾有过的机遇，企业应该牢牢抓住这个机遇。但是同时，企业不应盲目并购，首先要清楚自身的核心竞争力，其次对交易标的要经过诚心、耐心、细心考察，了解可能存在的任何风险。

一、新三板成并购标的池

2014年共有7家新三板企业成为上市公司收购标的，涉及金额逾百亿元，新三板俨然成为上市公司收购标的池。

资本市场有并购的机会和需求，但是并购要能完成，重要的因素之一是要有一个市场平台，在该平台上实现信息披露，信息对称。新三板则能够比较好地解决并购过程中存在的信息不对称和定价问题，将来新三板除了挂牌、概念融资之外，并购也是很重要的功能。

并购重组成为A股市场的主旋律，并有越来越多的上市公司将目光投向了新三板市场，相较于其他中小微企业，新三板挂牌公司具有更规范和透明的特点，各方面的规范性无疑提升了其作为并购标的的竞争力。

随着新三板挂牌企业的日益增多，无论是新三板范围内，还是上市公司与新三板企业之间，新三板将会成为这种并购的重要淘金地。因为新三板不仅造就了运作方式、信息披露更完善的创新企业，还提供了可靠、明晰的公司数据库。

在此之前，全国那么多家企业，收购方根本没有获得特定板块公司信息的渠道，他们要想结识相匹配的企业太难了，像大海捞针一样。新三板恰好填补了各大公司寻找并购标的的信息渠道空缺，其中也不排除新三板公司自己。新三板挂牌企业也有些规模较大的，或者说对发展成全才状态有所需求，所以他们也在自己的板块内完成并购。

王彦博博士认为，在产能过剩的氛围之下，过剩的资本找不到创新的投资方向，新三板却恰好是一个捷径，为寻找并购标的的企业提供了省事、省力的闲置资本并购项目。

那么新三板中什么样的企业更容易成为并购标的呢？首先公司要优质。其次，与挂牌企业所在行业有关。挂牌企业首先要与收购方有业务互补性，或者在做同一类业务，有契合性。特别是处于新兴行业的挂牌企业，尤其是TMT行业，更容易被看中。第一，企业并购为公司的产业整合；第二，有的上市公司为了做市值，比如2013年，很多手游团队被上市公司收购，就是为增加市值而采取的策略。

二、证监会新规加码

证监会2014年5月9日发布的《非上市公众公司重大资产重组管理办法（征求

意见稿）》也为新三板挂牌企业的并购提供了明确的政策支持。

根据证监会的《收购办法》起草说明，“与上市公司相比，公众公司具有数量多、情况差异大、监管难度较高等特点，收购监管要求不宜过多、过高或者整齐划一，应具有适应性、适当性和有效性”。此《收购办法》奠定了适用新三板系统的“鼓励收购”的基调。

相对上市公司的收购监管制度，《收购办法》不设行政许可，不实施强制全面要约收购制度，并调整了权益变动的披露要求和触发比例，将触发权益变动的披露标准从5%适当提高到10%；《重组办法》则仅对于发行股份购买资产后股东累计超过200人的重大资产重组行为进行审核，并鼓励支付手段自主定价，丰富支付手段，允许通过发行可转换债券、优先股等方式实现重组。

上述两新规同时简化了信息披露要求，根据《收购办法》，收购报告书和要约收购报告书的规定不足20项，较上市公司的相关要求减少超过一半。根据《重组办法》，重大资产重组时，新规不强制要求公司提供盈利预测报告、备考财务报告等信息，并在具体披露内容方面进行了大幅简化。证监会两项新规的产生，不仅明确了新三板市场的监管，进一步明晰了新三板定位，更为新三板挂牌企业指出了一条——并购。

三、并购新“金矿”

新三板作为资本市场的重要组成部分，除了价格发现、融资的功能，也有为企业提供并购便利的功能。

公开信息显示，随着新三板的发展，越来越多品质不错的公司吸引了上市公司的目光。在过去的2014年，共有超过10家新三板公司成为上市公司的收购目标。比如2014年4月，新冠亿碳就因东江环保收购其所持有的南昌新冠100%股权及合肥新冠100%股，失去了主要经营业务后终止挂牌；2014年5月，通鼎光电购买了瑞翼信息51%股权，实现了绝对控股；同月，金豪制药因与战略投资者确定并购整合意向而申请终止挂牌，据信息透露，金豪制药携手的战投正是上市公司沃森生物的参股子公司；2014年7月，东方国信出手购买屹通信息100%股份；

2014年8月，大智慧向湘财证券抛出橄榄枝，目前大智慧仍处于停牌状态；同样是8月，嘉宝华也发布公告表示，计划与战投实施并购整合而申请终止挂牌，有公开信息显示对方为拟上市公司；这之后的9月，亚威股份、联建光电、宝胜股份，分别看中了激光装备、易事达、日新传导；2014年10月，欧比特、芭田股份又分别对铂亚信息、阿姆斯出手。

除了A股上市公司之外，港股上市公司慧聪网的控股子公司还对兆信股份抛出了橄榄枝，计划收购合计76%的股份，兆信股份主营为商品防伪产品和服务，交易金额1.48亿元，收购市盈率21.99倍。另外，还有不少个人收购者对新三板公司出手，涉及公司包括雷腾软件、索亨股份、道从科技等，这其中索亨股份享受的收购市盈率最大，为432倍。

新三板之所以成为并购重组的重要市场，有五大因素在推动。其一，2013年以来A股上市公司并购重组风起云涌，而新三板有不少属于具有技术优势和模式创新的公司，为上市公司谋求外延扩张或者跨界转型提供了可选择的标的范围；其二，新三板公司并购重组制度逐步完善，政策面支持有关新三板公司的并购重组，包括引入做市商制度和可能的竞价交易制度（流动性的提升将带来连续的价格曲线，所形成的公允价格将为企业未来并购重组提供价格依据）、颁布《非上市公众公司收购管理办法》《非上市公众公司重大资产重组管理办法》《并购重组私募债券试点办法》等；其三，新三板公司的并购成本较低，新三板公司具有较高的信息披露要求和财务透明度，较好的公司治理有利于上市公司降低并购成本；其四，有套利动机，优质新三板公司转板预期强烈，上市公司提前布局；最后是为了曲线上市，部分新三板公司有创投背景，创投通过推动并购重组实现退出。

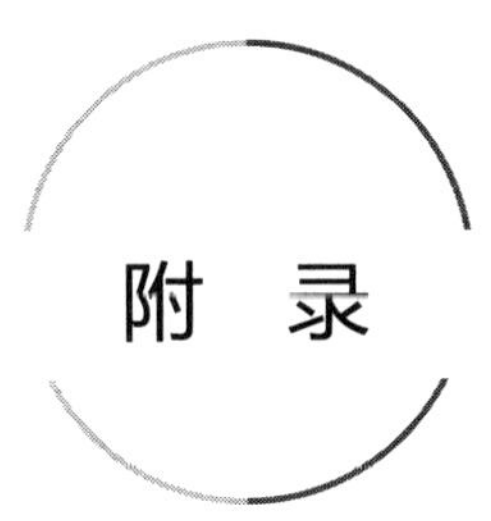

附 录

一、新三板常见咨询问题汇总

（一）拟挂牌公司篇

1. 企业申请挂牌的条件有哪些?

《国务院关于全国中小企业股份转让系统有关问题的决定》（国发〔2013〕49号，以下简称《国务院决定》）指出：“境内符合条件的股份公司均可通过主办券商申请在全国股份转让系统挂牌。”根据《全国中小企业股份转让系统业务规则（试行）》（以下简称《业务规则》）第2.1条规定，股份公司只要符合下列条件即可申请挂牌。

① 依法设立且存续满两年。有限责任公司按原账面净资产值折股整体变更为股份有限公司，存续时间可以从有限责任公司成立之日起计算。

② 业务明确，具有持续经营能力。

③ 公司治理机制健全，合法规范经营。

④ 股权明晰，股票发行和转让行为合法合规。

⑤ 主办券商推荐并持续督导。

⑥ 全国股份转让系统公司要求的其他条件。

相关内容详见《业务规则》第二章关于股票挂牌的相关规定。

2. 国有企业或者外资企业是否可以申请挂牌?

根据《国务院决定》及《业务规则》相关规定，符合条件的境内股份公司包括民营企业、国有企业和外资企业均可申请挂牌，对国有或外资持股比例、股东背景也无特殊要求。如申请挂牌的股份公司存在国有股东或外资股东，申请挂牌材料除常规材料以外，需增加“国有资产管理部门出具的国有股权设置批复文件或商务主管部门出具的外资股确认文件”。

3. 公司申请挂牌是否有行业限制?

《国务院决定》及《业务规则》等法律法规、规则均未对申请挂牌公司所属行业做明确限制，但《国务院决定》强调：“全国股份转让系统是经国务院批准，依据证券法设立的全国性证券交易场所，主要为创新型、创业型、成长型中小为企业发展服务。”因此，我们鼓励高新技术产业、现代服务产业、高端装备制造产业等创新强度高、成长空间大的战略性新兴产业及新兴业态企业申请挂牌，同时也欢迎传统行业企业的挂牌申请。

4. 企业如何申请到全国股份转让系统挂牌公开转让?

自全国股份转让系统公司发布《关于境内企业挂牌全国中小企业股份转让系统有关事项的公告》（股转系统公告〔2013〕54号）之日起，境内符合《业务规则》规定的挂牌条件的企业均可申请在全国股份转让系统挂牌。全国股份转让系统实行主办券商推荐并持续督导制度。企业应与具有推荐业务资格的券商签订《推荐挂牌并持续督导协议》；由主办券商对企业进行初步尽职调查，确认企业是否符合挂牌准入条件以及是否愿意推荐；在此基础上，由主办券商联合律师、会计师等中介机构协助企业完成股改（若需）、进行全面尽职调查并制作申请文件，履行各自内核程序后申报材料。根据《非上市公众公司监督管理办法》（证监会第96号令）及相关指引，申请时股东人数未超过200人（含200人）的股份公司，直接向全国股份转让系统公司报送材料，证监会豁免核准；申请时股东人数超过200人的股份公司，需向中国证监会报送材料，取得核准文件后，向全国股份转让系统公司申请办理挂牌手续。

5. 已在区域股权转让市场挂牌的公司如何申请在全国股份转让系统挂牌公开转让?

根据《国务院决定》相关规定，在符合《国务院关于清理整顿各类交易场所切实防范金融风险的决定》（国发〔2011〕38号）要求的区域性股权转让市场进行股权非公开转让的公司，符合挂牌条件的，可以申请在全国股份转让系统挂牌公开转让股份。

对于在已通过国务院清理整顿各类交易场所部际联席会议检查验收的区域性股权转让市场挂牌的公司，申请在全国股份转让系统挂牌前须暂停其股份转让（或摘牌）；取得全国股份转让系统公司出具的同意挂牌的函后，必须在办理股份初始登记前完成在区域性股权市场的摘牌手续。

对于在《国务院决定》发布之前，已在尚未通过国务院清理整顿各类交易场所部际联席会议检查验收的区域性股权转让市场挂牌的公司，须在申请挂牌前完成摘牌手续，由主办券商和律师核查其在区域性股权市场挂牌期间是否符合国发〔2011〕38号的规定，并发布明确意见。

对于在《国务院决定》发布之后，在尚未通过国务院清理整顿各类交易场所部际联席会议检查验收的区域性股权转让市场挂牌的公司，全国股份转让系统公司将在该区域性股权转让市场通过国务院清理整顿各类交易场所部际联席会议检查验收后受理其挂牌公开转让的申请。

6. 各地支持企业到全国股份转让系统挂牌的政策是怎样的?

自2013年全国股转公司运营以来，各地均积极参与，相关省市县区、高新区、经开区等均出台了支持企业挂牌政策。相关政策可到企业所在地政府金融主管部门了解具体情况。

7. 申请挂牌公司在挂牌前办理了股权质押贷款，股权处于质押状态，是否对企业挂牌构成影响？已质押的股份应如何办理股份登记？质押股份的限售及解除限售有无特殊规定?

①《全国中小企业股份转让系统股票挂牌条件适用基本标准指引（试行）》中规定，申请挂牌公司股权应结构明晰，权属分明，真实确定，合法合规，股东

特别是控股股东、实际控制人及其关联股东或实际支配的股东持有公司的股份不存在权属争议或潜在纠纷。

挂牌前，申请挂牌公司的股东可为公司贷款提供股权质押担保，贷款用途为公司日常经营，履行公司决议程序，订立书面质押合同，依法办理出质登记。只要不存在股权纠纷和其他争议，原则上不影响其挂牌。对于存在股权质押情形的，申请挂牌公司应在《公开转让说明书》中充分披露。

②《中国结算北京分公司证券发行人业务指南》规定，质押冻结或司法冻结的股份办理股份初始登记时，除需提供常规申报材料外，还须提供质押冻结或司法冻结的相关材料。其中，司法冻结的应提供协助执行通知书、裁定书、已冻结证明等材料及复印件；质押冻结的应提供质押登记申请书、双方签字的已生效的《质押合同》、质押双方有效身份证明文件、已冻结证明等材料及复印件。中国结算北京分公司在完成证券登记后根据发行人的申请办理相关质押冻结、司法冻结手续，即申请挂牌公司应先完成股份初始登记（包括股份首批解除限售），取得《股份登记确认书》后，再申请办理质押冻结、司法冻结手续。

③ 质押冻结股份的限售及解除限售应按照《公司法》及《全国中小企业股份转让系统业务规则（试行）》中的规定办理。满足解除限售条件的质押冻结股份可办理股份解除限售。《中国结算北京分公司证券发行人业务指南》中规定，当解除限售涉及被冻结股份的，被冻结股份不可分拆，只能作为一个整体办理解除限售。

8. 挂牌申请文件中申报的财务报表最近一期是否必须以季度报表、半年度报表或者年度报表为准?

为更好地服务于企业，提升审查服务理念，避免企业集中申报，我们不强制要求最近一期财务报表必须以季度、半年度或者年度报表为准，可以任意月度报表为准，但其最近一期审计截止日不得早于改制基准日。财务报表有效期为最近一期审计截止日后6个月内，特殊情况下可申请延长至多不超过1个月；特殊情况主要是指企业办理信息披露、股份登记等挂牌手续事宜。为提高工作效率，保证项目审查进度，希望申请挂牌公司、主办券商及其他中介机构根据财务报表有效期和审查时间统筹规划，合理安排申报时间。申请挂牌公司递交申请文件时至财务报表有效期截止日短于2个月的，申请挂牌公司、主办券商及其他中介机构应做好有可能补充审计的准备。为做到审查流程的公平、公正，对于补充审计的申请材料我们将以补充审计回复时间为准安排后续审查程序。

9. 2013年12月30日全国股份转让系统修订业务规则后，挂牌申请文件目录发生了哪些变化？

对于申请时股东人数未超过200人的股份公司，根据最新的《全国中小企业股份转让系统挂牌申请文件目录（适用于申请时股东人数未超过200人）》，申报文件目录增加了两份文件，一是“2–9申请挂牌公司全体董事、监事和高级管理人员签署的《董事（监事、高级管理人员）声明及承诺书》”，二是“4–6证券简称及证券代码申请书”。另外，减少1份文件，即“向中国证监会提交的申请股票在全国股份转让系统公开转让及定向发行（如有）的报告”。

对于申请时股东人数超过200人的股份公司，申报文件请参照《全国中小企业股份转让系统挂牌申请文件目录（适用于申请时股东人数超过200人）》。

10. 申请挂牌公司全体董事、监事和高级管理人员签署的《董事（监事、高级管理人员）声明及承诺书》应在何时提供？

申请挂牌公司全体董事、监事和高级管理人员签署的《董事（监事、高级管理人员）声明及承诺书》应在报送申请文件时提供，承诺书内容详见我司网站发布的《董事（监事、高级管理人员）声明及承诺书》模板。

11. 申请挂牌公司在完成股份初始登记后，是否需将由中国证券登记结算有限责任公司出具的登记证明文件提交至全国股份转让系统公司？

根据我司2013年12月30日修订的《全国中小企业股份转让系统挂牌申请文件内容与格式指引（试行）》，不再要求将股票登记证明文件作为申请挂牌需提交的文件，申请挂牌公司可自行保管。

12. 申请挂牌公司首次信息披露文件包括哪些内容？

申请挂牌公司应在全国股份转让系统指定信息披露平台（www.neeq.com.cn或www.neeq.cc）披露相关文件，其中首次信息披露文件包括：公开转让说明书；

财务报表及审计报告；补充审计期间的财务报表及审计报告（如有）；法律意见书；补充法律意见书（如有）；公司章程；主办券商推荐报告；定向发行情况报告书（如有）；全国股份转让系统公司同意挂牌的函；中国证监会核准文件（如有）；其他公告文件。

13. 申请挂牌公司二次信息披露文件包括哪些内容？披露时间有何要求？

申请挂牌公司二次信息披露文件包括：关于公司股票将在全国股份转让系统挂牌公开转让的提示性公告；关于公司定向发行股票将在全国股份转让系统挂牌公开转让的公告（如有）；其他公告文件。

二次披露文件时间为T-1日，即挂牌前一个交易日。

14. 如果超过反馈回复要求的提交时间，如何申请延期反馈？

如申请挂牌公司无法在规定的时间内提交反馈意见回复，需在截止日期前向我司提交延期回复申请，并由申请挂牌公司盖章。延期回复最长不得超过三十个工作日。

15. 申请挂牌公司在取得全国股转系统公司出具的《同意挂牌的函》后，应如何办理后续挂牌业务？挂牌日期应如何确定？

申请挂牌公司在取得全国股份转让系统公司出具的《同意挂牌的函》后，应按照我司于2014年5月6日修订的《全国中小企业股份转让系统股票挂牌业务操作指南（试行）》中的要求办理挂牌业务。挂牌日为取得《股份登记确认书》后的第三个工作日。

16. 申请挂牌公司是否要设独立董事？

全国中小企业股份转让系统对申请挂牌公司是否设立独立董事未做强制要求，申请挂牌公司可根据自身企业特点制定相关规定。

17. 申请挂牌公司在办理股票挂牌业务时应怎样确定公司简称？

申请挂牌公司在向股转系统公司申请证券简称及证券代码时，应填写《证券简称及证券代码申请书》。拟定的证券简称应从公司中文全称中选取不超过四个汉字字符，且不能与已挂牌公司及沪深上市公司证券简称重复。

18. 申请挂牌公司提交的申请文件中对需要签名的文件有何规定？

挂牌申请文件中所有需要签名处，均应为签名人亲笔签名，不得以名章、签名章等代替。

19. 申请挂牌公司提交的申请文件中不能提供原件的应如何操作？

申请挂牌公司不能提供有关文件原件的，应由申请挂牌公司律师提供鉴证意见，或由出文单位盖章，以保证与原件一致。

20. 申请挂牌公司提交的申请文件中需要律师鉴证的文件应如何操作？

挂牌申请文件中需要由申请挂牌公司律师鉴证的文件，申请挂牌公司律师应在该文件首页注明“以下第××页至第××页与原件一致”，并签名和签署鉴证日期，律师事务所应在该文件首页加盖公章，并在第××页至第××页侧面以公章加盖骑缝章。

21. 申请挂牌公司在挂牌前应缴纳哪些费用？

申请挂牌公司应当在挂牌日前缴纳按照挂牌首日总股本计算的挂牌初费，同时缴纳挂牌当年的挂牌年费。挂牌年费按照挂牌首日的总股本和实际挂牌月份（自挂牌日的次月起计算）予以折算，即：挂牌当年年费=挂牌日总股本对应的年费标准×实际挂牌月份/12。

附表1　　**挂牌初费及挂牌年费明细表**　　单位：万元

总股本	挂牌初费	总股本	挂牌年费
2000万股（含）	3	2000万股（含）	2
2000万～5000万股（含）	5	2000万～5000万股（含）	3
5000万～1亿股（含）	8	5000万～1亿股（含）	4
1亿股以上	10	1亿股以上	5

（二）挂牌公司篇

22. 已挂牌公司如何办理股票发行业务？

《全国中小企业股份转让系统股票发行业务细则（试行）》及其配套文件已于2013年12月30日正式发布。挂牌公司应按照《非上市公众公司监督管理办法》、《业务规则》及上述细则和配套文件的规定，办理股票发行业务。

23. 全国中小企业股份转让系统挂牌公司如何向沪深交易所直接申请上市交易？

按照国务院决定的精神，全国股份转让系统挂牌公司可以直接申请到证券交易所上市，但上市的前提是挂牌公司必须符合《证券法》规定的股票上市条件，在股本总额、股权分散程度、公司规范经营、财务报告真实性等方面达到相应的要求。全国股份转让系统坚持开放发展的市场化理念，充分尊重企业的自主选择权。企业可以根据自身发展的需要和条件，自主选择进入不同层次的资本市场。根据股份转让系统业务规则，如挂牌公司向中国证监会申请公开发行股票并在证券交易所上市，或向其他证券交易所申请股票上市，挂牌公司应向全国股份转让系统公司申请暂停转让；如中国证监会核准挂牌公司公开发行股票并在证券交易所上市，或其他证券交易所同意挂牌公司股票上市，全国股份转让系统公司将终止其股票挂牌。上述规则已为挂牌企业转板做出了相应的程序安排。全国股份转让系统将积极协调有关方面，充分创造便利条件，进一步畅通与交易所市场的有机衔接机制。

24. 股权激励是否可以开展？

挂牌公司可以通过定向发行向公司员工进行股权激励。挂牌公司的董事、监事、高级管理人员和核心员工可以参与认购本公司定向发行的股票，也可以转让所持有的本公司股票。挂牌公司向特定对象发行股票，股东人数累计可以超过200人，但每次定向发行除公司股东之外的其他投资者合计不得超过35人。因此，挂牌公司通过定向发行进行股权激励应当符合上述规定。需要说明的是，按照规则全国股份转让系统允许存在股权激励未行权完毕的公司申请挂牌。

25. 大股东解限售有什么相关规定？挂牌前12个月以内的除控股股东及实际控制人之外的股东买卖的股票是否受限制？

根据《公司法》第142条的规定：“发起人持有的本公司股份，自公司成立之日起一年内不得转让……公司董事、监事、高级管理人员应当向公司申报所持有的本公司的股份及其变动情况，在任职期间每年转让的股份不得超过其所持有本公司股份总数的百分之二十五……上述人员离职后半年内，不得转让其所持有的本公司股份。”

根据《业务规则》第2.8条规定：“挂牌公司控股股东及实际控制人在挂牌前直接或间接持有的股票分三批解除转让限制，每批解除转让限制的数量均为其挂牌前所持股票的三分之一，解除转让限制的时间分别为挂牌之日、挂牌期满一年和两年。挂牌前十二个月以内控股股东及实际控制人直接或间接持有的股票进行过转让的，该股票的管理按照前款规定执行，主办券商为开展做市业务取得的做市初始库存股票除外。因司法裁决、继承等原因导致有限售期的股票持有人发生变更的，后续持有人应继续执行股票限售规定。”

挂牌公司股东如果符合上述身份或情形的，应按照上述规定进行所持股票的解限售。

26. 挂牌公司变更会计师事务所是否需经全国股份转让系统公司同意?

变更会计师事务所属于挂牌公司自治范畴，不需经全国股份转让系统公司同意，但应履行内部决策程序并进行信息披露。根据《信息披露细则（试行）》第13条第2款之规定，挂牌公司不得随意变更会计师事务所，如确需变更的，应当由董事会审议后提交股东大会审议。根据《信息披露细则（试行）》第46条第8款之规定，挂牌公司出现以下情形之一的，应当自事实发生之日起2个转让日内披露：（八）变更会计师事务所、会计政策、会计估值。

27. 挂牌公司涉及仲裁事项，是否需要信息披露?

涉案金额达到《信息披露细则（试行）》披露标准的仲裁事项应当及时披露。根据《信息披露细则（试行）》第37条之规定，挂牌公司对涉案金额占公司最近一期经审计净资产绝对值10%以上的重大诉讼、仲裁事项应当及时披露。未达上述标准，但董事会认为可能对公司股价产生较大影响的，也应及时披露。

28. 挂牌公司认为公共媒体上的有关消息可能对公司声誉产生重大不利影响，且会对公司股价产生较大影响，是否可以发布澄清公告?

可以。根据《信息披露细则（试行）》第40条之规定：“公共媒体传播的消息（以下简称‘传闻’）可能或者已经对公司股票转让价格产生较大影响的，挂牌公司应当及时向主办券商提供有助于甄别传闻的相关资料，并决定是否发布澄清公告。”

29. 挂牌公司控股股东以其所持有的占比5%以上的公司股份进行股权质押贷款，已经披露了董事会决议，是否还需就此事宜发布临时公告?

需要。根据《信息披露细则（试行）》第46条第4款之规定：“挂牌公司出现以下情形之一的，应当自事实发生之日起两个转让日内披露：（四）任一股东所持公司5%以上股份被质押、冻结、司法拍卖、托管、设定信托或者被依法限制表决权。”需注意的是，临时公告的披露时间应当在董事会作出决议之日起2个转让日内。根据《信息披露细则（试行）》第22条第1款之规定，“挂牌公司应当在临时报告所涉及的重大事件最先触及下列任一时点后及时履行首次披露义务，（一）董事会或者监事会作出决议时”。

30. 挂牌公司定向发行豁免申请核准的条件是什么？豁免申请核准的情形能否进行储架发行?

根据2013年12月26日修订后的《非上市公众公司监督管理办法》第四十五条，在全国中小企业股份转让系统挂牌公开转让股票的公众公司向特定对象发行股票后股东累计不超过200人的，中国证监会豁免核准，由全国中小企业股份转让系统自律管理，但发行对象应当符合本办法第三十九条的规定。只要满足上述条件即为豁免申请核准情形。储架发行即“一次核准，分期发行”，适用于核准情形。公司定向发行豁免申请核准的，需在发行验资完毕后向全国股份转让系统报送备案，全国股份转让系统公司审查后出具股份登记函，公司持股份登记函向中国证券登记结算公司办理新增股份的登记及公开转让手续。

31. 挂牌公司董事、监事或高级管理人员发生变化，如何向全国股份转让系统报备？同时为公司股东的，是否需办理限售事宜?

有新任董事、监事及高级管理人员的，挂牌公司应当在两个转让日内联系相应监管员并填写《挂牌公司董监高人员变更报备表》；新任董事、监事应当在股东大会或者职工代表大会通过其任命后五个转让日内，新任高级管理人员应当在董事会通过其任命后五个转让日内签署《董事（监事、高级管理人员）声明及承诺书》并向全国股份转让系统公司报送。若为公司股东的，离职董事、监事和高级管理人员所持股份应全部办理限售事宜，离职后半年内不得转让；新任董事、监事和高级管理人员所持股份的75%应办理限售事宜。

32. 挂牌公司召开股东大会是否需要暂停转让？

一般情况下，挂牌公司召开股东大会无需申请暂停转让。如果出现《业务规则（试行）》第4.4.1条规定的情形，则需要申请暂停转让。《业务规则（试行）》第4.4.1条之规定：挂牌公司发生下列事项，应当向全国股份转让系统公司申请暂停转让，直至按规定披露或相关情形消除后恢复转让。

① 预计应披露的重大信息在披露前已难以保密或已经泄露，或公共媒体出现与公司有关传闻，可能或已经对股票转让价格产生较大影响的。

② 涉及需要向有关部门进行政策咨询、方案论证的无先例或存在重大不确定性的重大事项，或挂牌公司有合理理由需要申请暂停股票转让的其他事项。

③ 向中国证监会申请首次公开发行股票并上市，或向证券交易所申请股票上市。

④ 向全国股份转让系统公司主动申请终止挂牌。

⑤ 未在规定期限内披露年度报告或者半年度报告。

⑥ 主办券商与挂牌公司解除持续督导协议。

⑦ 出现依《公司法》第一百八十一条规定解散的情形，或法院依法受理公司重整、和解或者破产清算申请。

具体操作流程可参见《暂停与恢复转让业务指南（试行）》。

33. 公司股份限售、解除限售是否都需要以临时公告的形式进行信息披露？

挂牌公司股票限售无需以临时公告形式进行信息披露。挂牌公司股票解除限售应依据《临时公告格式模板——第2号挂牌公司股票解除限售公告格式模板》的要求披露临时公告。

34. 限售股份的限售期届满时，如何办理解限售手续？

挂牌公司可先行与主办券商联系，我司公司业务部将窗口指导挂牌公司及主办券商办理此项业务。

（三）中介机构篇

35. 证券公司如何在全国股份转让系统申请业务备案?

根据《全国中小企业股份转让系统主办券商管理细则（试行）》，证券公司在全国股份转让系统开展相关业务前，应当向全国股份转让系统公司申请备案，成为主办券商。2013年6月14日我司官网上发布了《全国中小企业股份转让系统股主办券商相关业务备案申请文件内容与格式指南》，申请在全国股份转让系统从事主办券商相关业务的证券公司应当按照本指南制作和报送申请文件。证券公司申请文件齐备的，全国股份转让系统公司予以受理。全国股份转让系统公司同意备案的，自受理之日起十个转让日内与证券公司签订《证券公司参与全国中小企业股份转让系统业务协议书》，向其出具主办券商业务备案函，并予以公告。公告后，主办券商可在公告业务范围内开展业务。

36. 为股份公司申请挂牌、公开转让、定向发行等业务提供专业意见的会计师事务所或律师事务所是否需要申请核准或备案?

为股份公司向我司申请相关业务提供中介服务的会计师事务所或律师事务所，不需要向我司申请核准或备案。但根据财政部、中国证监会相关规定，会计师事务所执行证券、期货相关业务，必须取得证券、期货业务许可证；根据司法部、中国证监会相关规定，从事证券法律业务的律师事务所及其指派律师，须按照《律师事务所从事证券法律业务管理办法》及《律师事务所证券法律业务执业规则（试行）》要求开展查验、制作和出具法律意见书等执业活动。

37. 申请挂牌公司做股份公司改制的会计师事务所是否必须取得证券、期货相关业务资格?

对于企业股改的会计师事务所是否具有证券、期货相关业务资格，全国股份转让系统公司无强制性要求；但申请挂牌时向我司提交的财务报告应当经具有证券、期货相关业务资格的会计师事务所审计。

38. 官网上的《持续督导协议书》可以修改吗?

我司官网上的《持续督导协议书》模板为参考文本，主办券商与挂牌公司协商一致，可根据实际情况在不违反持续督导基本原则的基础上进行细化、丰富。

39. 项目负责人资格中，“具有主持境内外首次公开发行股票或者上市公司发行新股、可转换公司债券的主承销项目经历”中的“主持”如何界定？

对于实行保荐制之前的境内主承销项目，由主办券商出具“主持”的说明；对于实行保荐制之后的境内主承销项目，“主持”限于保荐项目的签字保荐代表人或者作为项目协办人参与保荐项目并签字的准保荐代表人；对于境外主承销项目，由主办券商出具“主持”的说明。

以上所称主承销项目，必须是已经发行成功的首次公开发行股票或者上市公司发行新股、可转换公司债券主承销项目。

40. 项目负责人资格中，“参与两个以上推荐挂牌项目，且负责财务会计事项、法律事项或相关行业事项的尽职调查工作”，每个项目可能有多名注册会计师、多名律师或者多名行业分析师参与，但是必须是负责财务会计事项的注册会计师（唯一）、负责法律事项的律师（唯一）或者负责行业事项的行业分析师（唯一）且在尽职调查报告扉页签字才符合要求？

是。根据《全国中小企业股份转让系统主办券商推荐业务规定（试行）》第七条和第十八条，项目小组成员中注册会计师、律师和行业分析师至少各一名，项目小组中应指定注册会计师、律师、行业分析师各一名负责对申请挂牌公司的财务会计事项、法律事项、相关行业事项进行尽职调查，并承担相应责任。

41. 按照规定“行业分析师应具有申请挂牌公司所属行业的相关专业知识，并在最近一年内发表过有关该行业的研究报告”，其中“相关专业知识”和“发表”如何认定？

行业分析师是否具有相关专业知识由主办券商自行评价。发表的“研究报告”应针对拟推荐公司所属行业，行业分类应对照中国证监会发布的《上市公司行业分类指引》，具体到大类编码（为单字母加两位数字编码）。研究报告可以为行业研究报告或公司研究报告。行业研究报告应侧重于对行业特点及未来发展趋势、行业发展的影响因素、行业竞争状况、行业技术水平及技术特点、经营模式等方面的研究。公司研究报告应为对与拟推荐公司主营业务相同或相似的公司在市场、产品与技术等方面的研究报告。研究报告应在公开出版刊物或主办券商内部研究刊物上发表。研究报告应作为行业分析师任职资格的证明材料于报送推荐文件时一并提交。

42. 项目组中的律师、注册会计师，是否通过国家司法考试、注册会计师全科考试合格即可？不需要曾经在事务所执业取得执业资格证书？

是。

43. 从事全国股份转让系统推荐业务的可担任项目小组负责人或者三师发生变动，应如何进行报备？

根据《全国中小企业股份转让系统主办券商管理细则（试行）》第十条，主办券商所披露信息内容发生变更的，应自变更之日起五个转让日内报告全国股份转让系统公司并进行更新。主办券商可通过推荐业务联络人向全国股份转让系统公司机构业务部报告，经核对后在指定信息披露平台进行更新披露。

44. 如何申请成为全国股份转让系统的做市商？

根据《全国中小企业股份转让系统主办券商管理细则（试行）》，证券公司申请在全国股份转让系统从事做市业务应具备下列条件：具备证券自营业务资格；设立做市业务专门部门，配备开展做市业务必要人员；建立做市股票报价管理制度、库存股管理制度、做市风险监控制度及其他做市业务管理制度；具备符合全国股份转让系统公司要求的做市交易技术系统；全国股份转让系统公司规定的其他条件。

目前，由于相关技术系统开发原因，我司暂不接受做市业务申请。具体申请做市业务的规定将在条件成熟时公布。

45. 主办券商所披露信息内容（如注册资本、法定代表人等）发生变更的，应如何进行报备？

根据《全国中小企业股份转让系统主办券商管理细则（试行）》第十条，主办券商所披露信息内容发生变更的，应自变更之日起五个转让日内报告全国股份转让系统公司并进行更新。主办券商可通过推荐业务联络人向全国股份转让系统公司机构业务部报告，经核对后在指定信息披露平台进行更新披露。

46. 主办券商的内核机构成员发生变动，应如何进行报备？

根据《全国中小企业股份转让系统主办券商推荐业务规定（试行）》第十四条，主办券商内核机构工作制度或内核成员发生变动的，主办券商应及时报全国股份转让系统公司备案，并在五个工作日内更新披露。主办券商可通过推荐业务联络人向全国股份转让系统公司机构业务部报告，经核对后在指定信息披露平台进行更新披露。

47. 拟挂牌公司或者已挂牌公司更换主办券商的操作流程？

拟挂牌公司在申请挂牌前更换主办券商的，与主办券商自行商定，无须报告全国股份转让系统公司。全国股份转让系统实行主办券商制度，主办券商需要在推荐公司挂牌后，对其履行持续督导义务，全国股份转让系统公司鼓励挂牌公司与主办券商建立长期稳定的持续督导关系，除主办券商不再从事推荐业务或者挂牌公司股票终止挂牌两种规定情形外，双方不得随意解除持续督导协议。主办券商与挂牌公司因特殊原因确需解除持续督导协议的，双方应协商一致，且有其他主办券商愿意承接督导工作，事前报告全国股份转让系统公司并说明理由。具体操作流程参见我司2014年4月1日发布的《全国中小企业股份转让系统主办券商和挂牌公司协商一致解除持续督导协议操作指南》。

48. 根据《全国中小企业股份转让系统投资者适当性管理细则》第十五条规定，“主办券商应当妥善保存业务办理、投资者服务过程中风险揭示的语音或影像留痕”，具体如何操作？

为确保主办券商切实履行投资者适当性管理义务，明确业务开展过程中的权责关系，保护主办券商与投资者的正当权益，原则上要求从业务开通前的投资者教育直至投资者终止业务，主办券商应全程记录对投资者进行风险揭示的语音和影像留痕。具体执行过程中，综合考虑行业通行做法，主办券商至少应做好业务开通前对投资者进行风险揭示的语音或影像留痕，以及业务开通时投资者本人的影像留痕。鼓励主办券商探索投资者服务过程中风险揭示留痕的新形式。

（四）投资者篇

49. 投资者如何参与全国中小企业股份转让系统？具体办理流程是怎样的？

投资者参与全国中小企业股份转让系统的具体流程如下。

① 投资者选择一家从事全国中小股份转让系统经纪业务的主办券商（名单可在www.neeq.com.cn查阅），申请开通全国中小企业股份转让系统挂牌公司股票买卖权限，主办券商将依据《全国中小企业股份转让系统投资者适当性管理细则（试行）》相关规定进行审查，符合条件的，方可为投资者办理开通手续。

② 目前，投资者参与挂牌公司股票公开转让，应开立深圳市场人民币普通股票账户。

③ 经审查符合投资者准入标准的投资者应当与主办券商签订《买卖挂牌公司股票委托代理协议》以明确双方的权利和义务。投资者在签订该协议前，应认真阅读并签署《挂牌公司股票公开转让特别风险揭示书》。

50. 投资者在全国股份转让系统买卖挂牌公司的股票如何收费？

根据《全国中小企业股份转让系统有限责任公司有关收费事宜的通知》（股转系统公告〔2013〕7号）的有关规定，投资者在全国股份转让系统进行股票转让，需向我司按成交金额的一定比例缴纳转让经手费，我司按股票转让成交金额的0.5‰双边收取（佣金由券商按其标准收取）。

51. 投资者适当性管理何时实施？具体要求？

《投资者适当性管理细则》已于2013年2月8日发布施行，并于2013年12月30日修改，明确了参与挂牌公司股票公开转让和参与挂牌公司股票定向发行的投资者。参与挂牌公司股票公开转让的投资者：

① 注册资本500万元人民币以上的法人机构或实缴出资总额500万元人民币以上的合伙企业。

② 集合信托计划、证券投资基金、银行理财产品、证券公司资产管理计划，以及由金融机构或者相关监管部门认可的其他机构管理的金融产品或资产。

③ 投资者本人名下前一交易日日终证券类资产市值500万元人民币以上，且具

有两年以上证券投资经验，或具有会计、金融、投资、财经等相关专业背景或培训经历。

参与挂牌公司股票定向发行的投资者：

①《非上市公众公司监督管理办法》第39条规定的投资者。

② 符合参与挂牌公司股票公开转让条件的投资者。

52. 原在中关村试点进行交易的投资者如果不符合新的投资者适当性的相关规定，如何参与交易？

与中关村试点相比，全国股份转让系统对机构投资者设置了一定的财务指标要求，对自然人投资者从财务状况、投资经验等维度设置准入要求。对某些原在中关村试点进行交易的投资者，如不符合现行的投资者适当性管理要求，根据《全国中小企业股份转让系统投资者适当性管理细则（试行）》（以下简称《适当性管理细则》）第7条规定，《投资者适当性管理细则》发布前已经参与挂牌公司股票买卖机构投资者和自然人投资者在重新签署《买卖挂牌公司股票委托代理协议》和《挂牌公司股票公开转让特别风险揭示书》后，原有交易权限不变。

53. 依据最新的投资者适当性要求，自然人投资者需持有500万元的证券类资产，此前已经参与全国股份转让系统但不满足上述条件的自然人该如何处理？涉及股票发行业务的该如何处理？

2013年12月30日《关于境内企业挂牌全国股转系统有关事项的公告》发布前，满足300万元人民币以上（含300万元）资产要求且已参与全国股份转让系统的自然人投资者，合格投资人资格继续有效，可以买卖所有挂牌公司的股票。涉及股票发行业务的，2013年12月30日之前股票发行方案尚未经挂牌公司董事会决议通过的，发行对象应当满足修订后的《适当性管理细则》的要求。挂牌公司的股东、董事、监事、高级管理人员及核心员工参与本公司的股票发行，如不符合参与挂牌公司股票公开转让条件的，只能买卖本公司的股票。

54. 全国股份转让系统协议转让方式下有什么委托类型，如何成交？

根据《全国中小企业股份转让系统股票转让细则（试行）》第七十五条的规定，协议转让方式下，投资者委托分为意向委托、定价委托和成交确认委托。

意向委托是指投资者委托主办券商按其指定价格和数量买卖股票的意向指令，意向委托不具有成交功能。考虑到市场各方业务技术准备情况，协议转让方式下意向委托与意向申报的规定暂未实施。

定价委托是指投资者委托主办券商按其指定的价格买卖不超过其指定数量股票的指令。

成交确认委托是指投资者买卖双方达成成交协议，或投资者拟与定价委托成交，委托主办券商以制定价格和数量与指定对手方确认成交的指令。

投资者可委托主办券商进行买卖委托。投资者达成转让意向的，可各自委托主办券商进行成交确认申报。投资者拟与定价委托成交的，可委托主办券商进行成交确认申报。全国股份转让系统对通过验证的成交确认申报和定价申报信息进行匹配核对，核对无误的，全国股份转让系统予以确认成交。每个转让日15：00，全国股份转让系统对证券代码和申报价格相同、买卖方向相反的未成交定价申报进行匹配成交。

55.是否可以通过互报成交确认申报方式成交不足1000股的股票？

根据《全国中小企业股份转让系统股票转让细则（试行）》第二十八条的规定，买卖股票的申报数量应当为1000股或其整数倍。卖出股票时，余额不足1000股部分，应当一次性申报卖出。因此，在投资者证券账户某一股票余额不足1000股时，可以一次性成交不足1000股的股票。除此之外，每笔委托数量应为1000股或其整数倍。协议转让方式下的余股申报，举例说明如下。

例1：投资者余股2500股。此时，投资者可以一次性申报卖出2500股；也可以先申报卖出2000股，再申报卖出500股，但不能先申报卖出500股，再申报卖出2000股。

例2：投资者余股500股。此时，投资者只能一次性申报卖出500股，不能进一步拆细，如先申报卖出200股，再申报卖出300股。

例3：投资者余股500股且一次性定价申报卖出。此时，对手方拟与之成交的，需进行成交确认申报，申报数量应当为1000股或其整数倍，不能小于1000股（如500股、600股）。

例4：投资者者余股500股，该投资者与其他投资者协商一致，拟通过互报成交确认申报方式成交，买卖双方进行成交确认申报的数量均可以且只应为500股。

56. 新交易系统上线的时间安排？

全国股份转让系统新交易结算系统已于2014年5月19日正式投入运行，首先推出挂牌股票协议转让。后续的做市转让、竞价转让将在新的交易平台上陆续开发推出。全国股份转让系统公司和中国结算正抓紧推进做市转让方式有关业务和技术准备，计划在2014年8月份实施做市转让方式。

57. 境外机构和外国人是否可以直接参与定向增发及交易？外资股东如何办理开具股票交易账户？

全国股份转让系统公司是经国务院批准设立的全国性证券交易场所，所有符合《合格境外机构投资者境内证券投资管理办法》和《人民币合格境外机构投资者境内证券投资试点办法》规定的合格境外机构投资者（QFII）和人民币合格境外机构投资者（RQFII）均可参与。外资股东办理证券账户应遵照中国证券登记计算有限责任公司《关于外国战略投资者开A股证券账户等有关问题的通知》。

58.《全国中小企业股份转让系统股票转让细则（试行）》何时实施？

《全国中小企业股份转让系统股票转让细则（试行）》（以下简称《转让细则》）已于2014年5月19日起正式实施。考虑到市场各方业务技术准备情况，《转让细则》中关于做市转让方式的规定，以及协议转让方式下意向委托与意向申报的规定，将待完成相关技术开发和测试后实施。具体时间由全国股份转让系统公司另行通知。股票采取竞价转让方式的，应当符合规定的条件，具体条件由全国股份转让系统公司另行制定。《转让细则》中关于竞价转让方式的规定，将待有关条件明确后实施。在全国中小企业股份转让系统进行转让的两网公司和退市公司股票转让相关制度不变，仍按《全国中小企业股份转让系统两网公司及退市公司股票转让暂行办法》执行。自《转让细则》实施之日，《全国中小企业股份转让系统过渡期股票转让暂行办法》同时废止。

（五）其他

59. 全国股份转让系统与区域性股权转让市场的关系？

全国股份转让系统与区域性股权转让市场均是多层次资本市场的有机组成部分。全国股份转让系统是经国务院批准，依据证券法设立的全国性证券交易场所，主要为创新型、创业型、成长型中小微企业发展服务。境内符合条件的股份公司均可通过主办券商申请在全国股份转让系统挂牌，公开转让股份，进行股权融资、债权融资、资产重组等。挂牌公司依法纳入非上市公众公司监管，股东人数可以超过200人，股份可以按照标准化交易单位持续挂牌交易，且不设T+5规定。区域性股转转让市场是由地方人民政府批准设立，自行监管的股权转让市场。根据《国务院关于清理整顿各类交易场所切实防范金融风险的决定》（国发〔2011〕38号），区域性场外市场必须严格执行“非公众、非标准、非连续”的原则，即挂牌公司股东人数不允许超过200人；不得将股份按照标准化交易单位持续挂牌交易；且任何投资者买入后卖出或卖出后买入同一交易品种的时间间隔不得少于5个交易日。

60. 如何到全国股份转让系统参观考察？

全国股份转让系统市场发展部为接待政府或企业来访的主要承办部门。来访单位可发送传真至010–63889650，提出参观考察需求，明确来访时间、座谈主题、来访人员名单及职务（级别）等信息。

61. 如何参加全国中小企业股份转让系统举办的培训？

对于主办券商等中介机构，主要由我司机构业务部负责相关培训，相关培训事宜一般由机构业务部直接通知相关单位。对于中介机构以外的其他市场参与人，主要由我司市场发展部负责培训，相关培训活动信息可与当地金融主管部门、证监会派出机构等联系确认，或向我司市场发展部咨询：010–63889551。

62. 地方应如何邀请全国股份转让系统专家做宣讲和座谈？

有宣讲、座谈需求的单位可以直接将邀请函和活动方案传真至010–63889650，我司市场发展部收悉后将及时与之联系并处理。

63. 怎么查询我司挂牌企业2012年及以前年度的公司公告?

请登录全国股份转让系统官方网站www.neeq.com.cn，在“信息披露”栏目下点击“更多”按钮，即可按照公司简称、代码、公告时间段等分类标准对公司公告进行查询。

64. 如何查询全国股份转让系统的相关交易数据?

作为股转系统向市场提供信息服务的一部分，全国股份转让系统确有报价及交易数据发布的考虑。伴随着交易系统的建设，针对不同的市场参与人和需求，其具体的发布形式、内容、时效、承载方式以及服务费用还在制定、设计中。这方面的信息服务策略一旦确定，会及时组织相应发布系统的开发实施，尽快尽好地为市场参与者和关注者提供服务。我公司的官方网站www.neeq.com.cn，是发布系统动态、法律规则、业务资讯等信息的重要渠道，是相关参与者信息披露的重要平台。在过渡期内，用户可以通过网站中相关链接的引导，查询到历史或当天的报价及成交情况。随着业务的开展和运营的需要，网站的布局、功能等也会不断改进、完善。

65. 全国中小企业股份转让系统公司网站委托成交栏目下市场总貌中成交金额数据统计口径是什么?

按照自然年度统计，2013年数据为自2013年1月4日至最近交易日成交金额的合计数。

66. 新三板适合什么样的企业?

成长初期的高新技术企业：完成产品研发和小规模生产，需要融资实现规模化生产，同时拓宽市场渠道。

成长受限制的高新技术企业：发展遇到瓶颈，虽然有一定的生产能力、市场份额、盈利能力，但是缺乏资金、市场份额不足、人才和管理难以提升，企业希望提高声誉度、实现快速发展。

上市的后备企业：未来2~3年即可符合上市条件，需要熟悉适应资本市场；拟上市企业，但在财务、业务、公司治理等方面存在一定的障碍，需要时间规范。

企业家有开拓进取精神，企业有较强烈做大做强的意愿。

67. 新三板挂牌要求与创业板、中小板有何区别?

企业挂牌新三板和上市创业板、中小板的条件主要区别在持续盈利能力、券商持续督导期等方面，具体如下。

新三板：依法设立且存续满两年；业务明确，具有持续经营能力；公司治理机制健全，合法规范经营；股权明晰，股票发行和转让行为合法合规；主办券商推荐并持续督导。

创业板：持续经营满三年；最近两年内主营业务和董事，高级管理人员均没有发生重大变化，实际控制人没有发生变更；财务指标（包括三个方面：第一，最近两年连续盈利，最近两年净利润累计不少于1000万元，且持续增长，或者最近一年盈利，且净利润不少于500万元，最近一年营业收入不少于5000万元，最近两年营业收入增长率均不低于30%；第二，最近一期末净资产不少于2000万元，且不存在未弥补亏损；第三，发行后股本总额不少于3000万元）；其他非指标性条件。

中小板：持续经营满三年；最近三年主营业务，管理层，控制人不变；财务指标（包括五个方面：第一，最近3个会计年度净利润均为正数且累计超过人民币3000万元；第二，最近3个会计年度经营活动产生的现金流量净额累计超过人民币5000万元，或者最近3个会计年度营业收入累计超过人民币3亿元；第三，发行前股本总额不少于人民币3000万元；第四，最近一期末无形资产占净资产的比例不高于20%；第五，最近一期末不存在未弥补损失）；其他非指标性条件。

68. 企业挂牌新三板是不是上市，是在哪里上市?

企业挂牌新三板不是上市，是在场外市场进行挂牌，但是从融资、交易等功能看，挂牌与上市实现的功能极为相似，可以称为“结构化上市”。新三板市场的股份交易系统由全国中小企业股份转让系统公司运营，由中国证监会监管。

69. 在新三板挂牌是否影响未来在创业板、中小板上市?

中国证监会发行部和国际部有专门的发言人表示挂牌新三板不影响企业未来的上市，甚至可能会由于企业在新三板市场挂牌中积极的表现及其良好的运作而促进IPO进程。这种促进作用表现在：第一，企业挂牌前已经对企业的法律、财务、公司治理的相关问题进行了系统的规范，这样会缩短上市的规范时间，而且后续制作上市材料有很大的便利性，从现有的新三板企业上市周期看，其上市速度远远高于直接上市的企业；第二，待时机成熟，监管部门将推出转板优惠政策，届时挂牌企业将实现直接转板上市。

70. 在新三板市场挂牌的企业能否直接转板？

股份报价转让系统是高新技术企业的孵化器，通过规范运作，达到主板、中小板或者创业板的上市条件时，可通过绿色通道转板上市，相关规则待挂牌公司数量达到一定规模后出台。在绿色通道未开通的情况下，同样不影响企业的转板，目前已经有多家三板挂牌企业成功登陆创业板或中小板。

71. 企业为什么要挂牌新三板？

新三板是未来中国资本市场重要的组成部分，挂牌新三板即进入了中国的资本市场，新三板将基本实现企业的公开运作功能。具体表现在以下几个方面。

提高综合融资能力：引入外部机构股权投资者，多数新三板公司在增资过程中，创投机构占50%以上，发行市盈率也提高；增加股东的抵押贷款能力，金融机构将逐步对新三板挂牌公司实行股权质押贷款；增加授信，新三板企业规范运作、财务清晰、前景广阔，将获得银行等金融机构更高的授信额度。

股份转让：股东股份可以合法转让，提高股权流动性。

转板上市：转板机制一旦确定，可优先享受上市主板、创业板市场的“绿色升级通道”。

价值发现：资本市场具有发现价值、合理定价的功能，进入新三板的企业的整体价值会反映在股票价格上，市场最终会给企业一个合理的定价。

公司发展：挂牌前，新三板的挂牌条件要求公司治理结构完善、运作规范，这会提高企业的管理水平。挂牌后，企业将通过以下两种途径为创业板、中小板的上市积累资本市场的经验：第一，交易所、协会、主办券商对企业管理层、董秘进行系统的培训；第二，主办券商持续对公司治理、经营管理、业务发展提供专业意见。

宣传效应：新三板是全国性的市场，聚集一批优质高成长性高新技术企业，挂牌有助于扩大公司的知名度，树立行业内的龙头地位，提升品牌价值，有专家甚至说："成功挂牌新三板的影响力堪比在中央台砸下一个亿的广告资金的影响力。"

资本运作：新三板吸引了很多风险投资基金的进入，公司挂牌新三板，可以通过新三板进行市场化的兼并、收购、股权债权融资、股权激励、员工持股等，资本运作功能较为齐全。

72. 挂牌新三板有哪些优势？

由于新三板挂牌条件较低，企业只要满足存续两年和符合一些基本规定即可申请，对财务指标没有明确的要求；采用建议核准制（备案制）代替核准制，使流程缩短至5～8个月；同时，西安高新区和西安市政府为调动区内企业积极性，对成功申请的企业予以共计110万元的奖励，补贴了相当部分的挂牌成本。以上措施降低了新三板的门槛，拓展了企业的覆盖面。长远来看，转板制度的出台将使企业更便利的实现IPO。

73. 挂牌企业面临的风险和需要企业适应的方面？

对于立足于长远发展的企业，挂牌新三板带来的长期利益远远高于挂牌新三板所产生的一些成本。但是挂牌新三板也是企业进入资本市场的第一步，资本市场的环境变化会让企业的经营面临一些风险，这是企业需要适应的方面，具体表现如下：

① 金融市场风险。登陆新三板意味着进入资本市场，需要适应资本市场的游戏规则，承担股价波动带来的市场风险。

② 信息披露风险。企业挂牌新三板以后，受到多方的监管，主要体现在信息披露上，挂牌企业必须公开披露公司经营状况和重大事项。企业要承担因为披露不实的责任，也要承担商业信息泄露的风险。

③ 经营风险。投资者选择公司的股票要求获得合理的投资回报，如果公司的经营不佳，将会给企业在资本市场上的表现造成一定的影响，因为企业的经营决策将直接影响投资者的判断，也会影响到公司的股价波动，这将对企业的管理能

力提出更高的要求。

④ 政策风险。需要遵守的法律、法规、规章和规则会增加，比如中国证监会的法律法规、全国股转公司的股转交易规则，违规将受到监管层的处罚，同时也会影响企业的声誉。

⑤ 大股东约束力削弱的风险。首先，大股东参与公司的经营和管理必须遵守公司治理的准则；其次，必须规范运作，不得侵害公司的资产和公司的权益；再次，随着定向增资和挂牌交易的活跃，大股东的控制力可能会适当地降低。

⑥ 企业挂牌以后要承担一定的费用。比如信息披露费用、中介费用、股份交易费用、定向增资费用，当然，这些费用远远小于上市中小板的费用，也小于企业获得的收益。

二、新三板对赌案例汇总

由于新三板公司股权相对集中，控股股东对公司的控制力往往极大，附加在控股股东上的责任义务对公司的影响非常大。新三板全国性的扩容，在公司挂牌备案或是已挂牌公司定向增发的过程中浮现了不少的对赌协议，下面列举几个有代表性的案例。

（一）案例一：与股东对赌回购

2014年3月27日，皇冠幕墙（430336）发布定向发行公告，公司定向发行200万股，融资1000万元，新增一名股东天津市武清区国有资产经营投资公司（以下简称武清国投），以现金方式全额认购本次定向发行的股份。

同时披露的还有武清国投与公司前两大股东欧洪荣、黄海龙的对赌条款，条款要求皇冠幕墙自2014年起，连续三年，每年经审计的营业收入保持15%增幅；如触发条款，武清国投有权要求欧洪荣、黄海龙以其实际出资额1000万元+5%的年收益水平的价格受让其持有的部分或者全部股份。完成定向发行后，欧洪荣、黄海龙以及武清国投所占公司股份比例分别为：46.609%、28.742%，以及4.334%。

项目律师就该回购条款的合法合规性发表意见：上述条款为皇冠幕墙的股东、实际控制人欧洪荣、黄海龙与武清国投附条件股份转让条款，双方本着意思自治的原则自愿订立，内容不影响皇冠幕墙及其他股东的利益，条款合法有效。假使条件成就，执行该条款，股份变更不会导致皇冠幕墙的控股股东、实际控制人发生变化，不影响挂牌公司的持续稳定经营。

案例分析：

① 对赌协议签署方为控股股东与投资方，不涉及上市主体。

② 即使触发对赌协议，对于公司的控制权不产生影响，进而说明不影响公司的持续经营。

（二）案例二：挂牌成功后解除对赌

2014年1月22日，欧迅体育披露股份公开转让说明书，公开转让说明书显示，2013年5月23日公司进行第三次增资时，新增股东上海屹和投资管理合伙企业（有限合伙）、上海鼎宣投资管理合伙企业（有限合伙）、上海棕泉亿投资合伙企业（有限合伙），上述股东合计以850万元认缴新增注册资本13.333万元。

增资同时上述新增股东与欧迅体育实际控制人朱晓东签署了现金补偿和股权收购条款，对业绩的约定为：2013年年度经审计的扣除非经常性损益的净利润不低于人民币 760万元；2014年年度经审计的扣除非经常性损益的净利润不低于人民币1140万元；2013年和 2014年两年的平均利润扣除非经常性损益的净利润不低于人民币950万元。

但同时也约定在欧迅体育向全国中小企业股份转让系统有限责任公司提交新三板挂牌申请之日起，投资人的特别条款自行失效，投资人依该等条款所享有的特别权利同时终止。增资完成后，控股股东朱晓东，新增资三家投资机构股份占比分别为：65.7%、5.88%、3.53%、0.59%。

律师认为投资协议的签署方为控股股东朱晓东和新增投资机构，对欧迅体育并不具有约束力，投资协议中并无欧迅体育承担义务的具体约定。此外，触发条款的履行将可能导致实际控制人朱晓东所持有的欧迅体育的股权比例增加或保持不变，不会导致欧迅体育控股股东、实际控制人的变更。

案例分析：

① 对赌协议签署方为控股股东与投资方，不涉及上市主体。

② 新增股东所持有公司的股份不会影响公司的控制权。

③ 双方同时约定，挂牌成功时解除协议双方的权利和义务，消除了股权不确定的可能性。

（三）案例三：公司分红现金补偿

2014年1月22日，易世达披露股份公开转让说明书，公开转让说明书显示，2012年3月易世达完成了一轮增资，引入2名机构投资者，其中，钟山九鼎以货币资金1648.75万元，认缴 152.37万元注册资本；湛卢九鼎以货币资金851.25万元，认缴78.67万元注册资本。增资完成后易世达占股前两位股东及新增股东的占股比例为：52.27%、24.60%、9.76%、5.04%。

增资同时，新增股东与占股前两位股东段武杰、周继科签署对赌协议，约定公司在2011至2013年间，净利润分别不得低于 2500 万元、3300万元、4300万元，同时2012年、2013年实现净利润累计不低于7600万元，如未能达成，将对投资方进行现金补偿，如股东现金补足，则要求易世达进行分红以完成补偿。

同时也约定了退出机制：若易事达2014年6月30日前未提交发行上市申报材料并获受理；2014年12月31日前没有完成挂牌上市；且2011年实现净利润低于2000万元，或者2012年实现净利润低于2600万元，或者2013年实现净利润低于3400万元，新增投资机构有权选择在上述任一情况出现后要求公司及段武杰、周继科以约定价款回购或购买其持有的全部或部分易事达股权。

2013年为了不影响易世达在新三板挂牌，对赌协议双方分别发表承诺并签署补充协议，补充协议主要包括：当易世达向全国中小企业股份转让系统申报挂牌材料之日起豁免对赌协议所约定的责任和义务；当易世达向全国中小企业股份转让系统申报挂牌材料之日起投资方放弃可以要求公司及原股东回购或受让投资方所持有股份的权利；投资方转让所持公司股份时，价格不低于经审计的每股净资产；若易世达未能挂牌，补充协议约定放弃的权利自动恢复。

控股股东承诺内容为：承诺全部承担增资方基于《增资补充协议》提出的一切包括但不限于支付业绩补偿、差额补偿及/或转让股份的责任与义务，确保公司及其他股东不因上述《增资补充协议》的履行而遭受任何损失。

投资方承诺内容为：根据《增资补充协议》，当增资方向第三方转让股权时，根据买方需要，可要求易事达股东段武杰、周继科也以增资方转让的同等条件转让一部分股权。对此，增资方承诺自公司向股转公司报送申请材料之日起放弃上述权利。

根据券商核查，由于在2012年未能完成业绩约定以及2013年可能不能完成业绩约定，截至2014年3月，大股东段武杰、周继科需向增资方支付的补偿金额合计2712.38万～2991.45万元。

中介机构通过对大股东的自由资产进行核查，根据公司股权结构、利润分配政策、累计未分配利润数量以及公司持有现金状况，分析大股东可通过现金分红的形式获得的金额，证明公司股东段武杰、周继科能够在不对公司股权结构产生不利影响的前提下通过自有资金及获取公司分红偿付相关对赌约定款项。同时根据补充协议的约定，在挂牌时解除了协议双方的责任与义务。

案例分析：

① 本案例协议方涉及了挂牌主体（约定了公司的回购义务），但是在挂牌时通过补充协议解除了该项义务。

② 挂牌前已经触发了对赌协议条款，中介机构通过大股东的支付能力的分析，说明对挂牌主体的控制权、持续经营能力等不产生影响。

③ 大股东出具承诺将通过自有资金、现金分红或自筹资金的方式偿还上述业绩补偿等款项，确保不因支付上述业绩补偿等款项而转让其持有的公司股份。增资方亦承诺放弃在其向第三方转让股份时要求股东段武杰、周继科同时转让股份的权利。

根据现有已挂牌公司所包含对赌协议的分析，可以看出，区别于证监会对于拟上市公司的一刀切态度，股转公司在一定程度上接受对赌协议的存在，对于已挂牌公司的定向增资中包含的对赌协议，也在一定条件下允许存在。

可容忍的范围体现在：第一，对赌协议的协议方不能包含挂牌主体，对于可能损害挂牌主体的条款也需要进行清理；第二，由控股股东和投资方进行的对赌协议是可以被认可的；第三，已存在的对赌协议，能在挂牌的同时解除责任和义务最好，不能解除的，中介机构需要分析说明触发对赌条款时，协议方履行义务不会对挂牌主体的控制权，持续经营能力等挂牌必要条件产生影响，以确保不损害公司及其他股东的权利和利益。

总体来说，虽说已挂牌公司对赌协议要么在挂牌前进行了清理，或者解除了部分义务，或者由大股东签署协议，进行了兜底承诺，在一定程度上撇清了同上市主体的直接关系，但是，由于新三板公司股权相对集中，控股股东对公司的控制力往往极大，附加在控股股东上的责任义务很大程度上会影响到公司的运营与发展，这里面所包含的道德风险和合法合规风险还是存在的。

三、新三板申报反馈题及案例汇总

（一）出具承诺，解决潜在同业竞争问题（普华科技430238）

1. 解决方案

① 控股股东承诺在限期内变更营业范围，若未完成变更则转让给第三方。

② 承诺不从事竞争性业务。

2. 披露信息

长沙普兴自设立以来，与公司没有关联交易，但由于其控股股东石淑珍持有普华科技2.7%的股权，且担任普华科技董事会秘书一职，为了避免长沙普兴与公司存在的潜在同业竞争，2012年11月20日，石淑珍郑重承诺：“本人于2013年6月

30日前办理公司名称、法定代表人、营业范围的变更，变更后的营业范围将不包括信息技术服务、电子产品的销售等类似内容，保证长沙普兴不从事与普华科技相似的业务，只经营新型农产品的销售和推广以及其他贸易、咨询类业务。若本人在2013年6月30日前不能完成第一项的承诺事项，届时本人会将长沙普兴的股权转让给无关联第三方。如若本人因违反上述承诺内容，给普华科技造成损失的，相应的损失由本人承担。”

（二）技术出资超比例且未评估（风格信息430216）

1. 解决方案

① 出资超比例问题：寻找法律依据，不符合旧公司法，但符合当时的地方法规（在旧公司法后出台）。

② 出资未评估问题：追溯评估，股东会确认。

2. 披露信息

（1）相关法律法规

公司设立时有效的《公司法》（1999年修正）第24条第2款规定，“以工业产权、非专利技术作价出资的金额不得超过有限责任公司注册资本的百分之二十，国家对采用高新技术成果有特别规定的除外”。

上海市工商行政管理局2001年出台的《关于鼓励软件产业和集成电路产业发展促进高新技术成果转化的若干实施意见》（沪工商注〔2001〕第97号）第2条规定“科技型企业、软件和集成电路的生产企业可以高新技术成果和人力资本、智力成果等无形资产作价投资入股。1. 以高新技术成果作价投资入股可占注册资本的35.00%，全体股东另有约定的，可从其约定；2. 无形资产可经法定评估机构评估，也可经全体股东协商认可并出具协议书同意承担相应连带责任，或经高新技术成果转化办公室鉴证后由验资机构出具验资报告”。《上海市工商行政管理局关于印发〈关于张江高科技园区内内资企业设立登记的实施细则〉的通知》（沪工商注〔2001〕第334号）同样就高新技术成果作价出资可占到注册资本的35.00%进行明确规定。

（2）公司以高新技术成果出资情况

2004年8月6日，公司召开股东会并作出决议，同意股东惠新标以高新技术成果–嵌入式数字电视ASI码流监视设备作价70万元出资，占注册资本的35%。2004年8月11日，上海市张江高科技园区领导小组办公室出具《关于批准嵌入式数字电视ASI码流监测设备项目评估合格的函》（沪张江园区办项评字〔2004〕012号）认定为上海市高科技园区高新技术成果转化项目，所有者为惠新标。2004年8月11日，上海申洲会计师事务所有限公司出具《验资报告》（沪申洲〔2004〕验字第552号）验证，截至2004年8月10日，有限公司以高新技术成果—嵌入式数字电视ASI码流监视设备出资的70万元已完成转移手续。

2005年3月18日，张江高科技园区领导小组办公室评估认定“嵌入式数字电视ASI码流监测设备”评估价值为210万元。2005年4月20日，上海市高新技术成果转化项目认定办公室颁发证书认定“嵌入式数字电视ASI码流监测设备为上海市高新技术成果转化项目，权属单位为上海风格信息技术有限公司”，该项目可享受《上海市促进高新技术成果转化的若干规定》有关优惠政策。2012年11月9日，上海众华资产评估有限公司出具《惠新标个人所拥有的部分资产追溯性评估报告》（沪众评报字〔2012〕第357号），确认“嵌入式数字电视ASI码流监视设备于评估基准日2004年8月11日的市场价值为71.6059万元。”

2012年11月15日，股份公司召开2012年第三次临时股东大会通过《关于上海风格信息技术股份有限公司设立时以高新技术成果、人力资源出资的议案》，确认有限公司设立时股东出资真实到位，不存在虚假出资、出资不实等情况，有限公司或股份公司的出资或股权不存在纠纷或潜在纠纷。

（3）结论

上海市工商行政管理局为鼓励软件企业发展设置了宽松的企业出资和注册登记政策。有限公司设立时以高新技术成果出资的比例和程序虽不符合当时《公司法》的相关规定，但符合国务院关于印发《鼓励软件产业和集成电路产业发展的若干政策》的通知（国发〔2000〕18号）的精神和上海市工商行政管理局2001年出台的《关于鼓励软件产业和集成电路产业发展促进高新技术成果转化的若干实施意见》（沪工商注〔2001〕第97号）的规定，同时也符合现行《公司法》关于无形资产出资比例的要求。另外，上述高新技术成果出资经上海众华资产评估有限公司追溯评估，其价值并未被高估，并已全部转移至公司。因此，该部分出资真实到位，不存在虚假出资、出资不实等情况。

（三）无形资产出资瑕疵，现金补正（奥特美克430245）

2006年4月，有限公司股东吴玉晓和路小梅以非专利技术“水资源远程实时监控网络管理系统技术”出资640万元，二人各自占比均为50%。由于该项非专利技术与公司的生产经营相关，不排除利用了公司的场地和办公设备甚至公司的相关技术成果，无法排除出资人职务成果的嫌疑，以此项技术出资存在瑕疵，公司决定以现金对该部分出资予以补正。

2012年8月29日，有限公司召开股东会，决议由股东路小梅和吴玉晓分别以现金320万元对公司2006年4月的非专利技术出资640万元进行补正，并计入资本公积。2012年8月31日，兴华会计师事务所出具〔2012〕京会兴核字第01012239号审核报告，对上述补正出资的资金进行了审验，确认截至2012年8月31日，公司已收到上述股东的补足出资，并已进行了合理的会计处理。补正该出资后，公司的注册资本，实收资本不变。

（四）土地取得方式与证载信息不一致（成科机电430257）

1. 解决方案

合理解释出现差异的原因，并如实披露。

2. 披露信息

公司序号1–3所涉土地使用权的证载土地使用类型为“作价入股”，实质均为公司通过“转让”“购买”获得。其原因是在公司办理前述土地权属变更登记过程中引用了原权属人海泰集团取得该宗地的方式，而实质上，前述序号1所涉及土地使用权系公司向海泰集团支付土地转让金合法取得的；序号2–3所涉及土地使用权系购买地上建筑物所分摊获得。

序号1所涉及土地使用权的取得情况为：2005年1月，成科机电与海泰集团签订《国有土地使用权转让合同》，海泰集团将位于天津滨海高新技术产业开发区华苑产业区（环外部分）55号地块，宗地编号：园2004-002，面积11253.0平方米的土地使用权转让给成科机电。该宗工业用地的土地使用权转让期限为50年，土地使用权转让金2531925元人民币。截至2005年8月，成科机电已全额支付了2531925元土地转让金，即该宗地系成科机电通过支付土地转让金方式合法取得。

序号2-3所涉及土地使用权的取得情况为：成科自动化2012年购置位于天津滨海高新区华苑产业区（环外）海泰发展五道16号B-4号楼-1-201、202的办公室所分摊的土地使用权。

经调查，公司律师认为：海泰集团大宗土地来源系作价入股取得后，成科机电根据与海泰集团签订的《国有土地使用权出让合同》依法有偿取得天津滨海高新技术产业开发区天津华苑产业区海泰发展一路6号的土地使用权并缴纳了土地使用权转让款，成科机电取得土地使用权合法有效；海泰集团未以土地使用权作价入股成科机电，成科机电土地使用权登记信息与实际情况不符，原因来源于海泰集团大宗土地登记类型而登记为作价入股，不构成对成科机电的潜在的法律风险。

（五）盈余公积转增股本，各股东比例不一致（威林科技430241）

1. 解决方案

① 披露程序合规。

② 未披露个人所得税事宜。

2. 披露信息

2003年6月4日，有限公司股东会通过决议，同意增加注册资本300万元，其中王渝斌增资91.605万元（货币增资86.925万元、公积金转增出资4.68万元）、刘忠江增资59.605万元（货币增资47.025万元、公积金转增出资2.58万元）、苏伯平增资59.605万元（货币增资47.025万元、公积金转增出资2.58万元）、丁岩峰增资59.605万元（货币增资47.025万元、公积金转增出资2.58万元）、刘少明增资

59.605万元（货币增资47.025万元、公积金转增出资2.58万元）、新股东王长清货币出资9.975万元，并通过了公司章程修正案。

2003年6月23日，湖北大华有限责任会计师事务所出具了鄂华会事验字〔2003〕A第121号《验资报告》，对本次增资进行了审验。转增后，盈余公积为1113776.95元，所留存的该项公积金不少于转增前公司注册资本的25%，符合1993年《公司法》第179条的规定。

有限公司本次以盈余公积转增股本未按照股东持股比例转增，其中王渝斌转增比例高于其持股比例，则其他股东的转增比例低于其持股比例。经主办券商及律师核查，本次决定以盈余公积转增股本的股东会决议是经全体股东一致同意表决通过，全体股东均在决议上签名确认。主办券商及律师认为，经有限公司全体股东一致同意，有限公司不按照股东的持股比例以盈余公积转增股本是股东意思自治的体现，本次以盈余公积转增股本过程及结果合法有效，不存在法律纠纷及风险。2003年7月8日，武汉市工商局出具了企业变更通知书，对上述变更予以确认。

（六）无形资产出资瑕疵，先减资再现金增资（金日创430247）

2011年11月，公司股东付宏实、李喜钢、李皎峰以其拥有的知识产权—非专利技术“热电厂水处理控制系统”对公司进行增资，并以该非专利技术截至评估基准日2011年11月15日的评估价值500万元作为出资金额。

此次股东用作增资的非专利技术存在可能被认定为职务成果的问题。由于投入该项非专利技术的股东付宏实为公司董事长兼总经理，股东李喜钢为公司董事，李皎峰为公司董事、副总经理，该项技术与公司主营业务具有较大相关性，因此存在该项技术被认定为上述股东在公司任职期间的职务成果，其权属属于公司造成出资不实的风险。因此，为彻底规范公司的历史出资，维护其他股东的利益，上述股东决定以现金形式对该无形资产出资进行置换补正，在法律程序上采用了先减资后增资的形式，具体程序如下。

① 2012年6月8日，有限公司召开股东会，决议将公司注册资本由900万元减少至400万元，共减资500万元，减资部分均为股东的知识产权出资部分，其中减少

付宏实知识产权出资336.93万元，减少李喜钢知识产权出资128.07万元，减少李皎峰知识产权出资35万元。同时，股东会决议同意前述涉及减资的股东以等额的货币增加注册资本500万元，其中付宏实以货币增资336.93万元，李喜钢以货币增资128.07万元，李皎峰以货币增资35万元。同意修改后的公司章程。

② 2012年6月8日，北京百特会计师事务所就前述减资及增资事宜出具了“京百特验字（2012）R00418号”《验资报告》，经审验，截至2012年6月8日，有限公司已收到付宏实、李喜钢、李皎峰缴纳的新增注册资本500万元，其中股东付宏实以货币出资人民币336.93万元，李喜钢以货币出资人民币128.07万元，李皎峰以货币出资人民币35万元。

③ 2012年6月13日，有限公司就此次减资事宜在《北京晨报》上进行了公告。

④ 2012年6月13日，北京市工商行政管理局就有限公司上述变更事宜换发了《企业法人营业执照》。根据该营业执照，有限公司的注册资本为900万元，实收资本为900万元。

根据2013年6月该非专利技术的相关出资人出具的《确认函》，减资完成后，非专利技术的所有权人付宏实、李喜钢和李皎峰均同意将无形资产无偿转让给公司，并由公司享有无形资产的所有权。

（七）专利技术出资比例违反《公司法》规定（铜牛信息430243）

1. 解决方案

① 披露地方性法规的要求。

② 控股股东出具确认函。

2. 披露信息

2004年8月28日修订的《中华人民共和国公司法》第二十四条第二款规定：“以工业产权、非专利技术作价出资的金额不得超过有限责任公司注册资本的百分之二十，国家对采用高新技术成果有特别规定的除外。”

2000年12月8日，北京市人大常委会依据国务院《关于建设中关村科技园区有关问题的批复》（国函〔1999〕45号）颁布了《中关村科技园区条例》（北京市人大常委会公告第25号）（以下称《条例》）（有效期至2010年12月23日），北京市人民政府于2001年3月2日颁布了《中关村科技园区企业登记注册管理办法》（北京市人民政府令第70号）（以下称《办法》）（有效期至2007年11月23日）。

上述法规对中关村科技园区内企业以高新技术成果作价出资规定如下：《条例》第十一条规定："以高新技术成果作价出资占企业注册资本的比例，可以由出资各方协商约定。"《办法》第十三条规定："以高新技术成果出资设立公司和股份合作企业的，对其高新技术成果出资所占注册资本（金）和股权的比例不作限制，由出资人在企业章程中约定。企业注册资本（金）中以高新技术成果出资的，对高新技术成果应当经法定评估机构评估。"第十四条规定："出资人以高新技术成果出资，应当出具高新技术成果说明书；该项高新技术成果应当由企业的全体出资人一致确认，并应当在章程中写明。经全体出资人确认的高新技术成果可以作为注册资本（金）登记注册。"第十五条规定："工商行政管理机关对以高新技术成果作价出资的，应当在《营业执照》经营范围栏的最后项下注明作为非货币出资的技术成果的价值金额、占注册资本的比例以及是否办理了财产转移手续的情况。"根据当时有效的北京市工商行政管理局于2004年2月6日颁布的《关于印发〈改革市场准入制度，优化经济发展环境若干意见〉的通知》对内资企业注册资本（金）缴付方式进行改革的规定，"投资人以高新技术成果出资，应当出具经全体投资人一致确认的高新技术成果说明书。以高新技术成果作价出资占企业注册资本（金）的比例，可以由投资各方协商约定"。

2005年9月21日，由铜牛针织集团、高鸿波等9方共同签署了《高新技术成果说明书及确认书》，共同确认该非专利技术为高新技术成果，同意以该高新技术成果投入到有限公司中。同时，用于出资的此项非专利技术亦由北京新京联成资产评估有限公司进行了评估，并出具评估报告书确认该项非专利技术的评估值为78万元。

2005年10月10日，公司所有股东签订了《财产转让协议》，将该非专利技术转移给有限公司，且经北京中万华会计师事务所审计，该非专利技术已完成转移手续。有限公司也于2005年10月10日召开股东会，全体股东一致同意以非专利技术出资78万元。该股东会决议通过的《公司章程》亦明确载有该项无形资产出资的内容。北京市工商行政管理局核准了公司的设立登记，并在公司营业执照的经营范围栏的最后项下注明了作为非货币出资的技术成果的价值金额。

因此有限公司成立时无形资产占注册资本的比例符合当时有效的相关规定，出资形式合法，出资有效到位。

关于非专利技术出资比例的事项，北京市国联律师事务所在其为本次公司进入全国中小企业股份转让系统出具的《法律意见书》中发表了如下意见：铜牛信息有限设立时，注册资本中非专利技术占比达到78%是符合当时相关规定的；并且取得了北京市工商局核准登记，铜牛信息有限的非专利技术出资合法、有效。

北京纺织控股有限责任公司作为铜牛集团及铜牛信息的控股股东，于2013年5月24日出具了《关于北京铜牛信息科技股份有限公司历史沿革有关问题的报告》，确认“上述非专利技术出资虽未根据《国有资产评估管理若干问题的规定》进行国有资产评估备案，程序上存有瑕疵，但国有产权明晰，不存在纠纷，并未造成国有资产流失，亦未损害国有权益”。

（八）设立时注册资本低于《公司法》的规定（三意时代430255）

1. 解决方案

披露地方性法规。

2. 披露信息

经核查，依据有限公司设立时生效的《公司法》第二十三条的规定，科技开发、咨询、服务性公司的注册资本最低为人民币十万元。有限公司设立时注册资本为人民币三万元，不符合当时《公司法》的规定。

但依据《北京市工商行政管理局转发市政府办公厅<关于同意在中关村科技园区进行高新技术企业注册登记改制改组试点的通知>的通知》（京工商发〔2000〕127号）文件第三条的规定，高新技术企业中有限责任公司申请登记注册时，其注册资本达到3万元（含）以上，即予登记注册。

因此，有限公司设立时注册资本虽不符合当时施行的《公司法》规定，但有限公司出资人的出资真实，且符合北京市人民政府以及北京市工商行政管理局的相关规定，不存在潜在法律风险，不会对本次挂牌转让造成不利影响。

（九）不存在同业竞争的说明：划分业务专属行业（东软慧聚430227）

1. 解决方案

① 控股股东对相似子公司进行业务专属行业划分。

② 控股股东出具承诺函，承诺挂牌后将相似资产转入挂牌公司。

2. 披露信息

（1）公司与控股股东及其控制的其他企业之间同业竞争情况

公司与辽宁东创的控股股东东软集团下辖的ERP事业部的部分业务重合，都有ERP实施与运维服务业务，该部分业务存在潜在同业竞争关系。为解决此潜在竞争业务，也为规范集团内部经营范围，2009年东软集团对公司和集团辖下的“ERP事业部”（现已并入并成为“解决方案事业部”的部分业务内容）的目标市场进行了明确的划分，设定了各自业务的专属行业，其中：“ERP事业部”负责石油、地铁、柴油机、重工、钢铁、家电等行业，北京东软慧聚信息技术有限公司负责烟草行业（包括工业、商业、物资及烟机设备配套企业）、电力行业（包括电网、发电企业）及“ERP事业部”未涉及的其他行业。

公司多年来一直致力于上述行业领域的信息化咨询和服务，已经形成了烟草工业行业解决方案、电力行业解决方案、国际贸易行业解决方案、房地产行业解决方案等多套全面、科学、先进的行业解决方案，其中烟草、电力、高科技等行业是公司的重点优势领域。这些行业解决方案已经在相关行业的客户中得到广泛应用，并与客户建立了长期的合作伙伴关系，积累了丰富的行业经验。

由于ERP服务业务具有极强的行业特性，行业经验、技术、市场和人才壁垒较高，掌握这些技术、经验和能力无疑需要长期的积累和历练。目前，双方严格遵守行业划分，未产生实质上的同业竞争。

为彻底解决上述潜在的同业竞争问题，东软集团承诺在公司挂牌后把该部分存在潜在同业竞争的业务进行分拆、分批转让至公司，以彻底解决潜在的同业竞争问题。暂缓转让的主要原因为该部分业务存在一些优质客户，如何将这些资源顺利延续到公司，需要一定的时间以及较大的资金投入。因此，需等公司挂牌后进行融资以收购该部分业务。

除上述情况外，东软集团控制的企业与公司在烟草行业（包括工业、商业、物资及烟机设备配套企业）、电力行业（包括电网、发电企业）及以下行业（石油、地铁、柴油机、重工、钢铁、家电、汽车、医药）之外的SAPERP及ORACLEERP咨询服务领域不存在同业竞争情况；公司与控股股东及其控制的企业、其他持股5%以上的主要股东之间不存在同业竞争情况。

（2）关于避免同业竞争的承诺

2012年12月21日，公司控股股东、其他股东、董事、高级管理人员及核心技术人员出具《避免同业竞争承诺函》，表示不从事或参与与股份公司存在同业竞争的行为，并承诺：将不在中国境内外直接或间接从事或参与任何在商业上对股份公司构成竞争的业务及活动，或拥有与股份公司存在竞争关系的任何经济实体、机构经济组织的权益，或以其他任何形式取得该经营实体、机构、经济组织的控制权，或在该经营实体、机构、经济组织中担任高级管理人员或核心技术人员。

鉴于公司董事贾彦生担任东软集团解决方案事业部总经理一职，该部门的部分业务与公司ERP业务重合，存在潜在的同业竞争关系，且东软集团已出具《关于避免与北京东软慧聚信息技术股份有限公司产生同业竞争行为的措施说明》，对如何解决贾彦生任职部门与公司存在的潜在同业竞争问题做出了承诺。因此，待东软集团履行完毕《关于避免与北京东软慧聚信息技术股份有限公司产生同业竞争行为的措施说明》之后，董事贾彦生于东软集团所任职部门将不会同公司存在潜在的同业竞争关系。因此，董事贾彦生将在东软集团解决该潜在同业竞争问题之后履行上述避免同业竞争承诺。

2012年12月21日，东软集团出具了《关于避免与北京东软慧聚信息技术股份有限公司产生同业竞争行为的措施说明》，表示2009年以来，除了从内部经营范围和管理上进行规范以及对目标市场进行明确的专属划分，设定各自的专属业务行业并严格遵守，避免产生矛盾和竞争外，东软集团为彻底解决将来可能产生新的或潜在的同业竞争，承诺在公司挂牌后，将把该部分存在潜在同业竞争的业务进行拆分，并分批转让至公司，以彻底解决潜在的同业竞争问题。

2013年4月18日，东软集团出具了《关于所控制企业避免与北京东软慧聚信息技术股份有限公司产生同业竞争行为的措施说明》，表示东软集团所控制的企业将不从事任何在商业上对公司在烟草行业（包括工业、商业、物资及烟机设备配套企业）、电力行业（包括电网、发电企业）及以下行业（石油、地铁、柴油机、重工、钢铁、家电、汽车、医药）之外的SAPERP及ORACLEERP咨询服务业务构成竞争的业务。

（十）对主要客户存在依赖（信诺达430239）

1. 解决方案

① 合理解释原因，并如实披露。

② 作重大事项提示。

2. 披露信息

（1）营业收入波动风险

公司2011年、2012年营业收入分别为1109866.41元、13742126.70元，2012年收入大幅增加主要原因为与镇江艾科半导体有限公司的业务合同（销售收入10935923.09元）占公司全年收入比例较高，达79.58%，致使公司当期营业收入出现波动。公司目前的客户数量较少，且未与销售客户签订长期合作协议，若公司与镇江艾科半导体有限公司终止合作关系，公司又无其他大额销售合同弥补未来销售额下滑，公司未来的收入及盈利水平将可能受到较大影响。

（2）主要客户情况

2011年、2012年公司对前五名客户的销售金额占比主营业务收入分别为100%和93.62%。2011年，公司全部3家客户为中国电子科技集团公司第54研究所、中国人民解放军某部队科研所和重庆金美通信有限责任公司；2012年，前五位大客户为镇江艾科半导体有限公司、山东航天电子技术研究所、北京市科学技术研究院、中国电子科技集团公司第39研究所和中国航天科技集团公司第九所。报告期内，公司的主要客户销售金额占营业收入比例较高，主要原因在于现阶段公司市场拓展有限，主要客户大都计入上述样本统计。随着公司市场开拓力度的不断加大，上述问题将得到改善。

（十一）使用员工个人账户收取货款（美兰股份430236）

1. 解决方案

① 个人账户注销。

② 披露内部控制制度，不存在报告期内多计少计收入的情形。

2. 披露信息

报告期内，公司的收款方式包括：现金收款、个人卡收款、银行对公账户转账收款和承兑汇票收款。现金收款主要针对一些零散终端客户和一些上门提货的个体经营户，公司现金销售严格按照现金内控制度及相关财务制度的要求进行，制定了完整的销售审批、现金收款、收据开具、发货、现金缴存银行、每日记账、联合对账等一系列内控措施，严格做好财务凭证的确认、入账和财务核算工作，确保财务凭证的真实性、有效性、完整性和准确性，防范公司现金销售活动中财务风险的发生，确保现金安全和真实客观地反映企业的经营成果。个人卡收款主要是方便报告期内受银行营业时间和办理网点等方面的局限的企业和个体经营户付款。

报告期内美兰股份及其子公司并未将个人银行卡上收取的货款全部转入公司基本户和一般户，存在直接用于公司费用开支或借支给个人的情形，但相关的审批手续完善，支付得到有效控制，不存在未经批准擅自支用的情况；同时用于借出的款项于会计报表日前已归还，不存在公司资产流失及被他人长期占用的情形。为进一步规范收付款管理，公司已于2013年4月24日，将个人卡注销，不再使用个人卡收取货款，所有货款全部打入公司基本户和一般户。因此，报告期内公司存在使用个人账户收取货款的不规范情形，但使用员工个人账户收取的货款已经如实在公司财务中反映，不存在未计入收入或多计收入的情形。

（十二）公司整体变更时，自然人股东缴纳个人所得税（普华科技430238）

1. 解决方案

整体变更时以审计净资产扣除自然人股东缴纳所得税后的净资产为基础折股。

2. 披露信息

2012年12月20日，普华有限股东包晓春等34人作为发起人股东，共同签署《上海普华科技发展股份有限公司发起人协议》，决定以普华有限截至2012年9月30日，经审计的所有者权益（净资产）人民币41988791.31元，扣除个人所得税人民币4970915.75元后的37017875.56元为基准，按照1：0.8104的比例，折成总股本3000万股，上海普华科技发展有限公司整体变更设立上海普华科技发展股份有限公司。

有限公司整体变更设立股份公司过程中，自然人股东需要缴纳个人所得税。由于公司所有发起人股东均为自然人，公司系以经审计的净资产扣减由于普华有限整体变更设立股份公司所应缴纳的个人所得税后的净资产为基准折股，因此上述方案中，股本乘以折股系数小于变更前经审计的净资产。

（十三）无发票，资产未入账（蓝天环保430263）

1. 解决方案

① 资产评估。

② 向股东购买。

2. 披露信息

2008年9月，公司在与金隅嘉业房地产公司洽谈供暖运营项目期间，了解到金隅集团下属的北京金海燕物业管理有限公司拟处置部分锅炉资产，因对方无法提供发票，故公司总经理潘忠以个人名义出资购买并投入公司使用。由于公司当时会计核算欠规范，对此次由潘忠购入并投入公司使用的锅炉设备未作任何账务处理。

2012年9月，公司在筹备股票在全国中小企业股份转让系统挂牌事宜过程中，相关中介机构对公司固定资产进行盘点时发现了该账实不符问题。经讨论协商，决定聘请专业评估机构进行评估后由公司向潘忠购买该批资产。2012年10月15日公司第一届董事会第四次会议和2012年10月31日公司2012年第四次临时股东大会通过的决议，同意向股东潘忠购买锅炉等相关设备，交易价格以评估值为准。根据北京正和国际资产评估有限公司2012年12月7日出具的正和国际评报字（2012）第379号《资产评估报告》，上述锅炉设备的评估价值为139.36万元。

公司与股东潘忠的上述设备买卖已按照《公司章程》等内部制度履行了必要的决策程序；交易价格依据评估价值确定，价格公允，不存在损害公司及其他股东利益的情况。

（十四）以人力资源、管理资源出资（联动设计430266）

1. 解决方案

工商管理部门书面确认以人力资源和管理资源出资符合地方管理规定。

2. 披露信息

公司设立时，股东黄万良、朱桂兰、任德才、黄玉娇以人力资源出资340万元。根据2001年2月19日武汉东湖开发区管理委员会颁布的《武汉东湖开发区管委会关于支持武汉光电子信息产业基地（武汉•中国光谷）建设若干政策实施细则的通知》（武新管综〔2001〕10号）第七条之规定："股东以人力资源入股的，经全体股东约定，可以占注册资本的35%（含35%）以内。"因此公司以人力资源出资事项符合该法规规定。

公司设立时，武汉留创园以管理资源出资10万元。根据2000年4月12日武汉市人民政府《关于加快高新技术创业服务中心建设与发展步伐的通知》（武政办〔2000〕63号）第七条之规定："鼓励创业中心通过投资、提供优质服务等方式持有在孵企业的一定股权。"武汉创业园为武汉东湖新技术开发区管委会依据武新管人〔2002〕16号《关于成立武汉留学生创业园管理中心的决定》设立的创业管理中心，因此其以管理资源出资符合《关于加快高新技术创业服务中心建设与发展步伐的通知》的规定。

为规范公司历史出资中存在的人力资源出资、管理资源出资等事项，公司于2012年10月向武汉市工商行政管理局东湖新技术开发区分局提交了情况说明。2012年10月20日，武汉市工商行政管理局东湖新技术开发区分局作出《关于指定武汉中天奇会计师事务所有限公司对武汉联动设计工程有限公司实收资本进行验资的函》，指定中天奇对有限公司实收资本进行验资。中天奇于2012年10月22日出具《关于武汉联动设计工程有限公司截至2012年10月19日止历次出资验资复核报告》（武奇会专审字〔2012〕第001号），验证：2003年7月8日股东第一次出资中，管理资源出资10万元、人力资源出资340万元，共计350万元是依照武汉东湖开发区管理委员会文件武新管综〔2001〕10号文件出资；2004年7月5日股东第二次出资中实物出资382万元，由于时间久远，无法获取相关原始资料证明出资实物所有权已转移至公司。为规范上述情况，公司股东以货币出资对人力资源出资、管理资源出资、实物出资进行了置换。

（十五）无形资产出资瑕疵，作减资处理（奥尔斯430248）

有限公司系由自然人李朱峰、赵振丰共同出资设立的有限责任公司，注册资本50万元，成立于2003年12月19日。

2003年12月15日，北京驰创会计师事务所有限责任公司出具了京创会字〔2003〕第2-Y3311号《验资报告》，经审验，截至2003年12月15日，有限公司注册资本50万元已全部到位，其中李朱峰以货币资金出资6.4万元，以非专利技术“智能微电流传感器”出资25.6万元，出资额占公司注册资本64%；赵振丰以货币资金出资3.6万元，以非专利技术“智能微电流传感器”出资14.4万元，出资额占公司注册资本36%。

根据1999年修订的《公司法》规定：“股东可以用货币出资，也可以用实物、工业产权、非专利技术、土地使用权作价出资。对作为出资的实物、工业产权、非专利技术或者土地使用权，必须进行评估作价，核实财产，不得高估或者低估作价。土地使用权的评估作价，依照法律、行政法规的规定办理。”公司设立时的无形资产非专利技术未进行评估作价，存在出资瑕疵。该部分无形资产出资已经在2012年7月份进行了减资处理，出资瑕疵影响已经消除。

（十六）股份公司发起人未签订发起人协议（易同科技430258）

1. 解决方案

全体发起人出具《关于公司整体变更的声明》。

2. 披露信息

股份公司发起人当时未签订发起人协议，2013年3月10日，全体发起人出具了《关于公司整体变更的声明》，声明“有限公司的所有资产、业务、债权、债务及其他一切权益、权利和义务，自有限公司变更登记为股份公司之日起由公司承继。有限公司自2009年1月1日至股份公司完成变更登记之日止的经营损益由各发起人按照其持股比例承担或享有。发起人之间没有发生有关公司整体变更事项的争议，发起人认可公司整体变更的有效性，未来不就公司整体变更相关事项发生争议。”

（十七）证监会就落实《国务院关于新三板有关问题的决定》有关事宜答记者问

问：按照《国务院决定》，全国中小企业股份转让系统是经国务院批准的全国性证券交易场所，它与沪深证券交易所有什么差别?

答：全国中小企业股份转让系统（以下简称全国股份转让系统）是经国务院批准，依据证券法设立的全国性证券交易场所，2012年9月正式注册成立，是继上海证券交易所、深圳证券交易所之后第三家全国性证券交易场所。在场所性质和法律定位上，全国股份转让系统与证券交易所是相同的，都是多层次资本市场体系的重要组成部分。

全国股份转让系统与证券交易所的主要区别在于：一是服务对象不同。《国务院关于全国中小企业股份转让系统有关问题的决定》（以下简称《国务院决定》）明确了全国股份转让系统的定位主要是为创新型、创业型、成长型中小微企业发展服务。这类企业普遍规模较小，尚未形成稳定的盈利模式。在准入条件上，不设财务门槛，申请挂牌的公司可以尚未盈利，只要股权结构清晰、经营合法规范、公司治理健全、业务明确并履行信息披露义务的股份公司均可以经主办券商推荐申请在全国股份转让系统挂牌；二是投资者群体不同。我国交易所市场的投资者结构以中小投资者为主，而全国股份转让系统实行了较为严格的投资者适当性制度，未来的发展方向将是一个以机构投资者为主的市场，这类投资者普遍具有较强的风险识别与承受能力；三是全国股份转让系统是中小微企业与产业资本的服务媒介，主要是为企业发展、资本投入与退出服务，不是以交易为主要目的。

问：《国务院决定》提出“挂牌公司依法纳入非上市公众公司监管”，应当如何理解？

答：全国股份转让系统挂牌公司的法律属性为非上市公众公司，应当合法规范经营，健全公司治理结构，履行信息披露义务，披露的信息必须真实、准确、完整，不得有虚假记载、误导性陈述或者重大遗漏。

2005年修订《证券法》时，全国股份转让系统尚未建立，因此《证券法》没有直接针对全国股份转让系统和挂牌公司的条款，这在一定程度上限制了市场的发展和功能发挥。按照《国务院决定》的授权，证监会将比照《证券法》的立法精神，制定部门规章及相关规范性文件，明确监管制度框架和专项监管要求，建立健全以信息披露为核心的日常监管体系。证监会的监管方式将由事前准入监管转向“事中、事后”监管，加强对违法违规行为的稽查执法，维护投资者的合法权益和公开、公平、公正的市场秩序。

《国务院决定》为全国股份转让系统挂牌公司和市场监管奠定了法规基础，填补了《证券法》没有直接针对全国股份转让系统和挂牌公司规定的法律空白，提升了市场建设的法律层级，市场将步入更为规范的法制化运行轨道。这既有利于保证全国股份转让系统平稳健康发展，也有利于推动市场融资工具和证券产品创新。

问：《国务院决定》提出要“简化行政许可程序”，证监会将转变监管方式，请问事前准入监管上会有哪些变化？

答：按照《证券法》和《国务院办公厅关于严厉打击非法发行股票和非法经营证券业务有关问题的通知》（国办发〔2006〕99号）的精神，股份公司向特定对象发行证券累计超过200人和申请在全国股份转让系统挂牌公开转让股票，应报经证监会核准。

考虑到全国股份转让系统挂牌公司大多属于中小微企业，其发行和转让对象以符合投资者适当性制度的机构投资者为主，具有较强的风险识别和承受能力，同时其发行和转让行为涉及的资金总量通常较小，风险外溢的可能性相对较低。按照《国务院决定》的精神，对于股东人数不超过200人的股份公司申请在全国股份转让系统挂牌公开转让和挂牌公司向特定对象发行证券后持有人累计不超过200人两种涉众性相对较低的情形，证监会豁免核准，不再进行“事前”审核，也不出具批复文件，由全国股份转让系统进行自律审查。经主办券商推荐，股份公司可以直接向全国股份转让系统申请挂牌。对于豁免核准的挂牌公司，股东通过转让股份导致挂牌公司股东人数超过200人时，也不再需要重新向证监会申请核准。

“股东人数已超过200人的股份公司申请在全国股份转让系统挂牌公开转让股票”和“挂牌公司定向发行证券且发行后证券持有人累计超过200人”两种涉众性相对较高的情形，由证监会依法履行行政许可程序，实施核准。在行政许可安排上，证监会将尽可能简化审核流程，提高审核效率。在核准流程上，简化程序，证监会审核后不提交发行审核委员会审核；在申报文件上，简化申请文件和信息披露要求。公司拿到核准文件后可直接向全国股份转让系统申请办理挂牌手续。

最后还需要强调一点的是，无论是经证监会核准的还是豁免核准的挂牌公司，都将统一纳入证监会的非上市公众公司监管，必须遵守《证券法》《非上市公众公司监督管理办法》及其他相关规则的规定，完善公司治理结构，履行信息披露义务。

问：《国务院决定》提出要建立与投资者风险识别和承受能力相适应的投资者适当性制度，证监会将如何落实相关要求？

答：从境内外资本市场的发展经验来看，投资者适当性制度是保护投资者合法权益的重要制度安排。全国股份转让系统挂牌公司多为中小微企业，经营不稳定，业绩波动大，投资风险相对较高，客观上要求投资者必须具备较高的风险识别和承受能力，市场交易更适合机构投资者而不是普通个人投资者参与。按照《国务院决定》的精神，全国股份转让系统将定位于专业投资市场，积极培育和发展机构投资者队伍，鼓励证券公司、保险公司、证券投资基金、私募股权投资基金、风险投资基金、合格境外机构投资者、企业年金等机构投资者参与市场，逐步将全国股份转让系统建成以机构投资者为主体的证券交易场所。针对自然人投资者，将从财务状况、投资经验、专业知识等三个维度严格准入条件，提高投资者准入门槛，切实维护投资者的合法权益。不符合适当性要求的个人投资者可以通过专业机构发售的基金、理财产品等间接投资于挂牌公司。

问：《国务院决定》提出要建立不同层次市场间的有机联系，这是否意味着全国股份转让系统与交易所市场、区域性股权转让市场之间将建立转板制度？

答：交易所市场、全国股份转让系统和区域性股权转让市场都是我国多层次资本市场的重要组成部分。《国务院决定》要求建立不同层次市场间的有机联系，就是要使得交易所市场、全国股份转让系统和区域性股权转让市场之间形成上下贯通、有机联系的统一整体。因此，按照《国务院决定》的精神，全国股份转让系统的挂牌公司可以直接转板至证券交易所上市，但转板上市的前提是挂牌公司必须符合《证券法》规定的股票上市条件，在股本总额、股权分散程度、公司规范经营、财务报告真实性等方面达到相应的要求。另一方面，在区域性股权转让市场进行股权非公开转让的公司也可以申请在全国股份转让系统挂牌公开转让股份，但必须满足两个条件：一是区域性股权转让市场必须符合《国务院关于清理整顿各类交易场所切实防范金融风险的决定》（国发〔2011〕38号）的规定；二是股份公司必须符合全国股份转让系统的挂牌条件。

建立便捷高效的转板机制后，企业就可以根据自身发展阶段、股份转让和融资等方面的不同需求，自由选择适合的市场，促进企业持续健康发展，进一步发挥资本市场优化资源配置的作用。

问：《国务院决定》要求国资、外资、税收政策原则上比照交易所市场及上市公司相关规定处理，应当如何理解？

答：促进中小企业发展需要国务院有关部门加强沟通合作和协调配合。在上市公司监管中，我会与国务院有关部门已经取得了一些很好的合作成果。在场所性质和法律定位上，全国股份转让系统与交易所市场是相同的。因此，对于全国股份转让系统建设中涉及的上述问题，可以比照交易所市场及上市公司规定办理。关于国有股份交易，公司可以自由选择在产权市场或者全国股份转让系统转让国有股份，但要同时遵守国有资产管理的相关规定；关于外商投资的上市公司，我会与商务部联合制定了相关管理规定，外商投资公司可以比照上市公司的相关规定申请到全国股份转让系统挂牌；关于税收政策，为鼓励投资者长期投资，财政部和税务总局联合发布了相关政策，对上市公司投资者按照持股时间长短执行20%、10%、5%三档税率缴纳股息红利所得税；证券交易印花税单边征税，证券出让方按1‰税率征收，对证券受让方不征税。全国股份转让系统的投资者也按照上述税率征收。

问：如何理解将全国中小企业股份转让系统试点范围扩大全国，扩大试点后是否还有园区限制？

答：《国务院决定》发布之前，申请到全国股份转让系统挂牌的公司仅限于北京中关村、天津滨海、上海张江、武汉东湖等四个国家级高新技术产业开发区的股份有限公司。2013年6月19日，国务院第13次常务会议决定将全国股份转让系统试点范围扩大至全国，随后证监会制定了相关工作方案。国务院决定发布后，扩大试点至全国的条件已经具备。待证监会和全国股份转让系统的相关配套规则正式发布后，凡是在境内注册的、符合挂牌条件的股份公司，均可以经主办券商推荐申请在全国股份转让系统挂牌公开转让。挂牌公司不再受高新园区的限制，不受所有制的限制，也不限于高新技术企业。

问：全国股份转让系统试点范围扩大至全国后，会不会分流A股市场的资金，造成A股市场下跌？

答：全国股份转让系统在职能分工和服务定位上与现有的主板、中小板和创业板市场存在较大差异，是一种功能互补、相互促进的关系。第一，全国股份转让系统主要为创新型、创业型、成长型中小微企业服务，这类企业普遍规模较小，融资金额少。融资方式上目前只允许定向发行，并且严格限定发行对象和人数。从前期试点情况来看，14个月内共定向发行56次，融资总额为10.96亿元，公司单次融资金额平均不足2000万元，涉及的资金量极为有限；第二，全国股份转让系统实行严格的投资者适当性管理制度，投资者主要集中于产业资本和股权投资基金，这与A股市场的投资者定位存在很大区别，不会形成同一投资群体在市场选择上的此消彼长关系。第三，全国股份转让系统试点范围扩大至全国，拓宽了资本市场的服务覆盖面和渠道，企业可以根据自身的实际需求，自由选择在证券交易所上市或全国股份转让系统挂牌，这将有利于减轻A股市场的发行上市压力，缓解A股市场的扩容预期。因此总体来看，试点范围扩大至全国后不会对A股市场产生资金分流效应。

问：《国务院决定》发布后，历史上形成的股东人数已经超过200人的未上市股份公司是否可以申请在全国股份转让系统挂牌公开转让？

答：对于历史上形成的股东人数已经超过200人的未上市股份公司纳入非上市公众公司监管问题，证监会已经进行了深入研究，正在制定专门的审核指引，将于近期正式发布实施。

问：非上市公众公司并购重组如何操作？证监会是否会出台具体的监管规则？

答：并购重组对于优化市场资源配置功能、推动产业结构调整、实现产业升级、促进实体经济发展，具有非常重要的意义和作用。非上市公众公司多以中小微企业为主，未来这类公司并购重组的机会可能会更多、交易会更频繁，但并购重组的方式和特点可能与上市公司有所不同。证监会正在抓紧制定非上市公众公司并购重组监管规则，成熟后将尽快推出。

四、全国27个省市185个地区新三板财政补贴

附表2　　　　全国27个省市185个地区新三板财政补贴

省份	地区	补贴金额	政策依据
上海	张江高科技园区	改制补助最高不超过60万元； 挂牌补助最高不超过100万元	《上海市张江高科技园区科技孵化及加速发展扶持办法》
	浦东新区	在新三板挂牌的，给予50万元补贴； 挂牌后IPO上市，在上海证监局备案后，给予30万元补贴； 收到证监会受理函后给予70万元补贴； 申请提交证监会审核后，给予50万元补贴； 新迁入浦东并在两年内上市，奖励50万元	《浦东新区促进金融业发展财政扶持办法实施细则》
	闵行区	成功挂牌的，奖励最高不超过50万元	闵行区人民政府关于批转闵行区加快现代服务业发展扶持政策实施细则的通知
	嘉定区	补贴挂牌公司总额不超过200万元； 对于新落户于嘉定区的企业，额外补贴50万元	《上海市嘉定区人民政府关于鼓励企业进入代办股份转让系统和开展股权托管交易的实施意见》
	徐汇区	对进入新三板挂牌的企业，由市区两级按照1∶1的比例给予补贴； 对在股交中心挂牌的企业可由市区两级给予最高100万元补贴。如成功转板上市，可按累计不超过200万元给予差额补贴	《上海市徐汇区人民政府印发关于推进企业上市的扶持办法（试行）的通知》
	虹口区	改制过程中的手续费，按实际发生额的50%给予扶持，最高金额不超过30万元； 改制过程中缴纳的所得税，按50%给予扶持，最高不超过70万元。挂牌、交易费用，按实际发生额的50%给予扶持，最高不超过50万元	《虹口区发展和改革委员会关于印发虹口区推进企业改制上市扶持细则（2013年修订版）的通知》
	青浦区	因挂牌产生的中介费用，按50%给予扶持，累计不超过200万元； 区外迁至青浦成功挂牌的，再奖励50万元； 之前已成功挂牌的或在区外挂牌后迁至青浦并纳税的企业参照执行	《关于鼓励企业进入代办股份转让系统和开展股权托管交易的专项扶持办法》
	奉贤区	挂牌过程中的中介费用，按实际发生额给予扶持，最高不超过100万元； 对将注册地迁至奉贤区张江分园或区内其他区域的外区企业两年内成功挂牌的，再给予20万元奖励	《上海市奉贤区人民政府关于印发<奉贤区金融服务业财政扶持办法（试行）>的通知》

续表

省份	地区	补贴金额	政策依据
上海	宝山区	挂牌产生的中介费用按发生额的50%给予扶持，最高150万元	《宝山区金融服务“调结构、促转型”专项资金使用管理办法》
	崇明县	对成功挂牌的企业，按照实际中介服务费用发生额的50%给予扶持，最高200万元； 县外企业迁至崇明并成功在上海股交中心挂牌的，再给予50万元奖励	《崇明县关于鼓励企业开展股权托管交易暂行办法》
	普陀区	成功挂牌的，改制补贴最高50万元，挂牌补贴最高70万元； 挂牌期间缴纳的监管费、信息披露费，连续三年每年给予10万元补贴	《普陀区金融产业专项扶持办法》
	金山区	完成改制给予最高50万元的补贴； 成功挂牌再给予100万元的补贴； 转板上市的，不超过200万元给予差额补贴。 区外企业迁至区内并挂牌，再奖励50万元	《金山区人民政府关于印发<金山区推进企业改制上市工作的实施意见>的通知》
北京	北京中关村科技园区	改制资助30万元； 挂牌资助30万元； 主办券商资助20万元	《中关村国家自主创新示范区企业改制上市和并购支持资金管理办法》
	东城区	完成股改后奖励100万元； 挂牌成功后奖励50万元； 融资达到3000万元及以上的奖励100万元	《东城区支持企业上市挂牌融资若干意见的通知》
	西城区	与券商签订协议并备案登记后，补贴20万元； 申请被正式受理，补贴80万元； 成功挂牌的，补贴50万元	《北京市西城区鼓励和促进企业上市办法》
	丰台区	挂牌后奖励50万元，奖励主办券商10万元	《丰台区支持“新三板”挂牌企业发展实施细则（试行）》
天津	天津市	对符合条件的科技小巨人企业，可获得不少于500万元补贴； 初始融资超过500万元，补贴50万元	《关于进一步促进科技型中小企业发展的政策措施》
		完成股改的，给予不超过20万元补贴； 区县财政按1：1比例给予配套补贴	《科技型中小企业股份制改造补贴资金管理办法》
	南开区	在“新三板”挂牌交易的本区企业，一次性专项补助100万元	《南开区促进企业发展扶持资金政策》
重庆	重庆市	对挂牌的企业给予挂牌费用50%且累计不超过100万元的补贴； 对在境内外交易所成功上市的企业给予累计不超过200万元财政奖励（含挂牌费用补贴）	《重庆市重点拟上市企业财政补贴和奖励暂行办法》

续表

省份	地区	补贴金额	政策依据
重庆	重庆市高新区	对挂牌的企业给予挂牌费用50%且累计不超过100万元、市区两级累计不超过150万元的奖励； 成功转板上市的奖励最高200万元	《关于进 ·步加快民营经济发展的实施意见》
江苏	对省内企业在“新三板”成功挂牌的，省财政给予每家挂牌企业30万元奖励		《江苏省财政厅关于促进金融业创新发展 的若干意见》
	南京市	股改完成后券商内核完毕材料报到发改委后，补贴80万元； 正式挂牌后，再补贴20万元； 成功融资的，再补贴20万元	—
	南京市高新区	完成内核、上报材料和挂牌交易，分别补贴50万元、50万元和80万元； 完成挂牌后，对企业股改时用未分配利润和公积金转增股本的，企业个人股东缴纳的个人所得税，园区给予地方留成部分的50%奖励，60万元封顶； 实现融资的且在园区投资达到80%或1亿元以上的，按照实际募集资金的1%给予奖励，最高50万元	《南京高新区企业“新三板”挂牌的工作指引》、《关于进一步鼓励和扶持企业进入代办股份报价转让系统挂牌的（暂行）规定》
	南京市溧水区	完成改制、主管部门备案、正式挂牌新三板以及进入新三板挂牌交易不同阶段分别资助10万元、20万元、30万元、40万元，同时享受市级财政补贴； 实现融资且投资在区内比例达80%或1亿元以上，按其实际募集资金的1‰奖励，最高50万元	《关于鼓励和支持企业“新三板”挂牌的若干意见》
	苏州市	企业改制时，缴纳的企业所得税按地方留成部分的70%补助； 企业改制时，涉及土地、房产等资产所有权办理变更登记时，按规定缴纳的契税，给予地方留成部分的50%补助； 企业改制时，因未分配利润、盈余公积金转增股本缴纳所得税数额较大的，缓征个人所得税。以缴纳个人股东用未分配利润、盈余公积金转增股本个人所得税点算起，两年内缓征，从第三年开始分年度缴清（第三年30%，第四年30%，第五年40%）。在规定的缓征期限内，发生股权转让时一并按规定缴纳个人所得税	《苏州市新三板挂牌企业三年培育计划》
	苏州工业园区	分企业改制结束、递交申请材料和挂牌交易三阶段，分别补贴50万元、50万元、100万元； 转板上市的，再补贴300万元	《苏州工业园区管委会关于新三板政策的抄告单》

续表

省份	地区	补贴金额	政策依据
江苏	苏州市姑苏区	企业改制时缴纳的企业所得税按区级留成部分的70%给予补助； 成功挂牌后，给予50万～200万元补贴； 区外企业迁至区内并成功挂牌，再给予其他奖励	《关于鼓励企业进入资本市场的扶持办法》
	苏州市相城区	企业改制时缴纳的企业所得税，给予区级地方留成部分的全额补助； 在企业改制时，涉及土地、房产等资产所有权办理变更登记时，按规定缴纳的契税，给予区级地方留成部分的全额补助； 在企业改制时，因未分配利润、盈余公积金转增股本缴纳所得税数额较大的，缓征个人所得税。以缴纳个人股东用未分配利润、盈余公积金转增股本个人所得税时点算起，两年内缓征，从第三年开始分年度缴清（第三年 30%，第四年30%，第五年40%）。在规定的缓征期限内，发生股权转让时一并按规定缴纳个人所得税	《关于推进新三板挂牌企业培育工作的实施意见》
	苏州市昆山市	完成股改后，可获奖金100万元； 提交备案材料，可获奖金50万元； 成功挂牌交易，可获奖金100万元	《关于鼓励昆山高新区企业在“新三板”市场挂牌的若干政策（试行）》
	苏州市太仓市	完成股改后，给予50万元奖励； 挂牌申请文件被受理后，给予50万元奖励； 成功挂牌后，再给予100万元奖励	《关于鼓励扶持企业在新三板、区域性股权交易市场挂牌的政策意见》
	无锡新区	挂牌后首次融资500万以上的奖励10万	《无锡市人民政府新区管理委员会关于推动企业上市挂牌的实施意见》
	无锡市滨湖区	完成股改后奖励50 万元； 成功挂牌的奖励30 万元； 挂牌后首次融资的按照融资额度的2%予以奖励，最高不超过50 万元	《关于大力推进我区中小企业场外市场股权融资工作的意见》
	无锡市南长区	企业在股改结束、过券商内核并报送挂牌备案文件、正式挂牌后，按50万元、100万元、150万元的额度分步奖励	《无锡市南长区关于鼓励和扶持企业上市的若干意见》
	无锡市惠山区	招商银行对已上市的“新三板”企业，给予每家企业最高达300万元的信用贷款	—
	常州市高新区	完成改制奖励50万元； 通过主管部门备案奖励50万元； 正式挂牌奖励50万元	《常州国家高新区新三板企业上市资助资金管理办法（试行）》

续表

省份	地区	补贴金额	政策依据
江苏	常州市武进区	挂牌涉及的行政规费按规定的下限收取； 挂牌而涉及的税收地方留成部分，由区财政给予企业补贴； 对企业审计或评估中出现的净资产增值部分，依法补交的企业所得税地方留成部分，由区财政给予企业补贴； 企业成功挂牌后，自挂牌当年起三年内，以挂牌前一年实际入库的企业所得税为基数，其上缴的新增企业所得税地方留成部分，由区财政给予企业补贴； 企业为挂牌将未分配利润和资本公积转增为股本所缴纳的个人所得税区留成部分，在企业成功挂牌后，由区财政给予纳税人补贴	《常州市武进区关于加快企业在新三板等场外市场交易挂牌的意见》
	常州市天宁区	分阶段给予补贴共计150万元	《关于加快企业在“新三板”等场外市场交易挂牌工作的意见》
	南通市启东市	完成股改奖励10万元； 递交材料奖励20万元； 成功挂牌奖励企业有功人员20万元	《启东市关于企业在新三板等场外市场挂牌交易的优惠政策》
	南通市海门市	完成股改并注册登记奖励10万元； 备案材料被受理的奖励20万元； 成功挂牌奖励企业主要经营者及有功人员20万元	《海门市市政府关于大力推进企业上市的若干政策意见的补充意见》
	连云港市	完成股改的，在主管部门备案确认并受理的，奖励10万元； 成功挂牌的奖励60万元； 募集资金60%以上用于本市生产性、经营性项目（房地产项目除外）建设的，按照募集资金额的3‰给予奖励	《市政府关于鼓励企业在“新三板”挂牌的意见》
	连云港经济技术开发区	成功挂牌的，奖励100万元	《连云港经济技术开发区关于鼓励和扶持企业上市及新三板挂牌的意见》
	徐州市	完成股改并提交申请后，补贴20万元； 成功挂牌后补贴30万元； 募集资金80%（含）以上用于该市范围内生产性、经营性项目（房地产项目除外）建设的，按照融资额的5%比例给予奖励，最高不超过50万元	《关于充分利用资本市场推动企业“新三板”挂牌的意见》

续表

省份	地区	补贴金额	政策依据
江苏	徐州市邳州市	成功挂牌融资的企业，所募集资金80%（含）以上用于本市范围内生产经营性项目建设的，奖励30万元。同时，按固定资产投资额的5‰再次给予企业奖励，最高不超过50万元； 从企业挂牌当年起，企业年纳税额以不低于15%比例环比增长的，超过15%部分的地方留成由受益财政给予奖励	《关于推进企业到“新三板”、“E板”等场外资本市场挂牌融资工作的意见》
	淮安市	申请文件被受理的奖励20万元； 成功挂牌后奖励100万元； 募集资金80%以上用于我市范围内生产性、经营性项目（房地产项目除处）建设的，按照融资额的2%给予奖励，最高不超过30万元	—
	盐城市	2015年12月31日前挂牌奖励100万元； 2015年12月31日后挂牌奖励50万元； 成功转板上市奖励100万元	《盐城市人民政府办公室关于加快推进企业新三板挂牌的意见》
	盐城市盐都区	2015年12月31日前挂牌奖励100万元； 2015年12月31日后挂牌奖励50万元； 成功转板上市奖励100万元	《中共盐都区委盐都区人民政府关于激励中小企业在“新三板”挂牌上市的意见》
	盐城市建湖县	申请材料被受理的，给予前期实际支付工作经费50%的补助，总额不超过50万元； 成功挂牌后，含补助前期工作经费，给予累计不超过200万元补贴	《关于推进企业在“新三板”和股权托管交易中心挂牌的意见》
	扬州市高邮市	完成股改的奖励20万元； 正式递交材料的奖励20万元； 成功挂牌的奖励50万元； 对前三家挂牌的企业，分别奖励50万元、40万元和30万元	《关于支持鼓励企业进入‘新三板’和其他场外市场挂牌上市的政策意见》
	镇江市	挂牌成功可获奖金100万元	《关于推荐拟在“新三板”挂牌交易企业的通知》
	宿迁市	申报材料被受理的奖励15万元； 成功挂牌的奖励30万元； 所融资金投资在宿迁市的，按融资额的0.1%比例给予奖励，最多不超过50万元	《宿迁市市政府办公室关于印发鼓励和扶持企业利用场外市场融资意见的通知》
浙江	杭州市高新区	改制结束奖励30万元； 挂牌成功后奖励60万元	—
	杭州市余杭区	完成股改并提交申报材料的奖励30万元； 成功挂牌交易的再奖励50万元； 成功进行转板的，按相应奖励标准补足差额	《余杭区加快推进企业直接融资发展的若干意见》

续表

省份	地区	补贴金额	政策依据
浙江	宁波市	对挂牌企业奖励50万元	《宁波市企业利用多层次资本市场发展专项资金管理办法》
	宁波市江东区	与券商签订协议后奖励10万元； 材料被受理后奖励10万元； 成功挂牌后奖励60万元； 成功融资的，按融资额度的2%给予补助，最高不超过20万元	《关于新增我区企业到“新三板”挂牌融资扶持政策》
	宁波市江北区	对企业因挂牌规范需要形成新增税收中的地方留成部分，补助资金不超过200万元； 前20家挂牌的（或实现外部股权融资500万元以上的），给予50万元奖励	《宁波市江北区人民政府办公室关于进一步支持金融产业促进区域经济发展的实施意见》
	宁波市北仑区	企业因股改形成的新增地方财政贡献部分，经批准后给予全额奖励； 拟上市企业成功上市前一年度，年实现利润比上年增长15%以上的新增地方财政贡献部分，经批准后全额奖励，最高不超过1000万元	《北仑区（开发区）2014年促进产业结构调整专项资金扶持政策》
	宁波市鄞州区	因挂牌新增地方财政贡献部分，奖励不超过200万元； 成功挂牌后，奖励50万元	《加快金融创新促进鄞州经济社会转型升级十六条》
	宁波市镇海区	成功挂牌的补贴100万元	—
	温州市	因股份制改造而需要补缴税款，可暂缓缴纳； 成功挂牌的奖励100万元； 成功转板上市的，按温州市人民政府《关于进一步加强企业上市工作的意见》统一执行。其中，各阶段性奖励不重复计算； 完成上市股改时补助30万元，完成上市辅导验收时补助70万元； 所融资金50%以上投资于本地的，对企业给予奖励。其中：融资额在5亿元人民币以内（含）的，奖励人民币100万元；融资额超过5亿元人民币的，每增加1亿元人民币再奖励人民币5万元。对企业实现买壳上市，注册地迁至温州，给予一次性奖励200万元	《温州市人民政府办公室关于鼓励和支持企业进入全国中小企业股份转让系统挂牌的意见》； 《温州市人民政府关于进一步加强企业上市工作的意见》
	温州市瑞安市	成功挂牌奖励100万元	《关于进一步推进企业上市工作的意见》
	温州市永嘉县	成功股改奖励10万元； 成功挂牌奖励100万元	《永嘉县人民政府关于鼓励和支持企业进入全国中小企业股份转让系统挂牌的意见》

续表

省份	地区	补贴金额	政策依据
浙江	温州市苍南县	成功挂牌的奖励100万元； 成功挂牌的企业迁入苍南县的，奖励50万元	《苍南县鼓励和支持企业进入全国中小企业股份转让系统挂牌实施意见》
	绍兴市	市区企业在其改制和挂牌过程中增加的税收，市本级地方留成部分给予全额资助。其资产转让过户时，所征收的行政事业性收费在扣除工本费和上缴部分后，市本级财政留成部分全额资助，所缴纳的税收市本级地方留成部分全额补助； 成功实现国内外上市且总部在市区的，一次性给予融资额2‰的奖励。实现股权再融资的，在扣除控股股东及其行动一致人认购金额后，按净融资额的2‰给予奖励，最高不超过200万元； 实现国内A股买壳上市且注册地迁至市区的，一次性给予100万元奖励； 贡献特别重大的挂牌企业，补助30万元	《关于进一步促进经济转型升级若干政策的配套细则》
	绍兴市越城区	首次挂牌企业的每家奖励20万元	《越城区2014年经济奖励政策》
	绍兴市诸暨市	成功挂牌的，给予30万元奖励； 因挂牌进行股改产生的地方财政贡献部分给予全额奖励，其中70%在股改完成后兑现，30%在实现上市（挂牌）后兑现	《关于开展三百工程的若干政策意见》
	湖州市	完成股改和挂牌的企业分别奖励50万元	—
	湖州市德清县	成功挂牌的奖励200万元	—
	湖州市长兴县	对挂牌企业的经营者奖励60万元，其所融资金在本地的投资额按2%予以奖励	—
	湖州市安吉县	给予企业实际控制人奖励100万元	—
	嘉兴市秀洲区	成功挂牌后奖励50万元； 挂牌后募集资金70%以上用于秀洲区项目建设的，按其募集资金额的1%给予奖励，每次最高不超过100万元人民币	《秀洲区推进企业上市和场外市场挂牌实施意见》
	嘉兴市桐乡市	完成股改并与推荐券商签约，奖励40万元； 成功挂牌后奖励40万元； 挂牌后完成定向增资、股权转让或其他形式的资本运作，给予40万元奖励	《关于鼓励和扶持企业利用多层次资本市场促进我市经济快速发展的实施办法》

续表

省份	地区	补贴金额	政策依据
浙江	嘉兴市海盐县	完成股改的奖励25万元； 挂牌成功的奖励25万元； 通过融资募集资金在本县范围的实际投资额给予奖励，最高限额300万元	《海盐县加快推进企业股改上市发展的实施意见》
	台州市	成功挂牌的奖励30万元； 成功挂牌的企业改制时对地方财政的贡献全额奖励给企业； 自挂牌当年起三年内，企业对地方财政作出的贡献每年增长超出上一年度15%的部分，全额奖励给企业； 对于每年实现股权融资累计达到1000万元，并且80%投在台州辖区内的企业，按2000万元（含）以下、2000万～5000万元、5000万元（含）以上三档分别奖励20万元、30万元、40万元	《台州市人民政府关于扶持企业直接融资发展的若干政策意见》
	台州市温岭市	成功挂牌的奖励80万元； 对从区域性股权交易中心转到新三板挂牌的奖励60万元； 对从区域性股权交易中心创新板直接转到新三板挂牌的企业奖励80万元； 经新三板转板上市的，再给予50万元奖励	《温岭市人民政府关于扶持企业直接融资发展的若干意见》
	丽水市	完成股改并成功挂牌的奖励120万元； 对成功转板上市的奖励150万元	《丽水市人民政府关于加快推进企业直接融资工作的意见》
	丽水市云和县	完成股改的奖励60万元； 成功挂牌的奖励70万元	《关于加快推进企业直接融资工作的若干意见》
广东	广州市	奖励前30家挂牌企业30万元	《广州高新技术产业开发区企业进入代办系统进行股份制转让奖励资金的申请和发放办法》
	广州市天河区	对挂牌的企业奖励累计不超过80万元	《广州高新技术产业开发区天河科技园/广州天河软件园促进园区优势产业发展的若干措施》
	深圳市高新区	挂牌成功后，依据相关票据实报实销，不超过180万元	—
	深圳市龙华新区	按照股份改制、成功挂牌予以不超过实际支出费用，分别最高50万元、160万元，总计最高210万元的资助； 成功转板上市的，按照挂牌和上市资助（一般企业资助240万元，战略性新兴产业重点企业资助300万元）的差额予以补齐	《龙华新区关于加快高新技术和战略性新兴产业发展的若干措施实施细则（科技企业上市资助类）》

续表

省份	地区	补贴金额	政策依据
广东	珠海市高新区	完成股份制改造的，奖励20万元； 与主办券商签订协议并提交文件的奖励50万元； 成功挂牌的，奖励50万元； 首次实现融资，且募集资金主要投放在我区的奖励50万元； 每年享受各项扶持政策项下资金扶持的总额不超过该企业当年缴纳税收对高新区财政实际贡献的80%	《珠海高新区关于鼓励企业进入全国股份转让系统（新三板）管理办法（试行）》
	珠海市金湾区	完成股改的奖励40万元； 通过券商内核的奖励30万元； 成功挂牌的奖励20万元，奖励企业法定代表人10万元	《金湾区促进"三高一特"产业发展暂行办法》
	佛山市南海区	首次挂牌的，给予50万元补助。企业挂牌后按累计融资金额分阶段给予企业领导班子及有关人员奖励： ①累计融资资金1000万元以下，奖励50万元； ②累计融资资金达到1000万～5000万元之间（含1000万元），奖励100万元； ③累计融资资金达到5000万～1亿元（含5000万元），奖励200万元； ④累计融资资金达到1亿元（含1亿元）以上，奖励250万元	《佛山市南海区促进优质企业上市和发展扶持办法（修订）》
	佛山市顺德区	完成股改奖励50万元； 主管机关正式受理挂牌文件奖励 50万元； 成功挂牌后，根据首次募集资金规模按照以下三个档次进行奖励： ①首次募集金额 5000万元以下（含 5000万元）的，奖励 50万元； ②首次募集金额 5000万元以上，1亿元以下（含 1亿元）的，奖励 100万元； ③首次募集金额 1亿元以上的，奖励 200万元	《顺德区人民政府办公室关于印发顺德区企业上市扶持奖励办法（修订）的通知》
	东莞市高新区	挂牌后备名单的企业，可获得资助总额达200万元； 对于前10名挂牌的企业，资助金额最高达300万元	—

续表

省份	地区	补贴金额	政策依据
广东	肇庆市	完成股改的奖励30万元； 材料被有关部门受理，奖励50万元； 成功挂牌的奖励50万元； 成功转板上市的享受市政府有关鼓励企业上市的优惠政策； 对迁入肇庆高新区的企业在该区成功挂牌交易的，同样适用本办法对应的扶持及奖励的政策	《关于印发肇庆国家高新技术产业开发区“新三板”挂牌上市企业扶持暂行办法的通知》
	江门市	成功挂牌的市区企业，奖励30万元。 证监会正式受理挂牌材料的，奖励30万元； 成功挂牌的奖励 20万元	《印发关于鼓励江门高新区企业改制进入代办股份转让系统实施意见的通知》
	江门市蓬江区	证监会正式受理挂牌材料的，奖励30万元； 成功挂牌的奖励 20万元	《蓬江区中小微企业科技金融奖励实施细则（试行）》
	茂名市	成功挂牌的奖励50万元	《关于支持企业上市和上市再融资的若干意见》
	中山市火炬开发区	前10个完成股改的企业奖励150万元，其他给予10万元奖励； 申报并得到证监会受理的，奖励50万元；前十家成功挂牌的企业奖励100万元，其余奖励50万元； 挂牌后连续两年给予补助，最高不超过1000万元	—
福建	厦门市高新区	改制结束补贴30万，挂牌成功补贴50万，返还挂牌当年以及第二年与上一年比较的新增财政贡献（不超过50万元）	—
	泉州市	成功挂牌的奖励50万元； 市科技计划优先支持挂牌的非上市公司的创新项目，支持金额不低于20万元	《关于推动泉州高新技术产业开发区非上市企业进入全国中小企业股份转让系统挂牌工作的若干意见》
	泉州市晋江市	一次性奖励80万元	—
	龙岩市	改制完成后奖励10万元； 成功挂牌的奖励30万元； 首次融资的按实际投资我市资金总额的2‰进行奖励，最高限额为100万元	《关于印发龙岩市鼓励和支持企业赴“新三板”等股权交易市场挂牌融资若干意见的通知》
河北	石家庄高新区	完成改制的奖励50万元； 成功挂牌的再奖励50万元	《石家庄国家高新区“新三板”企业上市资助资金管理办法》

续表

省份	地区	补贴金额	政策依据
河北	承德市	成功挂牌的奖励不低于50万元； 转板上市的再奖励50万元	《承德市人民政府关于鼓励中小企业在“新三板”市场挂牌上市的实施意见》
	廊坊市	成功挂牌的奖励100万元； 由区域性股交中心转板到新三板的奖励50万元	《廊坊市人民政府关于印发廊坊市鼓励企业到多层次资本市场上市规定的通知》
	衡水市	成功挂牌的奖励50万元	《衡水市人民政府关于加快推进企业上市工作的意见》
	衡水市枣强县	成功挂牌的奖励50万元	《枣强县人民政府关于鼓励和扶持企业上市的若干意见》
山西	太原市	成功挂牌的奖励165万元	—
吉林	长春市高新区	股改阶段给予10万～20万元的补助，并对企业改制过程中企业所得税区留用部分给予补贴； 实现挂牌给予50万～100万元奖励，对主办券商给予10万元奖励	《鼓励企业进入代办股权转让系统暂行办法》
	通化市	成功挂牌的奖励30万～50万元； 转板上市的再奖励30万元	《通化市人民政府关于推进企业上市和挂牌工作的意见》
	延边	与中介机构签订协议奖励20万元； 完成股改的奖励40万元； 募集资金全部在州内投资的给予扶持。其中，第一户扶持资金100万元，第二户扶持资金80万元，从第三户始扶持资金50万元	《延边朝鲜族自治州人民政府关于扶持企业在全国中小企业股份转让系统挂牌的实施意见》
辽宁	大连市	“四板”挂牌企业拟在新三板挂牌的，按照确定保荐机构、完成挂牌两个环节分别给予补贴不超过40万元和60万元； 转板补贴额度最高为100万元； 在新三板成功挂牌的，补贴160万元	《大连市企业上市补贴专项资金管理办法的再次补充通知》
	鞍山高新区	分四次发放补贴240万元	—
	抚顺市	新三板挂牌奖励50万元	—
	阜新市	新三板挂牌奖励100万元	—
	葫芦岛市	新三板挂牌奖励50万元	《关于贯彻落实省政府促进当前经济稳增长十五条措施实施意见》
黑龙江		新三板挂牌奖励200万元	《黑龙江省人民政府关于印发黑龙江省促进经济稳增长若干措施的通知》

续表

省份	地区	补贴金额	政策依据
黑龙江	哈尔滨市	新三板挂牌奖励50万元	《哈尔滨市人民政府印发关于进一步扶持中小企业发展的若干政策的通知》
	哈尔滨市高新区	完成股改后奖励30万元； 材料通过主办券商内核奖励20万元； 成功转板的奖励50万元	《哈尔滨高新技术产业开发区支持企业上市专项资金管理办法（暂行）》
	大庆市高新区	成功挂牌新三板可给予120万奖励	—
	七台河市	挂牌成功的企业，奖励50万元； 挂牌后，在创业板或主板（中小板）上市的，分别奖励50万元和100万元	《七台河市推进企业进入全国中小企业股份转让系统工作实施方案》
	黑河市	企业与中介机构签订协议后，奖励30万元，未实现挂牌由企业全额返还； 挂牌后实现转板上市的，奖励30万元； 爱辉区、黑河边境经济合作区、五大连池风景区对域内企业实现挂牌的，应给予不低于以上奖励标准30%的奖金	《黑河市鼓励企业上市和挂牌扶持奖励办法》
陕西		成功挂牌的企业最高奖励50万元	—
	西安市高新区	完成股改制奖励50万元； 成功挂牌后奖励100万元； 企业改制时，非货币性资产经审计评估增值转增资本部分，用未分配利润和盈余公积转增股份，依法缴纳的企业所得税及个人所得税，按其纳税额高新区留成部分的60%予以奖励，最高100万元； 企业挂牌后，三年内（含挂牌当年）按企业所缴纳营业税、企业所得税、增值税高新区留成部分的50%予以奖励； 企业挂牌后在资本市场定向增发成功融资的，对企业管理团队按融资额的1%予以奖励，单个企业累计不超过50万元； 主办券商的项目团队奖励10万元	《西安高新区关于鼓励企业进入全国中小企业股份转让系统挂牌交易的暂行办法》
山东	济南市高新区	申请经受理的奖励50万元，正式挂牌后再奖励20万元； 转板上市的，奖励100万元	《济南高新区关于扶持企业改制上市工作的意见》
	青岛市高新区	完成改制并通过券商内部审核的，按不超过实际发生费用的70%给予补助，每个企业最高补助金额不超过70万元	《关于支持我市企业在全国中小企业股份转让系统挂牌有关事项通知》

续表

省份	地区	补贴金额	政策依据
山东	淄博市高新区	给予挂牌公司50万元补贴	—
	潍坊市高新区	企业改制、挂牌过程中，因正常调整以前年度应纳税所得额而补交的企业所得税地方留成部分给予等额补助； 企业在改制、挂牌过程中，因资产过户上缴税收地方留成部分给予等额补助； 正式挂牌后奖励180万元； 企业挂牌后3年内成功融资且融资额2000万元（含）以下的，奖励2万元；融资额2000万~5000万元（含）的，奖励5万元；融资额超过5000万元的，奖励10万元	《高新区推进科技型中小企业"新三板"挂牌的若干规定》
	烟台市	成功挂牌的奖励200万元	—
	济宁市	分阶段予以补助，最高200万元	《关于推进济宁高新区申报"新三板"扩容试点园区的实施方案》
	威海市	成功挂牌的，奖励企业高管30万元； 转板上市，其融资额不满5亿元的，奖励企业高管30万元；其融资额在5亿元以上的，奖励企业高管50万元	《威海市推进企业上市融资暂行办法》
	日照市	成功挂牌的奖励 150万元	《关于进一步加快全市金融业创新发展的实施意见》
	德州市	成功挂牌的奖励最高80万元	—
	菏泽市	成功挂牌的奖励20万元	《菏泽市人民政府关于加快推进企业上市工作的意见》
河南	郑州市	成功挂牌的奖励50万元	《加快推进企业上市工作的意见》
	洛阳市	成功挂牌的奖励30万元	—
	洛阳市高新区	完成改制的奖励20万元； 通过券商内核奖励每家20万元，对区内前5家挂牌的企业奖励80万元，对第6家至第10家挂牌的企业奖励70万元，对于10家之后挂牌的企业，奖励60万元； 成功转板的，奖励200万元	《洛阳高新区管委会关于进一步加快企业上市和挂牌交易的意见（暂行）》
	新乡市	成功挂牌的前5家企业奖励50万元，第6~第10家企业奖励30万元	《新乡市人民政府关于加快推进企业在全国中小企业股份转让系统挂牌的意见》

续表

省份	地区	补贴金额	政策依据
河南	焦作市	成功挂牌的奖励50万元； 转板上市的再奖励50万元	《焦作市人民政府关于加快推进企业进入多层次资本市场的意见》
	濮阳市	在挂牌当年给予不少于50万元的奖励。 转板上市的企业，申报材料经受理的，奖励50万元；对已成功上市且募集资金70%以上在市内投资的，奖励150万元，对通过增发配股实现再融资的上市公司高管人员给予适当奖励	《濮阳市人民政府 关于鼓励企业进入全国中小企业股份转让系统挂牌交易的指导意见》
	漯河市	成功挂牌的奖励100万元	《关于鼓励和扶持漯河市非上市股份有限公司进入全国中小企业股份转让系统挂牌的暂行办法》
湖北	武汉市高新区	完成股改的奖励20万元； 备案材料被受理的，奖励20万元； 成功挂牌的，奖励80万元； 成功转板上市的，省市区三级给予535万元奖励（省级奖励200万元，市级奖励150万元，区级奖励185万元）	《武汉东湖新技术开发区关于充分利用资本市场促进经济发展的实施意见》
	黄石市	成功挂牌且募集资金70%以上用于本市范围内投资项目的，按照融资额的1%给予补贴奖励，单个企业奖励上限总额为80万元，其中，大冶市、阳新县政府承担所辖受奖企业奖励总额的60%；各城区政府和黄石经济技术开发区管委会承担所辖受奖企业奖励总额的40%	《黄石市人民政府办公室关于印发加快多层次资本市场建设发展若干意见的通知》
	十堰市	成功挂牌的奖励50万元； 一次性直接融资额度超过5000万元的再奖励企业10万元，超过1亿元的，奖励30万元	《十堰市人民政府关于加快多层次资本市场建设发展的若干意见》
	荆州市	前30家挂牌企业，奖励 50万元	《荆州市人民政府关于加快发展多层次资本市场的实施意见》
	宜昌市	完成股改并经管理部门正式受理备案后，奖励30万元； 正式挂牌且募集资金70%以上用于在本市募投项目的，奖励50万元； 其税收在县市（含夷陵区，下同）的，正式挂牌且募集资金70%以上用于在本市募投项目的，奖励40万元	《市人民政府关于支持鼓励企业进入“新三板”和其他场外市场挂牌上市的若干意见》
	襄阳市	成功改制的，奖励10万元； 材料被受理的，奖励30万元； 正式挂牌后，奖励40万元	《关于鼓励和促进企业在“新三板”挂牌上市的若干意见》

续表

省份	地区	补贴金额	政策依据
湖南	长沙市	挂牌前后给予50万元和30万元的补助	《长沙市人民政府办公厅关于鼓励企业在场外市场挂牌有关事项的通知》
	株洲市高新区	最高补贴100万元	—
	湘潭市高新区	成功挂牌的补贴120万元（完成股改35万元，完成资料报会35万元，完成挂牌50万元）	《鼓励扶持企业利用资本市场发展暂行办法》
	邵阳市	成功挂牌并首次定向增发融资成功，奖励50万元	《关于鼓励企业赴新三板等资本市场挂牌融资的通知》
江西		完成股改和注册登记的奖励20万元； 申请材料被正式受理奖励50万元	《江西省人民政府办公厅关于推动中小微企业利用全国中小企业股份转让系统发展的实施意见》
	南昌市	完成股改并注册登记的奖励50万元； 申请材料被受理的奖励100万元	—
	九江市	完成改制的奖励20万元； 挂牌成功的奖励50万元	—
	上饶市	完成改制的奖励20万元； 挂牌成功的奖励50万元	《关于推荐拟在“新三板”挂牌交易企业的通知》
	吉安市	与中介机构签订协议并完成股份制改造、提交申请材料并取得受理回执，奖励15万元； 成功挂牌奖励35万元； 各受益财政应于企业成功挂牌或上市后，按照不低于市财政奖金1.6倍（80万元）的比例予以配套奖励	《吉安市人民政府关于落实支持企业上市和“新三板”挂牌有关政策的通知》
	赣州市	完成股改和注册登记的奖励20万元； 申请材料被受理的奖励50万元； 前10名的企业奖励50万元	《关于加快推进企业进入全国中小企业股份转让系统挂牌的实施意见》
	萍乡市	完成股改和注册登记的奖励20万元； 申请材料被受理的奖励50万元； 前10名的企业奖励50万元，之后的奖励40万元	《萍乡市人民政府办公室关于进一步加快萍乡金融业发展的实施意见》
安徽	合肥市	企业进入新三板融资的，给予50万元补助	—
	合肥市高新区	可分阶段获得最高70万元的财政补贴	—
	芜湖市	完成股改并注册的，奖励20万元； 成功挂牌的，奖励30万元； 成功实现融资的，奖励70万元	《鼓励企业进入全国中小企业股份转让系统挂牌交易暂行办法》

续表

省份	地区	补贴金额	政策依据
安徽	蚌埠市	成功挂牌的奖励40万元，进入全省第一批挂牌的另行奖励20万元； 成功募集资金的按照募资总额的2‰给予奖励	《蚌埠市人民政府关于支持进入全国中小企业股份转让系统和安徽省股权托管交易中心挂牌交易有关事项的通知》
	马鞍山市	完成股改造及注册，奖励50万元和20万元； 成功挂牌，奖励100万元，若在第一批挂牌，再给予20万元奖励； 成功实现股权融资并全部投资我市的，给予投资额2%的奖励，最多不超过30万元	《关于印发马鞍山市鼓励企业进入全国中小企业股份转让系统和安徽省区域性股权交易市场挂牌交易暂行办法的通知》
	安庆市	在新三板成功挂牌的企业，奖励150万元	—
	黄山市	在新三板成功挂牌的企业，奖励50万元	—
	淮北市	完成股份制改造的，奖励10万元； 获得监管部门审查备案的，奖励20万元； 成功挂牌的，奖励20万元； 成功获得融资并全部投资淮北本地的，按融资额的1%，给予最高不超过100万元奖励	—
	池州市贵池区	最高可获得50万元奖励	—
	阜阳市	对完成股改造并注册登记的，属于市属企业的，市政府给予30万元的补助，属于县（市、区）属企业的，市政府给予15万元的补助； 成功挂牌的，属于市属企业的，市政府给予60万元的奖励，属于县（市、区）属企业的，市政府给予30万元的奖励； 挂牌后融资用于实体经济的，属于市属企业的，市财政按所募集资金总额的0.5%予以奖励，最高不超过100万元，属于县（市、区）属企业的，市财政按所募集资金总额的0.3%予以奖励，最高不超过50万元	《阜阳市人民政府办公室关于印发阜阳市鼓励企业进入全国中小企业股份转让系统和区域性股权交易市场挂牌交易暂行办法的通知》
	宿州市	企业因挂牌所产生的券商或推荐商费用及审计、法律、评估等费用，由市政府全额支付； 成功融资并全额投资于宿州本地的，按照200万元在扣除市政府前期支付的费用后给予一次性奖励	《宿州市人民政府关于鼓励企业进入"新三板"和场外市场挂牌融资工作的意见》
	亳州市	完成股改及注册的奖励30万元； 成功挂牌的奖励70万元； 成功实现股权融资并全部投资在我市的企业，给予融资金额2%的奖励，但最高不超过30万元	《亳州市鼓励企业进入全国中小企业股份转让系统和安徽省区域性股权交易市场挂牌交易暂行办法》

续表

省份	地区	补贴金额	政策依据
四川	成都市高新区	成功挂牌的分阶段给予最高100万元补贴	《关于促进企业发展壮大的优惠政策》
	绵阳市高新区	完成股改的，奖励30万元； 成功挂牌的，奖励50万元	—
贵州	贵阳市	成功挂牌的，奖励150万元	《贵阳市企业进入全国中小企业股份转让系统（即“新三板”）扶持奖励办法（试行）》
	贵阳市花溪区	完成股份制改造的奖励30万元； 主管机构正式受理后奖励30万元； 企业成功挂牌后奖励15万元	《花溪区企业进入全国中小企业股份转让系统扶持奖励办法》
	贵州市乌当区	完成股份制改造的奖励20万元； 主管机构正式受理后奖励25万元； 企业成功挂牌后奖励30万元	《乌当区企业进入全国中小企业股份转让系统扶持奖励办法（试行）》
云南	昆明市高新区	对成功挂牌的，给予管理团队30万元奖励	《昆明高新技术产业开发区鼓励企业上市及投融资发展暂行办法》
内蒙古		成功挂牌的奖励50万元； 实现首次融资的，按照融资额的1.5%给予费用补贴，最高不超过100万元	《内蒙古自治区人民政府关于进一步推进多层次资本市场融资的若干意见》
	包头市高新区	最多将获得100万元的资金补助	《包头稀土高新技术产业开发区鼓励企业证券市场挂牌上市补助资金管理办法》
新疆		在新疆股权交易中心成功挂牌的企业可享受40万元补助，交易中心挂牌企业成功转板至全国新三板可再享受财政补助20万元	《自治区企业上市政策引导专项资金管理办法》
	乌鲁木齐市高新区	成功挂牌的，最高可奖励140万元	《乌鲁木齐高新技术产业开发区（新市区）企业进入代办股份转让系统资助资金暂行管理办法》
宁夏		对2014年、2015年、2016年在“新三板”挂牌的企业，分别奖励100万元、50万元、30万元	《自治区人民政府关于加快资本市场建设的若干意见》
	银川市	股份制改制阶段奖励30万元； 申报挂牌上市阶段奖励50万元； 正式挂牌后奖励70万元	—
	中卫市	挂牌成功的，先享受自治区政策，对在2014年、2015年、2016年在新三板挂牌的，由区、市县财政分别按50%给予100万元、50万元、30万元的奖励，再由企业纳税地财政一次性奖励100万元	《中卫市人民政府关于中小企业直接融资扶持政策》

续表

省份	地区	补贴金额	政策依据
广西	南宁市	拟挂牌获国家监管部门受理后奖励20万元； 正式挂牌奖励30万元	《南宁市鼓励企业进入代办股份转让系统暂行办法》
	南宁市高新区	与券商、相关中介机构签约后奖励20万元； 改制完成奖励30万元； 申请获受理后奖励50万元； 正式挂牌奖励50万元	《关于鼓励企业改制并进入代办股份转让系统挂牌的暂行办法》
	柳州市	改制阶段按实际发生费用给予最高40万元的奖励； 成功挂牌后，给予90万元的奖励，给予主办券商20万元奖励	《支持非上市企业进入证券公司代办股份转让系统奖励资金管理暂行办法》
	防城港市	挂牌成功的，可获得最高达200万元奖励	《防城港市鼓励企业进入全国中小企业股份转让系统挂牌交易暂行办法》
	玉林市	完成股改的，奖励20万元； 获监管部门受理的，奖励30万元； 正式挂牌的，奖励100万元	《玉林市鼓励中小企业改制并进入全国中小企业股份转让系统挂牌暂行办法》

五、新三板挂牌前实施股权激励案例

（一）仁会生物实施本次股权激励计划的主体资格

1. 仁会生物系依法设立并有效存续的股份公司

仁会生物系2014年1月27日以发起方式整体变更设立的股份有限公司。仁会生物已经全国股份转让系统同意于2014年8月11日起在全国股份转让系统挂牌并公开转让，证券代码为830931。

仁会生物目前持有上海市工商行政管理局颁发的《营业执照》（注册号：310225000563532），注册资本为9126.6万元人民币，实收资本为9126.6万元人民币，住所为上海市浦东新区周浦镇紫萍路916号，法定代表人为桑会庆，经营范围为药品生产（凭许可证经营），生物技术、精细化工、新材料专业领域内八技服务及其开发产品研制、试销，制药工艺辅料（除危险品）、普通机械的销售（依法须经批准的项目，经相关部门批准后方可开展经营活动），经营期限自1999年1月12日至不约定期限。经核查，仁会生物为依法设立并有效存续的股份有限公司，不存在未通过工商行政管理局年检的情况，不存在根据法律、法规、规范性文件需要终止的情形，也不存在《公司章程》中规定的需要解散的情形。

2. 仁会生物不存在不适合实行股权激励计划的情形

根据天健会计师事务所有限公司于2014年1月9日出具的《审计报告》（天健审字〔2014〕12号）及仁会生物出具的承诺文件，并经核查，仁会生物不存在下列不适合实行股权激励计划的下列情形。

① 最近一个会计年度会计报告被注册会计师出具否定意见或者无法表示意见的审计报告。

② 最近一年内因重大违法违规行为被中国证监会予以行政处罚。

③ 中国证监会认定的其他情形。

综上所述，主办券商认为，仁会生物具备制定并实施本次股权激励计划的主体资格。

（二）仁会生物制定本次股权激励计划的合法、合规性

1. 激励对象

（1）激励对象的范围经核查仁会生物的《上海仁会生物制药股份有限公司第一期股票期权激励计划（草案）》（以下简称《激励计划草案》），仁会生物本次股权激励计划中，首次股票期权的激励对象合计7人，包括公司董事、监事、中高级管理人员及核心技术人员等。预留股票期权的激励对象及分配比例等由公司董事会根据当年业绩考核情况确定。

（2）激励对象的主体资格仁会生物第一届监事会第二次会议审核《激励计划草案》确定的激励对象后，认为激励对象不存在《公司法》、《管理办法》、《业务规则》等规定的禁止获授股权激励的情形。激励对象不存在下列不适合成为激励对象的情形。

① 最近三年内被证券交易所公开谴责或宣布为不适当人选的。

② 最近三年因重大违法违规行为被中国证监会予以行政处罚的。

③ 具有《公司法》规定的不得担任公司董事、监事、高级管理人员情形的。

经核查，截至本专项意见出具日，仁会生物的《激励计划草案》确定的激励对象不存在上述不得成为激励对象的情形。

（3）激励对象是否存在主要股东、实际控制人及直系近亲属。

截至本专项意见出具之日，持仁会生物的股份5%以上的股东为上海仁会生物技术有限公司和桑会庆先生；仁会生物的实际控制人为董事长桑会庆先生。

经核查，仁会生物《激励计划草案》所确定的首次股票期权激励对象中，不存在主要股东、实际控制人成为激励对象的情形。

经核查，仁会生物《激励计划草案》所确定的首次股票期权激励对象中不存在实际控制人直系近亲属成为激励对象的情况。

（4）激励对象是否同时参加两个或以上上市公司的股权激励计划。

经核查，并经仁会生物确认，仁会生物《激励计划草案》所确定的激励对象，不存在同时参加两个或以上上市公司的股权激励计划的情况。

综上所述，主办券商认为，仁会生物《激励计划草案》所确定的激励对象范围及主体资格，符合法律、法规及规范性文件规定。

2. 与本次股权激励计划配套的考核方法

仁会生物在《激励计划草案》中，已就首次授予股票期权的行权条件进行了规定。对于预留股票期权的行权条件，公司在《激励计划草案》中规定作为行权条件的业绩考核目标由公司董事会根据当年公司经营状况及工作计划确定，并提交股东大会审议通过。该部分行权条件条款规定作为整个激励计划草案的部分，已经公司董事会、监事会、股东大会审议通过。

主办券商认为，仁会生物已经建立了首次授予股票期权的考核办法，并已确认将建立考核办法作为实施预留股票期权的前提，符合法律、法规及规范性文件规定。

3. 激励对象的资金来源

《激励计划草案》规定："本次激励对象行权资金以自筹方式解决，仁会生物承诺不为激励对象依据本激励计划获得的有关权益提供贷款以及其他任何形式的财务资助，包括为其贷款提供担保。”

仁会生物第一届监事会第二次会议审议通过了本次股权激励计划，即确认了仁会生物不存在向激励对象提供贷款、贷款担保或任何其他财务资助的计划或安排。

根据仁会生物《激励计划草案》的规定及仁会生物作出的承诺，仁会生物不向激励对象提供贷款、贷款担保或任何其他形式的财务资助。

主办券商认为，仁会生物已承诺不向激励对象提供贷款、贷款担保或任何其他财务资助，不损害仁会生物及其股东的利益，符合法律、法规及规范性文件规定。

4. 标的股票的来源

仁会生物本次股权激励计划的股票来源为向激励对象定向发行公司普通股，拟向激励对象授予权益总计317万股，其中首次授予股票期权76万份，预留股票期权241万份。根据《公司法》及《公司章程》的有关规定受相应限制。

经核查，不存在仁会生物的股东直接向激励对象赠予或转让股份的情形。主办券商认为，仁会生物股权激励事宜所涉之标的股票来源合法、合规，符合法律、法规及规范性文件规定。

5. 标的股份总数及任何一名激励对象拟获授的股票总数

（1）标的股份总数根据《激励计划草案》，本次仁会生物拟实施的股权激励计划具体情况如下（百分比值四舍五入，取小数点后四位）。

仁会生物拟向激励对象授予股票期权317万份，涉及的标的股票种类为人民币普通股，约占本专项意见出具时公司股本总额9，126.6万股的3.4734%。其中首次授予76万股，占本专项意见出具时公司股本总额的0.8327%；预留241万股，占本专项意见出具时公司股本总额的2.6406%。

主办券商认为，仁会生物本次股权激励事宜所涉之标的股份总数未超过截至本专项意见出具日公司股本总额的10%，符合法律、法规及规范性文件规定。

（2）任何一名激励对象拟获授的股份仁会生物本次股权激励计划首次授予激

励对象的股票分配情况见附表2（百分比值四舍五入，取小数点后四位）。

附表3　　激励对象股票分配情况

序号	姓名	职务	拟获授的股票数量（万股）	占公司股份总额的比例（%）
1	左亚军	董事、总经理	33.616	0.3683
2	张玫萍	副总经理	10	0.1096
3	夏晶	研发经理、监事	7.8	0.0855
4	蔡永青	质量经理	6	0.0657
5	朱志勇	安环经理	6.8	0.0745
6	严珽	行政人事经理	6.8	0.0745
7	熊春林	纯化主管	4.984	0.0546

经核查每一名激励对象拟获授的仁会生物的股份总数及比例，主办券商认为，仁会生物本次股权激励中任何一名激励对象拟获授的股份的比例，均未超过截至本专项意见出具日仁会生物股份总额的1%。

综上所述，主办券商认为，仁会生物的《激励计划草案》标的股份总数及任何一名激励对象拟获授的股份总数，符合法律、法规及规范性文件规定。

6.《激励计划草案》的主要内容

经核查，《激励计划草案》共十四章，该《激励计划草案》对激励计划的目的，激励计划的管理机构，激励对象的确定依据和范围，激励计划的股票来源和数量，股票期权的分配，激励计划的有效期、授予日、可行权日、标的股票禁售期，股票期权行权价格和行权价格的确定方法，股票期权的授权条件和行权条件，激励计划的调整方案和程序，股票期权授予程序及激励对象的行权程序，公司与激励对象的权利与义务，激励计划的变更、终止及其他事项，做出了明确的规定或说明。

主办券商认为，仁会生物的《激励计划草案》中规定的股权激励计划的主要内容，符合法律、法规及规范性文件规定。

综上所述，主办券商认为，仁会生物本次股权激励计划符合《证券法》、

《公司法》、《管理办法》等相关法律、法规及规范性文件规定。

（三）仁会生物实施本次股权激励履行的法定程序

经查验，截至本专项意见出具日，为制定实施本次股权激励计划，仁会生物已经履行如下程序。

1. 董事会拟定并审议《激励计划草案》

2014年2月9日，仁会生物第一届董事会第二次会议审议通过了《关于上海仁会生物制药股份有限公司第一期股票期权激励计划的议案》。

经核查，仁会生物第一届董事会第二次会议在对《关于上海仁会生物制药股份有限公司第一期股票期权激励计划的议案》进行投票时，关联董事回避了表决。

2. 监事会审核激励对象名单并发表意见

2014年2月9日，仁会生物第一届监事会第二次会议审议通过了《关于上海仁会生物制药股份有限公司第一期股票期权激励计划的议案》，审核了激励对象名单，就激励对象名单核实情况发表了明确意见，认为激励对象符合有关规定，其作为公司限制性股票激励对象的主体资格合法、有效。

经核查，仁会生物第一届监事会第一次会议在对《关于上海仁会生物制药股份有限公司第一期股票期权激励计划的议案》进行投票时，关联监事进行了回避。

3. 股东大会审议《激励计划草案》

2014年2月24日，仁会生物2014年第一次临时股东大会审议通过了《关于上海仁会生物制药股份有限公司第一期股票期权激励计划的议案》。

经核查，仁会生物2014年第一次临时股东大会在对《关于上海仁会生物制药股份有限公司第一期股票期权激励计划的议案》进行投票时，未按照相关规定进行回避表决。出席会议股东代表公司股份总数为9000万股，应回避未回避的股份数为72000股，占出席会议有表决权股份总数的比例极小，对议案的审议通过不会产生决定性影响。因此，主办券商认为，部分股东未进行表决回避构成审议表决程序的瑕疵，但该等瑕疵对议案的审议通过影响极小，对所审议议案的通过不会产生实质性影响。

4. 首次股票期权授予登记

根据仁会生物的说明，公司在股东大会审议通过《激励计划草案》后，于2014年2月25日由公司董事会就首次股票期权的权益授予、登记等相关事项进行了办理。

5. 披露《激励计划草案》

根据《业务规则》的规定，“2.6申请挂牌公司在其股票挂牌前实施限制性股票或股票期权等股权激励计划且尚未行权完毕的，应当在公开转让说明书中披露股权激励计划等情况”以及《披露细则》第四十一条的规定“实行股权激励计划的挂牌公司，应当严格遵守全国股份转让系统公司的相关规定，并履行披露义务”，经核查，仁会生物已经在其2014年6月12日出具的《公开转让说明书》中就本次股权激励计划的具体内容进行了披露。

综上所述，主办券商认为，仁会生物实施本次股权激励计划已履行了现阶段必要的程序；仁会生物尚需按照《业务规则》的要求，履行本次股权激励计划在全国股份转让系统的备案程序。

（四）仁会生物实施本次股权激励计划履行信息披露的事宜

仁会生物已按照《业务规则》《披露细则》的要求，在向全国股份转让系统申请挂牌公开转让时，在公司转让说明书中就本次股权激励计划的具体内容进行了披露。

主办券商认为，仁会生物实施本次股权激励计划，除上述披露程序外，尚需按照相关法律、法规、规范性文件的相应规定，继续严格履行至少包括下述的后续信息披露义务。

① 仁会生物应在定期报告中披露报告期内本次股权激励计划的实施情况。

② 仁会生物应按照有关规定在财务报告中披露股权激励的会计处理。经核查，仁会生物不存在未按现行有效的法律、法规及规范性文件有关规定披露与本

次股票激励事宜相关信息的情形。

（五）仁会生物本次股权激励计划对公司及全体股东利益的影响

1. 本次股权激励计划的目的

为了进一步完善公司的法人治理结构，建立和完善对公司高级管理人员、中层管理人员和其他骨干员工的激励和约束机制，稳定和吸引优秀的管理、研发、经营、市场、技术、生产等各类人才，提高公司的市场竞争力和可持续发展能力，保证公司发展战略和经营目标的实现。

主办券商认为，仁会生物实施本次股权激励计划的目的，不损害仁会生物及全体股东的利益。

2. 本次股权激励计划的主要内容

经查验，仁会生物本次股权激励计划的主要内容，符合《公司法》《证券法》《管理办法》《业务规则》等有关法律、法规和规范性文件的规定，不存在明显损害公司和全体股东利益的情形。

3. 激励对象需支付对价

仁会生物本次股权激励计划所涉之标的股票来源于仁会生物向激励对象定向发行的股票，激励对象需为每股支付相同价额，且仁会生物承诺不为激励对象依据激励计划获得的有关权益提供贷款以及其他任何形式的财务资助，包括为其贷款提供担保，激励对象购买获授标的股票所需资金将由其自筹解决。

主办券商认为，仁会生物本次股权激励事宜中激励对象需支付对价，且仁会生物不为其提供财务资助，该情形不损害仁会生物及全体股东的利益。

4. 以达到考核指标作为行权条件

仁会生物的《激励计划草案》规定首次授予股票期权及预留股票期权的行权根据公司发展目标及经营业绩等情况进行确定。《激励计划草案》规定在2015年至2016年期间，以公司获得“谊生泰注射液”新药证书；“谊生泰注射液”生产批件；“谊生泰注射液”通过GMP认证并获得相关证书作为对首次授予股票期权的行权条件；预留股票期权的行权条件以年度业绩考核为准，业绩考核目标由公司董事会根据当年公司经营状况及工作计划确定并提交公司股东大会审议通过。

主办券商认为，仁会生物本次股权激励事宜以达到公司发展目标或业绩考核指标作为股票期权行权条件，使激励对象与仁会生物及全体股东利益直接关联，该情形不损害仁会生物及全体股东的利益。

综上所述，主办券商认为，仁会生物的本次股权激励计划不存在明显损害仁会生物及全体股东利益的情形，亦不存在违反有关法律、行政法规的情形。

（六）结论意见

综上所述，主办券商认为：仁会生物具备实施本次股权激励计划的主体资格；仁会生物本次实施股权激励计划符合《证券法》《公司法》《管理办法》《业务规则》《披露细则》等相关法律、法规、规范性文件及《公司章程》的规定；仁会生物实施本次股权激励计划已履行了现阶段必要的程序，还需履行后续有关程序及信息披露义务；仁会生物本次股权激励计划不存在明显损害仁会生物及全体股东利益的情形。

新书快讯

《不作不死》

中国资本田野，强者持镰，众弱耕耘多年竭泽而渔，岁逾荒芜，羊者狼皮，狼者人皮金融小说家、《同业鸦片》作者顽石最新力作。

《钢贸风云》

钢材贸易，曾经是一个无比风光辉煌的行业，曾经是瞬间就可以聚集数以亿计财富的行业，曾经也是各路资本趋之若鹜的行业。然而，当洪水退去，人们才发现，几乎所有躺在滩上的人都在裸泳——是的，几乎是所有人！

《我是银行客户经理》

日剧《半泽直树》中提到：银行是“晴天发伞，雨天收伞”。而是事实上，银行到底是如何运行的？抱怨贷款难的中小企业的实际情况又是如何？本书将为您一一解答。

《海上新丝路》

本书在全面回顾中国古代不同时期海上丝绸之路兴衰历程的基础上，深入分析了中国海洋交通运输产业的发展现状，并立足全球海运未来走势，探讨了建设“21世纪海上丝绸之路”的战略构想，提出了振兴海洋事业的政策建议。

《陪着女儿在美国成长》

本书旨在透过当下中国经济的不同截面，进行全景式、立体式的扫因为爱，我们愿意为孩子作出各种牺牲；因为移民，我们将自己连根拔起，失去了原来的根基。失落、彷徨、痛苦后，有些人找到了新的定位，有些人却像断了线的风筝。移民，本来就意味着一种冒险。但愿这本书，能给您一些启发。

1. 人口计生

《大国空巢》

人口研究领域最具争议的人物——易富贤先生的最新力作。本书对中国计划生育政策进行了彻底的反思和系统的批判，是不得不读的人口学经典。

《人口危局》

本书从众多人们耳熟能详的人口问题入手，细致地分析了那些听起来有道理的论断是多么荒诞。

《中国计划生育政策史论》

这是一本有关中国计划生育制度的理论、起源与发展的历史著作。作者梁中堂作为亲历者，将为您揭示了几十年来因为制度不透明而笼罩在这一问题上的一系列谜团。

《今天我们如何养老》

随着人口老龄化步伐的加快，如何养老成为社会各界热议的话题，同时也成为我国经济社会发展必须应对好的挑战。

2. 区域经济

《浙江难题》

“浙江模式”动力衰减,而且遭遇“中国模式”逆袭：“诱致性经济制度变迁”带来的先发优势逐渐泯灭，民营经济转型发展急需的制度、政策空间收窄。

《香港房地产神话》

“香港模式”究竟是好榜样，还是坏典型？以此为榜样的中国内地政府，是否能寻获解决内地房地产市场诸多问题的良方？

《城市战略家》

一个好的战略，可以让城市焕发活力。城市战略家可以让整个城市或区域的人们自觉的行动起来，集中各自拥有的资源，朝着共同的目标奋斗。

3. 金融资本

《期货往事》

这是一个期货人根据亲身经历改编的关于期货的故事，你可以在书中了解期货的运作原理和规律。

《天使投资》

本书是硅谷天使林富元集40年天使投资经验凝结而成，书中精选了他在天使投资领域的众多案例，既有成功的典范，也有失败的教训，力图为读者展现一幅天使投资的全景图。

《中国创投20年》

本书对中国创投行业20年来的起落沉浮做了全景式系统描述。李开复、沈南鹏、江南春、薛蛮子等众多创投行业“大佬”关注本书，纷纷推荐，为国内创投类图书少有现象。

《资本的力量》

本书详尽地阐述了国内企业进行股权投资活动时，在“募、投、管、退”各个环节的实际操作模式，并对股权投资过程中可能涉及的相关问题作了详细分析和研究。

《资本的战争》

本书回顾了中国股市几十年来关于举牌的各大事件，分析了其中的成败得失，力图为您展示一幅中国股市举牌案例全景图。

《定价权》

定价权决定了在分配当中如何牟利，这是西方御用学者不会明说的不传之秘。而财富到底是怎样通过价格体系被分配的，就是本书试图要向大家阐述的内容。

《金融之巅》

一部美国投行的兴衰史！告诉你高盛、摩根士丹利、美林、雷曼兄弟、贝尔斯登的起起落落。

《金融极权》

本书通过全面、细致、深刻的分析，告诉了我们美国之所以能够主宰世界的奥秘所在。原来，金融能够发挥出超乎我们想象的巨大能量。

4.宏观经济

《中国不一样》

本书通过一种远距离观察中国的理论视角，将读者心目中非常熟悉的中国，变成了一个多少有些“不一样”却更加逼真的中国！

《中国经济大洗牌》

本书从财政结构、宏观经济调控、新能源以及世界经济的发展等方面入手，探讨了中国经济转型的方向，分析了中国经济的前世今生。

《你所不知道的冰冷经济真相》

本书从宏观经济政策解读入手，先后分析了 GDP 保 8 背后的就业压力，国进民退的结构性原因等众多经济社会问题，力图为读者展现一幅中国经济的宏观画卷。

《改革不容拖延》

中国改革开放经历 30 多年扬帆远航，如今驶入深水区，唯有再次启动改革，如加快民主化、法治化进程，冲破体制弊端与观念障碍，才能处理好复杂的利益矛盾。

《中国经济突围》

中国经济增长的外部约束与内部困难相继浮现。如何顺利实现经济转型，从而实现经济突围是当前中国经济首要解决的问题。

《中国软着陆》

本书结合当前中国经济形势与国家政策倾向，就未来经济格局的演化做一前瞻性判读的努力。作者坚信，中国可以成功进行结构调整，将政治经济改革不断深入。

《这个国家会好吗》

本书从经济视角入手，力图解释中国崛起的原因，并回答“中国会好吗”这一世纪之问。本书涉猎内容甚广：贫富分化如何产生、市场有哪些缺陷、地方政府如何定位……